LE DROIT DES COLLECTIVITÉS LOCALES AU SÉNÉGAL

Logiques Juridiques

Collection dirigée par Gérard Marcou

Le droit n'est pas seulement un savoir, il est d'abord un ensemble de rapports et pratiques que l'on rencontre dans presque toutes les formes de sociétés. C'est pourquoi il a toujours donné lieu à la fois à une littérature de juristes professionnels, produisant le savoir juridique, et à une littérature sur le droit, produite par des philosophes, des sociologues ou des économistes notamment.

Parce que le domaine du droit s'étend sans cesse et rend de plus en plus souvent nécessaire le recours au savoir juridique spécialisé, même dans des matières où il n'avait jadis qu'une importance secondaire, les ouvrages juridiques à caractère professionnel ou pédagogique dominent l'édition, et ils tendent à réduire la recherche en droit à sa seule dimension positive. A l'inverse de cette tendance, la collection *Logiques juridiques* des Éditions L'Harmattan est ouverte à toutes les approches du droit. Tout en publiant aussi des ouvrages à vocation professionnelle ou pédagogique, elle se fixe avant tout pour but de contribuer à la publication et à la diffusion des recherches en droit, ainsi qu'au dialogue scientifique sur le droit. Comme son nom l'indique, elle se veut plurielle.

Dernières parutions

HANICOTTE, *Devoirs de l'homme et constitutions,* 2007.
KAMARA Moustapha, *Les opérations de transfert des footballeurs professionnels*, 2007.
ROCA David, *Le démantèlement des entraves aux commerces mondial et intracommunautaire* (tomes I & II), 2007.
CHARVIN Robert, *Droit à la protection sociale*, 2007.
LABRECQUE Georges, *Les différends internationaux en Asie*, 2007.
PAÏVA de ALMEIDA Domingos (sous la dir.), *Introduction au droit brésilien,* 2006.
MOQUET-ANGER Marie-Laure (sous la dir.), *Les institutions napoléoniennes,* 2006.

5-7, rue de l'Ecole polytechnique ; 75005 Paris

http://www.librairieharmattan.com
diffusion.harmattan@wanadoo.fr
harmattan1@wanadoo.fr

ISBN : 978-2-296-03770-0
EAN : 9782296037700

Ibrahima DIALLO

LE DROIT DES COLLECTIVITÉS LOCALES AU SÉNÉGAL

Préface de Jean DU BOIS DE GAUDUSSON

Avant-propos de Ferdinand MÉLIN-SOUCRAMANIEN

L'Harmattan

Tout d'abord, je tiens à exprimer toute ma gratitude et ma reconnaissance au Professeur Ferdinand MELIN-SOUCRAMANIEN. Sa disponibilité, ses conseils, ses orientations et éclairages dans les moments difficiles m'ont été d'un apport considérable.

Ensuite, je voudrais remercier spécialement le Professeur Jean du Bois de GAUDUSSON. Sa confiance m'a permis de rompre la solitude propre au travail de recherche pour satisfaire à une ambition, l'enseignement universitaire.

La grande disponibilité de ces deux grands maîtres et leurs remarques pertinentes ont été précieuses pour la présente recherche et accompagneront mes futurs travaux. Pour cela, qu'ils trouvent ici l'expression de ma gratitude et de ma haute considération.

Je tiens également à exprimer ma profonde gratitude aux professeurs Babacar KANTE, Fidèle MENGUE et Etienne LE ROY pour m'avoir prodigué de précieux conseils et apporté un soutien constant.

Je tiens aussi à remercier toute l'équipe du CERCCLE, du CERDRADI et toutes les personnes qui ont contribué directement ou indirectement à la réalisation de ce travail.

Je tiens à remercier l'Université de Bordeaux 4 et le CERCCLE pour avoir accepté de prendre en charge financièrement les frais de publication.

Enfin, que les miens trouvent ici le témoignage de ma gratitude pour leur présence et leur affection.

Préface

Ce n'est pas un manuel de droit local, comme pourrait le laisser penser le titre de l'ouvrage, que nous présente Monsieur Ibrahima Diallo, mais une recherche approfondie, documentée et critique de la production du droit de la décentralisation au Sénégal et de son application ou plus exactement des difficultés de sa mise en œuvre, si grandes que l'on en vient à s'interroger sur l'existence même de ce droit. On connaît l'opinion qui prévaut doutant à la fois de l'effectivité de l'encadrement juridique de la décentralisation et de l'intérêt de l'approche juridique, la raison en étant la distance observée dans nombre de pays d'Afrique entre la réalité et le droit, un droit qui évolue au rythme des réformes du modèle français, qui les inspire, sans que la réalité, dès le départ en retrait, connaisse les mêmes évolutions ; d'un droit dont il faut cependant remarquer qu'il n'est malgré tout pas sans relation avec les sociétés auquel celles-ci réagissent, que les populations et élites utilisent, s'approprient, à des degrés variables et à leur manière.

L'ouvrage montre bien combien est délicate la mise au point du droit des collectivités locales à laquelle le Sénégal, comme l'Afrique en général, est confronté. Ce n'est pas un défi nouveau, il remonte à la période coloniale ; il a toujours focalisé toutes les attentions de la part des sociologues, économistes, spécialistes du développement, juristes… L'on ne compte plus les études, publications et textes constitutionnels et législatifs dont la multiplicité pourrait inciter au scepticisme sur les vertus d'un mode de répartition territoriale des rôles et compétences dont on attend souvent qu'il résolve des problèmes non seulement administratifs mais aussi économiques, politiques et sociétaux. Quant aux juristes, qu'ils soient chercheurs ou législateurs, ils s'attachent à construire des cadres juridiques et institutionnels, les uns après les autres, souvent inspirés de modèles et théories d'ailleurs. Notion polysémique, technique instrumentalisée à l'extrême elle se voit assigner d'innombrables fonctions ; traduite en des versions multiples, la décentralisation est une histoire faite d'une série de malentendus, comme le reconnaît M. Diallo.

Une des raisons majeures, en est que les politiques de décentralisation sont le plus souvent définies en fonction des intérêts de l'Etat, de son renforcement ou de sa survie ; on y voit une « ruse de l'Etat ». Leurs limites tiennent aussi à l'insuffisance des moyens, l'idée prévalant que la décentralisation devrait par... une mystérieuse alchimie secréter ses propres revenus pour exercer des fonctions que ne pourrait plus assurer un Etat délabré... N'est-ce pas condamner dès le départ les processus décentralisateurs ?

Les nombreuses critiques que rapporte M. Diallo doivent cependant être relativisées ; d'abord parce que toute décentralisation est toujours et partout la construction d'une nécessaire périphérie ; simplement ses modalités et ses objectifs varient selon les pays, les époques, les niveaux d'administration et les buts recherchés. Cet ouvrage retrace les réponses sénégalaises, celles des textes et de la réception qui en est faite par la société. En tout cas, les évaluations des politiques juridiques concernant les collectivités sont délicates, faute de termes de références précis et fixes et les réalités sont si complexes et diverses qu'elles échappent à toute analyse systématique. N'est-ce pas le propre du « local » que de ne pouvoir être saisi totalement ni du législateur ni du chercheur ?

A la question de savoir comment donner toute son effectivité – mais qu'entend-on par là et comment la mesurer ? – le droit des collectivités locales dans un contexte qui lui est manifestement hostile, M. Diallo n'apporte pas de recettes ni de propositions de réformes toutes prêtes ; il propose plutôt un changement de paradigme et une rupture dans la manière de penser le droit et de prendre en compte les besoins locaux exprimés par les acteurs. Là est sans doute la voie, au demeurant déjà explorée en Afrique et au Sénégal ; c'est aussi la difficulté majeure... Mais, après tout, c'est tout l'intérêt de l'ouvrage que de rappeler que la manière de poser les problèmes est aussi importante que la réflexion sur les solutions et d'inciter à la poursuite des efforts de recherches de solutions toujours renouvelées ...

Jean du Bois de Gaudusson
Professeur à l'Université Montesquieu Bordeaux IV
Directeur du Centre d'études et de recherches sur les droits africains
et sur le développement institutionnel des pays en développement (CERDRADI).

Avant-propos

Monsieur Ibrahima Diallo a bénéficié de programmes de soutien de l'Agence Universitaire de la Francophonie destinés spécialement aux Post-doctorants. C'est à ce titre qu'il a effectué plusieurs séjours d'études à l'Université Montesquieu-Bordeaux IV. Il a mis à profit ces séjours d'études, non seulement pour rédiger plusieurs articles publiés depuis lors dans des revues à comité de lecture, mais aussi pour transformer profondément sa thèse de doctorat en un ouvrage, objet de la présente publication. Par ses qualités scientifiques et humaines remarquables, Monsieur Ibrahima Diallo a su s'intégrer parfaitement au sein des structures de recherches de l'Université Montesquieu Bordeaux IV dédiées au droit public comparé.

Ferdinand Mélin-Soucramanien
Professeur à l'Université Montesquieu Bordeaux IV
Directeur du Centre d'études et de recherches comparatives sur les Constitutions, les Libertés et L'Etat (CERCCLE).

ABRÉVIATIONS PRINCIPALES

ADM	Agence de Développement Municipal
AIMF	Association Internationale des Maires Francophones
CC	Conseil Constitutionnel
CE	Conseil d'État
CERP	Centre d'Expansion Rurale Polyvalent
CCL	Code des Collectivités Locales
CFPB	Contributions Foncières des Propriétés Bâties
CFPNB	Contributions Foncières des Propriétés Non Bâties
CFPP	Centre de Formation et de Perfectionnement du Personnel Municipal
CRC	Chambre Régionale de Comptes
CS	Cour Suprême
DA	Droit Administratif
FECL	Fonds d'Équipement des Collectivités Locales
IGE	Inspection Générale D'État
IATL	Inspection de l'Administration Territoriale Locale
IMF	Impôt du Minimum Fiscal
JCP	La Semaine juridique
LPA	Les Petites Affiches
LGDJ	Librairie Générale de Droit et de Jurisprudence
PAC	Programme d'Appui aux Communes
PUF	Presse Universitaire de France
RDP	Revue du Droit Public et de la Science Politique
Rev. Adm	Revue Administrative
RFDA	Revue française de Droit Administratif
TOM	Taxe sur les Ordures Ménagères.
TRIMF	Taxe Représentative de l'Impôt du Minimum Fiscal
T A	Tribunal Administratif
TC	Tribunal des conflits

INTRODUCTION

Entreprendre une recherche sur le droit des collectivités locales sénégalaises peut sembler extrêmement périlleux dans la mesure où la construction juridique du local est en perpétuelle mutation et où la thématique de la décentralisation reste peu étudiée.

Les problèmes rencontrés par l'État (africain en particulier) constituent en eux-mêmes un intérêt certain pour envisager une étude d'ensemble sur le droit des collectivités locales en terme de contribution sur son effectivité. Cet intérêt est renforcé par l'inexistence d'études spécifiques consacrées aux aspects juridiques des collectivités locales sénégalaises. Une étude d'ensemble s'imposait donc avec tout défi que cela pouvait supposer.

La théorie juridique de la décentralisation territoriale met l'accent sur les principes d'organisation de l'administration locale plutôt que sur son fonctionnement pratique, qu'envisageront prioritairement les autres sciences sociales. Si la théorie juridique ne conduit pas ainsi à une connaissance complète de la décentralisation, elle en constitue pourtant la base. Ce point de vue est certes contesté : la complémentarité des différentes sciences sociales est très diversement appréciée par les chercheurs de chacune des disciplines. Certaines disciplines mettent en avant les écarts entre les textes et la pratique, l'inadéquation des catégories de la pensée juridique à la réalité administrative, le droit pouvant même apparaître comme une idéologie masquant les faits qu'il convient d'écarter en partie. D'autres, parmi lesquels nous nous rangeons, considèrent plutôt qu'il faut aborder rigoureusement les problèmes juridiques selon plusieurs « paliers en profondeur » en restant dans la dynamique kelsénienne.

Dans un important article concernant précisément la décentralisation, J. CALLOSSE[1] a fait le point de ce débat. On admettra avec cet auteur que « *la décentralisation est le produit en même temps*

[1] CALLOSSE J., « La décentralisation, mode d'emploi », *RDP*, 1988

que la source d'un énorme travail juridique qui est comme tel un fait social de première importance ».

La théorie juridique de la décentralisation apparaîtra, ainsi, selon la conception que l'on adopte, plus ou moins essentielle et déterminante. Notre analyse va constituer un effort de synthèse de la théorie élaborée en matière du droit des collectivités locales au Sénégal en prenant en compte les discours et les pratiques des acteurs, partageant ainsi une double préoccupation, épistémologique (droit administratif) et pragmatique (science administrative) du Droit.

Sous ces angles, l'étude du droit des collectivités locales au Sénégal paraît, en outre, ambitieuse voire audacieuse. Ambitieuse car la doctrine est presque inexistante et aucune thèse n'a encore été soutenue sur le droit des collectivités locales au Sénégal depuis la grande réforme de 1996. Audacieuse, du fait de la nouveauté de la matière dans un pays sous-développé au moment même où les pays développés (la France notamment) n'ont pas fini de préciser les contours de celle-ci.

Nous allons préciser les concepts avant de poser la problématique.

Section 1 : Précisions terminologiques

Lorsqu'on se trouve en présence d'une norme juridique, on peut entreprendre de déterminer ses sources formelles ou rechercher pourquoi elle existe, de quelles considérations elle procède, à quelles aspirations elle tend à répondre. Ce faisant, on recherche les sources formelles ou matérielles de la norme. Sur ce dernier aspect, une précision fondamentale mérite d'être faite car le droit administratif sénégalais trouve sa source matérielle dans le droit administratif français.

Cette situation n'est pas nouvelle car on remarque en effet l'application du droit administratif français à des litiges nés en Afrique dans les anciennes colonies c'est-à-dire avant même l'accession des pays africains à l'indépendance[2]. Cela signifie que la France appliquait déjà à ses colonies son droit administratif.

[2] TC 22 janvier 1921, SCOA ou CE 20 décembre 1935 Etablissement Vezia.

Après l'indépendance du Sénégal, une rupture n'a pas été opérée à ce niveau. Le Sénégal a tenté d'adapter le régime administratif français à son propre contexte national aux plans économique, politique et social.

Aujourd'hui le droit administratif sénégalais utilise les mêmes concepts et les mêmes techniques que le droit administratif français mais leur apporte quelques nuances dans leur application.

En définitive, tout en s'inspirant du droit français, le droit sénégalais a tendance à s'en détacher progressivement du point de vue matériel. Mais dans la plupart des cas les situations sont identiques d'où le recours parfois à la jurisprudence française dans le cadre de notre travail.

Abordons les concepts clés avant d'entreprendre quelques développements sur le droit des collectivités locales.

§ 1 : Les concepts clés

Il faut commencer par distinguer la décentralisation de la notion de collectivité locale. « On associe, relève Hans Kelsen, à la notion de centralisation, de préférence la représentation de normes (valables pour le territoire juridique tout entier) posées par un organe unique qui forme pour ainsi dire le centre de la collectivité et dont on peut dire aussi, en un sens ou à un autre, qu'il a son siège spatialement aussi au centre. Alors qu'inversement, à la notion de décentralisation, on associe l'image d'une pluralité d'organes qui ne sont pas établis au centre, mais dispersés à travers le territoire de l'État, et dont chacun a compétence seulement pour poser des normes qui ne vaudront que pour une fraction de territoire »[3] . Il résulte de cette conception, que nous partageons, que la construction juridique de l'espace administratif peut emprunter des formes variables à savoir la centralisation et la décentralisation. La centralisation est un système d'organisation qui ne reconnaît pas d'existence juridique à d'autres collectivités dans le cadre étatique. Elle peut être définie comme étant un procédé technique pour l'ensemble des services rattachés à une seule personne morale de droit public qu'est l'État. Dans ce système

---

[3] Kelsen, H., *La théorie pure du droit*, trad. Ch. Eiseinmann, Dalloz, 1962, p.413.

d'organisation administrative, tous les services administratifs sont assurés par des services centraux ou locaux, mais ceux-ci agissent sous la direction des premiers.

En effet, dans ce procédé, il n'existe qu'un centre unique de décision situé au sommet de la pyramide des structures administratives. En conséquence, l'État, seule personne publique pour l'ensemble du territoire, assure sur son budget, par ses agents, la satisfaction de l'intérêt national à travers ses services centraux confiant à des antennes de ces services la résolution des questions d'intérêt local. La centralisation n'est pas incompatible avec le découpage territorial en circonscriptions malgré les inconvénients qu'elle présente : au plan politique, ce système réduit à des questions techniques ou mineures la participation des administrés à la gestion des affaires locales ; au plan administratif, il s'agit d'un système lourd et dont le processus décisionnel peut souffrir de lenteur. Enfin, c'est un système qui ne permet pas un rapprochement entre l'administration et les administrés et qui risque d'aboutir à la prise de décisions inadaptées.

La décentralisation qui est l'objet de notre étude se définit par rapport à la centralisation. C'est un système d'organisation administrative qui reconnaît la personnalité morale à des structures différentes de l'État et qui vont avoir un pouvoir de décision autonome pour gérer des activités déterminées. C'est pour cette raison que la décentralisation fait l'objet d'une classification parmi les procédés non autoritaires d'agencement des structures administratives. La décentralisation est un système d'organisation administrative qui confère l'existence juridique et des pouvoirs de décision à des collectivités secondaires personnalisées pour la gestion de leurs propres affaires, par des organes issus d'elles-mêmes. Dans la décentralisation, l'on procède à une répartition des tâches en sorte que l'autorité centrale s'occupe des questions présentant un intérêt national et que les autorités décentralisées prennent en charge les affaires locales ou spécifiques. Cette modalité repose sur une base géographique. Elle consiste à doter une collectivité d'une compétence générale mais limitée à une partie du territoire pour les affaires la concernant. Elle aboutit à la création des collectivités locales et est consacrée par l'article 102 de la Constitution sénégalaise qui pose le principe de la libre administration des collectivités locales. Ainsi, la décentralisation territoriale est une manifestation d'une option politique en faveur d'une démocratie locale.

Lorsqu'on parle de décentralisation au Sénégal, on lui donne le sens de décentralisation administrative et politique. La décentralisation territoriale n'est pas une simple technique d'administration. Elle a une signification politique comme le remarque si bien le grand juriste Hauriou qui indique que, s'il ne s'agissait que du point de vue administratif, la déconcentration assurerait au pays une administration plus habile, plus impartiale, plus intégrée et plus économe que la décentralisation mais les pays n'ont pas besoin seulement d'une bonne administration, ils ont besoin aussi de liberté politique[4].

Un tel point de vue s'inscrit dans la ligne droite des idées d'Alexis de Tocqueville qui considère la décentralisation comme un apprentissage de la démocratie. Pour cet auteur, les collectivités locales sont à la liberté ce que les écoles primaires sont à la science[5].

On remarque donc que la décentralisation conduit à la création de véritables démocraties locales fondées sur le libre exercice des libertés locales.

Précisons également, et il ne s'agit pas seulement d'un truisme, que pour qu'il y ait décentralisation il faut une centralisation préexistante, ce qui n'est pas toujours le cas des États africains qui ont connu plutôt une concentration du pouvoir autour d'un homme ou d'un parti-État et que le Sénégal ne fut pas éloigné de ce type de situation à la fin des années soixante[6].

La conception sénégalaise diffère un peu de celle de la France. Alors que la Constitution française du 27 octobre 1946 évoquait, dans son Titre X, les seules collectivités territoriales, la Constitution du 4 octobre 1958 introduit dans son article 34 la première consécration constitutionnelle de la notion de collectivité locale tout en maintenant à travers son Titre XI la référence aux collectivités territoriales dont la liste est donnée (article 72) : les communes, les départements et les territoires d'outre-mer, « toute autre collectivité territoriale étant créée

---

[4]Note du professeur El Hadj M'BODJ, « La démocratie locale à l'épreuve de la décentralisation régionale », in *Actes du Séminaire du 2 au 4 mai 1994*, Dakar, juin 1994.

[5]Alexis de Tocqueville cité par René Chapus, *Droit administratif général*, Paris, Montchrestien, 1994, p.346.

[6]Nous reviendrons sur ce point avec l'analyse de la portée des réformes territoriales.

par la loi ». Cette double référence amène à poser deux questions si l'on considère que les communes et les départements relèvent d'une définition stricte de la notion de collectivité locale : Ces deux notions sont-elles équivalentes ?

Dans l'affirmative comme dans la négative, qu'en est-il de l'apparente différence de régimes juridiques applicables à chaque catégorie de collectivité dans la mesure où l'article 34 dispose que la loi « détermine les principes fondamentaux de la libre administration des collectivités locales » alors que l'article 72 n'évoque que les « conditions » prévues par la loi pour la libre administration des collectivités territoriales. La doctrine est partagée sur la portée à la fois théorique et pratique de cette distinction entre les deux catégories de collectivités.

Deux thèses sont en présence :

- L'une, défendue par le professeur Favoreu, soutient que la notion de collectivité locale ne serait plus large, en englobant les communes, les départements, les établissements publics rattachés, les collectivités en formation ou fédératives. Cette interprétation se fonde sur la jurisprudence du conseil constitutionnel[7] qui a depuis longtemps aboli toute différence entre les collectivités locales et les établissements publics qui leur sont attachés.

- Un second courant défend une conception moins extensive que la précédente. Ainsi la notion de collectivité locale comprendrait, pour s'en tenir à une lecture stricte de la Constitution, que les communes et les départements alors que les collectivités territoriales recouvrent désormais, outre ces deux catégories de collectivités et les territoires d'outre-mer, les nouvelles collectivités créées par la loi et qui se sont multipliées. Il semble en fait que seuls des critères de structures géographiques aient guidé, à l'époque, les débats du comité consultatif constitutionnel sur les différences entre collectivités locales et collectivités territoriales.

La portée de la différence s'est trouvée fortement atténuée par l'évolution de la jurisprudence et n'a plus aujourd'hui de portée pratique. Le juge constitutionnel a quant à lui affirmé, à travers la jurisprudence, un double principe : d'une part, le principe de la libre administration s'applique dans les mêmes conditions aux collectivités locales et aux collectivités territoriales ; d'autre part,

[7] CC., 12 mai 1964 avec les notes de L. Hamon, *R.D.P.* 1976, p.265.

la diversité des types de collectivités territoriales ne contredit pas l'assimilation des deux notions[8].

Le droit sénégalais est moins complexe dans la mesure où l'appellation collectivité locale est acceptée par la majorité de la doctrine et consacrée comme telle par le droit positif.

§ 2 : Le droit des collectivités locales, une nouvelle branche du droit ?

Le droit des collectivités locales est intégré au droit administratif en ce sens, partout où des règles propres n'ont pas été posées par des textes ou dégagées par la jurisprudence ; les collectivités locales sont soumises au même droit que les autres personnes publiques. En d'autres termes, le droit des collectivités locales ne constitue pas, du moins pas encore, une branche du droit distincte du droit administratif. Il reste que, du fait des textes ou de la jurisprudence, le droit des collectivités locales a un contenu partiellement original, qui le distingue du droit applicable aux autres personnes publiques.

Ce contenu original se situe sur deux registres. Il consiste évidemment d'abord, et surtout, dans ce que l'on peut appeler le droit constitutionnel local ou le droit organique local, c'est-à-dire l'ensemble des règles qui gouvernent l'organisation locale, la composition des organes locaux, le fonctionnement des institutions locales, les compétences des collectivités locales... C'est ce qui fait exister le droit des collectivités locales et le rend réellement singulier.

Pour le reste, c'est-à-dire pour ce que l'on peut appeler le droit substantiel ou le droit relationnel, l'activité des collectivités locales est très largement soumise aux règles habituelles du droit administratif général. Mais il existe, ici et là, des solutions particulières ; par exemple le statut de la fonction publique territoriale comporte des particularités importantes sur certains points : la gestion foncière ou financière des collectivités locales en est une partie originale.

[8] CC 25 février 1982, *R.D.P.*, 1982, p.1282, note du professeur Favoreu.

Section 2 :
Problématique du droit des Collectivités locales au Sénégal

La problématique se ramène à un certain nombre de questions dont une nous paraît fondamentale. Le droit des collectivités locales est-il effectif au Sénégal ? Cette interrogation part, tout d'abord, d'une affirmation relative à l'existence du droit des collectivités au Sénégal. Mais il est essentiel de montrer pourquoi ce droit existe avant de se pencher sur son effectivité.

§ 1 : Les conditions d'existence du droit des collectivités locales

Les conditions politiques qui se ramènent au régime constitutionnel et politique affirment la volonté de renforcer le droit des collectivités locales à travers le principe de la libre administration de celles-ci posé par l'article 102 de la constitution sénégalaise du 7 janvier 2001.

Les conditions juridiques et institutionnelles qui découlent de celles qui précèdent sont au nombre de trois :

En premier lieu, nous avons la reconnaissance d'intérêts locaux: Cela signifie que la collectivité décentralisée doit présenter un certain nombre d'intérêts qui lui sont propres et qui sont différents de ceux de l'État. Elle doit correspondre à une entité humaine intégrée et ayant une certaine singularité. La reconnaissance de ses intérêts propres correspond à la notion d'affaires locales pour la collectivité locale et à celle de spécialité pour les établissements publics.

En second lieu, nous avons l'existence d'organes propres : Les intérêts propres reconnus à la collectivité doivent être pris en charge par les organes propres de cette collectivité (article 77, alinéa 2 - Loi n° 96.06 portant Code des Collectivités Locales). Ainsi, pour qu'il y ait décentralisation, il faut que la collectivité décentralisée désigne ses propres organes en son sein.

Dans le cadre des collectivités locales, cette désignation se fait généralement par élection - Exemple : élection du maire, du conseiller rural, alors que dans le cadre des établissements publics, elle se fait souvent par nomination par le pouvoir central - Exemple : nomination d'un directeur.

Enfin, en dernier lieu, l'octroi de la personnalité juridique est obligatoire : La décentralisation implique la reconnaissance de la personnalité juridique au profit de la collectivité en question.

Cette reconnaissance donne la possibilité à la collectivité de bénéficier de la capacité juridique de prendre en charge les affaires qui lui sont confiées. Cette personnalité va donner à la collectivité une autonomie politique, administrative et financière. Ce procédé de décentralisation n'est pas non plus d'application absolue. Comme la centralisation, elle présente des avantages et des inconvénients. Elle a un double avantage politique et administratif qui a trait respectivement au fait qu'elle permet une meilleure participation des administrés dans la gestion de leurs propres affaires et une meilleure prise en charge des spécificités locales. Cependant, elle est présentée comme comportant un risque pour la cohésion de l'État du fait du privilège qu'elle accorde à l'intérêt local par rapport à l'intérêt national.

Puisque nous considérons que les conditions d'existence du droit des collectivités locales sont réunies, ainsi que ses éléments constitutifs[9], il reste à préciser les contours de la réflexion. En d'autres termes, quels sont les domaines du droit des collectivités locales qui seront privilégiés ? Ces domaines correspondent aux différentes ramifications de la matière (administratif, financier, etc.) et à la gestion des ressources naturelles ; une large place sera accordée au droit administratif et à la science administrative en raison de la

---

[9] Parmi lesquels nous avons :
- La loi 96-06 du 22 mars portant code des collectivités locales ;
- La loi 96-07 du 22 mars 1996 portant transfert de compétence aux régions, aux communes et aux communautés rurales ;
- La loi 96-08 du 22 mars 1996 modifiant le code électoral ;
- La loi 96-09 du 22 mars 1996 fixant organisation financière de la commune d'arrondissement et ses rapports avec la ville ;
- La loi 96-10 du 22 mars 1996 modifiant la loi n°72-02 du 1er février relative à l'organisation de l'administration territoriale ;
- La loi organique n°96-11 du 22 mars 1996 relative à la limitation du cumul des mandats électifs et de certaines fonctions ;
- Les décrets d'application de ces différentes lois ;
- La loi 64-46 portant sur le domaine national et ses décrets d'application ;
- Le code forestier ;
- Le code de l'environnement ;
- Le code de l'eau ;
- Le code du domaine de l'État ;
- Le code de l'urbanisme.

prépondérance des prescriptions, réglementations qui touchent les collectivités locales mais aussi de la recherche permanente de l'efficacité administrative.

§ 2 : L'effectivité du droit des collectivités locales

Puisque nous considérons que les conditions d'existence du droit des collectivités locales sont réunies, il reste à investir le champ de l'effectivité de ce droit.

Dans le cadre de cette problématique sur l'effectivité du droit des collectivités locales, nous avons privilégié une double démarche. Tout d'abord, l'analyse se veut positiviste au sens du grand maître Hans Kelsen mais l'orientation du sujet nous a obligé à recourir, ensuite, à la science administrative pour étudier le phénomène administratif local dans sa globalité. C'est dans cette perspective que nous avons jeté un coup d'œil sur les travaux du professeur Guy Rocher qui, dans un important article sur l'effectivité du droit, a innové par son approche qui a inspiré notre orientation[10].

Pour Hans Kelsen, la question de la validité n'est pas totalement détachée de celle de l'effectivité. Constatant que le problème des rapports entre validité et effectivité est à la fois l'une des questions les plus importantes et les plus complexes de la théorie du droit, Kelsen considère que l'effectivité peut avoir une influence sur la validité, tant de l'ordre juridique que des normes prises isolément. Si l'effectivité est totalement ou constamment absente, une norme perd sa validité[11]. Ainsi, pour le grand maître Hans Kelsen, une norme risque de perdre sa validité si elle est généralement ou constamment ineffective. Cette orientation montre toute l'importante mais aussi les enjeux liés à la notion d'effectivité du droit.

Quelques considérations relatives à l'effectivité sont d'abord nécessaires pour mieux appréhender la démarche. Le substantif dont le sens est le plus proche est « efficacité », qui a son contraire dans « inefficacité ». Je trouve la comparaison, entre ces deux termes, utile et instructive. L'« efficacité » d'une loi me paraît faire référence au fait qu'elle atteint l'effet désiré par son auteur ou, si ce n'est celui-là

---

[10] Guy Rocher, « L'effectivité du droit », *Théorie et émergence du droit, pluralisme, surdétermination et effectivité*, BRUXELLES, Ed. Thémis, 1995, 265 p., p.131.
[11] Kelsen, H., *La théorie pure du droit*, trad. Ch. Eiseinmann, Dalloz, 1962, p.288.

même, à tout le moins un effet qui se situe dans la direction souhaitée par l'auteur et non pas en contradiction avec elle. En revanche, j'attribue au terme « effectivité » un sens beaucoup plus étendu et beaucoup plus polyvalent, pour désigner tout effet de toute nature qu'une loi peut avoir. Par exemple, une loi dont l'auteur prévoit qu'elle ne sera pas efficace, que l'auteur cherche même à rendre inefficace en la faisant, parce qu'il en craint les effets ou que ceux-ci lui répugnent, une telle loi peut avoir l'effet – par ailleurs souhaité celui-là par l'auteur – de faire croire à ses bonnes intentions, à sa bonne volonté, à sa bonne gestion. Autre exemple : une loi peut être inefficace par elle-même, disons parce qu'elle « n'a pas de dents », comme disent des administrateurs publics parlant de lois prévoyant des sanctions trop faibles et insignifiantes, mais engendrer des effets – une effectivité- par des voies indirectes, par la voie d'un mouvement social qui appuie la loi, par exemple. Allons plus loin encore : des lois engendrent des effets, des conséquences, que leur auteur n'avait pas prévus ou ne pouvait pas prévoir, une effectivité inattendue.

En réalité, parler de l'effectivité du droit nous engage sur un terrain où l'on trouve déjà un assez riche vocabulaire et, à travers celui-ci, des champs étendus de recherche et d'analyse. On peut ainsi parler de « la force du droit »[12]. Ce terme se rapproche de l'effectivité, mais en attirant l'attention du côté du droit lui-même – et j'ajouterais de sa légitimité – plutôt que vers le versant des suites qu'entraîne une régulation de nature juridique.

On connaît également les études de « mise en œuvre » de la loi, qui ont été soit évaluatives –pour tenter de mesurer l'efficacité d'une législation- soit normatives – pour développer, à l'intention du législateur ou de l'Administration, des modèles de mise en œuvre efficace. Viennent ensuite les études portant sur « l'impact » de la loi. E. Blankenburg explique que « la théorie de la mise en œuvre rejoint les questions d'impact. Tandis que les études sur l'impact se centrent

[12]Titre de l'ouvrage publié sous la direction de Pierre BOURETZ faisant suite au séminaire tenu sous l'égide de l'Institut des hautes études sur la justice et la revue Esprit : Pierre BOURETS (dir.), *La force du droit* : *panorama des débuts contemporains* ; Paris, Editions Esprit, 1991.

sur l'évaluation des résultats voulus et involontaires de la politique, les travaux sur la « mise en œuvre » tentent d'expliquer l'impact[13].

Enfin apparaissent, sur une dernière ligne, les études sur l'observance de la loi. Nous arrivons ici au niveau des comportements des citoyens et justiciables, des motifs, raisons, circonstances qui expliquent les différents degrés et différentes formes de conformité et de non-conformité des conduites avec les prescriptions de la loi ou avec la décision d'un tribunal.

Il me semble ne pas donner un sens trop étendu à l'effectivité en disant que ce terme me paraît régner sur tous ceux-là, qu'il les englobe et, si j'ose dire, les couronne. Tenter de comprendre l'effectivité du droit, c'est retracer la diversité de ses effets, voulus et involontaires, recherchés ou accidentels, directs et indirects, prévus et inattendus, sociaux, politiques, économiques ou culturels. C'est aussi tenter de retrouver les voies par lesquelles passent ces effets et les mécanismes qui les produisent. Que ce soit par la compréhension des diverses formes d'observance ou de non-observance de la loi, par les analyses d'impact, par la recherche sur la mise en œuvre du droit ou sur son efficacité par l'observation des écarts entre la règle et les conduites, une connaissance plus raffinée de l'effectivité du droit est toujours l'objectif poursuivi.

C'est cette interprétation englobante et sans doute ambitieuse de l'effectivité du droit qui nous justifie d'en faire un axe de réflexion dans le cadre de cette thèse. Évidemment, la relative nouveauté du terme a comme conséquence de laisser planer une certaine imprécision, un flottement du sens. On se sent alors invité à des exercices de sémantique qui, pour arbitraires qu'ils peuvent être, auront au moins, espérons-le, l'avantage de délimiter et même de préciser une dimension de nos recherches, plus exactement encore un champ de vision particulier.

A ce point-ci, une importante mise au point s'impose. Rechercher l'effectivité du droit ne signifie pas que l'on ne prenne pas en compte la production du droit ; l'effectivité du droit ne naît pas subitement à partir du moment de la sanction de la loi ou de la publication de la décision d'un tribunal ou d'un règlement du pouvoir exécutif.

---

[13]Erhard BLANKENBURG, « La recherche de l'efficacité de la loi. Réflexions sur l'étude de la mise en œuvre : le concept d'implémentation », *Droit et société,* 1986, p.62.

L'idée de l'effectivité fait déjà partie de « l'engendrement du droit », à titre d'intention, de projet, de prévision, voire de négation. Erhard Blankenburg a insisté avec raison sur l'interdépendance des deux moments – production de la loi, mise en œuvre de la loi -, plus exactement sur l'utilité de les distinguer et la nécessité d'en voir les interdépendances. Il présente quatre exemples dans lesquels, dit-il, « la structure de mise en œuvre a influé sur le champ d'action et les objectifs fixés pendant la phase d'élaboration de la politique (...) Comme l'ont montré nos exemples, il existe une relation bilatérale entre l'élaboration et la mise en œuvre de la politique : la première prévoit les problèmes de la seconde, elle incorpore, à des degrés divers, les questions du personnel d'exécution de sorte que l'on doit s'interroger sur les deux aspects de cette relation[14] ». S'exprimant d'une manière peut-être encore plus précise, en tout cas sur un plan général et plus théorique, Blankenburg écrit également : « La théorie de la mise en œuvre est le produit des conceptions normatives qui continuent de différencier, dans le processus politique, les processus légitimants des processus légitimés. Cependant, au stade de l'élaboration, les décideurs politiques ont à prévoir la structure institutionnelle de la phase de mise en œuvre. Et, en sens inverse, ceux qui mettent en œuvre la politique peuvent, en fonction de leurs intérêts directs, tenter d'influencer les décideurs. Ainsi, nous ne croyons pas qu'il soit efficace de séparer élaboration et mise en œuvre d'une politique, mais nous traitons cette séparation comme un moyen heuristique nous permettant d'analyser leurs interdépendances réciproques»[15].

Au total, la notion d'effectivité d'une norme est le rapport entre les comportements prescrits par cette norme et les comportements réels. Il y a donc lieu de distinguer au départ deux grandes familles de questions touchant l'effectivité du droit : celle que l'on identifie d'abord dans l'effectivité attendue du droit, au cours du processus – parfois long, tortueux et laborieux – de la production du droit, celle, ensuite, des diverses modalités observables d'effectivité, repérables dans la suite du droit produit, dans différents secteurs des structures et de la vie sociales et à différents niveaux de réalité.

---

[14] Erhard BLANKENBURG, Op.cit. , pp.67-68.

[15] Erhard BLANKENBURG, Op.cit. p.62.

Cette orientation s'inscrit dans la logique positiviste dans la mesure où, pour Hans Kelsen, une norme est valide à deux conditions, l'une strictement juridique, l'autre juridico-sociale. La première condition est le respect des normes supérieures et, au sommet, de la norme fondamentale. La validité rejoint ici la constitutionnalité et la légalité. La seconde condition est l'acceptation de la norme par la majorité de ses destinataires[16].

Ce modèle de la double perspective de l'effectivité que je viens d'évoquer, effectivité attendue et effectivité observée, constitue l'ossature de notre démarche.

L'effectivité attendue renvoie à la question de la construction juridique de la décentralisation et l'effectivité observée s'intéresse à l'application effective de la régulation juridique de la décentralisation.

C'est pourquoi il est important, pour tenir compte de tous ces contours, d'analyser dans une première partie l'originalité de la construction juridique de la décentralisation avant de montrer dans une deuxième partie les contraintes relatives à l'application du droit de la décentralisation.

Mais avant de commencer l'étude, un chapitre préliminaire sur l'évolution de la décentralisation est important dans l'optique d'une meilleure compréhension du sujet.

[16] Hans Kelsen, *La théorie pure du droit*, Op.cit.

Chapitre préliminaire :
L'émergence du droit des collectivités locales au Sénégal

Il convient pour la compréhension du système juridique sénégalais en matière de décentralisation de rappeler quelques aspects qui ont abouti à la constitution du droit des collectivités locales. Pour cela, on peut distinguer deux phénomènes : d'une part, la construction d'un État centralisé hérité de la colonisation et d'autre part la marche vers la décentralisation. C'est ce processus qui nous retiendra dans une première section relative à la marche vers la décentralisation pour, dans une seconde section, présenter la politique de décentralisation à partir de 1996.

Quelques considérations sont nécessaires pour une meilleure compréhension de l'exposé. L'on peut s'étonner qu'après qu'un État a accédé à l'indépendance et alors qu'il a hérité d'un noyau d'institutions déjà largement marqué par l'administration de la puissance coloniale, il continue d'imiter dans ces structures la métropole alors qu'il apparaît qu'elles sont inadaptées à sa situation et à ses exigences de nation confrontée au défi du développement. Ce phénomène est qualifié de mimétisme. Ce terme et la notion de mimétisme ont été introduits dans le droit administratif. Ils désignent les opérations d'imitation des structures administratives auxquelles se livrent les pays en développement, les cas de réception stricto sensu, de reproduction plus ou moins fidèle, avec l'intention de copier un modèle étranger en l'assimilant dans la mesure du possible à son propre milieu. L'État sénégalais a hérité de la France une machine technocratique fortement centralisée, à la limite de la concentration des pouvoirs. En effet, le système colonial a édifié localement une administration générale moderne et autoritaire de type français, articulée autour du commandant de cercle, sorte de préfet polyvalent et du chef de subdivision ; cet appareil assurait le contrôle des campagnes et dispensait le minimum de services nécessaires aux populations rurales. Cette administration s'appuyait sur un appareil d'origine traditionnelle qui avait été conservé et intégré afin d'entretenir le contact avec les habitants : ce sont les chefs de village, de quartier, de canton ; ils constituaient le relais de l'administration coloniale. L'apport de l'histoire est important car la situation actuelle de la décentralisation au Sénégal en découle directement.

Un mouvement constant a caractérisé les collectivités locales avant les indépendances : l'assimilation progressive au système français, qui se limite cependant aux agglomérations urbaines.

Le mouvement est ancien, puisqu'il touche Saint-Louis dès le XVIIIe siècle pour englober ensuite Gorée, Rufisque et Dakar qui, à la fin du XIXe, constituent les quatre « vieilles communes » dont le statut est proche de celui que vient de poser la grande loi municipale française du 5 avril 1884. A partir du XXe siècle, le mouvement se poursuit en réunissant d'autres agglomérations urbaines soumises au régime moins autonome des communes mixtes et dont le contenu variait selon le niveau de développement atteint.

L'importante loi municipale du 18 janvier 1955, applicable dans l'ensemble des territoires français d'Afrique noire, constitue la dernière étape, qui se caractérise par un nouveau progrès : l'objet de cette réforme est d'appliquer le régime français, intégralement aux communes dites de plein exercice qui en sont jugées dignes, et progressivement pour les agglomérations moins avancées, soumises au régime de la commune de moyen exercice. Le mouvement fut achevé en 1960 où toutes les communes existantes accédèrent au statut de communes de plein exercice. La municipalité avait évolué sous la très forte pression politique des élus africains. A l'indépendance, le problème se posa dans d'autres termes : ceux de l'unité et du développement, ce qui constitue un tournant dans la politique de décentralisation.

Section 1 :
La construction progressive du droit des collectivités locales

Cette construction progressive s'est établie à travers plusieurs réformes qui se sont succédé depuis l'indépendance du Sénégal. Les moments les plus importants dans cette volonté de mise en place du droit des collectivités locales sont : la réforme du 13 janvier 1964, les réformes introduites en 1964 et 1972, les réformes de 1983 et 1990 et enfin la grande réforme de 1996 qui a abouti à la mise en place du code des collectivités locales.

§1 : La réforme du 13 janvier 1960

Après l'indépendance du Sénégal, la première réforme des structures territoriales de l'Administration d'État est réalisée par la loi du 13 janvier 1960, complétée par la loi du 1er février 1960 ainsi que par le décret du 20 décembre 1961. Cette loi crée quatre unités administratives qui sont la région[17], le cercle[18], l'arrondissement [19] et le village[20].

La structure régionale était originale car constituée par les assemblées régionales créées par la loi n° 60.028 du 1er février 1960[21]. Les conseillers régionaux sont élus au suffrage universel direct au scrutin de liste majoritaire à un tour sans vote préférentiel ni panachage et sans liste incomplète par le collège des électeurs de la région, à l'exception des électeurs des communes[22]. Ces assemblées régionales tiennent chaque année une session ordinaire budgétaire et une ou plusieurs sessions extraordinaires dont la durée ne peut excéder quinze (15) jours. L'assemblée est convoquée par le gouverneur, son président, ou à la demande des 2/3 au moins de ses membres. Elle ne peut délibérer que si le quorum de la majorité des membres est atteint. Le bureau de l'assemblée élue en son sein comprend un président, deux vice-présidents, deux secrétaires et un questeur. Des

---

[17]***La région*** : Sept régions sont instituées : le Cap-Vert, Thiès, Diourbel, le Fleuve, le Sénégal oriental, le Sine-Saloum et la Casamance. Chaque région est placée sous l'autorité d'un inspecteur régional d'administration qui reçoit le titre de Gouverneur de région.

[18] ***Le cercle*** : La loi prévoit des cercles en nombre variable formant les subdivisions de la région. Le cercle est administré par un Commandant de cercle

[19]***L'arrondissement*** : Les cercles sont subdivisés en arrondissements administrés chacun par un Chef d'arrondissement. La loi prévoit un nombre maximum de quatre-vingt-dix (90) arrondissements pour l'ensemble du territoire.

[20]***Le village*** : Selon l'article 15 de la loi du 13 janvier 1960, « le village est constitué par la réunion de plusieurs familles ou carrés en une seule agglomération. Le carré isolé est constitué comme un hameau ou un quartier et relève administrativement du village dont il s'est détaché. Les campements semi-permanents ou les campements semi-nomades qui groupent plusieurs familles sont considérés comme villages ».

[21] Les assemblées régionales comptent au moins vingt (20) membres et au plus soixante (60) membres calculés sur la base moyenne d'un conseiller pour sept mille (7000) habitants.

[22]Ils sont élus pour cinq (5) ans et sont rééligibles. Sont inéligibles les chefs des unités administratives, les magistrats, le personnel des forces de sécurité, les comptables publics et les fonctionnaires des services fiscaux.

commissions peuvent être créées en son sein. Le gouverneur de région est commissaire du Gouvernement auprès de l'assemblée et assiste à ses délibérations.

Selon l'article 4 de la loi n° 60.015 du 13 janvier 1960, le gouverneur de région était assisté d'un ou de deux adjoints. Par la suite, et en vue de renforcer les compétences du gouverneur et de les étendre aux matières économiques, il a été décidé qu'il serait assisté de deux adjoints.

Le premier texte qui consacre cette évolution semble être le décret n° 61.482 du 20 décembre 1961 relatif aux pouvoirs des gouverneurs et de leurs adjoints. Il prévoit expressément dans son article 3 que le gouverneur est assisté dans ses fonctions de deux adjoints qui prennent le titre d'adjoint administratif appelé aussi à suppléer de plein droit le gouverneur en cas d'absence ou d'empêchement, et d'adjoint pour le développement. Cela amène à distinguer deux séries d'attributions.

En matière d'administration générale, le gouverneur exerce seul ou en collaboration avec son adjoint administratif dans les domaines autres qu'économiques et sociaux. Ces attributions ont évolué dans le sens du renforcement entre 1960 et 1961[23].

La loi limitait cependant les pouvoirs du gouverneur en ce qui concerne la police et le maintien de l'ordre. La compétence de

---

[23] La loi n°60.015 du 13 janvier 1960 se contentait de prescrire dans son article 3 : « Le Gouverneur de région est nommé par décret pris en Conseil des Ministres, sur proposition du Président du Conseil. Il réside obligatoirement au chef-lieu de la région. Il est en qualité de délégué du Gouvernement, le représentant de chacun des Ministres. Il reçoit de la Présidence du Conseil des directives générales. Il est obligatoirement destinataire de toutes les instructions générales adressées par le Président du Conseil et par les Ministres aux chefs de Circonscriptions administratives, et il est chargé d'harmoniser dans les cercles l'exécution des instructions.
En retour, il est obligatoirement destinataire d'une ampliation des correspondances des chefs de Circonscriptions au Président du Conseil et aux Ministres, de façon à pouvoir en toutes circonstances :
- donner aux chefs de Circonscriptions l'esprit dans lequel doivent être mises en application les instructions et les directives du Gouvernement ;
- donner au Gouvernement tous renseignements complémentaires et son avis sur les propositions et les suggestions des cercles.
Le Gouverneur de région, en sa qualité d'inspecteur régional de l'administration, a mission permanente d'inspection et de coordination des cercles compris dans la région ».

principe, dans ce domaine, était celle des commandants de cercle et de leurs adjoints ; le gouverneur ne pouvait intervenir que subsidiairement, pour appuyer leurs demandes de renforts des forces de l'ordre. Ces dispositions pouvaient affaiblir le rôle de coordonnateur que la loi reconnaissait par ailleurs au gouverneur.

Le décret n° 61.482 du 20 décembre 1961 va intervenir pour préciser et renforcer ces compétences[24]. D'autres attributions sont reconnues au Gouverneur par le même décret[25] .

La doctrine sénégalaise qualifie souvent le système institué en 1960 d'administration de développement par opposition à l'Administration classique de type colonial qui serait une administration de commandement.

Cette conception s'explique par le fait que les structures et les compétences créées par la loi n° 60.015 du 13 janvier 1960 dont les principes relèvent de l'administration classique n'étaient pas une fin en elles-mêmes, mais des instruments de développement que les chefs

---

[24]Article premier : Le Gouverneur de région, délégué du Gouvernement et représentant de chacun des ministres dans la région, reçoit du Président du Conseil toutes directives concernant l'application de la politique générale du Gouvernement. Il reçoit de même, de chacun des ministres, les directives concernant l'application de la politique de chaque département dans la région. Il répercute sur les échelons secondaires les directives qu'il reçoit, sans marge d'interprétation dans les domaines purement techniques, mais en faisant jouer toute sa responsabilité de représentant du Gouvernement dans les domaines qui débordent la technique pure.
Article 2 : Le Gouverneur chargé de veiller à l'exécution des lois et règlements ainsi que des décisions gouvernementales exerce ce pouvoir par les instructions qu'il donne à tous les échelons régionaux dans le cadre de la procédure définie ci-dessus. Il pourra notamment, en cas d'urgence, suspendre l'exécution de toute mesure s'il la juge contraire à la politique gouvernementale à charge d'en rendre compte immédiatement aux instances gouvernementales intéressées.
Il pourra également ordonner directement, s'il y a urgence, toute mesure conservatoire conforme aux lois et règlements aux échelons régionaux, afin que ne soit point compromise l'exécution régionale de la politique gouvernementale à charge d'en rendre compte comme il est dit ci-dessus ».

[25]Il s'agit notamment de la coordination de l'action administrative des Commandants des cercles et des services techniques régionaux ; du pouvoir de notation sur les fonctionnaires et agents civils de l'État en service dans la région ; du pouvoir de suspension de tout fonctionnaire ou agent civil de l'Etat ou d'un établissement public en service dans la région en cas de faute grave et d'urgence ; du maintien et du rétablissement de l'ordre sous réserve des compétences reconnues en cette matière aux Commandants des cercles, notamment lorsqu'il s'agit de problèmes débordant le cadre d'un seul cercle.

des unités administratives devaient promouvoir. C'est la raison pour laquelle, à chaque niveau de l'administration classique (État, région, cercle, arrondissement), étaient créés des organismes à caractère économique et social formant ainsi une structure parallèle à celle de l'administration classique.

La réforme de 1960 voulait faire du gouverneur la cheville ouvrière du développement au niveau de la région. Bien que la loi n° 60.015 du 13 janvier 1960 reste laconique sur ses compétences en matière économique, le décret n° 61.482 du 20 décembre 1961 en énumère quelques-unes[26]. C'est l'adjoint au développement qui assiste le gouverneur dans l'exercice de ses compétences économiques. En particulier, il est rapporteur de plein droit des travaux du comité régional de développement.

Il s'agissait, certes, d'attributions embryonnaires et il est certain que le gouverneur n'avait pas les moyens de maîtriser l'ensemble des problèmes économiques de la région ; mais il ne faut pas perdre de vue que la réforme intervenait moins de deux ans après l'indépendance, et à un moment où la politique de planification du gouvernement n'était qu'en gestation.

Le paradoxe de la réforme de 1960, c'était de donner au commandant de cercle des pouvoirs plus précis et souvent plus étendus que ceux attribués au Gouverneur de région[27].

---

[26] Coordonnateur des services économiques de la région, président du comité régional de développement, tutelle et contrôle sur les personnes morales autres que les communes, situées dans la région.

[27] Ainsi, dès 1960, la loi fait du Commandant de cercle :
- le dépositaire, dans sa circonscription des pouvoirs de la République ;
- le représentant de chacun des ministres ;
- le représentant des intérêts de l'État ;
- l'autorité chargée de l'exécution des lois et des règlements.

En outre, il coordonne l'action administrative des services de l'État dans sa circonscription et assure la tutelle sur les collectivités locales.

La loi attribue au commandant de cercle d'importants pouvoirs de police. Il est seul responsable du maintien de l'ordre et de la sécurité publique dans sa circonscription, le Gouverneur ne pouvant dans ce domaine que l'assister. Il dispose également des pouvoirs de police dans les communes de plein exercice, de moyen exercice et dans les communes mixtes.

Le commandant de cercle coordonne les services administratifs situés dans sa circonscription et est assisté d'un adjoint.

Le chef d'arrondissement, soumis au pouvoir hiérarchique et au contrôle du commandant de cercle, avait aussi des attributions importantes[28].

Quant au chef de village, nommé par le ministre de l'Intérieur sur proposition du commandant de cercle, il exerçait son autorité sur l'ensemble des familles, ainsi que sur les étrangers établis ou de passage dans le village.

§2 : Les réformes de 1964

Nous allons aborder successivement la réforme du 3 avril 1964, la création des communautés rurales, l'apparition de la première commune à statut spécial et l'introduction d'un code de l'administration communale.

L'objectif de la réforme du **3 avril 1964** était de mieux coordonner les circonscriptions territoriales et, finalement, de les hiérarchiser. Cette réforme se justifiait du fait que, dans la pratique, les gouverneurs s'étaient imposés comme supérieurs hiérarchiques des autres chefs des unités administratives, alors que la loi n° 60.015 du 13 janvier 1960 voulait les cantonner dans le rôle d'animation et de coordination. Il fallait donc modifier cette loi n° 60.015 du 13 janvier 1960 pour l'adapter aux faits. Comme entre temps la Constitution du 7 mars 1963 était entrée en vigueur et qu'elle opérait, notamment en ses articles 56 et 65, une nouvelle répartition des domaines de la loi et du règlement, le Gouvernement eut recours à la procédure de l'article 65, alinéa 2 de la Constitution pour faire déclarer par la Cour Suprême le caractère réglementaire de cette loi. Dans son arrêt n° 4/C/63 du 13 juillet 1963, la Cour Suprême décide que la réforme de

---

[28] Il était chargé de :
-veiller à la sécurité publique dans sa circonscription ;
-veiller à l'application des lois et des règlements ainsi que des décisions des autorités supérieures ;
-prêter assistance aux autorités administratives, judiciaires, ainsi qu'aux représentants des services techniques dans l'accomplissement de leur mission ;
-effectuer le recensement des populations des villages dépendant de son arrondissement ;
-représenter le commandant de cercle auprès des Centres d'expansion rurale et exécuter les directives gouvernementales relatives au fonctionnement des coopératives villageoises.

l'Administration relève du pouvoir réglementaire[29]. C'est dans ces conditions que fut pris le décret n° 64.282 du 3 avril 1964 relatif à l'organisation administrative de la République. On observe toutefois que la plupart des réformes ultérieures seront opérées par des lois, alors que les dispositions de la Constitution relatives aux domaines respectifs de la loi et du règlement n'ont fait l'objet d'aucune modification depuis 1963[30].

La plupart des dispositions du décret de 1964 se bornent en réalité à confirmer les principes posés par les textes antérieurs. Toutefois, les innovations qu'il introduit, bien que peu nombreuses, portent sur des problèmes de fond[31] . Seuls le statut et les attributions des villages n'ont pas été touchés par la réforme.

---

[29]Cette décision est critiquable parce qu'elle n'allait pas dans le sens d'une volonté de créer des collectivités locales autonomes. Nous constatons que le juge constitutionnel a eu une attitude timide en voulant confier la réforme de l'administration au Gouvernement.

[30] La volonté politique d'asseoir une véritable politique de décentralisation justifie l'abandon de la jurisprudence constitutionnelle et la consécration de dispositions constitutionnelles qui posent le principe de la libre administration des collectivités locales.

[31] **En ce qui concerne la région.** Le Gouverneur est désormais nommé parmi les fonctionnaires appartenant à la hiérarchie A. II a le monopole de la correspondance avec le Président de la République et les ministres. Il assure de plein droit les responsabilités préfectorales au cas où un département de la région se trouverait dépourvu de préfet ou d'adjoint.
Le Gouverneur devient supérieur hiérarchique des préfets, fonctionnaires et agents civils de l'État et des établissements publics en service dans la région. Il fixe les attributions de leurs adjoints et peut leur consentir des délégations de signature. Il coordonne l'activité des services publics et transmet à leurs représentants les instructions du Président de la République.
Ses attributions en matière économique sont renforcées. Ainsi, il est commissaire du Gouvernement auprès de l'assemblée régionale, du centre régional d'assistance pour le développement, préside les travaux du comité régional de développement, maintient une liaison étroite avec les comités départementaux de développement, participe à l'élaboration des programmes régionaux de développement économique et social et les exécute, préside le comité régional de l'urbanisme et de l'habitat, ainsi que tous les comités consultatifs créés au niveau de la région.
En ce qui concerne le cercle. Le cercle devient département administré par un préfet nommé par décret parmi les fonctionnaires du corps des administrateurs civils ou des attachés d'administration et assisté de deux adjoints nommés dans les mêmes formes et conditions. Il n'a pas le monopole de toutes les correspondances adressées aux services situés dans le département, mais celles n'ayant pas un caractère purement technique doivent l'être sous son couvert.

Les collectivités décentralisées au Sénégal à cette époque étaient les communautés rurales et les communes. Avant 1972, sont créées les communautés rurales de la première génération. L'article 12 de la loi n° 60.015 du 13 janvier 1960 précitée les décrit de la manière suivante : « A l'intérieur des arrondissements, il peut être institué des groupements de villages qui prennent le nom de communauté rurale... Chacune de ces communautés rurales est désignée par le nom de son chef-lieu qui est le centre habituel des activités commerciales, économiques et sociales et le siège de la coopérative villageoise de production pour l'ensemble des villages ou groupement de villages considéré ».

Les communautés rurales étaient des collectivités inspirées par la doctrine du socialisme démocratique qui était et reste toujours celle du parti majoritaire au pouvoir au Sénégal. Leur fonctionnement était intimement lié à deux autres institutions : les coopératives villageoises dont l'ancien Président du Conseil jusqu'en décembre 1962, Mamadou Dia, était l'un des grands théoriciens, et les terres du domaine national.

La loi du 17 juin 1964 sur le domaine national prévoyait que les communautés rurales seraient créées par décrets sur proposition du gouverneur après avis du Comité Régional de Développement (CRD), et effectivement, plusieurs décrets étaient intervenus sous l'empire de cette loi pour créer des communautés rurales dans chacune des régions alors existantes. Ces communautés rurales sont dites de la première génération parce qu'elles disparaîtront en 1972 lorsque seront créées des collectivités décentralisées portant le même nom, mais différentes, aussi bien dans leurs structures que dans leurs missions. Mais elles ne doivent pas être considérées comme une simple curiosité historique.

Supérieur hiérarchique des chefs d'arrondissement, il exerce la plupart des compétences qui revenaient au Commandant de cercle, notamment en matière de coordination des services publics, de police, de sécurité et de maintien de l'ordre, auxquelles s'ajoutent des compétences en matière économique ; en effet, il préside le comité départemental de développement et contrôle l'action des Centres d' Expansion Rurale.

En ce qui concerne l'arrondissement. Le chef d'arrondissement est nommé par décret parmi les fonctionnaires de la hiérarchie C. Il est soumis au pouvoir hiérarchique et au contrôle du préfet. Ses attributions restent celles fixées par les textes antérieurs.

Elles constituent la première tentative sérieuse de décentralisation originale, en ce sens qu'il s'agissait de créer des structures qui n'avaient pas d'équivalent dans le système colonial et qui reposaient sur des réalités socio-économiques locales. Elles ont en outre permis au Gouvernement d'entrevoir les problèmes que la gestion des terres du domaine national allait soulever.

Contrairement aux communautés rurales, les communes sont héritées de la colonisation. En réalité, la politique du Gouvernement en matière de commune à statut spécial est plutôt hésitante et fluctuante. En effet, la loi n° 60.028 du 1er février 1960 portant création des assemblées régionales prévoyait dans son article 1er : « l'assemblée régionale du Cap-Vert sera créée et organisée par un texte spécial ». Ceci impliquait que cette région et par suite la commune de Dakar seraient dotées d'un statut particulier. Et effectivement, la loi n° 61.01 du 14 janvier 1961 portant réorganisation des communes de Dakar et Gorée[32] instituait le premier statut spécial de la commune de Dakar, même si l'expression n'était pas utilisée dans la loi elle-même.

La loi n° 64.02 du 19 janvier 1964 confirme cette évolution. La commune de Dakar reste une commune à statut spécial. Ce régime sera consacré, en 1966, par l'article 2 du premier Code de l'administration communale selon lequel « en raison de leur particularité, certaines communes peuvent être dotées d'un statut spécial fixé par la loi et dérogeant aux règles… régissant les autres communes »[33].

Désormais, les limites territoriales de la nouvelle commune de Dakar coïncident avec celles de la région du Cap-Vert. En conséquence, la loi n° 64.03 du premier janvier 1964 modifie la loi du 1er février 1960 relative aux assemblées régionales et supprime l'assemblée régionale du Cap-Vert[34]. Or, pour des raisons qui restent à

---

[32] - *JO* n°3431 du 31 janvier 1961, pp.111-112

[33] La même loi supprime la commune de Rufisque et divise la nouvelle commune de Dakar en neuf arrondissements : Plateau, Médina, Grand Dakar, Yoff, Dagoudane-Pikine, Gorée, Rufisque-ville, Bargny et Sébikotane.

[34] La commune de Dakar est administrée par le Gouverneur de la région du Cap-Vert qui cumule ainsi ses fonctions avec celles notamment conférées aux maires dans les autres communes. Il peut déléguer une partie de ses compétences à ses adjoints qui, par ailleurs, le suppléent en cas d'absence ou d'empêchement. Les arrondissements sont administrés par les délégués du Gouverneur.

découvrir, le gouvernement décide en 1965 de doter la commune de Saint-Louis d'un statut spécial identique à celui de Dakar. C'est l'objectif de la loi n° 65.46 du 25 juin 1965 portant réforme du régime municipal de la commune de Saint-Louis[35]. Mieux, il entreprend d'aligner sur le modèle de Saint-Louis plusieurs communes chefs-lieux de région : Thiès, Kaolack, Diourbel, Tambacounda et Ziguinchor. Le mouvement est brusquement arrêté en 1972 avec l'adoption de la loi n° 72.63 du 26 juillet fixant le régime municipal des communes chefs-lieux de région autres que la commune de Dakar : les communes chefs-lieux de région sont désormais alignées non plus sur Saint-Louis, mais sur Dakar.

Jusque-là, les communes restaient régies par la loi française du 5 avril 1884 reprise et adaptée par la loi du 18 novembre 1955. L'unification de leurs régimes juridiques sera finalement consacrée par la loi n° 66.64 du 30 juin 1966 portant Code de l'administration communale. En réalité, il s'agit de la reprise pour le Sénégal de la loi municipale française ; ainsi, dans de nombreux cas, le Code reprend la numérotation de la loi municipale française. Il est divisé en plusieurs titres qui, jusqu'à la fin de l'année 1996, forment désormais le cadre juridique de la décentralisation communale.

Les modifications intervenues depuis l'adaptation de ce code n'ont pas affecté son esprit : la commune reste étroitement surveillée par le pouvoir central.

L'année 1972 est importante dans l'histoire des réformes de l'administration territoriale au Sénégal. C'est en effet à cette date-là qu'ont été créées les structures et définis les principes qui régissent toujours les administrations centralisées de l'État ainsi que les collectivités décentralisées.

Le Conseil municipal, composé alors de 80 membres est élu au scrutin de liste majoritaire à un tour. Il élit en son sein un Président du Conseil municipal chargé de convoquer ses sessions ordinaires et extraordinaires, et de les présider ; il assure en outre la police de l'Assemblée. Le Président est assisté de six Vice-présidents et deux Secrétaires, tous élus au début de la première session ordinaire de chaque année.

[35] - *JO* n°3755 du 17 juillet 1965, pp.785-787.

§3 : La réforme de 1972

La loi n° 72.02 du 1er février 1972 va introduire des nouveautés. Selon son article 1er, l'ensemble du territoire de la République est divisé en sept régions ; chaque région, la région du Cap-Vert exceptée, est divisée en départements ; chaque département est divisé en communes d'une part et en arrondissements d'autre part ; chaque arrondissement est divisé en communautés rurales ; la communauté rurale comprend un certain nombre de villages appartenant au même terroir et constitue l'échelon de participation des populations ; le village, constitué par la réunion de plusieurs familles ou carrés en une seule agglomération, est la cellule administrative de base.

Cette technique de réglementation est critiquable pour différentes raisons.

La loi porte à la fois sur des structures de l'Administration d'État (régions, départements, arrondissements, villages) et sur une structure décentralisée, la communauté rurale, à laquelle elle consacre son Titre V. Or, la loi n° 72.25 du 19 avril 1972 est relative, exclusivement aux communautés rurales ; cette loi aurait pu créer cette collectivité et fixer les règles de son organisation. Cependant, si l'on souhaitait qu'une même loi régisse l'ensemble des structures territoriales d'État et décentralisées, il convenait d'y intégrer toutes les dispositions relatives à l'ensemble de ces collectivités. Enfin, l'article premier de la loi, 3ème et 4ème alinéas, vise les communes et les communautés rurales comme des subdivisions du département et de l'arrondissement. Apparemment, la référence à ces collectivités décentralisées s'explique par le fait que leurs représentants siègent dans les organes délibérants de ces circonscriptions. Toutefois, la rédaction de la loi est maladroite en ce qu'elle semble hiérarchiser les départements et les communes, d'une part, les arrondissements et les communautés rurales, d'autre part.

Apparemment, le Gouvernement voulait donner une certaine solennité à la réforme de 1972 et marquer son importance dans le mouvement des réformes administratives ; c'est sans doute ce qui explique le recours à la loi parlementaire qui avait pour ambition d'être une grande loi d'orientation de la réforme administrative. C'est ce qui explique qu'elle ne dissocie pas les structures territoriales d'État des structures territoriales décentralisées, mais au contraire s'efforce de les enchaîner ensemble.

A cela s'ajoutent des préoccupations politiques et pratiques. La nouvelle réforme devait asseoir la doctrine de la participation responsable qui, dans sa formulation d'alors, impliquait une association étroite des populations à la gestion de leurs affaires, mais sous la surveillance du pouvoir central. Dans ces conditions, tout était lié : la réforme de l'Administration d'État était inséparable de la réforme de l'administration décentralisée. C'est sans doute la raison pour laquelle la réforme n'a été mise en œuvre que progressivement, à mesure que toutes les structures (de l'Administration d'État et de l'administration décentralisée) pouvaient fonctionner. Il faut cependant remarquer que, si tels étaient les objectifs de la réforme, la technique de réglementation utilisée pour les atteindre n'était pas satisfaisante.

La grande innovation de la réforme, c'est la création des communautés rurales de la deuxième génération. Ce sont ces nouvelles collectivités décentralisées qui entraînent et justifient en grande partie la réforme de l'institution communale, ainsi que le réaménagement des circonscriptions de l'Administration d'État.

L'entrée en vigueur de cette loi s'est faite à des dates, fixées par décret, différentes selon les régions. Ces dates étaient fixées de manière à mettre simultanément en application de nouvelles dispositions du Code de l'administration communale prescrites par la loi n° 72.64 du 26 juillet 1972[36].D'autres mesures avaient été prises pour la commune de Louga[37].

---

[36] Dans l'ordre chronologique, ces mesures sont donc entrées en vigueur aux dates ci-après :
-1er août 1972, région de Thiès ;
-1er juillet 1974, régions de Casamance, du Fleuve, du Sénégal Oriental, du Sine-Saloum ;
-1er juillet 1976, région de Diourbel

[37] . En effet, la région de Louga n'a été créée que plus tard par la loi n°76.61 du 26 juin 1976 avec effet au 1er juillet 1976. Deux séries de dispositions ont été prises pour doter Louga, sa commune chef-lieu, d'un statut spécial.
D'abord, la loi n°76.62 du 26 juin 1976 étend à la commune de Louga certaines dispositions de la loi n°72.63 du 26 juillet 1972. Ces dispositions concernent la composition du conseil municipal (37 membres dont 33 élus au suffrage universel et 4 désignés par des organismes à caractère économique et social) ; la composition du bureau du conseil municipal (un Président, trois Vice-présidents, un syndic et un secrétaire). Cette loi fixe sa propre entrée en vigueur au 1er juillet 1976.

Selon l'article 46 de la loi n° 72.63 du 26 juillet 1972 à compter de la date d'entrée en vigueur de la réforme, le mandat des conseils municipaux des communes concernées pourra être abrégé de manière à permettre leur renouvellement. La loi n° 72.63 du 26 juillet 1972 ne comporte en réalité aucun principe nouveau de gestion et d'administration par rapport aux règles applicables à la commune de Dakar. Les innovations qu'elle introduit sont plutôt d'ordre organico-formel. Un administrateur municipal nommé par décret représente le pouvoir central et exerce à l'égard de la commune les mêmes attributions que celles qu'exerçait le gouverneur de la région du Cap-vert avant l'intervention de la loi n° 79.58 du 25 juin 1979 à l'égard de la commune de Dakar. Il est assisté d'un adjoint également nommé par décret.

La composition des conseils municipaux reste paritaire mais la proportion des membres élus et des membres représentant les groupements à caractère économique et social varie d'une commune à l'autre[38].

Cette loi n° 72.64 du 26 juillet 1972 abrogeant et modifiant certaines dispositions du Code de l'administration communale est la première révision importante de ce code adopté en 1966 qui s'applique, comme l'on sait, aux communes de droit commun, mais aussi aux communes à statut spécial dans celles de ses dispositions

---

Ensuite, il s'est avéré que ce n'étaient pas certaines dispositions de la loi 72.63 du 26 juillet 1972 qu'il fallait étendre à Louga, mais toute la loi elle-même. On pouvait, en application de son article 46, prendre un décret fixant sa date d'entrée en vigueur pour la nouvelle région de Louga. Le gouvernement a procédé autrement. Estimant que la nouvelle région de Louga est un démembrement de l'ancienne région de Diourbel, il s'est contenté de prendre le décret n°76.698 du 9 juillet 1976 rendant applicable à la région de Louga le décret n°75.1219 du 10 décembre 1975 qui fixait au 1er juillet 1976 la date d'entrée en vigueur de la loi n°72.63 du 26 juillet 1976 dans l'ancienne région de Diourbel.

L'ensemble de ces réformes entre donc en vigueur pour la région de Louga et sa commune chef-lieu le 1er juillet 1976. Il faut seulement remarquer que le décret d'extension n°76.698 est postérieur à la date d'entrée en vigueur de la loi ; non seulement il est du 9 juillet 1976, mais encore il n'a été publié que le 7 août 1976.

[38] 43 membres pour les communes de Kaolack, Saint-Louis et Thiès dont 37 élus au suffrage universel et 6 représentants des organismes à caractère économique et social[38] ; 37 membres pour les communes de Diourbel, Louga, Tambacounda et Ziguinchor, dont 33 élus au suffrage universel et 4 représentants des groupements à caractère économique et social[38]. De même, le nombre de membres du bureau et spécialement le nombre de vice-présidents varie selon l'importance de la commune.

auxquelles il n'est pas dérogé par les lois spéciales régissant ces communes[39].

§4: La réforme à partir de 1983

L'année 1983 peut être considérée comme celle de l'achèvement des grandes réformes entreprises en 1972, notamment en ce qui concerne les collectivités décentralisées. Dakar et sa région occupent une place particulière dans cette évolution.

A : L'aboutissement de la réforme relative aux communautés rurales

Tout d'abord, à la suite des enseignements du fonctionnement des communautés rurales de la première génération, le Gouvernement met en œuvre la réforme de 1972 par étapes, empiriquement : un décret introduit d'abord la nouvelle réforme dans une région déterminée ; ensuite, un autre décret intervient, portant création des communautés rurales qui sont instituées dans la région concernée c'est tout le territoire de la région, à l'exception des parties constituant le ressort territorial des communes, qui est couvert par les communautés rurales.

Quelques années plus tard, on procède de la même manière dans une autre région, jusqu'à ce que la nouvelle réforme s'étende sur

---

[39]La révision qui porte sur 37 articles du code concerne :
- la composition des conseils municipaux (article 16) ;
-l'élection des conseillers municipaux (articles 17 à 20) ;
-les conditions d'élection, d'éligibilité ainsi que le régime des incompatibilités des conseillers municipaux (articles 21 à 24 et 27) ;
- le fonctionnement des conseils municipaux, notamment la composition du bureau municipal (article 29), le quorum (article 34), la participation des agents de l'État aux séances du conseil municipal (article 37) et le régime des délégations des pouvoirs (article 43) ;
- les attributions des autorités municipales (articles 44 à 49) ;
- le régime disciplinaire : démission, suspension, dissolution du conseil municipal (articles 58, 60) ;
- le statut du maire et de ses adjoints (articles 82, 84, 85, 86, 90) ;
- la police municipale (article 92, 93) ;
- le remplacement du maire par l'autorité de tutelle (article 115) ;
- les dépenses communales (articles 170, 171) et les contrats communaux (article 200).

l'ensemble du territoire national. En outre, à mesure que l'on crée les nouvelles communautés rurales dans le cadre de la réforme de 1972, on supprime celles qui avaient été créées sous l'empire de la loi sur le domaine national[40].

La réforme a pu ainsi être instituée dans les régions dans un ordre chronologique[41]. Après la réorganisation administrative opérée par la loi n° 84.22 du 24 mars 1984 portant création de dix régions et le nouveau découpage territorial qui s'en est suivi, les communautés rurales, comme les communes et leurs départements de rattachement, ont été réparties entre les nouvelles régions.

---

[40] Seule, semble-t-il, la communauté rurale de Lagbar dans l'actuelle région de Louga n'a pas été supprimée par la réforme de 1972.

[41] -région de Thiès (1972) ;
-région du Sine-Saloum (1974) ;
-région de Diourbel (1976) ;
-région de Louga (1976) ;
-région de Casamance (1978) ;
-région du Fleuve (1980) ;
-région du Sénégal Oriental (1982) ;
-région du Cap-Vert (1983).

Dans un cas au moins, il a paru nécessaire de réaménager la structure de certaines communautés rurales. Comme l'on sait, les communautés rurales sont constituées par des villages appartenant au même terroir, mais dont le nombre ne peut être fixé a priori et une fois pour toutes. Il peut donc être nécessaire de modifier les limites de certaines communautés rurales compte tenu des mouvements de la population ou de la croissance démographique. C'est ce qui explique le rattachement, par le décret du 18 septembre 1984, de la communauté rurale de Kéré Mbaye à celle de Touba. Le rapport de présentation de ce décret est significatif des problèmes que la création des communautés rurales a pu soulever.

Il est d'abord expliqué que les deux communautés rurales ne forment qu'une unité géographique, du fait qu'elles sont séparées de 6 km seulement l'une de l'autre, que leurs populations sont unies par de « multiples liens historiques, culturels et économiques » et qu'en réalité « Kéré Mbaye se présente comme une communauté satellite de celle de Touba » ; enfin, ce rattachement fera acquérir à la nouvelle communauté une taille optimale lui permettant de disposer des ressources nécessaires à son propre développement. La nouvelle communauté sera ainsi économiquement et financièrement plus viable. On peut aussi penser que, dans ce cas-là comme dans bien d'autres, les préoccupations politiques n'ont pas été totalement absentes.

B : Les mesures relatives à la commune

Trois séries de mesures relatives à la commune sont prises.

La première mesure tend à harmoniser la mise en place des nouvelles structures locales. Étant donné que la réforme avait été introduite progressivement dans différentes régions du Sénégal, les élections locales pouvaient déjà être organisées dans certaines régions, alors que dans d'autres il était nécessaire d'attendre l'achèvement de la réforme. Cela explique la décision du Gouvernement, soit de proroger, soit d'abréger les mandats de certains conseils selon le cas, afin que les élections locales ne se déroulent que lorsque toutes les structures locales auront été mises en place, y compris dans la nouvelle région du Cap-Vert. C'est le sens de la loi n° 84.13 du 4 janvier 1984[42] qui fixe au 25 novembre 1984 la date du renouvellement général des conseils municipaux et ruraux, proroge jusqu'à la même date les mandats des conseils municipaux à l'exception de celui de Dakar, et des conseils ruraux, décide que dans les communes où étaient instituées des délégations spéciales les mandats de celles-ci seraient prorogés jusqu'au 25 novembre 1984 et décide que la loi portant réorganisation de la région du Cap-Vert n'entrera en vigueur qu'au 1er juillet 1984.

La deuxième mesure concerne la modification de l'article 17 du Code de l'administration communale[43] qui fixe la composition des conseils municipaux des communes de droit commun.

La troisième mesure édictée par la loi n° 84.23 du 24 mars 1984 concerne les communes chefs-lieux de région autres que la commune de Dakar[44]. Tenant compte, à la fois, du nouvel article 17 du Code de l'administration communale, tel qu'il résulte de la loi précitée du 24 février 1984, et de la loi n° 84.22 du 24 mars 1984 portant création des régions de Fatick, Kolda et Ziguinchor, elle fixe la composition des

---

[42] *JO* n°4987 du 28 janvier 1984, p.60.

[43] Loi n°84.18 du 2 février 1984, abrogeant et remplaçant l'article 17 du Code de l'Administration Communale, *JO* n°4991 du 25 janvier 1984, pp.115-116.

[44] Loi n°84.23 du 24 mars 1984 abrogeant et remplaçant les articles 5 et 7 de la loi n°72.63 du 26 juillet 1972 fixant le régime municipal des communes chefs-lieux de région autres que la commune de Dakar, JO n°5000 du 2& avril 1984, pp.241-242.

conseils municipaux ainsi que les bureaux des communes à statut spécial[45].

La réforme étant achevée sur ce point, il était enfin possible de présenter dans un document unique la composition de l'ensemble des conseils municipaux du Sénégal. C'est l'objet de l'arrêté n° 11.964 du 17 septembre 1984 fixant la composition des conseils municipaux des communes du Sénégal[46]. Cette mesure est ultérieurement complétée par le décret n° 84.1499 du 19 décembre 1984 fixant les modalités de désignation des conseillers représentant les groupements à caractère économique ou social au sein des conseils municipaux[47].

Les réformes intervenues en 1984 et en 1990 tendent à répondre à la rationalisation des structures territoriales de l'État et à l'harmonisation du statut des communes. Le Gouvernement a procédé en deux étapes. Tout d'abord, la loi n° 84.22 du 24 mars 1984 réaménage des régions[48]. Le Sénégal est donc divisé en dix régions qui comprennent chacune trois départements[49]. Lors des débats à l'assemblée nationale sur le vote de cette loi, les députés avaient souligné plusieurs questions dont certaines paraissent pertinentes. En

---

[45]- Chacune des communes de Diourbel, Kaolack, Saint-Louis, Thiès et Ziguinchor comprend 43 conseillers dont 37 élus et 6 représentant les groupements à caractère économique ou social : chacune est, en outre, dotée d'un Président de Conseil municipal, de 5 Vice-présidents, d'un syndic et d'un secrétaire.

- Chacune des communes de Kolda, Louga et Tambacounda comprend 37 conseillers dont 33 élus et 4 représentant les groupements à caractère économique ou social : chacune est en outre dotée d'un Président du Conseil municipal, de 3 Vice-présidents, d'un syndic et d'un secrétaire.

- La commune de Fatick comprend 31 conseillers dont 27 élus et 4 représentants des groupements à caractère économique et social ; elle est en outre dotée d'un Président de conseil municipal, de deux Vice-présidents, d'un syndic et d'un secrétaire.

[46] *JO* n°5026 du 22 septembre 1984, pp.642-643.

[47] *JO* n°5041 du 22 décembre 1984, pp.808-813.

[48] D'abord, elle divise l'ancienne région de Casamance en deux nouvelles régions : celle de Ziguinchor regroupant les départements de Bignona, Oussouye et Ziguinchor et celle de Kolda, comprenant les départements de Sédhiou, Vélingra et Kolda. Ensuite, elle divise l'ancienne région de Sine-Saloum en deux nouvelles régions, celle de Fatick comprenant les départements de Fatick, Foundiougne et Gossas et celle de Kaolack regroupant les départements de Kaolack, Kaffrine et Nioro-du-Rip.Enfin, la nouvelle loi uniformise l'appellation des régions qui prennent désormais le nom de la commune chef-lieu.

[49]A savoir, dans l'ordre alphabétique, les régions de Dakar, Diourbel, Fatick, Kaolack, Kolda, Saint-Louis, Tambacounda, Thiès et Ziguinchor.

réalité, la loi serait inspirée par les troubles survenus récemment en Casamance. Il s'agirait, en supprimant le mot même de Casamance, de conjurer les tentatives de séparatisme que l'on observait dans cette région. En sens inverse, d'autres députés suggéraient dans un proche avenir, la division de la Casamance en quatre régions. Sans préjuger de la suite qui sera réservée à cette dernière suggestion, il est possible qu'en raison de son étendue le département de Sédhiou demande à être érigé en région ; en outre, alors que tous les autres départements comptent trois ou quatre arrondissements, ce département est le seul à en compter cinq. Cette loi comporterait aussi certaines lacunes en ce qui concerne l'ancienne région du Sine-Saloum. Ainsi, certains députés proposaient que la région de Fatick regroupe les départements de Fatick, Foundiougne et Kaolack et que la région de kaolack comprenne les départements de Gossas, Kaffrine et Nioro-du-Rip. Selon eux, un tel découpage serait plus conforme aux intérêts des populations et faciliterait la communication entre les différents départements. D'autres députés, enfin, proposaient la création dans l'ancien Sine-Saloum d'une troisième région, celle de Kaffrine. Le Gouvernement a pu réfuter ces arguments et faire adopter son projet de loi.

Ensuite, le ressort territorial des nouvelles unités administratives ainsi que leurs chefs-lieux sont fixés par le décret n° 84.502 du 2 mai 1984 qui donne la liste par région des communes, départements, arrondissements et communautés rurales. Jusqu'à présent, un décret distinct était pris pour chaque région, déterminant pour son conseil régional et ses conseils départementaux et d'arrondissement le nombre de membres et les organismes habilités à désigner les représentants des groupements à caractère économique ou social. Désormais, un seul décret est pris pour l'ensemble du territoire. C'est le décret n° 84.1500 du 19 décembre 1984 fixant les modalités d'élection et de désignation des conseillers régionaux, départementaux et des conseillers d'arrondissement des régions de Diourbel, Fatick, Kaolack, Kolda, Louga, Saint-Louis, Tambacounda, Thiès et Ziguinchor[50]. Pour chacun des différents conseils, le décret fixe le nombre total des membres élus et des membres désignés, ainsi que la liste des groupements à caractère économique ou social appelée à proposer les

[50] *JO* n°5041 du 22 décembre 1984, pp.813-827 ; errata *JO* n°5046 du 19 janvier 1985, p.44 et *JO* n°5060 du 27 avril 1985, p.218.

membres désignés en précisant, pour chacun de ces groupements, le nombre de conseillers qu'il est habilité à proposer.

Trois séries de mesures tendent à harmoniser le statut des communes. Premièrement, il s'agit de la suppression du statut spécial des communes chefs-lieux de région. C'est l'objet de la loi n° 90.35 du 8 octobre 1990. Elle se justifie, selon l'exposé des motifs de la loi, par le fait que les raisons qui avaient motivé la création d'un statut spécial pour ces communes ont disparu. L'une de ces raisons, le manque de cadres de haut niveau capables de gérer les agglomérations de la taille des capitales régionales, avait conduit le gouvernement à nommer des administrateurs municipaux auprès de ces communes. Cette institution n'a plus de raison d'être du fait de la présence en nombre croissant de cadres compétents aussi bien au sein des conseils municipaux que dans les services administratifs et techniques des communes. Deuxièmement, de nouvelles communes et communautés rurales sont créées. La croissance démographique justifie la création de nouvelles communes. Dans la région de Dakar, il a fallu d'abord modifier la loi n° 83.48 du 18 février 1983 portant réorganisation administrative de la région du Cap-Vert. Son article premier fixait limitativement à trois le nombre de communes dans cette région, à raison d'une commune par département (Dakar, Pikine et Rufisque-Bargny). La loi n° 90.36 du 8 octobre 1990 modifie cette disposition en prévoyant que chaque département de cette région comporte une ou plusieurs communes et, éventuellement, une ou plusieurs communautés rurales. Sur ce fondement, le décret n° 90.1134 du 8 octobre 1990 crée deux nouvelles communes : la commune de Guédiawaye dans le département de Pikine et la commune de Bargny dans le département de Rufisque. Afin de permettre à ces deux nouvelles communes de siéger au comité de la Communauté Urbaine de Dakar, le décret n° 90.1138 du 8 octobre 1990 porte le nombre de ses délégués à quinze[51]. Dans les autres régions, sont créées de

[51] - cinq pour la commune de Dakar dont le maire ;
-trois pour la commune de Pikine dont le maire
-trois pour la commune de Guédiawaye dont le maire ;
-deux pour la commune de Bargny dont le maire ;
-et deux pour la commune de Rufisque dont le maire.

nouvelles communes[52], ce qui porte le nombre de communes à quarante (40).

La loi n° 9037 du 8 octobre 1990 renforce les compétences des conseils ruraux et de leurs présidents, en leur transférant certaines attributions importantes qui étaient exercées jusque-là par les autorités de tutelle (en particulier, le président du conseil rural devient ordonnateur du budget de la communauté rurale).

Troisièmement, des mesures relatives à la composition des conseils municipaux et ruraux sont prises. La croissance démographique et l'extension des collectivités décentralisées entraînent un réexamen de la composition de leurs conseils. Pour des raisons politiques, la technique consiste à augmenter le nombre de conseillers pour pouvoir satisfaire le plus grand nombre de tendances possibles. C'est la loi n° 90.34 du 8 octobre 1990 qui fixe les nouveaux paliers pour les conseils municipaux[53].

La nouvelle composition des conseils ruraux est fixée par la loi n° 90.37 du 8 octobre 1990. Le plancher est de 16 membres pour les communautés rurales de moins de 5.000 habitants, et le plafond est de 28 membres pour les communautés rurales de plus de 15.000 habitants.

Ces observations montrent qu'une nouvelle harmonisation est nécessaire entre les communes et les communautés rurales. Le plancher du chiffre de la population des communes aurait dû correspondre au plafond du chiffre de la population des communautés rurales. Autrement dit, on devrait poser comme principe que le chiffre

---

[52]Dahra (département de Linguère, région de Louga) ; Goudomp (département de Sédhiou, région de Kolda) ; Marsassoum (département de Sédhiou, région de Kolda) ; Thionk-Essyl (département de Bignona, région de Ziguinchor) ; Ndioum (département de Podor, région de Saint-Louis) ; Ourrossogui (département de Matam, région de Saint-Louis) ; Pout (département de Thiès, région de Thiès) ; et Dioffior (département de Fatick, région de Fatick).

[53] Avec un plancher de 20 membres élus pour les communes de 1.000 à 2.000 habitants et un plafond de 90 membres élus pour les communes de plus de 600.000 habitants. Quant aux conseillers représentant les groupements à caractère économique ou social, la loi fixe un plancher de trois membres pour les communes de 1.000 à 2.000 habitants et de 20 membres pour les communes de plus de 600.000 habitants. L'application de ces principes à la commune de Dakar par exemple, qui compte plus de 600.000 habitants, aboutit à un conseil municipal de 90 membres élus, plus 20 membres cooptés, soit 110 conseillers municipaux. Il s'agit là, manifestement, d'un effectif pléthorique.

de la population de la plus petite commune devrait être supérieur à celui de la plus grande communauté rurale. Or, dans le système actuel, et sur le palier 1.000 à 2.000 habitants par exemple, on trouve aussi bien des communes que des communautés rurales.

Le train de mesures législatives adoptées par l'Assemblée Nationale du Sénégal en février 1996 et promulguées en mars 1996 donne à la politique sénégalaise de décentralisation des perspectives nouvelles même si les mécanismes finalement mis en place sont légèrement en retrait par rapport aux intentions de départ.

Section 2 :
La politique de décentralisation à partir de 1996

Le 3 avril 1992, dans le discours traditionnel qu'il prononce chaque année à la veille de la fête de l'Indépendance, le Président Abdou Diouf annonçait sa décision de soumettre à l'Assemblée Nationale un projet de loi transformant les régions en collectivités décentralisées jouissant de la personnalité morale, de l'autonomie financière et dotées de conseils régionaux dont les membres seraient élus au suffrage universel direct[54].

Le président a ainsi exprimé sa volonté de mettre fin à la pratique actuelle qui éloigne les centres de décisions des populations locales. Par cette réforme, les décisions pourront être prises plus rapidement ; en outre, elles seront plus adaptées aux réalités, mieux exécutées, et la réforme conduira à une plus grande responsabilisation des élus locaux ; ils devront désormais s'expliquer devant leurs électeurs des succès ou de l'échec des politiques conduites, avec les conséquences politiques que cela implique. La régionalisation permettra d'approfondir la démocratie en développant la participation populaire. C'est lorsque les populations se prennent en charge pour résoudre leurs problèmes que la démocratie cesse d'être théorique pour devenir quelque chose de concret. De cette manière, pourra d'ailleurs se développer une classe politique locale nécessaire à l'équilibre de la nation. La démocratie cessera de se réduire à des discours tenus par des intellectuels dans les salons confortables de la capitale pour

[54] Voir *Le Soleil* du 5 avril 1992.

devenir des choses vécues, traduisant les préoccupations réelles et concrètes des populations pour assurer un développement harmonieux et équilibré de la nation. L'essentiel des activités économiques et industrielles est, à l'heure actuelle, concentré dans la région de Dakar. Les inconvénients de cette situation, ce sont, entre autres, la pauvreté relative des autres régions par rapport à Dakar et, corrélativement, l'accentuation de l'exode rural. C'est cela que la régionalisation veut corriger : les régions décentralisées, dotées de la personnalité morale et de l'autonomie financière doivent devenir des pôles de développement. Comme elles ont une taille beaucoup plus grande que les communes et les communautés rurales, elles pourront élaborer des plans de développement cohérents, en tirant avantage de leurs positions géographiques pour faire un meilleur usage de leurs ressources naturelles et humaines.

Selon l'expression même du chef de l'État, la réforme tend à réaliser un « saut qualitatif ». Cela signifie qu'il ne s'agit pas d'un simple réaménagement de l'organisation administrative actuelle, mais de la mise en œuvre d'une nouvelle philosophie de l'Administration, d'une nouvelle conception des missions de l'État qui doit se contenter du rôle de facilitateur et laisser aux populations la latitude de prendre les initiatives nécessaires à son développement.

A la suite du remaniement ministériel du 2 juin 1993 était créé un ministère délégué chargé de la décentralisation. La création de ce ministère marque la volonté du gouvernement de poursuivre et de renforcer sa politique de décentralisation. Ce qui conduira l'État sénégalais à adopter le code des collectivités locales en 1996, réforme introduisant une rupture considérable dans la gestion des collectivités locales. Ce code définit les collectivités locales comme des entités dotées de la personnalité morale, de l'autonomie financière et qui s'administrent librement par des conseils élus au suffrage universel. Il n'existe que trois types de collectivités locales : la région, la commune et la communauté rurale.

Si les types de collectivités locales sont limités à trois, leur nombre ne l'est pas : des régions, communes et communautés rurales peuvent être créées selon les procédures prévues par le code.

Le code précise que les collectivités locales ont pour mission la conception, la programmation et la mise en œuvre des actions de développement économique, éducatif, social et culturel avec le concours, le cas échéant, des mouvements associatifs et des groupements communautaires.

Les collectivités locales sont des structures spécialisées ayant des compétences d'attribution. Elles ne peuvent donc exercer que des compétences qui sont fixées par le code et les lois particulières et ne peuvent les exercer que pendant les périodes fixées par le code. Le code aménage donc un champ nouveau voire un droit des collectivités locales. Mais ces objectifs sont loin d'être atteints, ce qui explique peut-être la position des nouveaux dirigeants de l'alternance dans leur stratégie de mise en place de structures plus adaptées et plus efficaces.

L'année 2000 est caractérisée par l'alternance au Sénégal avec l'intervention de nouveaux acteurs qui ont une autre vision de la gestion publique et politique. C'est ainsi que la Constitution du Sénégal est changée par référendum le 07 janvier 2001. Cette Constitution, comme la précédente, consacre le principe de la libre administration des collectivités locales mais introduit une nouveauté en passant sous silence les différentes catégories de collectivités locales.

L'observateur averti pouvait ainsi déceler les intentions des nouveaux gouvernants en matière de décentralisation. Cette nouvelle intention sera exprimée par le président de la République à travers ses projets de réforme sur la provincialisation, la communalisation et la départementalisation, même si ces intentions sont toujours à l'état de projet. Les seules décisions importantes, du point de vue juridique, concernent la loi sur les délégations spéciales en vue de la préparation des élections locales et la loi de modification sur les incompatibilités en matière d'élection locale[55] ou de création d'une nouvelle région[56].

---

[55] La loi sur les délégations spéciales a mis fin aux mandats de tous les élus locaux. Mais la curiosité juridique de cette loi est de mettre en veilleuse la décentralisation car les collectivités locales étaient gérées pendant six mois par des fonctionnaires choisis par l'Etat. Il a fallu attendre six mois pour que de nouvelles élections soient organisées et que la situation redevienne normale.

[56] Le gouvernement vient de créer une nouvelle région au Sénégal. Il s'agit de la région de Matam.

Première Partie

LA CONSTRUCTION JURIDIQUE DE LA DÉCENTRALISATION : UNE CONSTRUCTION ORIGINALE

Cette construction juridique de la décentralisation renvoie à la notion de l'effectivité attendue qui consiste à étudier l'intention du législateur ou du créateur du droit. Elle n'a pas encore reçu l'attention qu'elle mérite, en comparaison de l'effectivité observée. Ce qui s'appelle « l'intention du législateur » fait partie de l'arsenal conceptuel du juriste, avec bien des variantes dans ce que l'on entend rappeler. Nous savons combien cette « intention » peut faire problème et être le sujet de longs débats sur la manière de la connaître et de l'interpréter. C'est le même intérêt pour l'intention du législateur que l'on retrouve dans la recherche sur l'effectivité attendue, mais dans une perspective élargie pour tenir compte d'intentions autres que celles qui intéressent le plaideur ou le juge. Ainsi, l'analyste de l'effectivité attendue sera attentif tant aux effets politiques recherchés qu'aux effets juridiques, aux effets indirects qu'aux effets directs, aux effets symboliques qu'aux effets matériels.

Étudier l'effectivité attendue, c'est décliner le cadre juridique posé par le constituant. Il ne s'agit pas de l'effectivité dans les faits, mais de l'effectivité telle qu'elle se présente dans l'ordre juridique et posée comme telle par la constitution, le législateur, le juge, l'administrateur ou même le contractant de l'administration locale. Il s'agit bien du discours juridique, mais d'un discours que l'on peut décrypter par l'analyse des textes posés par l'auteur du droit ou de ses silences. L'analyse de l'effectivité attendue nous porte du côté de l'analyse normative.

Nous allons, à la suite de ce qui précède, étudier l'originalité de la construction juridique de la décentralisation qui se manifeste par une volonté de l'État d'octroyer une autonomie aux collectivités locales avec un droit de regard sur la gestion des affaires locales. Cette construction se traduit par une double intention : d'une part, l'affirmation de l'autonomie locale (titre 1) et d'autre part, l'encadrement juridique des collectivités locales (titre 2).

TITRE I: L'AFFIRMATION DE L'AUTONOMIE LOCALE

La construction juridique du local au Sénégal repose sur la notion fondamentale qu'est la libre administration des collectivités locales. Le sens de l'expression « libre administration » ne semble pas facile à concevoir, parce que l'expression elle-même paraît contradictoire[57]. Elle est constituée de deux mots dont le premier (« libre ») désigne une situation se définissant comme contraire à la « soumission », tandis que le second, entre autres, se caractérise par sa soumission aux règles établies par l'assemblée nationale, le principe de légalité. Mais cette contradiction n'est qu'une apparence.

L'affirmation de l'autonomie locale selon laquelle les collectivités locales s'administrent librement ouvre des espaces de démocratie en ce sens que, grâce à la participation à la gestion de leurs affaires, les populations font l'apprentissage des mécanismes de concertation, de libre discussion et de décision collective[58] puis les mettent en oeuvre.

La question de savoir si la libre administration des collectivités territoriales constituait une liberté fondamentale a été posée récemment à propos de l'arrêt du Conseil d'État du 18 janvier 2001, Commune de Venelles 1. On sait que, saisi d'un « référé-liberté fondamentale » en vertu de la nouvelle loi du 30 juin 2000, entrée en vigueur le 1er janvier 2001, le Conseil d'État a répondu positivement à cette question et que le Conseil constitutionnel, en revanche, n'a pas tranché expressément. Certes, le Conseil constitutionnel a, dès 1979 2, reconnu valeur constitutionnelle au principe de libre administration des collectivités territoriales, mais il n'a pas eu à qualifier expressément la libre administration des collectivités territoriales de liberté fondamentale car la question ne s'est pas posée, en ces termes, devant lui.

---

[57]BACOYANNIS, C., *Le principe constitutionnel de la libre administration des collectivités territoriales*, Paris, Economica 1993 p.75.

[58]DIOKHANE, A., « Le principe de la libre administration des collectivités locales », *Régionalisation*, Dakar, CREDILA, 1998, p 95.

La nature juridique de « la libre administration des collectivités locales » peut prêter à discussion. Le débat, pour simplifier, porte sur la question de savoir si la libre administration constitue une véritable « liberté » ou s'il ne s'agit pas plutôt d'un principe d'organisation de l'État duquel découleraient certains droits ou libertés.

Michel Verpeaux, dans son commentaire de l'arrêt du Conseil d'État du 18 janvier 2001, *Commune de Venelles c/ M. Morbelli*, considère que « Le principe de libre administration des collectivités territoriales constitue.. une garantie, au même titre que le principe de la séparation des pouvoirs. L'un comme l'autre ne constituent pas des droits mais peuvent être conçus comme des conditions jugées constitutionnellement nécessaires, par l'article 72 de la Constitution pour l'un, par l'article 16 de la Déclaration des droits pour l'autre, pour l'affirmation des libertés reconnues dans d'autres dispositions qui ne sont plus alors organiques mais qui concernent des droits substantiels[59]. La libre administration peut d'ailleurs être conçue comme une forme de séparation verticale des pouvoirs tandis que la forme habituelle de la séparation serait horizontale. L'une comme l'autre ne sont pas des droits mais des moyens d'asseoir des droits ou des libertés, ils sont des moyens, ils ne constituent pas des buts ».

Constantinos Bacoyannis, dans sa thèse consacrée au « principe constitutionnel de libre administration des collectivités territoriales », défend en revanche l'idée selon laquelle la libre administration ne se réduit pas à un simple principe d'organisation mais constitue bien une liberté[60]. Cette conception était déjà affirmée par certains auteurs du début du siècle dernier, pour qui la décentralisation représentait l'affirmation des libertés locales[61]. Il conviendrait donc aujourd'hui de distinguer plus clairement les notions de décentralisation et de libre administration. Alors que la notion de « décentralisation », d'ailleurs ignorée par la Constitution, apparaît comme un principe gouvernant

---

[59] RFD adm. n° 3, 2001, p.684.

[60] Economia-PUAM, 1993.

[61] V. not. J. Barthélémy, " Les tendances de la législation sur l'organisation administrative depuis un quart de siècle ", *RD publ.* 1909, p.150-151 qui écrit que " Le point qu'il ne faut jamais perdre de vue, c'est que la décentralisation est une liberté.. Elle a toujours suivi le sort des autres libertés.. ". Voir aussi H. Berthélémy, *Traité élémentaire de droit administratif*, éd. Rousseau et Cie, 1933, p.210, ou encore L. Rolland, " La démocratie et la décentralisation en France ", *RD publ.* 1926, p.141.

l'organisation administrative de l'État et repose sur une délégation de puissance publique que celui-ci consent aux collectivités locales, sur « une concession émanant de la collectivité supérieure » pour reprendre l'expression de Carré de Malmberg, la « libre administration », en revanche, se présente comme une liberté constitutionnellement reconnue et garantie dont le respect s'impose au législateur. Autrement dit, la décentralisation s'opère à partir de l'État au profit de collectivités envisagées comme de simples entités administratives dotées de la personnalité juridique, ce qui établit la primauté de celui-là et la subordination de celles-ci. La libre administration met l'accent, de son côté, sur l'existence des libertés locales, attachées au groupe humain, à la « société de citoyens » constituant la collectivité territoriale, qui doivent être préservées non seulement des empiétements de l'État lui-même mais aussi de ceux pouvant émaner d'autres personnes publiques. C. Bacoyannis souligne, en ce sens, que le droit de s'administrer librement n'est pas conféré à la personne morale « collectivité territoriale », mais au groupement naturel qui est délimité grâce à son rattachement à un territoire et qui préexistait à sa reconnaissance par l'État.

Par-delà la Constitution, c'est donc le juge constitutionnel qui va devoir déterminer quel est le contenu de la libre administration et tracer ainsi les limites assignées à l'intervention du législateur qui, compétent pour mettre en oeuvre cette liberté, ne saurait la mettre en cause. La tâche est délicate, dans la mesure où les limites inférieures et supérieures à l'intérieur desquelles peut se déployer le pouvoir de ce dernier ne sont pas fixées précisément par la Constitution. C'est donc au cas par cas, à partir de l'examen *in concreto* des textes qui lui sont soumis, que le juge constitutionnel va apprécier si les variations affectant la libre administration restent comprises entre les seuils minima et maxima autorisés, seuils qu'il est d'ailleurs le seul à pouvoir apprécier. Cela explique que, suivant l'image évocatrice proposée par le doyen Vedel, le tracé des contours ressemble plutôt à un pointillé qu'à une ligne continue: « chaque réponse à une question concrète s'inscrit dans une suite et le pointillé s'enrichit, laissant de moins en moins d'espace non jalonné »[62].

[62] G. Vedel, " Le droit au logement et le principe de la libre administration des collectivités locales ", *Pouvoirs locaux*, n° 8, mars 1991, p.18.

L'importance du principe de la libre administration est attestée par la Constitution qui affirme l'autonomie des collectivités locales dans les conditions déterminées par la loi. L'autonomie locale est affirmée au Sénégal, mais son contenu n'est pas suffisamment défini. L'autonomie locale est une notion imprécise. Il n'existe pas un point unanimement accepté comme celui où finit la situation de la « non-autonomie » et commence celle de l'autonomie locale.

Pour comprendre cette notion, nous emprunterons la démarche du professeur Auby, qui a défini la notion d'autonomie locale dans un article sur la libre administration des collectivités locales[63]. Pour cet auteur, la notion d'autonomie est certainement de ces concepts fondamentaux que l'on trouve toujours difficile de définir[64].

Théoriquement, les collectivités locales comme toutes les institutions administratives peuvent puiser à cinq sources d'autonomie, bénéficier de cinq formes d'autonomie.

La *première,* la plus triviale, est ce que l'on peut appeler l'*autonomie de gestion.* Elle correspond à l'idée selon laquelle, concrètement, une collectivité locale ne pourra être tenue pour libre d'orienter son action que si elle peut librement disposer des moyens matériels nécessaires à ces objectifs. Elle sera autonome, en ce sens, si elle peut alimenter par des ressources propres un budget propre, et si elle peut se doter librement d'un personnel propre.

La *deuxième source* s'attache à l'*indépendance des organes.* Vue sous cet angle, l'autonomie est consentie aux collectivités locales lorsque celles-ci disposent d'organes indépendants, libres de se déterminer parce que non inscrits dans des mécanismes hiérarchiques et émettant des actes qui ne peuvent pas être privés d'effet ou modifiés par une autorité supérieure.

Le *troisième registre* possible d'autonomie s'attache à la *nature des prérogatives juridiques* dont les collectivités locales sont détentrices. Leur autonomie, à cet égard, dépend du point de savoir dans quelle mesure elles disposent elles-mêmes des prérogatives de

---

[63] RUBIOLLORENTE, V.F., « Les relations entre le pouvoir central et les pouvoirs territoriaux dans la jurisprudence constitutionnelle » *R.F.D.A.*, janvier-février 1986, pp.1 – 19.

[64] AUBY, J.-B., « La libre administration des collectivités locales : un principe à repenser ? » *Quel Avenir pour l'Autonomie des Collectivités locales* ?, Paris, Édition de l'Aube, nov. 1999.

puissance publique caractéristiques ou si ces pouvoirs sont conservés par l'État qui, le cas échéant, les manie à leur profit.

Un *quatrième niveau* d'autonomie a son siège dans la *manière dont le droit définit les activités susceptibles d'être déployées par les collectivités locales*, dans la manière dont le droit définit l'objet des différentes collectivités locales (par une classe générale ou par des attributions, en admettant ou non que tout ce qui n'est pas interdit est permis) et qui importe tout autant que le nombre et la variété des compétences conférées aux collectivités locales.

Enfin, l'autonomie pouvant s'apprécier en fonction du *pouvoir d'autonomie* est celle que l'on accorde aux collectivités locales *si on leur donne, et dans la mesure où on leur donne la faculté de déterminer leur propre statut*, de modifier elles-mêmes *les règles relatives à la condition personnelle de leurs agents et organes*, et les règles relatives *à l'exercice de leurs compétences.*

Nous allons essayer d'identifier la présence de ces formes d'autonomie ou de vérifier leur existence à travers une analyse qui va faire ressortir les éléments institutionnels (chapitre 1) de l'autonomie mais aussi à travers les aspects fonctionnels (chapitre 2).

Nous aborderons donc la question de l'autonomie locale affirmée par le Constituant sénégalais à travers ces deux aspects.

CHAPITRE I : LES ASPECTS INSTITUTIONNELS DE L'AUTONOMIE LOCALE

L'analyse institutionnelle du droit des collectivités locales permet une étude approfondie des institutions locales. Les collectivités locales sont exclusivement — contrairement à l'État — des institutions politico-administratives. Elles n'ont ni constitution propre, ni pouvoir législatif, ni tribunaux jugeant en leur nom. Elles ont uniquement une administration, comme il se doit d'ailleurs dans un État dont la décentralisation n'exclut pas le caractère unitaire.

Au Sénégal, nous avons trois types de collectivités locales qui sont la région, la commune et la communauté rurale. La grande innovation de la réforme de 1996, c'est l'élévation de la région en collectivité locale. La région est devenue une collectivité décentralisée qui se superpose à la circonscription administrative de l'État de même nom.

Il est en effet important de comprendre que le découpage du territoire en circonscriptions administratives est toujours en vigueur et que les collectivités locales que sont les régions ne se substituent pas à ces circonscriptions, mais se superposent à elles[65]. C'est le sens qu'il faut donner à l'article 20 du Code qui dispose que la dénomination d'une région est fixée par la loi, après avis du conseil régional concerné et que les régions ont les mêmes limites que les circonscriptions administratives régionales, créées par la loi n° 72-02 du 1er février 1972 modifiée relative à l'organisation de l'administration territoriale.

La commune est la plus ancienne des collectivités locales. Elle représente une communauté humaine dont l'existence s'étire sur plusieurs générations. La commune est une collectivité locale, personne morale de droit public. Elle regroupe les habitants du périmètre d'une même localité unis par une solidarité résultant du voisinage, désireux de traiter de leurs propres intérêts et capables de

---

[65]Ainsi, lorsque, par exemple, on parle de la région de Fatick, il faut comprendre : d'abord la circonscription de l'Etat central regroupant les services de l'Etat et administrée par un gouverneur, ensuite une collectivité décentralisée ayant les mêmes limites et administrée par des organes élus.

trouver les ressources nécessaires à une action qui leur soit particulière au sein de la communauté nationale et dans le sens des intérêts de la nation. Les grandes communes peuvent être divisées en communes d'arrondissement qui bénéficient d'une personnalité morale et de l'autonomie financière. Elles prennent dans ce cas la dénomination de ville.

C'est un décret qui détermine le nom de la commune.

Ne peuvent cependant être constituées que les localités ayant un développement suffisant pour pouvoir disposer des ressources propres nécessaires à l'équilibre de leur budget. Aucune commune ne peut être instituée qui ne comprenne une population groupée d'au moins mille habitants.

L'introduction d'une véritable décentralisation dans les campagnes est un problème rencontré en Afrique. Le contexte est en effet peu favorable à l'introduction d'un système inspiré des modèles européens, applicables dans une certaine mesure dans les villes seulement[66].

Depuis la période de la colonisation, le monde rural est soumis à une double administration : une administration moderne héritée des institutions coloniales et une administration traditionnelle exercée au sein des villages sous le système de la chefferie. Or ces deux types d'administrations s'éloignent beaucoup des principes de la décentralisation.

Après l'accession à l'indépendance, le Sénégal a essayé d'innover en mettant sur pied un système de décentralisation originale. La loi du 19 avril 1972 relative aux communautés rurales et son décret d'application du 27 octobre 1972 posent le principe de la création de véritables collectivités locales dans les parties non communalisées du territoire, soit les zones rurales[67].

Ce sont une grande innovation et un enjeu important. La communauté rurale constituent en effet la pièce maîtresse de l'ensemble de la réforme de 1972. Elle est une collectivité locale, personne morale de droit public, dotée de l'autonomie financière. Elle est constituée par un certain nombre de villages appartenant au même terroir, unis par une solidarité résultant notamment du voisinage,

---

[66] Alain Bockel, *Droit administratif*, Dakar, NEA, 1978.

[67] Loi du 19 avril 1972 (*J.O.R.S.* du 18 Nov. 1972) et loi du 27 octobre 1972 (J.O.R.S. du 18 novembre 1972).

possédant des intérêts communs et capables ensemble de trouver les ressources nécessaires à leur développement.

L'organisation de l'administration locale est entièrement déterminée par la Constitution et par les lois et décrets, c'est-à-dire par l'État. Constituant des unités politico-administratives personnalisées et autonomes, les communautés rurales ont leurs représentants élus, des organes propres, ce qui dénote une véritable autonomie au sens institutionnel.

Cette approche va nous amener à étudier l'élection locale (section 1), l'exécutif local (section 2) et les organes délibérants (section 3).

Section 1 :
L'élection locale

Le phénomène de l'élection des autorités locales n'est pas nouveau dans l'histoire politico-administrative du Sénégal, même si le code des collectivités locales apporte au régime juridique de ces élections un changement substantiel ; désormais tous les membres des organes délibérants des collectivités locales sont élus au suffrage universel direct contrairement aux membres des organes délibérants de la première génération dont certains étaient désignés.

Toute élection est organisée par référence à un certain nombre de textes et documents préexistants. Ces textes sont soit permanents et généraux en ce sens qu'ils visent indifféremment les élections nationales et locales, soit concernant un seul type d'élection ils sont alors permanents sans être généraux. L'ensemble forme le statut général des élections[68]. Ce statut confère au juge de l'élection la compétence de connaître plusieurs aspects du contentieux. L'intervention du juge vise à mettre en œuvre le principe d'égalité entre les candidats ou entre les partis politiques.

Dans l'application de ce principe d'égalité, le juge électoral dispose d'un large pouvoir d'appréciation. Il est ainsi appelé à

[68] Philippe ARDANT, « Le contentieux électoral devant le Conseil constitutionnel et le Conseil d'Etat », *in* Université de Droit, d'Economie et de Sciences sociales de Paris, *Conseil constitutionnel et Conseil d'Etat, Colloque des 21 et 22 janvier 1988 au Sénat,* Paris, L. G. D. J Montchrestien, 1988, p.66. spéc. Pp.55-86, (536 p).

examiner si l'irrégularité ou les irrégularités invoquées n'ont pas entaché la sincérité du scrutin, si les manœuvres frauduleuses avancées ont influencé les résultats de l'élection, si elles méritent en fonction de l'écart de voix entre les candidats, de faire annuler ou réformer l'élection. Le critère de sanction de l'irrégularité utilisé par le juge repose sur l'écart de voix : plus l'écart entre les candidats est important moins le juge électoral a tendance à sanctionner, ne pouvant se permettre de toujours annuler et recommencer les élections. Toutefois, il procède à des annulations quand la sincérité du scrutin est mise en cause dans certains bureaux de vote ; elle est exceptionnelle quand il s'agit de l'ensemble du scrutin.

D'autre part, le large pouvoir d'appréciation dont dispose le juge électoral est limité par des contraintes qui imposent des annulations ou rectifications automatiques. Il y a aussi des cas où il procède à des appréciations spécifiques. Dans le premier cas, le juge a une compétence liée (exemple de faits relevant de l'ordre publié). Il n'a aucun pouvoir d'appréciation. Ce sont les invalidations individuelles (cas d'inéligibilités et d'incompatibilités). Elles sont appréciées à la date du scrutin pour les inéligibilités alors que les incompatibilités s'apprécient à la date de la décision du juge. De plus, les annulations totales sont envisagées dans l'hypothèse où le juge se trouve devant des irrégularités particulièrement graves révélatrices de fraudes. Ce sont les inégalités entachant les opérations de vote. (Par exemple : panne d'électricité lors du dépouillement, désordre caractérisé, conviction de manipulations d'enveloppes, urnes soustraites, expulsion de représentants des candidats….)[69].

Enfin, concernant les appréciations spécifiques, le juge retrouve son pouvoir d'appréciation totale. Il est en présence d'une irrégularité telle qui n'est pas d'une nature telle que l'annulation soit automatique. (Exemple de la propagande électorale, des abus, des tracts, des journaux, de la presse écrite comme télévisuelle ou publique relève de l'appréciation du juge au coup par coup, de même que les pressions

---

[69] Marie-José CRESPIN, « Les Hautes juridictions dans la mise en œuvre du principe d'égalité entre les candidats, les organisations et partis politiques », in « *Communication au Séminaire international sur "Contrôle et sanctions des opérations électorales par les Hautes juridictions" à Ouagadougou du 17 au 21 mars 1997* », Afrique Démocratie& Développement n°013 mars 1997, p.7-8. (pp.3-12).

sur les électeurs, la diffusion de fausses consignes, les promesses et dons d'argent.)

Nous allons tenter d'identifier les acteurs principaux des élections (§ 1), d'aborder le mode d'élection locale (§ 2) pour enfin étudier le contentieux électoral local (§ 3).

§1 : L'identification des acteurs principaux des élections locales

La dynamique externe des partis politiques vise essentiellement la participation des partis à l'élection. L'élection trouve sa consécration dans les instruments juridiques internationaux ainsi que leur réception en droit interne. En droit international, le principe d'élections libres est reconnu par la Déclaration Universelle des Droits de l'Homme et du Citoyen du 10 décembre 1948 qui dispose en son article 21 § 3 que " La volonté du peuple est le fondement de l'autorité des pouvoirs publics : cette volonté doit s'exprimer par des élections honnêtes qui doivent avoir lieu périodiquement, au suffrage universel égal et au vote secret ou suivant une procédure équivalente assurant la liberté du vote ". Cette disposition est précisée par plusieurs textes internationaux, notamment l'article 25 du Pacte international relatif aux droits civils et politiques qui consacre le droit de tout citoyen d'être électeur et éligible.[70]

En Afrique, l'article 13 de la Charte africaine des Droits de l'Homme énonce que : « *Tous les citoyens ont le droit de participer librement à la direction des affaires publiques de leur pays, soit directement, soit par l'intermédiaire de représentants librement*

[70] " Tout citoyen a le droit et la possibilité, sans aucune des discriminations visées à l'article 2 et sans restrictions déraisonnables
1) de prendre part à la direction des affaires publiques, soit directement soit par l'intermédiaire de représentants librement élus ;
2) de voter et d'être élu, au cours d'élections périodiques, honnêtes, au suffrage universel égal et au scrutin secret assurant l'expression libre de la volonté des électeurs ;
3) d'accéder dans des conditions générales d'égalité aux fonctions publiques de son pays... ".

choisis, ce, conformément aux règles édictées par la loi »[71]. De même, les différentes Constitutions adoptées dans le mouvement de la démocratisation consacrent l'élection comme le seul mode normal de dévolution du pouvoir. Au frontispice des Constitutions africaines de la transition démocratique, on retrouve l'affirmation de la souveraineté de son titulaire et des ses modalités d'exercice. On peut lire en effet, « *la souveraineté nationale appartient au peuple qui l'exerce par ses représentants ou par référendum. Aucune fraction du peuple ni aucun individu ne peut s'en attribuer l'exercice* »[72]. La désignation des représentants du peuple chargés d'exercer la souveraineté au nom et pour le compte du peuple implique l'élection[73] qui, en régime de démocratie pluraliste, apparaît comme le mode normal de sélection des titulaires des postes politiques.

Dans les démocraties modernes, l'élection constitue « *le droit commun* » et elle a largement remplacé les autres modes de désignation (tirage au sort, hérédité, cooptation...)[74]. La consécration constitutionnelle de l'élection par le Constituant africain manifeste la volonté des rédacteurs de rompre avec la prise du pouvoir par la force. Ainsi, au Cameroun, « *les autorités chargées de diriger l'*État *tiennent leurs pouvoirs du peuple par voix d'élection au suffrage universel direct ou indirect...* »[75]. Le peuple sénégalais *« souverain, ...proclame... l'inaltérabilité de la souveraineté nationale qui*

---

[71] Adoptée à la Conférence des chefs d'Etat et de Gouvernement de l'Organisation de l'Unité Africaine (OUA), le 27 juin 1981, ratifiée par les Constitutions des Etats sous examens. Pour une présentation détaillée des textes régissant l'élection sur le plan international et continental, voir Laurent AKOBI, « Droits des élections nationales et droits de la personne dans une démocratie africaine. L'exercice du droit de vote au Bénin », *Mémoire de D. E. A., option Droits de l'homme et démocratie*, Université nationale du Bénin, 2002-2003, 127.

[72] Article 3 et 4 de la Constitution du Bénin ; Article 2-1 de la Constitution du Cameroun ; Article 3 de la Constitution du Gabon ; Article 2 de la Constitution de Guinée ; Article 26 de la Constitution du Mali.

[73] Rappelons que l'élection s'oppose à la nomination considérée comme le mode autoritaire de désignation des gouvernants.

[74] Rafaâ BEN ACHOUR, « La généralisation du suffrage universel », in Addelfattah AMOR, Philippe ARDANT et Henry ROUSSILLON, « *Le suffrage universel* », Toulouse, Presses de l'Université de Toulouse, 1994, p.29. (spéc. pp.29-41)

[75] Article 2 de la Constitution du Cameroun ; Article 27 de la Constitution du Mali ;Article 2 de la Constitution de la Guinée, etc.

s'exprime à travers des procédures et des consultations transparentes et démocratiques... »[76]. Au Bénin, si le Constituant a jeté les bases d'une « *démocratie pluraliste* »[77], le législateur, quant à lui, définit l'élection comme « *le choix libre par le peuple du ou des citoyens appelés à conduire, à gérer ou à participer à la gestion des affaires publiques* »[78].

L'élection politique est au centre de multiples enjeux qui tournent autour de la définition des règles du jeu, de leur acceptation et du respect par l'ensemble des acteurs de leur effectivité, mais aussi de la mise en place d'un juge impartial chargé d'assurer la sanction des différentes violations de la loi électorale. L'élection et les règles qui la régissent permettent de juger de la qualité de la démocratie d'un État. A cet égard, Cormenin a pu écrire : « *C'est là tout le gouvernement, toute la Charte. On pourrait aller jusqu'à dire qu'il n'y a pas dans le pays d'autres lois politiques ou... qu'elle contient toutes les autres lois puisqu'elle est la matrice. La Charte est la société au repos, la loi électorale est la société en marche. Dites-moi quels sont vos électeurs et je vous dirai quel est votre gouvernement* »[79]. L'élection repose sur le principe de la transparence. La transparence du jeu démocratique veut que toutes les règles de la compétition pour l'occupation des positions du pouvoir soient claires, précises et connues longtemps à l'avance de tous les acteurs, même si naturellement elles ne font pas l'objet de consensus. Ces derniers ont les mêmes droits et les mêmes obligations et ne doivent en théorie bénéficier d'aucun avantage particulier et discriminatoire dans la compétition. Ils sont tous soumis à une caractéristique intrinsèque de la démocratie, l'incertitude, à savoir que les résultats de la compétition ne peuvent être connus, déterminés ou orientés à l'avance par qui que ce soit. Les acteurs politiques doivent s'engager à respecter les règles édictées et à ne pas

---

[76] Préambule de la Constitution du 22 janvier 2001.
[77] Formule utilisée par le Préambule de la Loi n°90-032 du 11 décembre 1990 portant Constitution de la République du Bénin, *JO* de la République du Bénin n°1 du 1er janvier 1991, pp.2 à 8.
[78] Article 2 de la Loi 2000-18 du 3 janvier 2000 portant règles générales pour les élections du Président de la République du Bénin, *JO* de la République du Bénin n°5 du 1er mars 2001, pp.144-154.
[79] « Etudes sur les orateurs », 7ème édition, 1839, p.137, cité par Georges LAVAU, *Partis politiques et réalités sociales*, Paris, Armand Colin, 1953, p.15.

utiliser de méthodes autres que celles organisant le scrutin pour gagner.

La démocratie locale suppose que les dirigeants des collectivités locales soient élus, qu'ils aient la qualité d'autorités propres à la collectivité territoriale et qu'ils soient représentatifs. La représentation n'aliène pas la liberté, comme pouvait l'affirmer Jean-Jacques Rousseau dans le *Contrat social*[80], à la condition qu'elle n'entraîne pas la captation de la démocratie par une oligarchie élective, comme le craignait Carré de Malmberg[81].Pour pouvoir gérer démocratiquement, il faut déjà se gérer démocratiquement[82]. L'assemblée délibérante des collectivités locales doit être représentative et ses élus disposer de moyens leur permettant d'exercer leur mandat.

La démocratie locale exige le choix par l'élection des responsables locaux par une représentation réelle de la population concernée.

Comme pour toute élection, le législateur a prévu les conditions relatives au corps électoral et celles liées aux candidatures. Il faut simplement dire qu'en plus des dispositions générales liées à la nationalité et aux bonnes mœurs, les élections locales comportent quelques originalités. C'est ainsi que par exemple concernant la commune, il est souligné que les électeurs doivent y avoir leur domicile réel ou au moins y avoir résidé depuis six (6) mois au moins. A défaut de satisfaire cette condition-là, les électeurs doivent figurer depuis trois ans au moins, sans interruption, au rôle de la contribution foncière des propriétés bâties ou non bâties, de la contribution des patentes, de l'impôt général sur le revenu ou déclarer vouloir y exercer leurs droits électoraux.

Pour les communautés rurales, sont électeurs les citoyens qui y ont leur résidence principale.

Concernant les conditions relatives aux candidatures, il faut noter le monopole de la candidature des partis politiques aux élections locales. En effet, les dispositions de l'article 166 de la loi n° 96.08 du 5 février 1996 modifiant le code électoral sont sans ambiguïté pour

---

[80] ROUSSEAU, J.J., Le contrat social, Livre 3, Ch. 15.

[81] *La loi expression de la volonté générale*, 1931.

[82] RASERA, M., *La démocratie locale*, LGDJ, 2002, p.16.

l'exclusion de toute candidature en dehors des partis. Ainsi sont éligibles tous les électeurs inscrits sur une liste électorale présentée par un parti politique légalement constitué ou par une coalition de partis légalement constituée. De ce qui précède, des observations peuvent être tirées concernant la possibilité donnée à l'électeur aux élections présidentielle et législatives, et pourquoi le législateur a accepté les candidatures indépendantes pour les présidentielles et législatives tout en émettant une réserve voire un refus pour les élections locales. Une telle attitude est critiquable à plusieurs points de vue.

Tout d'abord, les collectivités locales en général et les acteurs locaux en particulier expriment un besoin de participation à la gestion des affaires locales. Admettre les candidatures indépendantes aurait pu occasionner l'émergence d'une nouvelle catégorie ayant une trajectoire différente et régler du même coup la problématique de la participation.

Ensuite, on ne parvient pas de manière logique à comprendre l'exclusion des candidatures indépendantes au niveau local. Ce n'est pas la compétence ni encore moins les ressources humaines qui font défaut. Donc il est incompréhensible de la part du législateur d'exclure un potentiel de candidatures ayant une vision différente des partis ou coalitions politiques.

§2 : Le mode d'élection locale

Le Président de la République, les députés et les titulaires des mandats locaux ont besoin de l'onction populaire, c'est-à-dire un titre, avant l'exercice de toute activité politique. Autrement dit, par le biais de l'élection, ces autorités publiques disposent d'une « attestation de représentativité » leur permettant d'agir au nom et pour le compte du peuple. Quels que soient les changements susceptibles d'intervenir aux lendemains des consultations électorales, il est un invariant sur lequel il y a accord explicite minimal : le principe intangible du recours aux urnes, à la fois pour renouveler périodiquement la légitimité du Pouvoir d'État et pour l'habilitation des dirigeants à dire la légalité... ».

L'ensemble de ce processus vise à légitimer le cadre juridico-politique issu de la transition démocratique et fonde le consensus. Le suffrage universel devient source du consensus. Chacun doit s'incliner

–et s'incline effectivement-devant ce qui est issu des urnes : Constitution ou loi référendaire, nouveaux dirigeants élus ; leur volonté particulière devient la loi, expression de la volonté générale ; l'administration placée sous l'autorité du pouvoir exécutif, l'organisation des services publics gérant l'intérêt général.

Nous aborderons tour à tour le mode d'élection dans les différentes collectivités locales.

- **L'élection des conseillers régionaux et leurs mandats**

Les conseillers régionaux sont élus pour cinq ans au suffrage universel direct. Le nombre des conseillers est fixé comme suit :

- 42 membres dans les régions de moins de 800 000 habitants.
- 52 membres dans les régions de 800 000 à 1 500 000 habitants.
- 62 membres dans les régions de plus de 1 500 000 habitants.

Les conseillers sont élus pour moitié au scrutin de liste majoritaire à un tour et pour l'autre moitié au scrutin proportionnel sur des listes complètes, sans panachage ni vote préférentiel. Pour le scrutin proportionnel, il est appliqué le système du quotient régional. Pour déterminer ce quotient, on divise le nombre total des suffrages valablement exprimés par le nombre de conseillers régionaux à élire. Autant de fois ce quotient est contenu dans le nombre des suffrages obtenus pour chaque liste, autant celle-ci obtient de candidats élus. La répartition des restes se fait selon le système du plus fort reste. En cas d'égalité, le siège est attribué au plus âgé des candidats susceptibles d'être élus.

Les élus ne peuvent exercer leurs mandats que s'ils ne se trouvent pas dans une situation d'incompatibilité professionnelle (les membres du Conseil constitutionnel, les magistrats du Conseil d'État, de la cour de cassation et des cours et tribunaux, les inspecteurs généraux d'État, les gouverneurs, préfets et Sous-Préfets, le trésorier général, le receveur général, le payeur, les trésoriers payeurs régionaux, les percepteurs et les receveurs des régions, les receveurs municipaux et les receveurs des communautés rurales, les secrétaires généraux de région) ou de cumul des mandats électifs.

Les conseillers régionaux sont élus pour cinq ans mais cette durée peut être interrompue pour des causes personnelles ou collectives.

Le conseil régional peut être dissous par décret après avis du conseil d'État. Cette dissolution doit être justifiée par des motifs graves tenant à l'impossibilité de fonctionnement de l'assemblée régionale.

Deux autres cas de fin prématurée et collective du mandat sont envisagés par le code des collectivités locales la démission des conseillers régionaux, d'une part, l'annulation définitive des élections de tous les membres, d'autre part.

Le mandat de conseiller régional peut être abrégé pour des raisons tenant à l'intéressé.

A côté du décès, cause naturelle, l'interruption peut résulter de la démission. La démission du président du conseil régional est adressée au Ministre chargé des collectivités locales par lettre recommandée avec accusé de réception. Elle est définitive à partir de son acceptation par le Ministre de tutelle ou un mois après envoi d'une nouvelle lettre recommandée.

Toutefois, lorsque le président du conseil régional démissionne, les dispositions de l'article 117 du code pénal lui sont applicables si l'objet de cette démission était d'empêcher ou de suspendre soit l'administration de la justice, soit l'accomplissement d'un service quelconque. Sous la même dénomination de démission, existent d'autres modalités mettant fin au mandat. Si le président du conseil régional se trouve dans une situation d'inéligibilité ou d'incompatibilité, il est déclaré démissionnaire et s'il refuse la démission, le ministère de tutelle peut décider par arrêté sa suspension pour un mois (. Il est ensuite mis fin à ses fonctions par décret.

D'autre part, lorsque le conseiller régional refuse, sans excuse valable, de remplir une fonction dévolue par les lois, le refus entraîne sa démission d'office.

- **L'élection du conseil municipal**

Les conseillers municipaux sont élus pour cinq ans au suffrage universel direct. Ils sont élus pour moitié au scrutin de liste majoritaire à un tour sans panachage ni vote préférentiel et sur liste complète, l'autre moitié étant élue au scrutin proportionnel avec application du quotient municipal. Ce quotient est déterminé de la même façon que le quotient régional.

Le nombre de conseillers municipaux est fixé par la loi selon des modalités spécifiques[83]. Les conditions d'exercice du droit de vote relatives à l'électorat, à l'inscription sur les listes électorales et le déroulement du scrutin obéissent aux règles générales du droit électoral.

Ne peuvent être élus maires ou adjoints les agents et employés des administrations financières de la commune où ils exercent.

Les ambassadeurs et les présidents de conseil régional ou rural ne peuvent pas non plus être élus maires ou adjoints.

Les incompatibilités n'empêchent pas l'élection mais contraignent l'élu à choisir entre son mandat et le maintien dans ses fonctions antérieures incompatibles. À la différence des inéligibilités, les incompatibilités ne sont pas d'ordre public : le juge ne les soulève pas d'office. Elles s'apprécient au jour où le juge statue et non au jour de l'élection[84].

L'élection des conseillers ruraux

La loi prévoit des paliers en fonction de l'importance de la population avec un plancher de 16 membres pour les communautés rurales de moins de 5 000 habitants, et un plafond de 28 membres pour des communautés rurales de plus de 15 000 habitants.

Les conseillers ruraux sont élus au scrutin de liste majoritaire à un tour sans panachage, ni vote préférentiel et sans liste incomplète ; deux tiers sont élus au suffrage universel direct et un tiers par

---

[83] 20 membres dans les communes de 1000 à 2000 habitants
24 " dans les communes de 2501 à 3500 habitants
30 " dans les communes de 3501 10 000 habitants
36 " dans les communes de 10 001 à 30 000 habitants
40 " dans les communes de 30 001 à 40 000 habitants
46 " dans les communes de 40 001 à 50 000 habitants
50 " dans les communes de 50 001 à 60 000 habitants
56 " dans les communes de 60 001 100 000 habitants
66 " dans les communes de 100 001 à 250 000 habitants
70 " dans les communes de 250 001 à 350 000 habitants
80 " dans les communes de 350 001 à 500 000 habitants
86 " dans les communes de 500 001 à 600 000 habitants
90 " dans les communes de plus 600 000 habitants.

[84] BOURDON J., PONTIER J-M. et RICCI J.-C., *Droit des collectivités locales, Dakar*, PUF, 1998, p.205.

l'assemblée générale de la ou des coopératives fonctionnant dans la communauté rurale.

Les conseillers ruraux sont élus pour cinq ans à compter du dernier renouvellement intégral du conseil. La loi détermine les conditions d'éligibilité, les cas d'inéligibilité, ainsi que les incompatibilités qui sont de la même nature que celles dégagées pour les communes.

§3 : Le contentieux électoral local

En Afrique noire francophone, l'accès au juge électoral est motivé par le droit de contestation. Celui-ci permet aux partis politiques, candidats et listes de candidats de déférer à la sanction du juge électoral les manquements à la législation électorale. Ce droit de contestation des élections englobe non seulement le droit de contester, après le scrutin, le déroulement de la campagne électorale, le déroulement du scrutin lui-même et les opérations de dépouillement, mais aussi il concerne le droit de contester avant ou après le scrutin, toutes les opérations préalables à celui-ci et qui, elles aussi, en conditionnent la régularité[85].

La démocratisation de l'accès au juge électoral constitue une mesure salutaire car susceptible de contribuer à un meilleur contrôle de la régularité des élections. Cette mission des juridictions constitutionnelles en Afrique noire francophone est importante, dans la mesure où la régularité et la sincérité des élections politiques sont une condition du maintien de la croyance en la vertu du processus de désignation des représentants du peuple et, en conséquence, de l'élection comme fondement démocratique de la légitimité[86]. Donc, l'accès au juge constitutionnel permet aux acteurs de la compétition électorale d'exercer un droit de recours en vue de contester les manquements à la législation en la matière.

---

[85] Gilles BADET, *Cour constitutionnelle et régularité des élections au Bénin*, Cotonou, Fondation Friedrich Ebert Stifung, 2001, p.24. (209 p.)

[86] Papa Mamour SY, « Le développement de la justice constitutionnelle en Afrique noire francophone : les exemples du Bénin, du Gabon et du Sénégal », *Thèse de Doctorat d'Etat, es sciences juridiques*, Université Chiekh Anta DIOP de Dakar, 1998, p.202.(413 p.)

Au Sénégal, les résultats des élections locales sont proclamés par des commissions habilitées à cette fin. Par suite les litiges auxquels donnent lieu les élections nécessitent l'intervention du juge qui est en l'occurrence la Cour d'appel.

Ainsi c'est après l'intervention de ces commissions que les cas d'annulation peuvent être excipés devant le juge électoral. Pour ce qui concerne les élections municipales et rurales, le recensement des votes et la proclamation des résultats sont effectués par la commission départementale du recensement des votes qui siège au tribunal départemental.

Pour ce qui est des élections régionales, il faut deux degrés dans l'intervention pré-contentieuse, d'abord, l'intervention des commissions départementales dont les pouvoirs se bornent au recensement des votes à partir des procès-verbaux des bureaux de votes, ensuite celle de la commission régionale de recensement des votes dotée des pouvoirs de recensement, de rectification, d'annulation et de proclamation des résultats.

Après la proclamation des résultats, commence à courir le délai des recours contentieux.

Contrairement au contentieux des élections nationales, tout électeur ou tout candidat à une élection locale peut demander l'annulation des opérations électorales selon une procédure commune à toutes les élections locales ; les requêtes doivent être examinées par la Cour d'appel qui statue dans les délais dérogatoires au droit commun. Lorsque la Cour d'appel ne s'est pas prononcée dans les délais prévus, les partis peuvent saisir le Conseil d'État.

Section 2:
L'exécutif local

L'exécutif local constitue un autre élément qui confirme l'autonomie institutionnelle des collectivités locales. Du fait des spécificités dans la gestion de l'exécutif local, nous aborderons tour à tour le cas spécifique de chaque collectivité locale.

§1 : L'exécutif régional

Le président du conseil régional est l'organe exécutif de la région c'est-à-dire le pouvoir actif de la région[87]. Dans les conditions prévues par l'article 41 du code des collectivités locales, le conseil régional élit en son sein un bureau composé d'un président, d'un premier vice-président, d'un second vice- président et de deux secrétaires. Ce bureau assiste le président du conseil régional.

En tant que président de l'assemblée régionale, il est chargé de réunir le conseil régional et, à cette fin, adresse les convocations. Au cours de la réunion, il préside, procède à l'énumération des points à l'ordre du jour, donne la parole à chaque membre et clôt la séance.

Il prépare et exécute les délibérations du conseil régional. Sur le plan financier, il est l'ordonnateur des dépenses de la région.

Il est le chef des services de la région. Il peut, sous sa surveillance et sous sa responsabilité, donner délégation de signature aux membres du bureau. Il gère le domaine de la région.

Le président du conseil régional représente juridiquement la région. Il est habilité à ester en justice ou à défendre en cas de procès fait à la région. Il représente la région de droit dans plusieurs institutions et incarne la collectivité régionale aux yeux de l'opinion publique. Organe de la permanence du conseil régional, il expédie les affaires courantes en cas d'annulation des élections, de dissolution ou de démission collective de tous les membres du conseil régional.

Il est le président de l'agence régionale de développement. Il nomme le secrétaire général après avis consultatif du représentant de l'État, parmi les agents et fonctionnaires de la hiérarchie A de la fonction publique ou de niveau équivalent et met fin à ses fonctions dans les mêmes formes.

§2 : L'exécutif municipal

Le maire est l'organe exécutif de la commune. Il est assisté par les adjoints dans l'ordre de leur élection. Le maire et les adjoints doivent résider dans la commune ou en être obligatoirement contribuables.

Le nombre des adjoints est le suivant :

- Un pour les communes de 1000 à 2500 habitants

---

[87] Article 32 du *CCL*.

- Deux pour les communes de 2501 à 10 000 habitants

- Et, pour les communes d'une population supérieure à 10 000 habitants, un adjoint de plus par tranche supplémentaire de 20 000 habitants sans que le nombre des adjoints puisse dépasser 18.

Le conseil municipal élit le maire et les adjoints parmi ses membres sachant lire et écrire. Il est convoqué par le représentant de l'État notamment le préfet dans les quinze jours qui suivent la date de la proclamation des résultats.

L'élection du maire et de ses adjoints a lieu au scrutin secret et à la majorité absolue. Si, après deux tours de scrutin, aucun candidat n'a obtenu la majorité absolue, il est procédé à un troisième tour de scrutin et l'élection a alors lieu à la majorité relative. En cas d'égalité des suffrages, le plus âgé est déclaré élu.

Pour toute élection du maire ou des adjoints, les membres du conseil municipal sont convoqués à la diligence du représentant de l'État.

Les élections sont rendues publiques, au plus tard vingt-quatre heures après la proclamation des résultats, par voie d'affiche à la porte de la Mairie. Elles sont dans le même délai notifiées au représentant de l'État.

Le maire et ses adjoints sont élus pour la même durée que le conseil municipal.

Suite à une requête introduite dans un délai de cinq jours qui commence à courir vingt quatre heures après l'élection, celle-ci peut être annulée en cas d'irrégularités. En cas d'annulation dans les conditions prévues par le code électoral, le conseil est convoqué pour procéder au remplacement dans le délai d'un mois.

Le maire peut exercer seul les compétences qui lui sont dévolues ou les déléguer. Il dispose en cette matière d'une très grande liberté juridique. Le seul interdit est la prise de décisions collectives par le bureau ou le conseil des adjoints qui n'a pas d'existence juridique.

Le maire peut déléguer par arrêté une partie de ses compétences à un ou plusieurs de ses adjoints et, en l'absence ou en cas d'empêchement de ses adjoints, à des membres du conseil municipal. Ces délégations subsistent tant qu'elles ne sont pas rapportées. Toutefois, elles cessent sans être expressément rapportées lorsque le maire de qui elles émanent est décédé, suspendu, révoqué ou déclaré démissionnaire. Mais il y a lieu de souligner que la délégation ne dessaisit pas le maire ; en tant qu'autorité délégante, il peut toujours évoquer n'importe quelle affaire déléguée.

Le maire est secondé par ses adjoints qui forment le bureau[88] municipal chargé de fournir des avis toutes les fois qu'il est requis par les lois et règlements ou qu'il est demandé par le représentant de l'État.

Les manifestations de la volonté du maire dans l'exercice des compétences qui lui sont attribuées prennent la forme d'actes unilatéraux qui produisent des effets de droit. Le code des collectivités locales précise en son article 221 que le maire prend des arrêtés pour ordonner les mesures locales sur les objets confiés par la loi à sa vigilance et à son autorité, pour publier à nouveau les lois et règlements de police et rappeler les habitants à leur observation. L'article 122 parle de décisions qui peuvent être prises par le maire. Il ressort qu'en dehors du domaine soulevé par l'article 221 soulevé ci-dessus, le maire est libre de prendre des décisions ou des arrêtés.

Le secrétaire municipal est nommé par le maire. Il met aussi fin à ses fonctions. Celui-ci assiste aux réunions avec une voix consultative. Il est de la hiérarchie A ou B ou de niveau équivalent.

Dans les cas où les intérêts particuliers du maire se trouvent en opposition avec ceux de la commune, le conseil municipal désigne un autre de ses membres pour représenter la commune, soit en justice, soit dans les contrats.

Le maire, représentant de la commune, est chargé sous le contrôle du conseil municipal d'exécuter les décisions du conseil municipal[89].

---

[88] Le bureau est notamment chargé :
- de l'établissement de l'ordre du jour des séances du conseil ;
- de l'assistance aux services administratifs et techniques dans la conception et la mise en œuvre des actions de développement et plus particulièrement en ce qui concerne les actions de participation populaire ;
- de surveiller la rentrée des impôts, taxes et droits municipaux, de prendre les mesures nécessaires pour le recouvrement de l'impôt ;
- de déterminer le mode d'exécution des travaux communaux notamment le tâcheronnat, les investissements humains, les entreprises, les régies.

[89] Il est chargé également :
1* de conserver, d'entretenir et d'administrer les propriétés et les biens de la commune et de faire, en conséquence, tous actes conservatoires de ses droits ;
2* de gérer les revenus, de surveiller les services communaux et la comptabilité communale ;

La fonction exécutive confiée au maire signifie que son action en ce domaine est conditionnée par les décisions du conseil municipal. Il ne peut empiéter sur les compétences du conseil et est tenu, comme en droit français, de prendre les mesures nécessitées par l'application des délibérations du conseil municipal[90].

La qualité d'exécutif ne signifie pas que le maire soit un simple exécutant. Il dispose d'une marge de liberté et d'initiative. Il prépare les affaires, les fait instruire, les inscrit à l'ordre du jour des réunions du conseil municipal et il apprécie les modalités de mise en œuvre des délibérations.

Dans le cas où le maire refuse ou néglige de faire des actes qui lui sont prescrits par la loi ou les règlements, le Ministre chargé des collectivités locales saisi par le représentant de l'État, après mise en demeure, peut y faire procéder d'office. La mise en demeure doit indiquer le délai imparti aux maires intéressés pour répondre au représentant de l'État. Elle doit aussi être faite par écrit. Si aucune

---

3* de préparer et de proposer le budget, d'ordonnancer les dépenses et de prescrire l'exécution des recettes ;
4* de diriger les travaux des communaux ;
5* de veiller à l'exécution des programmes de développement financés par la commune ou réalisés avec sa participation ;
6* de pourvoir aux mesures relatives à la voirie municipale ;
7* de souscrire les marchés, de passer les baux des biens et des adjudications des travaux communaux selon les règles établies par les lois et règlements ;
8* de passer, selon les mêmes règles, les actes de vente, d'échange, de partage, d'acceptation de dons ou legs, d'acquisitions, de transaction, lorsque ces actes ont été autorisés par le conseil municipal ;
9* de représenter la commune en justice ;
10* de prendre toutes mesures nécessaires pour les destructions des animaux nuisibles par les lois et règlements ;
11* de veiller à la protection de l'environnement, à la protection des espaces verts, à l'embellissement de la ville ;
12* de nommer aux emplois communaux ;
13* d'apporter assistance aux lieux de culte ;

[90] CE, 28 mai 1980 ; Commune d'Evaux-les-Bains, Rec.239.

réponse n'est intervenue à l'expiration du délai imparti, ce silence est interprété comme un refus[91].

La cessation de fonction intervient en cas d'inéligibilité ou d'incompatibilité prévue par l'article 106 du code des collectivités locales. Les démissions du maire ou des adjoints sont définitives à partir de l'acceptation de leur demande par lettre recommandée, par le ministre chargé des collectivités locales ou un mois après l'envoi d'une nouvelle lettre recommandée. Cependant ils continuent à exercer leur fonction jusqu'à l'installation de leurs successeurs. Ils ne peuvent être révoqués que par décret motivé. De même, les arrêtés de suspension doivent également être motivés.

§3 : L'exécutif rural

Chaque conseil rural, quelle que soit sa taille, élit un président et un vice-président. Sont électeurs les conseillers ruraux élus au suffrage universel direct. Ne sont éligibles que les conseillers élus au suffrage universel direct. Sont par conséquent inéligibles : les présidents des coopératives.

Le président et le vice-président sont élus à la majorité des voix et au scrutin public à trois tours. Aux deux premiers tours, la majorité absolue est exigée ; au troisième tour, la majorité relative suffit. Ils sont élus pour la même durée que le Conseil rural et doivent obligatoirement résider dans la communauté rurale.

Les fonctions de président et de vice-président sont gratuites ; toutefois, ils peuvent bénéficier des frais de représentation. En cas de dissolution, ces indemnités sont attribuées au président et au vice-président de la délégation spéciale.

En cas d'absence ou d'empêchement du président, n'excédant pas un mois, le vice-président est chargé de l'expédition des affaires courantes. En cas d'absence ou d'empêchement prolongé, le vice-président exerce la plénitude de ses fonctions. Les démissions volontaires du président et du vice-président, comme celles des autres conseillers ruraux, sont adressées aux gouverneurs. Elles ne prennent effet qu'à compter de leur acceptation.

Le règlement personnel à l'égard du président du conseil rural s'applique également au vice-président et comporte trois principales

---

[91] Cf. au chapitre 2 du titre 2 de la première partie.

manifestations qui correspondent à trois degrés d'intensité dans le contrôle.

Le sous-préfet se substitue d'office au président du conseil rural après mise en demeure infructueuse, lorsqu'il refuse ou néglige d'accomplir un acte de sa fonction. La mise en demeure est faite par écrit dans les mêmes conditions que celles évoquées plus haut pour les communes. À l'expiration de ce délai, l'inaction ou le silence du président du conseil rural vaut refus et justifie l'exercice du pouvoir de substitution par le sous-préfet.

Il est également prévu un système de suspension qui peut intervenir dans deux hypothèses. Lorsque, postérieurement à son élection, le président du conseil rural ne remplit plus les conditions requises pour être élu ou lorsqu'il se trouve dans l'un des cas d'incompatibilité ou d'inéligibilité prévus par la loi, il doit démissionner de ses fonctions au profit de son suppléant. À défaut, le sous-préfet fait prononcer sa suspension et provoquer la procédure de sa révocation. Cette compétence est exercée par le gouverneur[92]. La suspension peut également intervenir pour des fautes dont certaines sont énumérées à l'article 63 de la loi, à savoir : l'utilisation des deniers publics de la collectivité à des fins personnelles ou privées, des prêts d'argent effectués sur les recettes de la collectivité, les faux en écriture publique authentique, la concussion, le refus de signer ou de transmettre une délibération du conseil rural à l'autorité de tutelle et la spéculation sur les terres du domaine national. La suspension intervient sans préjudice des poursuites pénales éventuelles. Pour les fautes qui ne sont pas expressément citées par la loi, leur qualification, sous le contrôle du juge, devrait se faire selon les principes régissant le droit de la fonction publique.

La suspension est prononcée par arrêté motivé du gouverneur pour un mois ; elle peut être prolongée à trois mois par décret du Président de la République.

La révocation, dans la plupart des cas, sera la suite logique de la suspension. Elle intervient par décret motivé du Président de la République pour les mêmes motifs que ceux qui justifient la suspension. La révocation comme la suspension sont des causes

---

[92] Voir le décret n°72- 636 du 29 mai 1972 relatif aux attributions des chefs de circonscription administrative et des chefs de village, en son article 9.

d'interruption des fonctions de même que l'absence et l'empêchement. Ces causes entraînent l'application des règles de la suppléance.

Le président du conseil rural, chargé de l'administration de la communauté rurale, exerce deux séries d'attributions.

-Agent de l'État, le président du conseil rural est officier d'État civil. Il peut déléguer cette fonction au vice-président ou à des membres du conseil rural. Il est également le représentant du sous-préfet dans la collectivité. À ce titre, il est le subordonné hiérarchique du sous-préfet et le supérieur des chefs de village. Il est alors chargé notamment de la publication, de l'exécution et des commentaires auprès des populations des lois et règlements, ainsi que de l'exécution des mesures de police et d'autres mesures et fonctions spéciales prises par le sous-préfet ou prescrites par la loi.

-Représentant de la communauté rurale, le président du conseil rural prend des décisions comparables aux arrêtés municipaux. Il agit sous le contrôle étroit du sous-préfet qui peut en suspendre l'exécution. Les décisions générales ne sont exécutoires qu'après publication notamment par voie d'affichage. Les décisions individuelles doivent par contre être notifiées[93].

Depuis 1990, il est ordonnateur du budget de la collectivité. À ce titre, il prépare et ordonne les dépenses. En outre, il gère les revenus, dirige les travaux, souscrit les marchés, procède aux ventes, partages, échanges, acquisitions et transactions et prend des actes conservatoires des droits de propriété. Ces accroissements des compétences locales ont réduit la fonction de sous-préfet dont les missions mériteraient d'être redéfinies.

Section 3 :
Les organes délibérants

Chaque organe délibérant mérite une attention particulière compte tenu des originalités des uns et des autres.

---

[93] cf. au titre 2 relatif au contrôle des actes des collectivités locales.

§1 - Le conseil régional

Le conseil régional a son siège au chef-lieu de la région. Il se réunit une fois par trimestre. La situation est presque la même en France où le président du conseil régional peut décider une périodicité plus grande excédant une réunion par trimestre[94].

La durée de chaque session ne peut excéder quinze jours, sauf la session budgétaire qui dure un mois.

En cas de renouvellement du mandat des conseillers régionaux, la première réunion se tient de plein droit dans les quinze jours qui suivent la proclamation officielle des résultats. L'ouverture de cette première réunion met fin au pouvoir du conseil[95].

Au cours de cette première réunion présidée par le doyen d'âge du conseil, le président est élu et l'élection se fait au scrutin secret et à la majorité absolue des membres. Si aucun candidat n'obtient la majorité absolue, après deux tours il est procédé à un troisième tour de scrutin. Dans ce cas, le président est élu à la majorité relative. En cas d'égalité de suffrages, le plus âgé est déclaré élu. Il faut préciser que, dans ces hypothèses, la présence des deux tiers des membres est obligatoire pour que la délibération soit valable. Si cette condition n'est pas remplie, la réunion est convoquée de plein droit huit jours plus tard et l'élection s'effectue sans une obligation de quorum.

La situation est identique en France où le conseil régional ne peut délibérer que si la majorité absolue de ses membres en exercice est présente. Cela signifie que plus de la moitié des conseillers en exercice, légalement aptes à délibérer, est physiquement présente à l'ouverture de la séance[96].

En droit français, si le quorum n'est pas atteint, la réunion est renvoyée au troisième jour suivant et se tient de plein droit, sans nouvelle convocation contrairement au droit sénégalais où une nouvelle convocation est prévue par le code des collectivités locales[97].

Après l'élection du président, le conseil régional complète le bureau en élisant deux vice-présidents et deux secrétaires dans les mêmes conditions et pour la même durée.

---

[94] AUBY, J.M., *Droit des collectivités locales*, Paris, PUF, 1998, p.145

[95] Voir *CCL*. Article 41

[96] Auby, J.-M.,Op.cit. , p.148

[97] Voir Titre II de la loi 96-06 du 22 mars 1996, *JORS* n°5689 du 20 mai 1996.

Le conseil peut se réunir en session extraordinaire sur un ordre du jour déterminé à la demande du président, du tiers des membres du conseil régional (pour une durée qui ne peut excéder trois jours) ou du représentant de l'État.

Le conseil régional adopte ses délibérations à la majorité absolue des suffrages exprimés. Si le quorum n'est pas atteint, la réunion est reconvoquée de plein droit huit jours plus tard et les délibérations sont alors valables si le quart au moins des membres du conseil sont présents.

Pour le fonctionnement du conseil régional, quatre commissions sont prévues dans le cadre du conseil régional :

1. Une commission des affaires administratives, juridiques et du règlement intérieur
2. Une commission de l'éducation, de la santé et de la population, des affaires sociales, culturelles, de la jeunesse et des sports
3. Une commission des finances, du plan et du développement économique
4. Une commission de l'environnement, de l'aménagement du territoire des domaines, de l'urbanisme et de l'habitat.

Le conseil régional peut créer toute autre commission jugée nécessaire pour le bon fonctionnement de la région.

Chaque conseiller régional reçoit un rapport des affaires qui seront soumises quinze jours avant la réunion du conseil régional.

Le président du conseil régional rend compte au conseil régional chaque année par un rapport spécial présenté au mois de janvier de l'année suivant la fin de la gestion. Le rapport retrace les différentes activités, les moyens utilisés, l'état d'exécution des délibérations du conseil régional et de la situation financière de la région.

Ce rapport est transmis, après examen et discussions au sein du conseil régional, au représentant de l'État qu'est le gouverneur au niveau conseil régional, dont la présence est de droit au conseil.

Les décisions du conseil régional s'expriment par la voie de délibérations.

L'on ne pourrait conclure le fonctionnement du conseil régional sans souligner le concours du comité économique et social et de l'Agence Régionale de Développement.

§2 : Le conseil municipal

Le conseil municipal siège à l'hôtel de ville de la commune. Toutefois, le maire peut décider de le réunir dans des locaux annexes de la mairie, lorsque l'ordre du jour le justifie. Il se réunit en session ordinaire une fois par trimestre. La durée de chaque session ne peut excéder quinze jours sauf la session budgétaire qui peut durer trente jours.

Le représentant de l'État qui intervient dans le cadre de la commune peut demander au maire de réunir le conseil municipal en session extraordinaire. Le maire peut également réunir le conseil municipal en session extraordinaire chaque fois qu'il le juge utile.

Sur la demande de la majorité des membres, le maire est tenu de convoquer le conseil municipal. La convocation précise l'ordre du jour et est mentionnée au registre des délibérations, affichées à la porte de la Mairie.

Le conseil ne peut siéger que lorsque la majorité de ses membres en exercice assiste à la session. Si ce quorum n'est pas atteint, la délibération n'est valable qu'après une seconde convocation.

Il convient de préciser que le respect du délai de convocation (trois jours ou 24 heures en cas d'urgence) est une formalité substantielle, soumise au contrôle complet du juge administratif. Comme en droit français, l'inobservation du délai entraîne l'irrégularité des délibérations adoptées au cours de la réunion[98]. Le juge vérifie aussi le bien-fondé de l'urgence lorsque celle-ci est convoquée par le maire et avalisée par le conseil municipal.

Il peut décider que l'urgence n'est pas justifiée, ce qui entraîne l'illégalité des délibérations prises lors de la réunion[99].

La légitimité des décisions du conseil municipal suppose que les élus s'intéressent aux affaires qui leur sont confiées ; ils doivent être présents. Cette exigence se traduit par l'obligation de respecter le quorum. Le quorum se calcule d'abord sur le nombre des membres en exercice et non pas en fonction de l'effectif légal du conseil. Un conseiller qui a donné sa démission, un conseiller qui a reçu notification de la décision définitive d'annulation de son élection, un conseiller révoqué ne sont pas des membres en exercice. Le quorum se

---

[98] CE, 21 novembre 1969, élection du Maire et de l'adjoint de Cauro, Rec. 522.
[99] CE, 21 février 1936, Hublot, Rec. 229.

calcule ensuite sur la présence physique des conseillers les procurations ne sont pas prises en compte. Le quorum est atteint si plus de la moitié des conseillers municipaux en exercice légalement aptes à délibérer est physiquement présente, à l'ouverture de la séance. Il doit être vérifié par le maire ou le président de séance à l'ouverture de celle-ci. Les séances du conseil municipal sont publiques.

Sur la demande du maire ou du tiers des membres, le conseil municipal, sans débat, décide s'il délibère à huit-clos ce qui est de droit quand il est appelé à donner son avis sur les mesures individuelles et les matières suivantes :

- Secours scolaire
- Assistance médicale gratuite
- Assistance aux vieillards, aux familles, aux sinistrés etc.
- Assistance aux lieux de culte
- Convocation d'un conseiller au sens de l'article 169[100]

Les délibérations du conseil municipal sont prises à la majorité des votants.

Le conseil municipal règle par ses délibérations les affaires de la commune. Il dispose, selon cette formule traditionnelle depuis la loi du 5 avril 1884 d'une compétence de droit commun pour résoudre toute question d'intérêt communal qui n'a pas été expressément attribuée à une autre autorité et notamment le maire. Il doit assurer à l'ensemble de la population, sans discrimination, les meilleures conditions de vie. Il intervient plus particulièrement dans le domaine de la planification et de la programmation du développement et de l'harmonisation de cette programmation avec les orientations régionales et nationales.

Le conseil municipal vote le budget et arrête le compte administratif du maire. Il examine le rapport du maire et des comptes de gestion du receveur sauf règlement définitif réservé au juge des comptes.

Lorsque le conseil municipal délibère en dehors de ses réunions légales ou sur un objet étranger à ses compétences, le représentant de l'État prononce par arrêté motivé la nullité des actes. Aussi sont nulles de plein droit les délibérations prises en violation des lois et règlements en vigueur.

---

[100] Cf. Article 169 du code des collectivités locales.

De même, sont annulables les délibérations auxquelles ont pris part des membres du conseil intéressé, soit en leur nom personnel, soit comme mandataires, à l'affaire qui en fait l'objet.

§3 : Le conseil rural

Le conseil rural siège au chef-lieu de la communauté rurale créée par décret après avis du conseil régional. Nous allons étudier son organisation et ses attributions. Le conseil rural siège au village du chef -lieu de la communauté rurale ; il est réuni par le président du conseil rural aussi souvent qu'il le juge nécessaire. Il est obligatoirement réuni pour la session budgétaire, lorsque le sous-préfet ou le tiers au moins des membres en fait la demande.

Le conseil ne peut délibérer que lorsque la majorité de ses membres comprenant au moins la moitié des membres élus au suffrage universel sont présents. Lorsque ce quorum n'est pas atteint après deux convocations successives, le conseil délibère à la troisième convocation, quel que soit le nombre de membres présents.

Le président du conseil rural ou son remplaçant préside les séances du conseil. Un conseiller rural ou un agent de l'État désigné par le préfet remplit les fonctions de secrétaire. Les séances du conseil sont publiques. Le sous-préfet et le préfet y ont accès.

Le conseil rural ne peut déléguer ses attributions. Toutefois, il peut instituer des commissions pour l'étude de certaines questions et habiliter certains de ses membres à arbitrer les litiges en matière domaniale.

Il délibère sur les matières d'intérêt local énumérées par la loi en son article 195 du code des collectivités locales[101].

---

[101] Et portant notamment sur :
- Les modalités d'exercice de tout droit d'usage pouvant s'exercer à l'intérieur du terroir à l'exception des droits ci-après :
- Droits d'exploitation des mines et carrières qui sont réservés à l'État ;
- Droit de chasse et droits de pêche dont les modalités d'exercice sont fixées par décret ;
- Exploitation commerciale de la végétation arborée ;
- Les projets d'aménagement de lotissement, d'équipement, des périmètres affectés à l'habitation ainsi que l'autorisation d'installation d'habitations ou de campements ;
- L'affectation et la désaffectation des terres du domaine national ;
- L'acceptation ou le refus des dons et legs ;

Le pouvoir d'affectation et de désaffectation des terres par délibération n'a été reconnu au conseil rural que depuis 1980 (loi n° 80 - 14 du 3 Juin 1980). Jusque - là c'était le président du conseil rural qui exerçait seul cette compétence, ce qui avait entraîné certains errements. La loi du 3 juin 1980 a non seulement transféré cette compétence au conseil rural, mais aussi renforcé le contrôle de l'autorité de tutelle. La loi confère d'autres attributions au conseil rural, sans toutefois préciser la nature des actes par lesquels il les exerce[102].

La loi prévoit les domaines dans lesquels le conseil rural donne des avis : allocations, secours, subventions, organisation de l'état civil, organisation des opérations d'appel des jeunes gens de la communauté sous les drapeaux, organisation des audiences foraines. En général, il s'agit d'avis facultatifs ; mais la loi énumère les matières pour lesquelles l'avis du conseil rural est obligatoire sans toutefois être contraignant pour l'Administration.

- Le budget de la communauté rurale, les crédits supplémentaires ainsi que toute modification du budget ;
- Les projets locaux et la participation de la communauté rurale auxdits projets ;
- Les projets d'investissement humain ;
- Les acquisitions immobilières, les projets, plans, devis et traités de constructions neuves, de grosses réparations ou de tous autres investissements ;
- Le classement, le déclassement, l'ouverture, le redressement, l'alignement, le prolongement, l'élargissement ou la suppression des voies et places publiques ainsi que l'établissement, l'amélioration, l'entretien des pistes et chemins non classés ;
- La création, la translation ou l'agrandissement des cimetières ;
- La protection et la lutte contre les déprédateurs ;
- La lutte contre les incendies et la pratique des feux de culture ;
- La nature et les modalités d'exécution des clôtures et des défenses limitant les fonds et protégeant les récoltes pendantes, individuelles ou collectives ;
- Les servitudes de passage ;
- Le régime et les modalités d'accès et d'utilisation des points d'eau de toute nature ;
- La création et l'installation de chemins de bétail à l'intérieur de la communauté rurale ;
- L'aménagement de l'exploitation de tous les produits végétaux de cueillette et des coupes de bois.

[102] C'est le cas des domaines suivants : Développement et promotion des activités, des services et établissements qui concourent directement à la satisfaction des besoins de la collectivité, l'aide aux familles en vue de l'éducation de leurs enfants, la contribution à l'amélioration de l'habitat, la propreté, l'aménagement des villages, l'exécution des mesures de salubrité et de tranquillité publique.

Le conseil rural peut adresser au sous-préfet des vœux sur les modalités d'exécution des mesures réglementaires en relation avec l'exploitation des ressources et la protection des biens de la communauté. Ces vœux portent, par exemple, sur le plan général d'utilisation des terres, le régime des jachères collectives, le respect des espèces végétales, l'aménagement de l'exercice de la pêche et de la vaine pâture, etc.

La loi prescrit que sont nulles de plein droit :

- les délibérations portant sur un objet étranger aux attributions du conseil rural ;
- celles prises en violation des lois et règlements en vigueur :
- et celles prises hors du chef - lieu de la communauté rurale.

Ce dernier motif de nullité présente un intérêt théorique certain ; en principe, le lieu de l'édiction d'un acte n'est pas une condition de sa validité. La loi a donc entendu déroger expressément à ce principe en ce qui concerne la communauté rurale. Cette disposition s'explique sans doute par des considérations pratiques et politiques. En effet, le choix du chef-lieu de la communauté rurale est une décision politique prise au moment de sa création ; il en va de même du regroupement des villages qui la composent. Dans certains cas, on ne peut donc pas exclure des rivalités entre des villages appartenant à une même communauté rurale ; ces rivalités peuvent d'ailleurs coïncider avec des tendances opposées au sein du parti politique majoritaire dans le pays. Dans ces conditions, faire siéger le conseil rural dans un village autre que celui désigné par le décret de création de la communauté peut entraîner des conséquences politiques susceptibles de la désorganiser.

Tout membre du conseil rural dûment convoqué qui, sans motif légitime reconnu par le conseil, a manqué à trois convocations écrites successives, peut être, après avoir été admis à formuler des explications, déclaré démissionnaire par le président, après avis du conseil rural, sauf recours dans le délai de deux mois de la notification devant la juridiction compétente[103]. En outre, les employeurs sont tenus de laisser aux salariés de leur entreprise ou service, membres d'un conseil rural, le temps nécessaire pour participer aux séances plénières de ce conseil ou des commissions qui en dépendent[104].

---

[103] Article 23O du *CCL*.
[104] Article 231 du *CCL*.

Également, tout membre du conseil rural qui refuse, sans excuse valable, de remplir une des fonctions qui lui sont dévolues par la loi, est déclaré démissionnaire par le ministre chargé des collectivités locales, sauf recours dans le délai de deux mois de la notification devant la juridiction compétente. Dans ce cas, le refus résulte soit d'une déclaration expresse à qui de droit ou rendue publique par son auteur, soit de l'abstention persistante après avertissement du représentant de l'État.

Enfin, lorsque le fonctionnement du conseil rural se révèle durablement impossible, sa dissolution peut être prononcée par décret après avis du conseil d'État.

Après l'étude des aspects institutionnels, il convient maintenant de s'intéresser aux aspects fonctionnels.

CHAPITRE II :
LES ASPECTS FONCTIONNELS DE L'AUTONOMIE LOCALE

Le droit des collectivités locales aménage une autonomie fonctionnelle c'est-à-dire le droit pour une collectivité locale de s'administrer elle-même impliquant à la fois la liberté de décider et d'agir, dans le respect des lois, et la capacité de le faire grâce à des ressources suffisantes dont elle peut disposer librement. Cette autonomie au plan fonctionnel se matérialise à travers les compétences des collectivités locales (Section 1), les moyens d'action (Section 2) mais aussi le système relationnel des collectivités locales (Section 3.)

Section 1 : Les compétences locales

De très importants transferts de compétence de l'État vers les collectivités locales ont été opérés par les lois 96 – 06 et 96 – 07 du 22 mars 1996. La mise en œuvre de ces textes a montré à quel point la détermination des compétences locales est un exercice difficile (§1). Mais au-delà de la problématique relative à la détermination des compétences locales, d'autres questions se posent : celle du pouvoir réglementaire des collectivités locales (§2) et celle des compétences des différents niveaux de celles-ci (§3).

§1 : La détermination des compétences locales

Le doyen Duguit avait coutume d'affirmer que tout le code civil se fondait sur trois articles posant les principes du droit de propriété, de la force obligatoire des conventions entre les parties et de la responsabilité pour faute ; tout le reste procédait de simples aménagements techniques[105]. En va-t-il de même de la célèbre

[105] Jean-Claude Douence, « Réflexions sur la vocation générale des collectivités locales à agir dans l'intérêt public local » in *Quel avenir pour l'autonomie des collectivités locales* ? Paris, Ed. L'aube, 1999.

formule utilisée par le code des collectivités locales selon laquelle la commune, la région ou la communauté rurale règle par ses délibérations les affaires de la commune, de la région ou de la communauté rurale ?

Il s'agit pourtant là d'une expression classique, archaïque, antérieure à la reconstruction du droit administratif classique au début du XXème siècle et dont on peut se demander si elle conserve consistance et signification actuellement.

Quelques clarifications terminologiques ne sont pas inutiles pour aborder la notion d'affaires locales (A). Après la clarification, il sera nécessaire d'étudier la nature de la vocation générale des collectivités locales (B).

A : La notion d'affaires locales, d'intérêt local et de vocation générale

La notion d'affaires locales a été forgée et consacrée dans le débat politique sur la décentralisation administrative qui s'est poursuivie pendant une grande partie du XIXème siècle. Les affaires locales ont souvent été perçues comme un ensemble de matières, travaux et activités qui seraient naturellement locaux par leur objet concret. Autrement dit, il existerait un domaine naturel de compétences locales que la loi reconnaîtrait, sans qu'il soit besoin de préciser davantage. Cette conception matérielle donnait l'illusion d'un critère clair et favorable à l'autonomie locale. Elle s'est révélée fausse et dangereuse parce qu'elle justifiait tous les empiètements de l'État chaque fois qu'un problème lui paraissait dépasser le cadre local.

En réalité, le législateur a toujours entendu les affaires locales comme celles qui répondent à un intérêt public local, lui-même identifié le plus souvent à un besoin de la population locale. Cette conception finaliste ressort à travers l'analyse du droit des collectivités locales au Sénégal.

La prise en compte des besoins locaux s'effectue indépendamment de toute préoccupation étatique. Ce qui caractérise, en effet, la mise en œuvre possible de la clause générale de compétence, c'est la reconnaissance d'une situation particulière à chaque collectivité locale échappant étatique. L'objectif recherché n'est pas la satisfaction d'un intérêt général répondant à l'intérêt de l'ensemble de la population et prenant en compte les diversités issues des situations respectives de chaque territoire[106]. Il s'agit plus précisément de l'intérêt de la population et de prendre en compte les diversités issues des situations respectives de chaque territoire. Il s'agit plus strictement de l'intérêt de la population locale considérée en elle-même. Si l'on peut parler à propos des collectivités d'autonomie issues des conditions de mise en œuvre de la clause générale de compétence, c'est uniquement en ce sens. Les situations particulières de chaque collectivité locale sont prises en compte de manière indépendante les unes des autres. La situation des collectivités locales se distingue alors fondamentalement de celles des établissements publics, fussent-ils locaux, les seconds ne possédant jamais la clause générale de compétence et dans la mesure où, dans le cas d'un groupement entre différentes collectivités locales, ces dernières ne décideraient plus de manière isolée.

Les affaires locales restent sources de compétence locales, indépendamment de toute attribution spécifique. L'intérêt public local est directement issu d'un besoin particulier de la population locale au point de se confondre avec lui.

B :La nature de la vocation générale des collectivités locales

La vocation générale des collectivités locales n'est nullement assimilable à une compétence générale qui les autoriserait à faire n'importe quoi dans n'importe quel domaine. La vocation générale des collectivités locales se résume à cette aptitude à agir dans la vie juridique, avec les moyens d'action qui leur sont propres et pour la réalisation des objectifs qui leur sont propres. Elle découle de la nature même des collectivités locales dans le cadre de la théorie de la personnalité morale. Elle est limitée par toutes les normes supérieures qui s'imposent à elles et ne comporte pas de prérogatives susceptibles de porter atteinte aux droits et libertés protégés par la loi.

Ainsi conçue, elle est inhérente à la nature et à l'existence même de la collectivité et on voit mal comment la loi pourrait ne pas la reconnaître, sans nier la nature des choses. De ce qui précède, il

---

[106] MALLA, E., « Contribution à la théorie de l'acte administratif local », *Etude sur les spécificités des actes unilatéraux décentralisés*, thèse soutenue le 11 octobre 1999 à Bordeaux.

ressort que la vocation générale des collectivités locales est l'un des modes de détermination des compétences locales que la loi a instaurés, parallèlement à l'attribution des compétences spécifiques.

Cependant, le législateur dispose-t-il librement en la matière ou est-il tenu par certaines exigences notamment constitutionnelles ? La Constitution sénégalaise précise que la détermination des compétences locales est une matière qui relève entièrement du domaine de la loi.

Les collectivités locales tiennent donc leurs compétences de la loi et de la loi seule. Elles ne les tiennent ni de la Constitution qui renvoie à la loi, ni d'elles-mêmes en raison de leur intégration dans l'ordre constitutionnel. La vocation générale des collectivités locales n'est pas une compétence qu'elles se seraient attribué à elles – mêmes mais un titre de compétence qu'elles ont reçu de la loi et qui n'existerait pas si la loi ne conférait pas à chaque assemblée délibérante une habilitation générale pour régler les affaires de sa collectivité.

La Constitution impose donc la médiation de la loi. Mais elle ne soumet au législateur aucune exigence explicite, qu'il s'agisse de la nature ou de l'étendue des compétences reconnues aux collectivités locales.

Il ressort de l'analyse, bien que la libre administration soit la clé de voûte du statut constitutionnel des collectivités locales, qu'il ne semble pas qu'elle puisse fonder directement leur vocation générale.

§2 : Le pouvoir réglementaire des collectivités locales

Comment concevoir, en effet, une libre administration sans une autonomie normative des collectivités locales dans leurs domaines d'intervention ? Cette question a divisé la doctrine française. Ce pouvoir doit s'exercer, selon M. Bourjol[107], sur le fondement direct de l'article 72 de la Constitution sans l'intermédiaire d'aucune loi ou, s'il ne s'agit que d'un pouvoir réglementaire d'application des lois, son exercice exclut l'intervention du gouvernement selon le professeur F. Luchaire[108].

---

[107] M.BOURJOL, J.-L., DOUENCE, L. FAVOREU, *Le pouvoir réglementaire local*, Les cahiers du CFPC, 1983, p.13.

[108]M. BOURJOL, « Désétatiser le pouvoir réglementaire des collectivités locales, Un débat toujours actuel », *Cah. du Sect.* Pub. Janvier 1982, n°3-4, p.30.

La thèse opposée met en doute l'existence même d'un pouvoir réglementaire local. Sa concession aux autorités décentralisées reviendrait à désétatiser l'exercice d'une telle prérogative que le constituant réserve au Président de la République et au Premier Ministre au Sénégal, et au Premier Ministre en France[109].

La thèse du monopole du pouvoir réglementaire par le Premier Ministre ou l'exécutif, assise sur la constitution, s'impose donc au parlement ou à l'assemblée nationale qui ne saurait modifier les dispositions de la constitution pour conférer le pouvoir réglementaire à quelqu'un d'autre.

Si la doctrine s'accorde aussi sur l'existence d'un pouvoir réglementaire local et la nécessité d'une loi pour l'habilitation, elle demeure, en revanche, divisée sur son étendue et sur les possibilités du pouvoir réglementaire national de compléter les lois que les collectivités locales doivent mettre en œuvre. Soit le pouvoir réglementaire national demeure, à titre principal, chargé de l'exécution des lois relatives aux collectivités locales (c'est la thèse du doyen L. Favoreu), soit le gouvernement exerce sa compétence de façon limitée, le règlement national ne pouvant apporter à la libre administration des collectivités locales d'autres restrictions que celles qui résultent déjà d'une disposition législative (c'est la thèse de J.C. Douence et Jean Marie Auby).

Soit encore le règlement national ne peut intervenir que sur habilitation expresse du législateur (c'est la thèse de F. Luchaire).

Aujourd'hui, le paysage de la controverse a un peu évolué. Son apaisement doit beaucoup à l'expérience jurisprudentielle qui a aidé à fixer des hypothèses qui s'étaient essentiellement exprimées par la voie doctrinale. Cette expérience permet d'ébaucher les traits d'une théorie propre du pouvoir réglementaire local dont les facilités et les garanties d'exercice dépassent de loin celles des ordres professionnels, des autorités administratives indépendantes ou des Ministres[110]. Ce pouvoir se rapproche plutôt, dans sa faculté de compléter la loi, du pouvoir réglementaire gouvernemental lui – même avec lequel il entre en concurrence.

---

[109] Bertrand Faure, « Le pouvoir réglementaire des collectivités locales », *Quel avenir pour l'autonomie des Collectivités locales* ? Paris, Ed. L'Aube, 1999. p.343.
[110] Bertrand Faure Op.cit. , p.345.

Nous envisageons d'aborder la question du pouvoir réglementaire local à travers ses conditions d'existence (A) puis ses garanties d'exercice (B).

A : Les conditions d'existence du pouvoir réglementaire local

Le pouvoir réglementaire local est un pouvoir fondé sur la loi. Il est admis en droit public qu'une autorité ne peut disposer d'un pouvoir réglementaire sans l'autorisation préalable d'un texte. Mais quelle est la nature du texte investissant les collectivités locales d'un pouvoir réglementaire ? Les débats juridiques au moment de la réforme de la décentralisation en France ont vu des suggestions prêter un titre constitutionnel au pouvoir réglementaire dont les collectivités locales ont la jouissance[111].

Mais au-delà de cette controverse doctrinale, la Constitution est la source de la compétence législative et la loi est la source de compétence réglementaire. Lorsque certaines communes ont réglé les modalités d'organisation et de fonctionnement de leur comité d'hygiène et de sécurité dans le silence de la loi, elles n'ont pas mis en œuvre la constitution, comme s'y autorise le gouvernement sur la base de la clarté fondamentale, mais leur pouvoir général d'organiser leurs services que leur reconnaît la loi par cette formule connue dans le monde des publicistes : « le conseil municipal règle par ses délibérations les affaires de la commune »[112].

Aucun principe constitutionnel n'institue donc ni ne réglemente, de façon générale et par lui – même, de pouvoir de décision des collectivités locales.

En l'absence d'une consécration constitutionnelle, c'est de la loi que dépend l'étendue du pouvoir réglementaire local qui est en réalité un pouvoir plus restreint dans ses garanties d'exercice.

---

[111] Que le fondement soit direct ou indirect : M. Bourjol, « Contribution au colloque d'Angers », et J.M. Auby, « Le pouvoir réglementaire des autorités locales », A.J.D.A., 1984 p 475

[112] CE, 13 février 1985, SCAAN de Cergy-Pontoise, A J D A, 1985, p.271, note J. Moreau.

B :Un pouvoir réglementaire plus restreint dans ses garanties d'exercice

L'aptitude des autorités locales à exercer librement leurs responsabilités légales repose sur deux niveaux successifs de garanties posés par les juges : la garantie des règles de compétence invocable contre le Gouvernement d'une part, la garantie du principe de libre administration opposable au gouvernement et au législateur d'autre part.

En France, lorsqu'un préfet a pris l'initiative de réglementer l'accès à un service d'assistance médicale à la place du conseil général, le juge administratif a annulé sa décision pour incompétence[113]. Dans un autre arrêt, le conseil d'État a saisi l'occasion pour affirmer « qu'il appartient au seul conseil municipal de réglementer l'organisation des services communaux et notamment de fixer la durée hebdomadaire du travail du personnel communal »[114].

Le droit sénégalais dessine les traits d'un principe de séparation des administrations centrales et décentralisées. Toutefois, il fait de cette séparation davantage une question de degré qu'une question de principe et, en pratique, les renvois législatifs à des décrets d'exécution sont fréquents.

Au Sénégal, les collectivités locales sont des foyers d'autonomie auxquels le législateur ne sera pas autorisé à apporter les restrictions qui ne seraient pas nécessaires ou proportionnées et, en tout état de cause, il ne peut méconnaître un noyau minimum de compétences et de ressources locales sans lequel les collectivités n'auraient plus d'existence suffisante[115].

Cette exigence a reçu en France [116] une première application positive dans la décision des 19 et 20 janvier 1984 sur le statut de la fonction publique territoriale. La décision a donné l'occasion au

---

[113] CE, 27 mars 1958, Marassi et Migozzi, Réc., p.814.

[114] CE, 10 octobre 1990, Commissaire de la République du département de la Seine et Marne Rec. ; p.617.

[115] Cf. Code des collectivités locales du Sénégal et de la Constitution du 7 janvier 2001.

[116] Bertrand Faure, *« Existe –t-il un pouvoir local en droit constitutionnel français »* ? *R D P*, 1996, p.1539.

conseil constitutionnel d'énumérer les éléments de la gestion du personnel local intégrés à la libre administration et donc insusceptibles d'être repris en main par l'État. Ainsi les autorités décentralisées doivent se prononcer, sans contrainte excessive, sur la création et la suppression des emplois locaux, comme sur le recrutement de ses collaborateurs[117].

Il faut préciser que le juge constitutionnel garantit l'immunité des domaines décentralisés ; il garantit par là même les procédés juridiques que leur prise en charge exige parce que la fin ne peut aller sans les moyens.

Cette construction jette les bases d'une théorie autonome du pouvoir réglementaire local. Mais en dépit de tout, les mécanismes de partage entre les pouvoirs réglementaires national et local ne sont pas encore mis au clair et le gouvernement bénéficie de champs d'action trop discrétionnaires en droit des collectivités locales.

§3 : Les compétences transférées aux collectivités locales

L'existence de plusieurs sortes de collectivités locales semble être justifiée par la présence de plusieurs intérêts locaux suivant la dimension du groupe que l'on prend en considération. La collectivité locale peut être à l'origine de l'existence d'un intérêt qui lui est propre ; tel serait le cas des communautés rurales au Sénégal.

Si l'intérêt communal ou rural ne fait l'objet d'aucune objection, l'intérêt régional a soulevé plusieurs controverses[118]. Chaque niveau d'intérêt local a un contenu différent qu'il convient d'aborder pour le déterminer. Nous allons étudier les compétences partagées (A) avant d'évoquer les compétences spécifiques (2).

---

[117] C.C. n°83- 168 DC du 20 janvier 1984, RDP 1984, p 687, chron. L. Favoreu.

[118] Le problème est de savoir si l'intérêt régional existe, si intérêt régional et existence d'une collectivité régionale sont assimilables. Dire qu'il n'y a pas d'intérêt régional signifie simplement qu'il n'y a pas d'intérêt qui soit propre à une communauté régionale d'où la nécessité de sa suppression comme le suggérait une bonne partie de la doctrine sénégalaise.

A : Les compétences partagées

Neuf domaines de compétence sont transférés aux collectivités locales. Certaines compétences sont exercées à la fois par les différentes collectivités locales. Il s'agit :

- Des compétences en matière de gestion et d'utilisation du domaine privé de l'État, du domaine public et du domaine national. En application des articles 17 et 18 de la loi n° 96 – 07 du 22 mars 1996, l'État peut céder aux collectivités locales tout ou partie de ses biens meubles ou immeubles. L'acte de cession est dressé dans ce cas par le receveur des domaines après avis de la commission de contrôle des opérations domaniales. L'approbation relève de la compétence du gouverneur de la région où la cession a lieu.

La demande d'affectation des biens meubles ou immeubles doit être motivée ou accompagnée du programme des travaux de construction et d'aménagement envisagés.

-Des compétences en matière de gestion des ressources naturelles et de l'environnement. En effet les collectivités locales assurent la gestion, la protection et l'entretien des forêts, des zones protégées et des sites naturels situés dans leur ressort territorial. Elles assurent également des opérations de reboisement et de création de bois ou de zones protégées. Elles ont compétence pour délivrer des permis de coupe à l'intérieur du périmètre de leurs zones d'intervention[119].

- Des compétences en matière de santé et d'action sociale. La région assure la gestion et l'entretien des hôpitaux régionaux et départementaux ; la commune reçoit des compétences pour la gestion et l'entretien des centres de santé urbains et la communauté rurale intervient pour gérer des postes de santé, des maternités et cases de santé dans sa zone d'intervention.

---

[119] Cf. à la deuxième partie, plus particulièrement au chapitre 2 du titre 1.

A ce titre, des commissions médico-administratives (au niveau régional) et des comités de gestion (au niveau communal et rural) sont créés et présidés par le chef de l'exécutif local.

En matière sociale, les collectivités locales participent à l'entretien et à la gestion des infrastructures et des équipements des centres de promotion et d'insertion sociale. A l'image des actions en matière sanitaire, des commissions et comités présidés par le Chef de l'exécutif local sont mis en place pour la prise en charge des centres de promotion et d'insertion sociale.

L'organisation et la gestion des secours relèvent aussi de la compétence des collectivités locales.

- Des compétences en matière d'urbanisme et d'habitat. En réalité la région n'occupe pas une grande place en matière d'urbanisme et d'habitat. Le conseil régional approuve par délibération les schémas directeurs d'aménagement et d'urbanisme (S D A U). A part cette attribution, la région apporte son soutien à l'action des autres collectivités locales.

La commune et la communauté rurale exercent quant à elles de véritables compétences en matière d'urbanisme et d'habitat.

Elles élaborent dans le cadre de leur ressort territorial :

- des plans directeurs d'urbanisme ;
- des schémas directeurs d'urbanisme et d'aménagement ;
- des plans d'urbanisme de détails des zones d'extension, d'aména-gement concerté, de rénovation et de remembrement.

Elles réalisent à l'intérieur du périmètre communal (pour la commune) et à l'intérieur du périmètre d'action rurale (pour la communauté rurale) des lotissements d'extension ou de restructuration.

Le maire et le président du conseil rural délivrent après consultation du service chargé de l'urbanisme :

- les accords préalables ;
- les permis de construire ;
- les certificats d'urbanisme ;
- les certificats de conformité ;
- les permis de démolir.

- Des compétences en matière de jeunesse et de sport sont également transférées aux collectivités locales. Elles concernent l'organisation, l'animation, l'encadrement, la promotion et le contrôle des activités physiques, sportives et socio-éducatives.

- Des compétences en matière de culture ; il s'agit de la promotion, de l'épanouissement et du développement des activités culturelles. La surveillance et le suivi de l'état des sites et monuments historiques ou des vestiges préhistoriques ou historiques relèvent également de la compétence des collectivités locales sans oublier la création et la gestion d'orchestres, d'ensembles lyriques traditionnels, des corps de ballets, de centres socio-culturels et de bibliothèques publiques.

- Des compétences en matière d'éducation, de promotion des langues nationales et de formation professionnelle sont transférées aussi aux collectivités locales. En effet, les organes délibérants des collectivités locales tiennent chaque année une réunion consacrée à la préparation de la rentrée scolaire. A la fin de l'année, chaque collectivité entend son organe exécutif sur le bilan de la gestion. Les compétences transférées concernent quatre secteurs qui sont l'éducation, l'alphabétisation et la promotion des langues nationales, et la formation technique et professionnelle.

Pour ce qui est de l'éducation, il faut souligner que les collectivités locales assurent l'équipement, l'entretien et la maintenance des lycées et collèges (la région), des écoles élémentaires et des établissements préscolaires (les communes et les communautés rurales). Elles octroient des bourses et aides scolaires et participent à l'acquisition de manuels et de fournitures. Les chefs de l'exécutif local sont membres de droit des structures de concertation et de dialogue comme le conseil de gestion, le conseil de perfectionnement et le comité de gestion.

En matière d'alphabétisation, il faut noter que l'élimination de l'analphabétisme est l'objectif visé et que les collectivités locales doivent y contribuer en déterminant un plan d'action, en recrutant des alphabétiseurs, en formant des formateurs et en mobilisant les ressources nécessaires à la campagne d'alphabétisation.

Quant à la promotion des langues nationales, il convient de préciser que les collectivités locales doivent avec l'appui de l'État établir la carte linguistique de leur terroir et assurer la diffusion et la traduction des éléments de la tradition orale (contes, mythes, légendes). Elles peuvent décider de la création d'une presse locale, parlée ou écrite en langues nationales.

Enfin nous avons la formation technique et professionnelle qui constitue un secteur où les collectivités locales doivent établir les plans prévisionnels de formation dans des domaines adaptés aux besoins exprimés. Dans cette optique, elles peuvent recruter un personnel d'appoint mis à la disposition des établissements, centres et instituts de formation professionnelle implantés dans leur terroir.

B : Les compétences spécifiques

Nous allons étudier ces compétences propres ou spécifiques en fonction de leur originalité et de leur prise en charge par une collectivité locale de manière prioritaire.

- Les compétences propres exercées prioritairement par la région : il s'agit en réalité de la planification et de l'aménagement du territoire. Ces deux types de compétences sont exercés prioritairement par la région.

Il convient de noter que c'est la région qui élabore son schéma régional d'aménagement du territoire qui doit être conforme au plan national d'aménagement du territoire. Elle s'appuie sur la commission régionale d'aménagement du territoire créée par le président du conseil régional par la voie d'un arrêté. Cette commission s'appuie sur l'agence régionale de développement pour élaborer le schéma régional d'aménagement du territoire.

La région exécute et élabore des projets et programmes d'aménagement basés sur les ressources et potentialités locales devant assurer un développement harmonieux et durable. Elle identifie et assure la coordination des projets d'aménagement à caractère régional, communal et intercommunautaire.

Le deuxième type de compétence spécifique exercée prioritairement par la région est la planification. C'est la région qui élabore et exécute le plan régional de développement intégré. Elle assure la coordination des actions de développement de la région et peut en association avec l'État concevoir des contrats – plans pour la réalisation d'objectifs de développement économique, social, sanitaire et scientifique.

A ce niveau, l'agence régionale de développement joue un rôle fondamental. Elle est chargée d'aider à la conception et à l'exécution de tous les plans au niveau régional, communal ou rural. Elle s'occupe de la construction et de la mise à jour des banques de données nécessaires à l'élaboration, au suivi et à l'évaluation des plans de développement. Elle élabore et réalise les schémas régionaux d'aménagement du territoire et les plans d'urbanisme.

Les plans d'action pour l'environnement mis en place par les collectivités locales ou tout autre sont réalisés sous son contrôle.

Enfin c'est l'agence régionale de développement qui assure le suivi, l'harmonisation des programmes d'action et la mise en œuvre des initiatives en matière de coopération décentralisée.

- Les compétences propres exercées prioritairement par la commune. Les pouvoirs exercés en matière de police administrative par le maire sont plus étendus que ceux exercés par le président du conseil régional ou rural.

Le maire est chargé de la police municipale et de l'exécution des actes de l'État qui y sont relatifs. La police municipale a pour objet d'assurer le bon ordre, la sûreté, la tranquillité, la sécurité et la salubrité publics.

L'on serait tenté d'affirmer que c'est le maire qui est l'autorité de droit commun de police générale pour sa commune parce que les autres chefs d'exécutifs locaux ne se voient pas reconnaître pleinement cette qualité[120]. A cet effet, la **police municipale a pour mission d'assurer :**

- la sûreté et la commodité dans les rues, quais, places et voies publiques, ce qui comprend le nettoiement, l'éclairage, l'enlèvement des encombrants, la démolition ou la réparation des édifices menaçant ruine etc. ;

- le mode de transport des personnes décédées, des inhumations et exhumations, le maintien du bon ordre et de la décence dans les cimetières ;

- la prévention, par des précautions convenables et l'intervention, par la distribution des secours nécessaires, en cas d'accidents et de fléaux calamiteux tels que les incendies et inondations ou tous autres accidents naturels, les maladies épidémiques ou contagieuses, la mise

[120] Article 32 du *CCL*.

en œuvre de mesures d'urgence en matière de sécurité, d'assistance et de secours ;

- les mesures nécessaires à l'égard les aliénés dont l'état pourrait compromettre la morale publique ; la sécurité des personnes ou la conservation des propriétés ;
- la lutte contre la divagation des animaux.

L'exercice du pouvoir local de police est dominé par deux séries de règles. La première tend à assurer la combinaison la plus harmonieuse possible entre les différentes polices et les autorités qui en sont détentrices. La seconde tend à soumettre l'exercice de ce pouvoir au respect d'un certain nombre de règles traduisant toutes cette idée fondamentale que ce qui est premier c'est la liberté des individus.

La combinaison des pouvoirs de police concerne au premier chef les responsables locaux de police.

Tantôt l'autorité locale de police générale, le maire surtout, intervient alors qu'existent déjà des mesures de police générale prises par une autorité recouvrant un territoire plus vaste (le préfet par exemple)[121] : dans ce cas la règle jurisprudentielle signifie que l'autorité locale peut ajouter à la réglementation existante, elle peut aussi aggraver, mais non atténuer les mesures de police générale prises à l'échelon territorial supérieur[122].

Tantôt l'autorité locale doit s'efforcer de combiner ses pouvoirs de police générale avec ses pouvoirs de police spéciale ce qui n'exclut pas l'exercice de la police générale. Il incombe à l'autorité concernée d'assurer la compatibilité entre les mesures prises distinctivement au titre de chacune de ces polices[123].

Enfin, il y a lieu de souligner que le maire peut nommer des agents assermentés, chargés sous le contrôle du service de l'hygiène de fonctions relatives à la police sanitaire. Et le conseil municipal ne peut

---

[121] Article 130 du *CCL*.

[122] C E 18 avril 1902, Maire de Néris -Les-Bains.

[123] C E, Sect., 20 juillet 1971, Sieur Méhu et autres, A J D A, 1972, p.251 note de F. Moderne.

adresser des injonctions au maire en matière de police administrative ; il peut cependant émettre des vœux et des avis[124].

- Les compétences exclusives exercées par la communauté rurale tournent autour de l'affectation et de la désaffectation des terres du domaine national. En zone des terroirs, l'affectation est prononcée en faveur soit d'un membre de la communauté rurale, soit de plusieurs membres groupés en association[125].

Les terres sont affectées aux membres de la communauté en fonction de leur capacité d'assurer directement ou avec l'aide des membres de leur famille la mise en valeur de ces terres[126].

L'affectation d'une terre du domaine national décidée pour une durée indéterminée, ne prend fin que pour des raisons précises qui constituent autant de cas de désaffectation. Les désaffectations du conseil rural peuvent intervenir en cas de mise en valeur insuffisante, de mauvais entretien manifeste ou d'inobservation répétée et grave des règles d'utilisation des terres. La désaffectation peut aussi intervenir pour des motifs d'intérêt général.

L'usager d'une parcelle du domaine national qui fait l'objet d'une mesure de désaffectation peut subir un préjudice qui doit être réparé. Pour déterminer les modalités de réparation du préjudice subi par l'ancien affectataire du fait d'une mesure de désaffectation, il faut distinguer deux situations.

1° Dans le cas où la désaffectation serait suivie d'une réaffectation, le nouvel affectataire est tenu de verser à son prédécesseur ou à ses héritiers une indemnité. Celle – ci est égale à la valeur des constructions[127] et des récoltes pendantes estimées au jour de la nouvelle affectation[128]. Cette règle s'applique en cas de réaffectation, que la terre ait été précédemment affectée à un individu ou à un groupement. L'indemnité est alors versée, entre les mains du membre de ce groupe désigné comme liquidateur[129]. Cette indemnité

---

[124] Article 133 du *CCL.*

[125] Article 3 du décret 72 – 1288 du 27 octobre 1972 relatif aux conditions d'affectation et de désaffectation des terres du domaine national comprises dans les communautés rurales.

[126] Cf. à la deuxième partie relative, chapitre 2 du titre 1 de la deuxième partie.

[127] A condition que cette construction ne soit pas faite sur une terre à vocation agricole.

[128] Article 23 du décret 64-573.

[129] Article 13 du décret 72-1288 précité.

est aujourd'hui fixée selon une estimation faite par le président du conseil rural sur l'avis du conseil.

2° Dans le cas où la désaffectation serait justifiée par la nécessité d'utiliser la parcelle pour une opération d'intérêt général, la terre n'est pas réaffectée à un nouvel affectataire. Dans ce cas précis, l'affectataire ne peut recevoir qu'une parcelle équivalente. Il ne peut obtenir une indemnité que si la parcelle est immatriculée et entre ainsi pour cause d'utilité publique dans le domaine privé.

En cas de décès de l'affectataire d'une parcelle, sa « parcelle » devrait retourner dans la masse des terres à affecter. Toutefois les héritiers voient figurer dans l'actif de la succession ce que le professeur Marc Debène qualifie de prix de peines, de la mise en valeur.

Selon l'article 22 du décret 64 -573, en cas de décès de l'affectataire, ses héritiers obtiennent l'affectation à leur profit. Les moyens juridiques étant étudiés, nous allons aborder les moyens financiers sans lesquels ces compétences ne pourront pas être exercées convenablement.

Section 2 :
Les moyens d'action

Nous allons analyser les finances locales et les moyens humains et patrimoniaux.

§1 : Les finances locales

Il n'existe pas de définition légale du budget d'une collectivité locale. Par analogie avec le budget de l'État, on peut dire que le budget d'une collectivité locale est l'acte par lequel sont prévues et autorisées les ressources et les charges de la collectivité. Comme le budget de l'État, les budgets locaux sont soumis aux principes budgétaires, aux règles de l'unité, de l'universalité, de l'annualité et de l'équilibre. S'il est souhaitable, selon certaines théories économiques, que le budget de l'État soit en équilibre, ce n'est pas, pour lui, une obligation juridiquement sanctionnée. En revanche, les budgets locaux doivent être en équilibre réel. Cette obligation d'équilibre est strictement appréciée.

Nous allons étudier les processus budgétaires locaux à travers la présentation des budgets locaux (A), de leur adoption (B) et de leur exécution (C).

A : La présentation des budgets locaux

Les budgets locaux sont des documents de prévision qui retracent l'ensemble des dépenses et des recettes de la collectivité locale[130].

La forme des budgets locaux est assez particulière. Deux documents budgétaires au moins composent le budget primitif qui a un caractère prévisionnel. Le projet du budget est préparé et présenté par les chefs d'exécutif locaux qui sont tenus de le communiquer aux membres du conseil avec les rapports correspondants quinze jours avant l'ouverture de la première session consacrée à l'examen dudit budget[131].

D'autre part, nous avons le budget qu'on peut qualifier de supplémentaire car, à la différence du budget primitif, il est destiné à le corriger au moment où sont connus les résultats complets de l'exercice précédent. Il permet d'ajuster les choix et orientations du budget primitif[132].

La présentation du budget s'effectue par chapitres et les budgets locaux sont ventilés, tant en recettes qu'en dépenses, en deux sections : la section d'investissement et la section de fonctionnement. Elle permet d'affecter les dépenses à chaque catégorie de services et de répartir les recettes et les dépenses d'investissement en fonction des programmes auxquels elles correspondent.

Il y a lieu de préciser que les budgets sont préparés avec l'aide de leurs services techniques ou avec le concours des services techniques de l'État.

---

130 Auby, J.-B. et Auby, J. - F., *Droit des Collectivités locales*, 2è éd., Paris, PUF, 1998 p.218.

131 Article 344 du *CCL*.

132 AUBY,J.-M., *Droit des collectivités locales*, Op.cit. p.287.

B : L'adoption des budgets locaux

Le budget et les autorisations spéciales de recettes et de dépenses sont votés par le conseil de la collectivité locale. Le vote des budgets locaux fait intervenir donc à titre principal l'organe délibérant en réunion plénière. Il convient de préciser que des incidents peuvent se produire lors de l'adoption d'un budget local. Celui –ci peut n'être pas voté en temps utile. Il peut aussi n'être pas adopté en équilibre réel. Il peut enfin ne pas comporter toutes les dépenses qui sont obligatoires pour la collectivité locale. Nous allons reprendre ces éléments un à un pour plus de détails compte tenu de l'importance de cette phase budgétaire.

Lorsque le budget n'est pas adopté entre le 1er janvier et le 31 mars, l'exécutif met en recouvrement les recettes et engage les dépenses de la section de fonctionnement dans la limite de celles inscrites au budget de l'année précédente[133]. Il s'agit ici d'une application de la règle des services votés comme dans le droit budgétaire étatique. La limite est double car ce pouvoir ne s'étend qu'à la seule section de fonctionnement en totalité et il est limité pour ce qui concerne la section d'investissement. Si, passé le 31 mars, le budget n'est toujours pas voté, l'intervention du représentant de l'État est obligatoire. Celui –ci le règle et le rend exécutoire dans les 15 jours qui suivent cette date[134]. Cette possibilité n'est offerte au représentant de l'État que lorsque les dirigeants des collectivités locales ont reçu avant le 10 mars, de la part des autorités compétentes, les informations nécessaires à l'établissement des budgets locaux[135].En France, si passé le 31 mars, le budget n'est toujours pas voté, l'intervention du préfet est obligatoire. Il saisit dans ce cas, sans délai, la chambre régionale des comptes qui dispose d'un mois pour formuler, par un avis public, des propositions pour le règlement du budget. Le délai d'un mois imparti à la chambre régionale des comptes pour statuer court à compter de l'enregistrement au Greffe de la chambre de la demande motivée du représentant de l'État[136]. Cette

[133] Article 345 du *CCL*.

[134] Article 345 Al. 3.

[135] Abdoulaye BALDE, « Le contrôle des finances locales au Sénégal, approche comparée avec le système français », *La Régionalisation*, Dakar, CREDILA, 1998 p.200.

[136] CRC Ile-de-France, 5 nov. 1992, Commune de Morsan-sur-Orge.

demande est accompagnée des pièces justificatives nécessaires pour permettre d'apprécier le bien-fondé de la position préfectorale[137]. L'assemblée délibérante est donc dessaisie du pouvoir de délibérer sur le budget de l'exercice en cours à compter de la saisine de la CRC par le préfet et jusqu'à ce que le budget ait été réglé par lui[138]. Le préfet règle alors le budget et le rend exécutoire comme c'est le cas en droit des collectivités locales sénégalais.

En cas de création d'une nouvelle collectivité locale, son organe délibérant dispose de trois mois à compter de cette création pour adopter le budget. A défaut, le budget est réglé et rendu exécutoire par le représentant de l'État.

Le droit budgétaire local connaît un principe spécifique qui est l'obligation d'équilibre réel du budget. C'est en réalité une obligation très précise qui pèse sur les autorités locales. Il ne suffit pas de présenter des comptes annuels équilibrés, il faut encore que cet équilibre apparent soit un équilibre réel. Les dépenses et les recettes doivent être évaluées de manière sincère et véritable traduisant ainsi l'équilibre réel. Le budget est en équilibre réel lorsque la section de fonctionnement et la section d'investissement sont respectueusement votées en équilibre, les recettes et les dépenses ayant été évaluées de façon sincère, et lorsque le prélèvement sur les recettes de la section d'investissement, ajouté aux recettes propres de cette section, à l'exclusion du produit des emprunts, et éventuellement aux dotations des comptes d'amortissement de prévision, fournit des ressources suffisantes pour couvrir le remboursement en capital des annuités d'emprunt à échoir au cours de l'exercice[139].

En France, cette obligation d'équilibre réel s'impose à la fois au budget primitif et aux budgets supplémentaires.

Au Sénégal, la situation est la même et, lorsque le budget n'est pas voté en équilibre réel, le représentant de l'État le constate dans un délai de quinze jours à compter de la date de transmission[140]. Ainsi, il va proposer à la collectivité locale concernée, dans un délai de 15 jours suivant la constatation, les mesures nécessaires au rétablissement

---

[137] C R C Franche – Comté, 17 décembre 1984, commune de Saint – Didier – l' Evêque.

[138] T A Paris, 9 octobre 1985, Bodin et autres.

[139] Article L 1612 – 5 du CGCT et article 346 du *CCL*.

[140] Voir l'Article 345 du *CCL*.

de l'équilibre budgétaire et demande au conseil une nouvelle délibération. Si le conseil n'a pas délibéré dans le délai prescrit ou si la délibération prise ne compte pas de mesures de rétablissement jugées suffisantes, le budget est réglé et rendu exécutoire par le représentant de l'État.

En France, cet équilibre s'apprécie par section, les résultats des deux sections ne se compensant pas. Les budgets excédentaires ne sont considérés comme étant en équilibre réel ou parfait que si seule est excédentaire la section de fonctionnement et si le poste de provisions pour dépenses imprévues n'excède pas 7,5% des charges réelles provisionnées pour chaque section[141]. En cas de déséquilibre, le préfet dans les 30 jours qui suivent la réception en préfecture de la transmission du budget, a l'obligation de saisir la chambre régionale des comptes. Ce délai est strict[142].

Si la chambre régionale des comptes constate, comme le préfet, le défaut d'équilibre réel, elle doit, dans les trente jours, proposer à la collectivité locale les mesures propres à assurer un retour à l'équilibre du budget. Elle demande à cette fin à l'organe délibérant de procéder à une nouvelle délibération du budget.

Si l'organe entérine les propositions qui lui sont faites, la procédure est close.

En revanche, si celui-ci n'a pas délibéré dans le délai d'un mois à compter de la communication des propositions de la chambre régionale des comptes sur la rectification du budget ou si, ayant délibéré dans ce laps de temps, il ne prend pas cependant les mesures jugées suffisantes par la chambre régionale, cette dernière doit statuer en arrêtant le budget qui est alors rendu exécutoire par le préfet qui peut suivre purement et simplement ses propositions ou s'en écarter sous réserves des motivations exigées dans ce dernier cas par la jurisprudence[143].

Certaines dépenses sont obligatoires, comme nous l'avons évoqué ci-dessus, pour les collectivités locales. Il en résulte l'obligation pour

---

[141] J.-L., Chartier et Adoyelle, *L'activité des chambres régionales des comptes*, A.J.D.A., 1989, p.164 – 166.

[142] C R C Rhônes – Alpes, 30 janvier 1985, Commune de Sarraval.

[143] CE, 10 octobre 1990, Préfet du Val-d'Oise, AJDA, 1991, p.236, note J. Moreau.

elles de les inscrire à leur budget et de dégager les recettes pour les couvrir.

Lorsqu'une dépense obligatoire a été omise, le représentant de l'État, de sa propre initiative ou saisi soit par le comptable public concerné soit par toute personne y ayant intérêt, adresse une mise en demeure à la collectivité locale concernée. Si, dans le délai d'un mois, cette mise en demeure n'est pas suivie d'effet, il inscrit cette dépense au budget de la collectivité locale et propose, s'il y a lieu, la création de ressources ou diminution de dépenses facultatives destinées à couvrir la dépense obligatoire[144].Dans ce cas, le représentant de l'État règle et rend exécutoire le budget rectifié en conséquence.

En France, la situation est identique car le représentant de l'État a, en principe, l'obligation de régler le budget et de le rendre exécutoire, sauf s'il souhaite s'écarter des propositions de la chambre régionale des comptes, à condition de motiver explicitement sa décision[145]. Lorsque le refus préfectoral d'inscrire d'office est illégal, il est constitutif d'une faute lourde engageant la responsabilité de l'État[146].

C : L'exécution des budgets locaux

Les budgets locaux sont exécutés sous la forme d'opérations de dépenses et de recettes. Pour les unes comme pour les autres, s'applique le principe fondamental de la comptabilité publique de séparation des ordonnateurs et des comptables.

Les dépenses s'effectuent en deux phases : une phase administrative et une phase comptable.

La phase administrative comporte l'engagement[147], la liquidation[148], l'ordonnancement[149]. Dans la pratique, l'ordonnancement et la liquidation sont concomitants.

---

[144] Article 355 du *CCL.*

[145] C.R.C., 10 février 1988, Commune de Brives – Charensac C/ Arnaud, ADJA, 1988, p.279, concl., M. ROUX.

[146] T A, 29 avril 1987, Ministre Intérieur et de Ministre de l'Education c/ école N.D. de Kermittron, R.F.D.A 1987, p.1987, p.989., conclu M. Roux.

[147] L'acte administratif qui a pour effet de rendre une collectivité locale débitrice.

[148] C'est l'acte préparatoire et qui implique l'examen de la réalité de l'engagement et d'un crédit ouvert à cet effet dans le budget ainsi que la vérification de la réalité de la fourniture et de son prix.

Les chefs d'exécutif locaux peuvent seuls délivrer des mandats. Si, après mise en demeure, ils refusent d'ordonnancer une dépense régulièrement autorisée et liquidée, le représentant de l'État prend un arrêté valant mandat[150].

La phase comptable comporte une opération de vérification du mandatement et une opération de paiement. Elles sont toutes deux le fait d'un comptable.

Le comptable de la collectivité locale est un comptable direct du Trésor ayant qualité de comptable principal. Il est nommé par le Ministre chargé des Finances et prête serment devant le tribunal régional[151].

Les recettes et dépenses des collectivités locales sont exécutées par le comptable chargé seul et sous sa responsabilité :

de poursuivre la rentrée de toutes les recettes de la collectivité locale et de toutes les sommes qui lui sont dues ;

d'acquitter les dépenses ordonnancées par l'organe exécutif local, jusqu'à concurrence des crédits régulièrement ouverts ;

d'assurer la garde des fonds et valeurs.

Le comptable ne peut subordonner ses actes de paiement à une appréciation de l'opportunité prise par l'ordonnateur. Il ne peut soumettre les mêmes actes qu'au contrôle de légalité qu'impose l'exercice de sa responsabilité personnelle et pécuniaire. Il est tenu de motiver la suspension du paiement qu'il notifie à l'exécutif[152].

Quant aux recettes, au même titre que la dépense, elles comportent deux phases : une phase administrative et une phase comptable.

La phase administrative comprend l'examen de la légalité de la recette qui consiste à vérifier que la somme est légalement due. Ensuite, est émis un titre de recette ordonnancé par l'exécutif local.

La phase comptable porte le nom de recouvrement. Le comptable vérifie la régularité externe de la recette, la correcte détermination du débiteur, l'exactitude du calcul du montant.

---

149 L'acte administratif par lequel l'ordonnateur enjoint au comptable de payer la dépense.

150 Article 263 du *CCL*.

151 Article 359 du *CCL*.

152 Article 360 du *CCL*.

§ 2 : Les moyens humains et patrimoniaux

Pour bien gérer les compétences qui leur sont transférées, les collectivités locales doivent non seulement disposer des moyens financiers qui viennent d'être exposés mais de moyens humains[153]et patrimoniaux.

D'une part, l'on peut noter que la situation des agents des collectivités locales est moins favorable et moins stable que celle des agents de l'État. Cela est dû à un certain nombre de facteurs liés à l'existence d'un grand nombre d'agents non titulaires, auxiliaires, contractuels ou vacataires, ne disposant pas de garanties statutaires, au recrutement trop personnalisé, ne laissant qu'une place insuffisante à la technique des concours administratifs.

Le code des collectivités locales ne consacre qu'une sous–section relative au personnel communal et il est muet sur le personnel régional et rural.

Le personnel communal comprend les fonctionnaires régis par le statut de la fonction publique communale, régi lui-même par la loi n° 69-54 du 16 juillet 1969, les autres fonctionnaires affectés par l'État auprès des communes, les agents non fonctionnaires régis par le décret 74 - 788 du 24 juillet 1979 portant statut spécial applicable aux agents non fonctionnaires communaux[154] et le décret n° 74 – 347 du 1er avril fixant le régime applicable aux agents non-fonctionnaires de l'État[155].

Le maire recrute, suspend et licencie le personnel régi par le code du travail, les conventions collectives et par le statut des agents non fonctionnaires. Il affecte et gère le personnel placé sous son autorité.

Quant au personnel régional, il en est de même, même si le code des collectivités locales ne le précise pas. Il est composé de fonctionnaires de l'État affectés auprès de la région et d'agents non titulaires gérés par le président du conseil régional qui exerce une autorité sur ces derniers[156] et les élus régionaux. Cette remarque est

---

[153] Les collectivités locales sont des employeurs importants et le conseil constitutionnel français a même décidé que la libre administration comprenait le recrutement et la gestion de la collectivité par les autorités de celle – ci.

[154] Décret n°74-788 du 24 juillet 1974 portant statut spécial des agents non-fonctionnaires communaux, *J.O.R.S.* du 25 août 1979, p.965.

[155] Décret n°74 – 347 du 1er avril fixant le régime applicable aux agents non-fonctionnaires de l'Etat, *J O R S* du 19 juillet 1975, p 977.

[156] Article 34 du *CCL*.

moins valable pour la communauté rurale qui ne dispose pas de personnel propre.

D'autre part, le patrimoine des collectivités locales se répartit entre leur domaine public, leur domaine privé et leur domaine national.

En France, la distinction entre le domaine public et le domaine privé se fait selon les critères habituellement admis par la jurisprudence, d'où il résulte qu'un bien fait partie du domaine public local s'il est affecté à un service public moyennant un aménagement spécial ou bien s'il est affecté à l'usage, direct du public ou encore s'il constitue l'accessoire d'un bien appartenant déjà au domaine public[157]

La délimitation des dépendances se fait selon que l'on a affaire au domaine public naturel ou au domaine public artificiel. Concernant le domaine public naturel, la procédure de délimitation se contente de constater les effets du mouvement de la nature, qui peuvent réduire ou accroître le domaine public. Concernant le domaine public artificiel, l'entrée dans le domaine public est le résultat d'une décision formelle d'affectation, la sortie du domaine public supposant, en sens inverse, une décision formelle de désaffectation. Le domaine public local est constitué des hôtels de ville, de région ou de communauté rurale, des plages publiques, des stades, des établissements scolaires, des bibliothèques, des foires et marchés, des parcs publics, des cimetières, des musées créés par les collectivités locales.

Quant au domaine privé, il convient de préciser que les biens appartenant à une collectivité locale et qui ne font pas partie du domaine public ou du domaine national appartiennent au domaine privé des collectivités locales.

Quant au domaine national, il faut préciser qu'il relève de la gestion à la fois de l'État et des collectivités locales[158].

Section 3 :
Le système relationnel des collectivités locales

De même que les personnes physiques sont des êtres relationnels[159], les personnes morales se définissent également par les

---

[157] AUBY, J.-M., *Droit des collectivités territoriales*, Op.cit. p.148 et s.

[158] Cf. au chapitre 2 du titre 1 de la deuxième partie.

relations qu'elles ont avec les autres personnes. Cette dimension a été occultée jusqu'à aujourd'hui, en ce qui concerne les personnes publiques, par l'accent mis sur l'acte unilatéral[160].

Pour les collectivités locales, le développement du système relationnel est une conséquence de l'affirmation de l'autonomie locale ; il se traduit par une diversification des relations.

Le code des collectivités locales a modifié de façon substantielle les rapports entre l'État et les collectivités locales, les rapports entre les collectivités locales elles-mêmes et les rapports entre ces dernières et le citoyen.

Le développement dans tous les domaines appelle la coopération. Les attentes des citoyens, le coût des interventions, la complexité des procédures, la nécessaire coordination des actions interdisent de plus en plus à une collectivité locale d'agir seule. Cette coopération prend soit la forme institutionnelle soit la forme contractuelle. Nous allons essayer de faire ressortir ces différentes interactions à travers l'étude de la collaboration entre l'État et les collectivités locales (§1) des rapports entre les collectivités locales mêmes (§2) et des rapports entre les collectivités locales et le citoyen (§3).

§1 : La collaboration entre l'État et les collectivités locales

La collaboration entre l'État et les collectivités locales n'est pas un phénomène apparu avec le code des collectivités locales. Elle a toujours existé compte tenu des nécessités d'exercer des compétences souvent conjointes ou voisines. Cependant ces rapports ont été, pendant longtemps, conçus de façon inégalitaire ; les collectivités locales adoptaient une attitude d'adhésion beaucoup plus qu'elles n'exprimaient leur véritable volonté.

Cette collaboration apparaît aujourd'hui par la voie contractuelle ou par la concertation.

---

[159] Auby, J.-B. et Auby, J.-F., Droit des collectivités locales, 2e éd., Paris, PUF, 1997.

[160] Voir l'exposé des motifs du *CCL* en annexe.

A : La collaboration par voie contractuelle

Il existe une constante collaboration informelle entre les services de l'État et les collectivités locales. Mais, dans certains cas, le droit local a organisé et formalisé la formule contractuelle.

Il peut paraître paradoxal de parler de contractualisation s'agissant des relations entre deux personnes publiques. Le domaine de prédilection du contrat concerne en effet les relations entre personnes publiques et personnes privées, mais il n'est pas, a priori un instrument privilégié de décision entre les personnes publiques[161].

Juridiquement, la possibilité de conclure un contrat est une conséquence de la personnalité juridique : elle en est un attribut, au même titre que la possession d'un domaine public ou d'un patrimoine, l'existence d'un budget, de personnel, l'exercice d'une action en justice, ce, sans qu'il y ait lieu de distinguer entre la personne morale de droit public et la personne morale de droit privé. Toutes les personnes morales de droit public peuvent juridiquement conclure des contrats.

Le processus contractuel n'est pas nouveau en lui –même et son domaine ne cesse de s'étendre.

Les lois du 22 mars 1996 sur la décentralisation ont entraîné un réaménagement des compétences qui nécessite le recours au contrat, par le biais des conventions de mise à disposition. C'est dans cette optique que l'article premier du décret n° 96 – 1122 du 27 décembre 1996 relatif à la convention type fixant les conditions et les modalités d'utilisation des services extérieurs de l'État dispose que les conditions d'utilisation de chaque service de l'État sont déterminées par la convention type.

De même, l'article 15 du *CCL* précise que les collectivités locales peuvent entreprendre avec l'État la réalisation de programmes d'intérêt commun.

Ainsi la région, la commune et la communauté rurale peuvent passer des conventions avec l'État pour mener des actions de développement dans le respect de leurs attributions.

---

[161] Nadine Poulet - Gibot Leclerc, La contractualisation entre les personnes publique, *RFDA*, mai – juin 1999.

La technique contractuelle est devenue ainsi un instrument essentiel de la politique économique de l'État. Le code des collectivités locales prévoit dans ce sens que l'État peut conclure avec les collectivités locales des contrats comportant des engagements réciproques en vue de l'exécution du plan et de ses programmes prioritaires. Il faut seulement préciser que la notion de contrat de plan n'est pas une notion uniforme ; il constitue une catégorie juridique englobant plusieurs types de contrats.

Les plus importants sont les contrats État – région, qui constituent la matrice des autres. Ces contrats prévoient eux-mêmes des contrats particuliers dont la conclusion est indispensable à la réalisation des objectifs prévus par le contrat de plan. Ainsi un contrat de plan peut entraîner la passation de vingt à trente contrats particuliers[162] .

La planification ainsi transférée entraîne une prolifération du réseau contractuel[163].

La politique d'aménagement du territoire constitue une autre terre d'élection de la convention avec l'élaboration et l'exécution des schémas régionaux d'aménagement du territoire.

La contractualisation se présente à divers titres comme une solution aux maux latents que connaissent les institutions publiques. Elle serait un instrument susceptible de dépasser les contradictions entre centralisation et décentralisation.

B : La collaboration par voie de concertation

Il ne s'agit pas d'une association des collectivités locales aux actions initiées de l'État mais d'une confrontation des objectifs et des moyens dont disposent de façon parallèle ou voisine l'État et les collectivités locales sur un objectif précis, particulier.

L'institution de la commission nationale d'assistance aux centres d'expansion rurale polyvalents (C E R P)[164] s'inscrit dans cette logique. Cette commission a pour tâche de concevoir des programmes cadres, d'assurer une assistance technique aux C E R P, de faire des propositions aux autorités compétentes sur les orientations et

---

[162]V.A.S. Mescherriakoff, *Droit public économique*, Paris, PU F, 1994, p.188.
[163]J.C.Douence, *L'action économique locale, décentralisation ou recentralisation*, Paris, Economica, 1988, p.195.
[164] Décret n°96-1125 du 27 décembre 1996.

programmes relatifs au développement local, de coordonner les actions des différents services intervenant à la base.

Pour remplir ses missions, la commission doit compter sur ses membres qui sont les représentants de la Primature, du Ministre de l'Économie et des Finances, des régions, de l'administration territoriale.

Présidée par le ministre chargé des C E R P, la commission repose sur une véritable concertation. Il en est de même de la création et de l'organisation des structures du plan national d'aménagement du territoire[165]. Pour l'organisation de l'espace sénégalais, sont créés le conseil interministériel sur l'aménagement du territoire et la commission nationale d'aménagement du territoire.

Composé des membres de gouvernement et des présidents du conseil régional qui peuvent y siéger à titre consultatif, le conseil interministériel a pour rôle, sur proposition du Ministre chargé de l'aménagement du territoire, de fixer les orientations et les objectifs de la politique d'aménagement du territoire, d'arrêter les modalités d'élaboration, de suivi et de révision du Plan national d'aménagement du territoire, d'examiner les propositions de la commission nationale d'aménagement du territoire et de veiller à la mise en œuvre du Plan national d'aménagement du territoire[166].

La commission nationale d'aménagement du territoire a pour mission principale de faire des observations au conseil interministériel sur les options, d'étudier les mesures d'application et le suivi des décisions du conseil interministériel et des projets de schéma régional d'aménagement du territoire, transmis par les conseils régionaux, en vue d'assurer leur cohérence avec le Plan général d'aménagement du territoire.

Cette commission fonctionne aussi sur la base d'une concertation compte tenu de sa composition[167] .

---

[165] Décret n°96 – 1131 du 27 décembre 1996.

[166] Article 3 du décret n°96 – 1131 du 27 décembre 1996

[167] -Deux représentants de l'Assemblée nationale ;
-Deux représentants des organisations patronales ;
- Un représentant des syndicats de commerçants ;
- Les Présidents de conseil régional ;
- Le représentant du Ministre chargé de la femme ;
- Les Rec.teurs d'Université ou leurs représentants ;
- Le Directeur Général des finances ;

Nous ne pouvons pas conclure sans évoquer le conseil national de développement des collectivités locales qui offre à l'État et aux élus un cadre de rencontre, d'information et d'analyse du système de décentralisation sénégalais[168]. Ce conseil qui se réunit une fois par an sous la présidence du chef de l'État est composé de représentants des régions, des communes et des communautés rurales, de l'Administration centrale et de l'Administration territoriale.

Il est chargé de donner son avis sur la définition des critères de répartition du fonds de dotation de la décentralisation et du fonds d'équipement des collectivités locales.

Il convient de noter que grâce à ces cadres de concertation, le droit administratif local connaît une fusion des volontés étatiques et locales dans une même procédure. La décision finale est dans ce cas l'expression d'une seule des deux personnes publiques mais l'intervention de l'autre est fondamentale.

Il s'agit juridiquement d'un acte unilatéral qui sera imputé à l'autorité seule qui a pris la décision. La procédure la plus fréquente utilisée par le code des collectivités est la procédure consultative habituelle c'est-à-dire les avis.

§ 2 : Les rapports entre les collectivités locales elles-mêmes

L'administration locale mise en place en 1996 a favorisé la multiplication des rapports entre les collectivités locales. Ainsi la réforme de 1996 a donné aux rapports entre celles-ci l'opportunité de s'intensifier de façon considérable. Ces rapports se caractérisent par deux perspectives. Ils s'inscrivent dans une logique de concurrence (A) mais aussi dans une logique de coopération (B).

- Le Directeur général des impôts et domaines
- Le Directeur général de la Société Nationale, la Poste
- Le Directeur général de la SENELEC
- Le Directeur général des Eaux du Sénégal
- Le Directeur général de la SAED
- Le Directeur général de l' ISRA, etc.

La liste n'est pas exhaustive ; nous voulions seulement démontrer comment, à travers la composition de cette commission, la conciliation apparaît en filigrane.

[168] Décret n°96-1118 du 27 décembre 1996 instituant le conseil national de développement des collectivités locales, *JORS* du 27 décembre 1996 p.554.

A : Les rapports de concurrence

La tradition administrative sénégalaise, d'inspiration française, tend à organiser les rapports entre les institutions publiques de façon à ce qu'il n'y ait pas d'ambiguïté sur les attributions de chacune d'entre elles et sur leur répartition respective. Les partages des compétences entre collectivités n'échappent pas, en principe, à cette règle. Les textes ont organisé les compétences entre collectivités de façon telle que les zones de concurrence ne soient pas exclues.

Il convient de noter l'existence d'une concurrence inéluctable entre la région et les autres collectivités locales. L'apparition de la région, qui intervient dans un ressort territorial partagé par la commune et la communauté rurale, fait naître des situations concurrentielles certaines liées parfois à un problème de légitimité.

Les collectivités locales bénéficient de toute compétence à caractère local mais la difficulté réside dans le fait qu'il est difficile de distinguer ou de dissocier l'intérêt régional de l'intérêt communal et rural. Il existe donc des empiétements surtout dans les secteurs de développement local et d'aménagement de l'espace où l'on constate une tutelle de fait exercée par la région sur les autres collectivités locales.

Au plan strictement juridique, il n'existe aujourd'hui aucun mécanisme de tutelle d'une collectivité locale sur une autre[169]. Contenue dans le principe de la libre administration, l'interdiction de toute tutelle sur les collectivités locales, exercée par une personne juridique autre que l'État, est rappelée expressément par le législateur. Il n'existe aucune hiérarchie entre les collectivités locales : il ne peut y avoir soumission de l'une à une autre.

Cependant la réalité des rapports introduit des relations de dépendance qui prennent parfois des aspects propres à la tutelle.

---

[169] Article 13 du *CCL*.

Le président du conseil régional a compétence sur les terres de son ressort[170]. Il délivre les autorisations de défrichement après avis du ou des conseils ruraux concernés. Son ressort est imprécis et est source de conflits car il s'agit en réalité des zones d'intervention des autres collectivités locales.

La région a aussi compétence sur les terres de son ressort pour autoriser l'amodiation des droits de chasse après délibération du ou des conseils ruraux. Mais le problème qui se pose est de savoir quelle serait juridiquement la position de la région si la délibération du ou des conseils ruraux était défavorable pour l'autorisation d'amodiation ou de défrichement.

En France, les règles de l'interventionnisme local, selon lesquelles certaines aides à des entreprises ne peuvent être accordées par les départements ou par les communes que si la région a décidé de les octroyer, sont illustratives à cet égard[171]. En effet, les régions bénéficient d'une prééminence pour définir le régime des aides directes primes régionales à l'emploi, à la création des entreprises, bonifications d'intérêts ou de prêts et avances. Les départements et les communes ne peuvent attribuer ces aides que si la région les a créées, selon les règles qu'elle a annoncées[172].

Il existe ainsi au Sénégal comme en France une tutelle de fait dont nous évoquerons les contours dans les développements qui vont suivre.

B : Les rapports de coopération

Cette coopération est d'une part interne et d'autre part externe. Sur le plan interne, chaque collectivité locale peut créer une entente avec une autre en entreprenant des actions de coopération entre elles. Cette coopération peut se traduire par la création d'un groupement de deux ou de plusieurs collectivités ou de toute autre structure appropriée de promotion et de coordination des actions de développement dans des domaines spécifiques. Ainsi, concernant la région, des ententes sur des

---

[170] Article 24 du décret n°961134 du 27 décembre 1996 portant application de la loi portant transfert aux régions, communes et aux communautés rurales, en matière de gestion d'environnement et de gestion des ressources naturelles.

[171] C.E, 6 juin 1986, Département de la Côte – d'Or, Rec., p.156, AJDA, Rec., 1986, p.653, obs. Jacques Moreau.

[172] Voir l'article L.1511-2 du code général des collectivités territoriales.

objets d'intérêt régional commun sont prévues[173]. Ces ententes interrégionales font l'objet de conventions autorisées par les conseils respectifs, signées par les présidents et approuvées par *décret.*

De même, deux ou plusieurs conseils municipaux peuvent aussi créer entre eux à l'initiative de leurs maires, une entente sur les objets d'intérêt communal. A la différence des ententes interrégionales, les ententes intercommunales sont valables après leurs signatures par les conseils respectifs et leur approbation par arrêté du Ministre chargé des collectivités locales ou du représentant de l'État[174].

Des groupements d'intérêt communautaire sont prévus également dans le cadre de la communauté rurale. En effet, plusieurs communautés rurales peuvent décider de constituer entre elles ou avec une ou plusieurs communes un groupement d'intérêt communautaire ayant pour objet la gestion ou l'exploitation des terres du domaine national, d'équipements, d'infrastructures ou de ressources intéressant plusieurs communes[175]. Le groupement d'intérêt communautaire est créé par décret sur les vœux des conseils municipaux et ruraux intéressés, après avis du conseil régional.

Le décret de création du groupement d'intérêt communautaire définit le rôle du groupement ainsi que l'organisation et les modalités de fonctionnement de son conseil.

Des groupements mixtes peuvent aussi être constitués par accord entre des régions et l'État, ou des établissements publics à caractère administratif ou avec des communes ou des communautés rurales en vue d'une œuvre ou d'un service présentant une utilité pour chacune des parties[176]. Le groupement mixte est une personne morale de droit public. Il est autorisé et supprimé par la loi. Un décret approuve les modalités de fonctionnement du groupement et détermine les conditions d'exercice du contrôle.

Après ces développements intéressants liés à la coopération interne entre collectivités locales, il convient d'aborder les aspects relatifs à la coopération externe. Nous avons dans ce registre la coopération décentralisée pour désigner les relations à contenu juridique pouvant s'établir entre les collectivités locales sénégalaises

---

[173] Article 71 du *CCL.*
[174] Article 179 du *CCL.*
[175] Article 239 du *CCL.*
[176] Article 74 du *CCL*

et les collectivités locales étrangères. La coopération décentralisée est déterminée par des conventions conclues entre les collectivités locales concernées. Ces conventions sont des actes juridiques soumis au contrôle de l'État. Le développement de la coopération décentralisée s'inscrit dans le mouvement universel de démocratisation des régimes politiques, renforcé par les progrès irréversibles de décentralisation constatés un peu partout dans le monde. La démocratisation des régimes politiques vise à assurer, d'une part, la représentativité des instances exécutives et, d'autre part, la participation des citoyens à la prise des décisions qui les concerne. L'avènement des régimes politiques démocratiques s'est généralisé depuis une décennie. Très peu de pays sont restés à l'écart de ce mouvement. Sur le plan local, il reste cependant que les situations sont très différentes suivant les pays.

Mais on remarque partout une volonté de renforcer le rôle des associations et des organisations non gouvernementales pour une plus grande mobilisation de la société civile. Le processus engagé de donner une articulation nouvelle entre les collectivités et les associations débouchera, nécessairement, sur un élargissement et un approfondissement de la démocratie de proximité, condition d'un développement local durable. Le code des collectivités locales dispose à son article 17 que les collectivités locales sénégalaises ont la possibilité, « *dans le cadre de leurs compétences propres, d'entreprendre des actions de coopération qui donnent lieu* à *des conventions avec des collectivités locales de pays étrangers ou des organismes internationaux publics ou privés de développement* ». Il ressort de cette disposition l'importance réservée à la coopération décentralisée comme outil privilégié pour renforcer les capacités d'intervention des collectivités locales dans le cadre des compétences qui leur sont transférées.

La réforme de 1996 ouvre aux collectivités locales de nouvelles possibilités dans ce domaine qui mobilise, avec de plus en plus d'efficacité et de réussite, le soutien des partenaires étrangers au développement.

§3 : Les collectivités locales et le citoyen

La réforme de 1996 a considérablement renforcé les droits des citoyens en matière de gestion locale. Ils sont les destinataires des moyens d'information et de communication de plus en plus importants dont se dotent les collectivités locales (A) et des mécanismes de participation ou de concertation (B).

A : L'information et la communication locales

Un droit de l'information est en train de naître et de se développer en droit des collectivités locales au Sénégal. La communication qui occupe une place fondamentale dans la vie en société des Sénégalais depuis les années 90 est devenue une préoccupation essentielle des collectivités locales. Tout habitant ou contribuable a le droit de demander à ses frais la communication, de prendre copie totale ou partielle des procès-verbaux du conseil régional, du conseil municipal ou du conseil rural, des budgets et des comptes, des arrêtés[177].

En France, la situation est plus poussée car toutes les collectivités locales d'une certaine importance diffusent aujourd'hui des journaux d'information sur leurs actions, leurs projets, la société locale. Cela est vrai pour les communes mais aussi pour les régions et les départements. Ces journaux posent certains problèmes juridiques, concernant notamment la situation des journalistes qui les réalisent. Le conseil d'État a indiqué qu'ils ne pouvaient bénéficier d'une carte de presse[178]. La diffusion de nombreux messages émanant des collectivités locales se fait aussi par voie d'affichage.

Même si les collectivités locales exercent des compétences en matière culturelle en assurant la préservation et la valorisation du patrimoine culturel local à travers l'information et la sensibilisation, la possibilité d'exercer ces missions par la communication audiovisuelle n'est pas affirmée malgré la présence de quelques radios s'identifiant à la localité[179].

---

[177] Article 3 alinéa 3 du *CCL*.

[178] CE, 10 mai 1986, Mme Moglia, AJDA, 1986.421, observations de L. Richer.

[179] A Saint-Louis du Sénégal, il existe une radio qui n'émet que dans la ville en privilégiant les problèmes locaux. Mais il s'agit d'une radio privée non appropriée par la Commune de Saint-Louis.

B: La participation et la concertation

Le caractère représentatif de la démocratie locale s'est accommodé voire enrichi de diverses formes de prise en compte directe des souhaits des citoyens en dehors des campagnes électorales. Ainsi toute personne physique ou morale peut faire au président du conseil régional, au maire et au président du conseil rural, toute proposition relative à l'impulsion du développement économique et social de la collectivité locale concernée et à l'amélioration du fonctionnement des institutions[180].

Les collectivités locales associent aussi à la réalisation des projets de développement économique ; éducatif, social et culturel, les mouvements associatifs et les groupements à caractère communautaire.

En dehors de ces contacts, il faut signaler que la vie politique et administrative locale est faite d'un échange quotidien dynamique et exigeant entre les élus et les administrés. Ces contacts et échanges s'organisent au gré des traditions et des volontés locales. Ils forment aujourd'hui une exigence de plus en plus forte pour renforcer la légitimité de l'action locale.

Les aspects fonctionnels et institutionnels n'ont de sens et de signification que dans le cadre juridique défini par les lois et les règlements.

---

[180] Article 3 alinéa 2 du *CCL*.

TITRE II : L'ENCADREMENT JURIDIQUE DES COLLECTIVITÉS LOCALES

L'ensemble des règles qui régissent l'organisation, le fonctionnement et les activités locales constituent un secteur du droit administratif qu'il est souhaitable d'indiquer du fait de l'applicabilité de principe du droit administratif général aux collectivités locales (chapitre 1). En outre, le législateur a opté pour une autonomie limitée des collectivités locales d'où la nécessité d'étudier la subordination juridique de celles-ci pour mieux mesurer le regard de l'État sur la vie desdites collectivités locales (chapitre2).

CHAPITRE 1 :
LA PLACE PRÉPONDÉRANTE DU DROIT ADMINISTRATIF GÉNÉRAL AU NIVEAU LOCAL

Le droit des collectivités locales entretient avec le droit administratif général des rapports restreints. Les règles du droit administratif général s'appliquent au régime des actes unilatéraux locaux, au droit des contrats locaux, au statut des biens et même aux règles de la responsabilité extra – contractuelle, ce qui fera dire aux professeurs Jean Bourdon, Jean-Marie Pontier et Jean-Claude Ricci que, si loin que puisse aller parfois l'autonomie locale, celle-ci ne peut se soustraire cependant à l'applicabilité de principe des règles de base du droit administratif[181].

Cette situation est identique au Sénégal où le droit administratif général occupe une place importante dans la vie juridique des collectivités locales. C'est ce qui fera affirmer à certains auteurs que le droit des collectivités locales est intégré au droit administratif[182].

Il est donc intéressant d'étudier l'applicabilité normalement intégrale du droit administratif général aux collectivités locales qui se manifeste à travers le régime des actes locaux (Section 1), les moyens d'action des collectivités locales (Section 2) et à travers le régime de la responsabilité extra-contractuelle (Section 3).

Section 1 :
La soumission des actes locaux au droit administratif général

L'étude du régime des actes administratifs locaux met immédiatement en présence du principe qui régit l'activité administrative : le principe en vertu duquel cette activité doit être conforme au droit que l'on désigne comme le principe de légalité.

---

[181] Jacques Bourdon *et alii*, *Droit des collectivités territoriales*, Op.cit. p.49.
[182] Auby, J.-M., Droit des collectivités locales, Op.cit. 38.

Les sources de la légalité des collectivités locales se confondent avec les sources du droit administratif malgré le statut constitutionnel aménagé pour les collectivités locales à travers la disposition constitutionnelle relative au principe de la libre administration des collectivités locales par des conseils élus et dans les conditions prévues par la loi.

Dans l'interprétation des dispositions juridiques s'appliquant aux collectivités locales, le juge sénégalais est encore timide contrairement à son homologue français qui a fait preuve d'innovations en présentant des solutions originales pouvant être présentées en trois sortes de catégorie :

-La première comprend les mesures qui sont réservées à la loi :

*la définition des compétences et de leur répartition ;

*la définition des ressources[183] ;

*l'institution et la détermination de l'étendue des obligations à la charge des collectivités locales[184], les modalités de vote du budget local[185], ou la passation de leurs marchés[186], le statut de leur personnel ou de leurs usagers et même l'obligation de motiver certaines décisions ou celle de consulter les services du domaine en matière d'expropriation[187] ;

*la détermination au profit des collectivités locales de garanties telles que la nécessité d'un décret en Conseil d'État pour l'application de certains documents d'urbanisme ou du droit des collectivités locales d'être associées à des processus de décisions ;

*enfin, la détermination du domaine de la tutelle[188] ;

- La seconde catégorie est celle des mesures qui relèvent du pouvoir réglementaire. Conformément à la jurisprudence générale du CC qui distingue « mise en cause » et « mise en œuvre » des principes réservés à la loi, ces mesures sont celles qui ne font que préciser les modalités d'application des dispositions législatives intervenues.

-Reste la catégorie constituée par les mesures que même le législateur n'a pas le pouvoir de prendre car elles seraient contraires

[183] CC 24 juillet 1991, D.A., 1991, n°422.
[184] CC 23 avril 1971.
[185] CE 19 novembre 1975, *RDP* 1976, p.265.
[186] CE 19 avril 1981, ordre des architectes, A.J., 1981, p.429.
[187] CE 24 février, Darmuzey, D.A.,1992, n°198.
[188] CC 6 octobre 1976, *RDP*, 1977, p.481.

au principe de la libre administration des collectivités locales. Le CC a ainsi jugé que serait inconstitutionnelle une mesure ayant pour effet de priver les autorités locales de leur liberté en matière de création et de suppression d'emplois publics et de gestion de personnels[189].

De ce qui précède, nous pouvons affirmer que la légalité est faite d'un ensemble hiérarchisé et complexe de normes constitutionnelles, législatives et réglementaires auxquelles s'ajoutent les normes procédant de conventions internationales.

Nous apprécierons cette soumission des actes locaux au droit administratif à travers les actes unilatéraux locaux (§1) et les contrats administratifs passés par les collectivités locales (§2).

§1 : Les actes unilatéraux locaux

Les collectivités locales connaissent, comme l'État, l'existence de deux types d'actes unilatéraux : ceux pris par un organe collégial (le conseil municipal, le conseil rural ou le conseil régional) et ceux pris par un organe unipersonnel (le maire, le président du conseil rural ou le président du conseil régional).

Ces actes connaissent par leur nature juridique, par leur forme d'édiction et leur force juridique, l'entier régime des actes de l'État.

A :La nature juridique des actes unilatéraux locaux

D'emblée, au sein de la catégorie des actes administratifs locaux, il y a lieu de faire la distinction entre ceux qui emportent des effets directs sur l'ordonnancement juridique (ce sont les décisions) et tous ceux qui n'ont point de tels effets et ne sont que des actes non décisoires, telles les mesures préparatoires, provisoires ou de simple exécution, les mesures de police interne du service ou encore les circulaires, notes de service, instructions et autres purement interprétatives.

Par ailleurs, parmi les décisions, doit être opérée la distinction entre celles qui ont la nature réglementaire en ce que, de caractère général et impersonnel, elles créent une situation juridique nouvelle, modifient ou abrogent une situation existante, et les décisions non

---

[189] CC 20 janvier 1984, A.J., 1984, p.257.

réglementaires qui se bornent à faire application de la norme générale à des cas particuliers et à des individus nettement déterminés.

Il résulte de ce qui précède que la fixation d'un domaine de compétence territoriale pour une autorité administrative fait que celle-là ne pourra pas exercer ses prérogatives de puissance publique au-delà de l'espace géographique qui lui est assigné. Afin de distinguer la centralisation de la décentralisation, Kelsen s'intéresse en effet à la norme contenue dans l'acte édicté par les différentes autorités étatiques. Pour lui, ce qui permet de rattacher une norme à ce qu'il nomme la collectivité juridique centralisée ou décentralisée, c'est son domaine de validité territorial. « La collectivité juridique centralisée, écrit-il, se définira comme la collectivité dont l'ordre se compose uniquement et exclusivement de normes juridiques valant pour son territoire tout entier ; la collectivité juridique décentralisée : la collectivité dont l'ordre se compose de normes qui ne valent que pour une fraction de territoire »[190].

B : L'édiction des actes unilatéraux locaux

Les conditions habituelles de forme et de compétence s'imposent aux actes unilatéraux locaux.

Concernant les conditions de forme, il faut préciser que les formalités exigées par le droit positif en accompagnement de la prise de décisions, particulièrement la procédure consultative (qui peut être facultative ou obligatoire), sont les mêmes.

En effet l'administration locale est souvent tenue d'effectuer une consultation régulière : convocation de l'organisme compétent, respect du délai de convocation, exigence d'un quorum etc.

La consultation ne doit pas être un faux-semblant car, même si elle est facultative, l'autorité consultante doit permettre à l'organisme en cause de se prononcer en connaissance de cause, et cela en lui communiquant en temps utile tous les éléments nécessaires d'appréciation.

Quand la consultation est facultative, la liberté de décision de l'autorité administrative n'est en rien limitée par l'avis qui a été émis. Elle conserve la faculté d'apporter à son projet toutes les modifications nécessaires quelle qu'en soit l'importance, sans avoir

---

[190] KELSEN, H., *La théorie pure du droit*, Op.cit.

l'obligation de saisir à nouveau l'organisme consulté. L'autorité compétente peut même d'après la jurisprudence française prendre sa décision avant que l'avis ait été émis et renoncer ainsi à la consultation[191].

Au contraire en cas de consultation obligatoire, l'autorité consultante est enfermée dans un circuit où l'avis de l'organisme consultatif est impératif.

Nous avons aussi les règles relatives au respect du droit de la défense et de la contradiction reconnues par les lois de la république et qui s'imposent à l'administration et aux collectivités locales.

La procédure contradictoire est aussi à respecter car il est admis que l'administration doit entendre celui à l'égard duquel elle se dispose à prendre une mesure aux effets négatifs (sanction, retrait d'autorisation etc.).

Le respect du principe du parallélisme des formes s'applique car, dans le silence des textes, les formes à respecter pour prendre un acte qui est l'inverse d'un autre acte sont celles qui devaient être respectées lors de l'édiction de l'acte primitif.

La motivation des actes est obligatoire dans certains cas prévus généralement par les textes. Quand elle est obligatoire, l'auteur de la décision est tenu d'exposer de façon complète et précise les raisons de fait et de droit pour lesquelles elle est prise.

Concernant les conditions de compétence, il faut aussi mentionner que les décisions locales doivent obéir aux règles générales. Elles doivent, tout d'abord, être prises par une autorité triplement compétente car décidant dans une matière entrant dans son champ légal ou réglementaire de compétence, décidant sur un objet portant sur l'étendue territoriale pour laquelle elle reçoit compétence et ne décidant que durant la période durant laquelle elle est compétente.

La personne compétente peut attribuer ou attribue délégation de signature ou délégation de compétence, aux conditions habituelles du droit administratif général. Parallèlement, sont organisées pour chaque autorité locale un système de suppléance et un système d'intérim pour le cas où le titulaire ne peut agir[192]. Ces deux institutions permettent de surmonter les conséquences de l'absence ou de l'empêchement de

---

[191] CE sect. 28 avril 1967 FNSP, AJDA, 1967, p.407.

[192] Voir le code des collectivités locales de 1996.

l'autorité compétente. La distinction est classique et nette en dépit d'un flottement dans le vocabulaire juridique.

C : La force juridique des actes unilatéraux locaux

La force juridique de ces actes est analogue à celle des actes de l'État qu'il s'agisse de leurs effets dans le temps ou de leur exécution.

Par rapport à leurs effets dans le temps, les actes locaux entrent en vigueur et cessent d'avoir effet dans les mêmes conditions que les autres actes administratifs. Leur entrée en vigueur, sauf urgence, est subordonnée à l'accomplissement d'une publicité prévue par les textes en fonction des catégories d'actes.

De plus, les actes locaux sont soumis au principe de non-rétroactivité ; ils ne disposent que pour l'avenir sauf s'ils sont pris pour l'exécution d'une loi elle-même rétroactive ou s'ils concernent une situation juridique qui n'a pas encore épuisé tous ses effets ou acquis un caractère définitif ou s'ils sont pris en conséquence ou en exécution d'une décision juridictionnelle (celle –ci a toujours un effet rétroactif).

La disparition des actes locaux s'effectue selon deux modalités : le retrait rétroactif et l'abrogation pour l'avenir.

Par rapport à l'exécution des actes locaux, le droit positif a prévu, dans de nombreux cas, des sanctions pénales ou administratives pour punir le non-respect de ces actes.

§2 : Les contrats administratifs passés par les collectivités locales

La soumission au droit administratif général apparaît également à travers les contrats administratifs locaux. En effet, cette applicabilité de principe du droit administratif général se manifeste par l'identification du contrat local comme contrat administratif (A) et à travers le régime juridique du contrat administratif local (B).

A : L'identification du contrat local comme contrat administratif

Par application du principe général du droit administratif français, le contrat passé entre une collectivité locale et une autre personne de droit public est en principe de nature administrative sauf s'il ne fait naître entre elles que des rapports de droit privé. Ce type de contrat est administratif car, selon la formule du commissaire du gouvernement Labetoulle, il y a la rencontre de deux techniques de gestion publique.[193]

Le contrat passé entre une collectivité locale et une personne de droit privé est en principe un contrat de droit privé sauf s'il réunit les deux conditions suivantes : d'une part, il contient une clause exorbitante du droit commun[194], d'autre part, il fait participer le contractant privé de l'administration à l'exécution même du service public[195].

Enfin, le contrat passé entre deux personnes privées est un contrat de droit privé sauf les trois exceptions résiduelles suivantes : l'une des deux est mandataire d'une personne publique ou bien, sans être mandataire, agit au nom et pour le compte d'une personne publique[196] ou encore il s'agit d'un contrat portant sur objet entrant par nature dans la mission d'une personne publique.

Les catégories de contrats administratifs locaux sont les mêmes pour l'État. Il s'agit de la concession, des marchés publics, de l'affermage, de la gérance etc.

B : Le régime juridique du contrat administratif local

La formation des contrats administratifs locaux suppose la rencontre de deux volontés, celle de l'organe habilité à contracter au nom de la collectivité locale et celle du contractant de celle-ci.

Dans le cadre des marchés publics, le principe a toujours été celui de la mise en concurrence assortie des trois degrés possibles de liberté de choix classés dans un ordre croissant (adjudication, appel d'offres, marchés négociés).

---

193 TC 21 mars 1983, UAP, AJ, 1983, p.356.

194 La clause exorbitante est définie par la jurisprudence comme celle qui confère aux parties des droits ou qui met à leur charge des obligations étrangères par leur nature à ce qui sont susceptibles d'être librement consenties par quiconque dans le cadre des lois civiles et commerciales (CE sect. 15 février 1935, société française de construction mécanique).

195 CE sect. 20 avril 1956, Epoux Bertin, AJ., 1956, p.221.

196 TC 8 juillet 1963, Peyrot, AJ., 1963, p.463.

Le contenu du contrat administratif local a un effet direct sur sa validité qui dépend de la compétence du représentant de la personne publique pour signer ledit contrat, de l'absence de vice de consentement, du caractère certain, déterminé et licite de l'objet du contrat sans oublier le fait que le contrat doit porter sur une matière dans laquelle il n'est pas interdit à une personne publique de contracter.

L'exécution du contrat administratif local présente la même exorbitance que l'exécution des contrats d'État. Elle est dominée par un jeu de droits et d'obligations au bénéfice ou à la charge de chacun des contractants.

Section 2 :
La soumission des moyens d'action des collectivités locales au droit administratif général

Ces moyens d'action sont principalement les services publics, l'acquisition, la détention et l'utilisation de biens, la réalisation des travaux publics et le recours à l'expropriation. Dans le cadre de cette étude, nous allons privilégier l'analyse des services publics locaux (§1) et du régime des biens des collectivités locales (§2).

§1 : Les services publics locaux

Sur ce point, le droit français influence encore le droit sénégalais. En effet, les services publics locaux connaissent la distinction des services publics administratifs et des services publics à caractère industriel ou commercial. Cette distinction s'y pratique au moyen des critères retenus pour les services étatiques (objet du service, modalités d'organisation et ressources)[197] et elle y produit les mêmes effets de droit contentieux[198].

Il est de même du régime applicable à ces services publics qui dépend de la question de savoir s'ils sont à gestion publique (par une

---

[197] Cass. Soc. 7 octobre 1992, Lazareff c/Marie de Soulac, *J.C.P*, 1992 II. 21973, rapport de Ph. Waquet.

[198] Cass. Soc., 10 juillet 1995, Cie des eaux et de l'Ozone, AJDA1996, p 396 note M. Bazex.

personne publique ou une personne privée) ou à gestion privée (sans qu'il y ait lieu, en ce cas de distinguer selon la nature juridique de la personne gestionnaire du service).

Les modes de gestion diffèrent selon que la gestion est assurée par une personne publique (régie, établissement public) ou une personne privée (concession, société d'économie mixte)[199].

S'agissant de la création de services publics locaux et en dehors de ceux de ces services dont la création est rendue obligatoire par une loi, c'est aux autorités locales que revient la compétence de principe pour créer des services publics locaux dans le respect du droit interne et de plus en plus du droit international.

Les principes du service public de l'État s'appliquent à tous les services publics locaux. Il en va de même des principes d'égalité, de continuité et de mutabilité comme dans le cadre du droit administratif général.

§2 : Le régime des biens des collectivités locales

Le domaine des collectivités locales fait l'objet, comme celui de l'État, d'une importante protection à la fois contre ses propriétaires et contre les tiers.

Trois règles expriment cette volonté de protection contre ses propriétaires. Deux d'entre elles ont surtout une tonalité négative : la règle d'inaliénabilité et la règle d'imprescriptibilité. Une troisième est à tonalité positive ; c'est l'obligation, pour les collectivités locales, d'entretenir leurs biens.

La protection contre les tiers est aussi assurée parce que le domaine peut être victime soit d'atteintes soit de véritables occupations usurpées.

Au premier risque répond une protection pénale du domaine, au second correspond le droit reconnu à l'administration locale d'expulser les occupants sans titre.

Lorsque plusieurs collectivités locales possèdent des biens ou droits indivis, un décret institue, si l'une d'elles le réclame, une commission composée de délégués du conseil des collectivités locales

---

[199] Art. 300 du *CCL* et suivants.

intéressées[200]. Chaque conseil élit, dans ce cas, en son sein, au scrutin secret, le nombre de délégués selon le décret de création.

Les ventes, échanges, partages, transactions demeurent réservés aux conseils qui peuvent autoriser le président de la commission à passer les actes qui y sont relatifs[201].

Dans sa consistance, le domaine local est évidemment distinct de celui de l'État en revanche son régime juridique, incorporation au domaine, les règles de protection et celles de son utilisation sont largement calqués sur le droit administratif général.

Section 3 :
La soumission de la responsabilité extra-contractuelle des collectivités locales au droit administratif général

Le régime de la responsabilité extra – contractuelle des collectivités locales est, pour l'essentiel, similaire à celui de la responsabilité étatique. Nous allons étudier, pour appuyer cette affirmation, les conditions de mise en responsabilité des collectivités locales (§1) avant d'aborder la responsabilité civile et pénale des élus locaux (§2).

§1 : Les conditions de mise en jeu de la responsabilité des collectivités locales

La responsabilité peut être fondée sur l'existence d'une faute ou être engagée sans que l'on ait de faute à prouver. Le principe est celui de la nécessité de prouver qu'une faute est à l'origine d'un dommage. Dans de nombreux cas, la responsabilité sera retenue sans que soit préalablement prouvée une faute.

Les situations dans lesquelles est décelée l'existence d'une faute sont très nombreuses et très diversifiées : les abus de droit, les agissements illégaux, le favoritisme, l'abstention d'agir, inexécution des lois et règlements, les enrichissements sans cause[202].

---

[200] Article 283 du *CCL*

[201] Article 284 du *CCL.*

[202] Articles 146 et 221 du *CCL.*

Dans la responsabilité administrative, deux degrés de faute ont des conséquences juridiques : la faute simple et la faute lourde.

En France, le juge ne définit une faute que dans les cas où il est nécessaire qu'elle soit lourde pour pouvoir engager la responsabilité d'une collectivité territoriale ; dans les autres cas, il dira seulement qu'il y a faute. Ainsi constituent des fautes simples un refus illégal[203], un refus d'autoriser à soumissionner lors d'une adjudication[204], la passation d'un contrat nul[205] , des défauts de surveillances[206] , la mauvaise organisation d'un service[207] .

L'exigence d'une faute lourde se rencontre lorsque la responsabilité de certains services publics seulement se trouve engagée. Pour les services de lutte contre l'incendie, l'exigence d'une faute lourde tient aux conditions difficiles dans lesquelles ces services accomplissent leur mission[208].

En dehors de ces cas de responsabilité pour faute prouvée, il existe une situation de responsabilité sans faute à prouver. La responsabilité est dite sans faute lorsque la collectivité locale est responsable sans que la victime ait à prouver l'existence d'une faute. Il en va ainsi en cas de rupture d'égalité entre les citoyens quant aux charges résultant de la vie en collectivité et dans les cas où un risque excessif pèse sur un individu dans l'intérêt de la collectivité.

La théorie du collaborateur bénévole ou occasionnel de la puissance publique a trouvé, en droit des collectivités locales, un terrain de prédilection. A propos d'un dommage subi par deux habitants ayant tiré bénévolement un feu d'artifice, le CE français relève que cette mission leur avait été confiée par le maire[209].

La responsabilité sans faute peut aussi être engagée par l'objet dangereux, la mauvaise organisation d'une activité dangereuse comme le cas d'un vice de conception d'un ouvrage public ou d'accès d'une salle des sports[210] ou de la mauvaise organisation d'un « feu de joie »

---

203 6 juin 1969, ville de Dijon, Rec., 706.

204 CE,Section 13 mai 1970, Monti, Rec., 322.

205CE, 23 mai 1979, commune de Fontenay-le Fleury, Rec., 226.

206 CE,Section, 3 juillet 1970, ville de Caen contre Reverdy, Rec., 461.

207 Fonctionnement défectueux du service des pistes d'une station de sport d'hiver, sect. ; 28 avril 1967, Lafont, Rec.,182.

208CE, 26 juillet 1985, SA Sommer – Allibert, Rec.,770.

209 CE, 22 nov. 1946, commune de Saint-Priest -la-Plaine, Rec. ; 279.

210 12 Avril 1972, Ville de lyon C/ Mattéoni, Rec. + 1001

au cours duquel un enfant est blessé par la chute d'une fusée tombée dans le public[211].

Il est nécessaire d'établir entre l'activité dommageable et le dommage l'existence d'une relation étroite : le rapport de causalité et le rapport exonératoire de la responsabilité. La cause directe est celle sans laquelle le dommage ne se serait pas produit.

Les causes d'exonération sont la force majeure, la faute de la victime, le fait d'un tiers et le cas fortuit. Compte tenu de la réunion de ces éléments que sont l'imprévisibilité, l'insurmontabilité et l'extériorité par rapport au prétendu responsable, la force majeure est rarement admise. Par contre, la faute de la victime constitue la cause d'exonération la plus fréquente. Concernant les causes d'exonération propres à la responsabilité pour faute, nous avons le cas fortuit qui est la cause d'exonération la plus rarement rencontrée. Lorsque le tiers dont le fait est exonératoire est lui-même frappé d'insolvabilité c'est la collectivité locale qui supporte la part de responsabilité incombant à ce tiers[212].

Le préjudice pour être réparable doit revêtir certains caractères. Le préjudice n'est réparable que s'il est certain pour éviter la réparation d'un préjudice éventuel ou hypothétique. Le préjudice doit aussi avoir un caractère direct c'est-à-dire qu'il doir résulter soit d'une décision déterminée soit d'un comportement donné. Le caractère moral ou matériel du préjudice est apprécié de la même manière que pour la responsabilité de l'administration. Le préjudice peut avoir un caractère spécial en cas de responsabilité sans faute à prouver. L'action en réparation et l'indemnisation ne présentent aucune originalité par rapport au régime appliqué à l'État. Là encore le droit administratif laisse fortement ses empreintes.

§2 :La responsabilité civile et pénale des élus locaux et leur protection

Les élus locaux peuvent causer des dommages à la collectivité à laquelle ils appartiennent. C'est ainsi le cas d'un maire qui peut voir sa responsabilité engagée toutes les fois qu'il aura fait exécuter irrégulièrement un travail ou engagé une dépense dans son intérêt

---

[211] 1er Mars, commune d' Harquency, Rec., + 723

[212] Sect, 13 novembre 1970, ville de Royanc/Dame Le Lan, Rec., 683.

personnel[213]. Les élus peuvent être responsables des dommages causés à des particuliers. En cas de faute personnelle commise par un élu, la victime doit prouver que son comportement est suffisamment détachable de ses fonctions. Il en va ainsi des injures, diffamations et outrages[214] .

La responsabilité des élus est engagée au Sénégal s'ils interviennent en dehors de leur compétence. Cette intervention en dehors de leur compétence est assimilée au délit d'usurpation de titre puni en vertu des dispositions de l'article 226 du code pénal[215]. La démission délibérée d'un élu local dont l'objet serait d'empêcher ou de suspendre soit l'administration de la justice, soit l'accomplissement d'un service quelconque est également punie. Ce comportement est assimilé à un délit de forfaiture puni de la dégradation civique[216].

Les élus auteurs d'infractions à la constitution notamment celles relatives à l'exercice de droits civiques (fraudes électorales, attroupements, voies de fait[217]) sont également punis par la loi. Il en est de même des délits de comportement mettant gravement en cause les intérêts de la collectivité locale ou des fraudes utilisées pour obtenir des subventions.

Le code des collectivités locales accorde aux élus locaux à côté de ce régime de responsabilité une protection au plan pénal, une protection contre les menaces, outrages, violences, injures ou diffamations dont ils peuvent être l'objet dans l'exercice de leurs fonctions[218].

Après avoir étudié l'application de principe du droit administratif général aux collectivités locales, nous analyserons leur subordination juridique qui constitue un autre aspect de l'encadrement juridique.

---

213 3 juin 1982, Guenebaut, Rec. ; 523.

214 TC, 7 mai 1953, Mitard, Rec., 586.

215 Abdoullah Cissé. « La politique criminelle à l'épreuve de la décentralisation », *La régionalisation*, Dakar, CREDILA, 1998 p.177.

216 Abdoullah Cissé, Op.cit. , p.177.

217 Articles L 166 du code électoral et 101 et S. du code pénal.

218 F. Benoît, la responsabilité des élus locaux, Répertoire Dalloz, Collectivités Locales, VII, n°143 et S.

CHAPITRE II :
LA SUBORDINATION JURIDIQUE DES COLLECTIVITÉS LOCALES

Le Code des collectivités locales de 1996, nouvelle charte des rapports entre l'État et les collectivités locales, porte essentiellement sur deux objectifs principaux : celui de la région comme collectivité locale qui, en soi, peut n'être qu'une simple adjonction quantitative d'une structure locale intermédiaire entre les administrations centrales et les autres collectivités locales mais non une mutation qualitative du degré global de décentralisation[219], et « la suppression de la tutelle » qui au contraire semble introduire dans la conscience collective une nouvelle décentralisation.

En effet, l'expression même de tutelle va disparaître dans les nouveaux textes qui considèrent que les collectivités locales sont devenues majeures et s'administrent librement comme le veut la Constitution. La décentralisation de 1996 a donc supprimé officiellement la tutelle mais la réforme a maintenu quelques exceptions qui méritent une attention particulière.

Il faut souligner que l'utilisation de la notion de suppression est exagérée, ce qui pose le problème de la force juridique des qualifications données en général par le législateur à propos desquelles le professeur Charles Eiseinmann soutient qu'il est « libre au législateur d'énoncer ses propositions de se servir de ce vocabulaire, le juriste enregistrera ces faits mais ils n'ont aucune valeur décisive dans ses analyses… ». Il démythifie les affirmations du texte « même si on les suppose désintéressées et de bonne foi, c'est-à-dire ne visant pas précisément à masquer ce qu'établit réellement le droit positif »[220]. Le terme « suppression » est d'autant plus inadapté en l'espèce qu'il subsiste de réels obstacles objectifs à la disparition de la tutelle. L'institution de la tutelle est une nécessité

---

[219] Serge REGOURD, « La prétendue suppression de la tutelle administrative », *Revue administrative*, 1982, p.613.

[220] Charles EISEINMANN, « Quelques problèmes de méthodologie des définitions et des classifications en Sciences Juridiques ». *Archives de philosophie du droit*, 1966, p.36, cité par Serge Regourd, article précité, p.614.

exigée par l'État unitaire. La tutelle de l'État appartient à l'essence même de la décentralisation du fait qu'elle intègre contradictoirement les exigences du pluralisme émanant des institutions territoriales et celles de l'unité garantissant l'existence même de l'État comme le souligne Jean-Arnaud Mazères[221]. Il apparaît donc que l'institution de la tutelle demeure par-delà l'effacement du mot par le législateur. La tutelle constitue une obligation car la Constitution interdit sa suppression.

Le contrôle administratif exercé par le représentant de l'État se scinde en deux branches. Il y a le contrôle a priori qui s'exerce exceptionnellement et le contrôle a posteriori qui constitue le principe. Mais quelques considérations générales sont nécessaires pour mieux appréhender ces modalités de contrôle.

Section 1 : Quelques réflexions sur l'évolution de la tutelle exercée par l'État sur les collectivités locales

Tout pouvoir plonge ses racines dans la réalité politique et sociale et l'existence d'un pouvoir de tutelle dépend étroitement de la tradition centralisatrice sénégalaise. Alors que la tradition anglaise mise sur les collectivités locales pour assurer l'essentiel des taches administratives et que la tradition allemande veut qu'elles s'administrent elles – mêmes[222], la conception sénégalaise héritée du modèle français est plus limitée car la décentralisation marque seulement une tendance à écarter le pouvoir du centre.

Les rapports entre l'État et les collectivités locales sont fortement empreints de la marque de la tutelle. Cette tutelle était très forte et contraignante au Sénégal pour deux raisons principales : d'une part, le jeune État sénégalais fraîchement indépendant devait consolider le socle sur lequel il reposait et dont il fallait éviter l'éclatement. Récemment délivrés du joug colonial, il incombait aux nouveaux dirigeants de construire le gros œuvre de ce qui devait être un État fort, capable de cristalliser les énergies et d'impulser une vie nationale

[221] Jean-Arnaud MAZERES, Dans sa préface à l'étude de S. Regourd, *L'acte de tutelle en droit administratif français,* Paris, L.G.D.J., 1982, 539 p.
[222] GARREAU, R, *Le local government en Grande-Bretagne*, Paris, LGDJ, 1959.

dynamique tissée autour des choix politiques cohérents se traduisant par des décisions dont l'unique source devait être l'État central ; d'autre part, l'objectif d'un développement économique et social aboutissait à la conception d'un État interventionniste qui, dans les rares cas où il ne prenait pas lui-même en charge les différents secteurs de la vie économique et sociale, exerçait à tout le moins un contrôle strict sur ces activités qui devaient être conformes à l'intérêt national et à la philosophie dont il était exclusivement le garant[223].

Acte de volonté de la part de l'État, la décentralisation est « caractérisée par ce fait que l'État se résout en un certain nombre de personnes administratives qui ont la jouissance de droits de puissance publique et qui assurent le fonctionnement de services publics en exerçant ces droits, c'est-à-dire en faisant des actes d'administration »[224]. L'intérêt de cette définition du doyen Hauriou est de souligner que les collectivités locales ne peuvent, dans la tradition juridique française, exercer que des compétences que dans la mesure où l'État les leur concède. C'est implicitement reconnaître la nécessité d'un contrôle sur la façon dont les collectivités locales s'acquittent des tâches qui leur sont imparties. La conception sénégalaise de la décentralisation justifie donc l'existence du pouvoir de tutelle.

Et pour mieux faire ressortir les éléments relatifs à la tutelle, deux points essentiels seront analysés dans le cadre de cette étude évolutive : la situation avant la réforme de 1996 et celle qui prévaut à partir de cette date.

§1 :Les caractéristiques de la tutelle de l'État avant la réforme de 1996

Voyons d'abord les caractéristiques des différentes modalités de contrôle avant 1996 pour mieux faire ressortir la spécificité de cette phase.

---

[223] La mission dévolue aux pouvoirs publics était principalement la réalisation de la sacro-sainte unité nationale. Une tutelle administrative forte était censée servir d'instrument de cohésion au nouvel Etat. Cette tutelle s'étendait sur des bases larges embrassant tous les domaines de la vie locale dans lesquels interviennent les actes des collectivités locales.

[224] HAURIOU, M., *Répertoire Béquet*, Paris, 1891, article « Décentralisation, p.482.

A : Le contrôle *a priori*

En introduisant une politique de décentralisation au Sénégal, la volonté du législateur n'a pas été de faire des collectivités locales des organismes totalement indépendants de l'État. La politique de décentralisation témoigne certes de la volonté d'instaurer de nouvelles relations entre l'État et les collectivités locales mais cette volonté coexiste avec le désir de veiller à ce que l'action des collectivités locales ne puisse pas nuire à l'intérêt général.

Cette attitude de méfiance à l'égard des collectivités locales n'a pas encore totalement disparu mais elle s'est toutefois profondément modifiée. Le contrôle *a priori* d'un acte dans le cadre de la tutelle administrative se traduit par l'obligation assujettissant l'autorité locale à solliciter l'autorisation du pouvoir central pour l'édiction de son acte pour la plonger dans une attitude attentiste consistant à s'en remettre exclusivement aux conseils d'assistance de l'administration centrale qui s'apparentent plutôt à un pouvoir d'instruction[225].

Le contrôle a priori apparaît à travers deux principaux procédés à savoir le pouvoir d'autoriser l'édiction de l'acte local et celui de l'approuver après son édiction et préalablement à son entrée en vigueur.

Le pouvoir d'autorisation peut être défini dans le cadre de la tutelle comme la permission accordée au nom de l'État par une autorité qualifiée à une collectivité locale d'accomplir un acte juridique que celle-ci ne pouvait normalement prendre seule, du fait des limites de ses pouvoirs ordinaires et de ses compétences

[225] Des exemples peuvent en être donnés avec l'usage que l'autorité centrale fait de l'acte type et de la circulaire : L'acte type est une catégorie d'actes facultatifs ou obligatoires, élaborés à titre de modèles, par l'autorité administrative supérieure à l'usage des administrations subordonnées à son contrôle. Le cas des circulaires est encore plus insolite, car bien que définie comme « une instruction de service écrite adressée par une autorité supérieure à des agents subordonnés en vertu de son pouvoir hiérarchique », ce qui laissait présager son utilisation exclusive dans le cadre du pouvoir hiérarchique, la circulaire est pourtant d'un usage fréquent dans le cas de la décentralisation sénégalaise, telle la lettre circulaire du Ministre de l'Intérieur en date du 12 avril 1984 adressée aux maires et administrateurs municipaux qui déclare « attacher beaucoup de prix à l'exécution des instructions » à l'endroit desquelles le Ministre appelle leur attention.

restreintes[226]. Le pouvoir d'autorisation intervient de façon très précoce dans le contrôle, en l'occurrence avant même l'édiction de l'acte. Il en découle que le défaut d'autorisation empêche la décision de prendre effet. L'autorisation peut être tacite ou expresse. Elle s'exerce aussi bien sur la commune que sur la communauté rurale. L'article 34 du Code de l'administration communale (C.A.C.) dispose que les délibérations prises par le conseil municipal dans des conditions singulières où notamment seul le tiers de ses membres en service était présent ne seront exécutoires que si le Ministre de tutelle les a implicitement autorisées en n'en suspendant pas l'exécution après un délai de 30 jours. De tous les procédés de la tutelle administrative, le pouvoir d'autorisation est le moins fréquemment utilisé par l'autorité administrative. Ceci en raison du fait que les résultats de son utilisation peuvent être obtenus par le biais d'autres procédés qui par ailleurs, comportent l'avantage d'être plus usités. Le pouvoir d'autorisation n'est pas le seul pouvoir mis à la disposition de l'autorité de tutelle ; à côté de celui-ci, nous avons le pouvoir d'approbation.

L'approbation d'une décision est une condition de son applicabilité ; aussi longtemps qu'elle n'est pas donnée, la décision en cause ne peut avoir d'effet ; il s'ensuit que l'autorité de tutelle, lorsqu'elle possède ce pouvoir, dispose d'un véritable pouvoir de veto. En outre, le contrôle ainsi effectué peut prendre en compte la légalité mais aussi l'opportunité de la décision. C'est donc un pouvoir considérable qui est ainsi accordé.

Les délibérations du conseil municipal soumises à approbation préalable expresse ou tacite et celles du conseil rural sont adressées à l'autorité administrative centrale dans la huitaine de leur édiction. L'administration centrale dispose donc d'un « pouvoir général de surveillance »[227]. Ainsi, l'article 48 du code de l'administration communale dispose que le silence de l'autorité de tutelle pouvant résulter de l'oubli ou de l'hésitation correspond à un refus s'il se poursuit durant une période de quarante jours. Dans la logique du code de l'administration communale, la plupart des grandes décisions du conseil municipal doivent être approuvées. La liste énumérée par l'article 47 du CAC est longue car elle comporte vingt-six points

[226] - *Vocabulaire juridique* : Gérard Cornu.
[227] - Alain Bockel, Op.cit. p.182.

comprenant toutes les délibérations ayant un caractère financier, entraînant un engagement juridique ou ayant des répercussions importantes dans la vie de la Commune.

Les articles 47 du Code de l'administration communale, pour les communes, et 24 de la loi sur les communautés rurales, énumèrent les actes qui sont soumis à l'approbation pour être exécutoires. Ces actes pour la commune, comme pour la communauté rurale, sont très variés et divers. Certains sont essentiellement d'ordre financier. Ainsi l'article 47 du code de l'administration communale inclut dans les actes soumis à approbation préalable, par exemple les actes pris dans un domaine comme celui du budget communal, les crédits supplémentaires, ainsi que toute modification de budget, la création des tarifs et les règlements de perception des impôts, droits et taxes créés dans les conditions déterminées par les lois et règlements en vigueur, ou encore l'intervention des communes dans le domaine économique et social, mais aussi les programmes de développement et les actions de développement financés sur fonds propres de la Commune, sur fonds de concours ou fonds d'emprunts.

L'article 24 de la loi sur les communautés rurales, quant à lui, place au nombre des actes devant faire l'objet d'approbation l'affectation et la désaffectation des terres du domaine national, le budget de la communauté rurale, les crédits supplémentaires ainsi que toute modification de budget. Le respect de la légalité est le premier objectif de la tutelle. L'autorité centrale vérifie si l'acte local satisfait à cette condition. Les actes soumis à l'approbation préalable sont des actes administratifs et, à ce titre, ils doivent obéir aux règles de droit commun qui régissent la légalité de l'acte.

Le pouvoir d'approbation préalable revêt par conséquent une importance considérable[228]. Tous les actes des communautés rurales, à l'instar de ceux des communes chefs-lieux de région sont assujettis à l'approbation expresse du représentant de l'État. Ces deux entités n'ont donc jamais l'initiative de prendre des décisions directement exécutoires. Le pouvoir d'approbation s'exerce, en général, de manière expresse et le silence équivaut, comme nous l'avons déjà indiqué, à un refus s'il se poursuit pendant un délai de quarante jours. Dans ce cas, le recours contentieux contre ce refus (exprès ou tacite)

---

[228] - Alain Bockel, Op.cit. 190 et s.

d'approbation doit être précédé d'un recours gracieux adressé au président de la République[229].

Ces deux procédés de contrôle a priori de la légalité des actes des collectivités locales traduisent une volonté de l'État de surveiller rigoureusement l'action de celles-ci.

B :Le contrôle *a posteriori*

Dans cette perspective, les décisions prises par les collectivités locales sont exécutoires de plein droit, et ces dernières ne sont pas soumises à un pouvoir d'instruction en dehors de l'hypothèse où le chef de l'exécutif local agit en qualité d'agent de l'État. Le contrôle *a posteriori* portant sur l'examen de l'acte après qu'il est entré en vigueur peut aboutir à l'annulation de l'acte. Cet examen concerne aussi l'omission d'un acte qui aurait dû être pris eu égard à la loi et pouvant déboucher sur la substitution de l'auteur du contrôle à l'autorité défaillante[230]. En effet, malgré l'intervention postérieure à la production de ses effets par l'acte, ce contrôle revêt une dimension importante dans la pratique de la tutelle administrative au Sénégal pour deux raisons fondamentales : la première est celle qui montre que

---

229 C'est le cas pour l'ensemble des communes et des communautés rurales – les articles 48 du code de l'administration communale et 24 de la loi sur les communautés rurales énoncent en des termes presque identiques le principe, selon lequel le conseil municipal ou le conseil rural ne peut exercer un recours pour excès de pouvoir contre la décision de tutelle à l'issue du délai de 30 jours imparti à l'autorité de tutelle qu'après avoir sollicité du Président de la République son agrément par un recours hiérarchique dans les deux mois suivant le dépôt de la délibération à la sous-préfecture ou subséquent à la délivrance du récépissé par le Ministre de tutelle ; soit alors l'approbation a lieu de façon tacite, dès lors qu'à l'issue d'un certain délai à compter du dépôt de l'acte auprès de l'autorité qualifiée il n'y a pas eu de réponse négative expresse. Ce procédé, plus souple, n'avait pas été consacré par le législateur sénégalais d'avant 1996.

230 Cette définition fait apparaître deux procédés fondamentaux du contrôle *a posteriori* dont l'usage bien qu'étant aussi fréquent que celui qui est fait des techniques de contrôle préalable, est considéré comme étant moins contraignant en raison d'abord du fait qu'il n'intervient que postérieurement à l'entrée en vigueur de l'acte, ensuite parce qu'il ne s'exercerait que sur un champ résiduel qui échappe au contrôle « a priori » qui est déjà assez tentaculaire. Il n'est pas pourtant un contrôle faible pour autant. Au contraire c'est un contrôle d'une grande ampleur.

malgré le contrôle *a priori* qui le précède, ce contrôle *a posteriori* embrasse une étendue *ratione materiae* très large ; la seconde est celle qui se traduit par l'existence de techniques de contrôle très rigoureuses au sein du contrôle.

Le contrôle a posteriori est assuré à travers deux procédés : l'annulation et la substitution. En effet, l'autorité de tutelle peut annuler certains actes pris par les organes locaux. Le pouvoir d'annulation est la faculté reconnue à l'autorité de tutelle d'anéantir rétroactivement l'acte pris par l'autorité sous tutelle pour des motifs de légalité. Les actes locaux qui font l'objet de contrôle de tutelle sont les actes de l'assemblée délibérante et de l'organe exécutif. Les premiers sont pris sous la forme de délibération les autres sont le plus souvent des arrêtés. Le régime de l'annulation diffère selon qu'il s'agit de délibérations ou de décisions du maire ou du président de la Communauté rurale.

Tout d'abord, la nullité de droit a été consacrée aux articles 51 du code de l'administration communale et 32 de la loi 72-25. Elle « est déclarée par arrêté motivé de l'autorité de tutelle ». D'une part, elle peut être déclarée pour des motifs de compétence : si la délibération a été prise dans un cadre qui n'est pas celui tracé pour elle par la loi, c'est-à-dire précisément hors de la réunion légale pour les communes ou hors du chef-lieu de la communauté rurale. Elle peut également être proclamée en raison de la naissance de nouvelles lois et de nouveaux règlements ; d'autre part, la nullité de droit est toujours prononcée par l'autorité de tutelle mais l'initiative ne lui revient pas exclusivement. Elle peut en effet aussi bien être prononcée d'office que sur la demande d'un particulier y ayant intérêt.

Le régime de la nullité de droit présente une rigueur singulière pour deux raisons au moins. La première est qu'elle n'est astreinte à aucun délai, ainsi qu'il en est du régime général des actes juridiques inexistants auxquels il s'apparente. En effet, l'autorité de tutelle peut prononcer la nullité de droit à « toute époque » de même que le tiers peut demander sa mise en œuvre ou l'invoquer en exception d'illégalité dans les mêmes conditions. Le motif tiré de la nullité de droit des actes locaux semble être d'ordre public. La seconde raison de la rigueur du régime de l'annulation est qu'elle oblige le tiers à formuler un recours administratif préalable devant l'autorité de tutelle avant tout recours devant le juge du contentieux de l'annulation (articles 53 CAC et 33 de la loi n° 72-25) auquel peut aboutir également le second type de nullité qui est, par ailleurs, plus souple que la nullité de droit.

En effet, en second lieu, la loi pose le cas de l'annulabilité prévu pour des motifs moins graves. Le seul motif prévu par le Code de l'administration communale est celui où des conseillers auront participé à la délibération à l'objet de laquelle ils sont intéressés à titre personnel ou comme mandataires.

Mais, si dans l'exercice du pouvoir d'annulation, l'élu local n'est pas toujours fautif, il n'en est pas pareillement dans le cadre du pouvoir de substitution où c'est un manquement de l'autorité sous tutelle qui justifie l'intervention de l'autorité de tutelle.

Le pouvoir de substitution à l'égard des collectivités locales est un pouvoir des autorités de tutelle leur conférant droit de se substituer à l'autorité décentralisée pourtant mise en demeure, mais en vain, pour prendre aux lieu et place de l'organe considéré comme défaillant, en son nom et pour son compte, une décision qu'elle a failli à prendre alors même qu'elle y avait été légalement invitée. L'on perçoit en filigrane dans cette définition les modalités de la mise en œuvre du pouvoir de substitution dont l'exercice soulève du reste un régime de responsabilité assez complexe. Sa mise en œuvre du pouvoir de substitution obéit à des conditions définies restrictives qui sont de l'ordre de deux.

En premier lieu, il faut que la loi ait préalablement ordonné à l'autorité locale une action relevant de la matière qui fait l'objet de la substitution.

En second lieu, il faut que l'on constate la défaillance de l'autorité sous tutelle, laquelle défaillance produit certaines conséquences. La défaillance de l'autorité sous tutelle consiste d'abord en son abstention de prendre l'acte après que la loi l'y a obligé. Elle se manifeste ensuite dans son attitude de résistance et de refus obstiné de s'en rapporter aux injonctions évocatoires qui lui a été adressées par l'autorité administrative de l'administration centrale. En outre, les conséquences qu'elle peut ainsi susciter sont afférentes à chacune des « étapes » de défaillance de l'élu local. Selon l'article 102 du Code de l'Administration communale, lorsque l'acte local qui devait être pris ne l'a pas effectivement été par le pouvoir local, l'Administration lui adresse une mise en demeure. Celle-ci peut être définie comme une sommation, un appel injonctif adressé par l'Administration à la collectivité locale qui a manqué de prendre un acte auquel elle est pourtant obligée en vertu de la loi même.

Si, après cette mise en demeure, l'élu local n'obtempère pas, il revient alors au représentant de l'État au bout d'un certain délai de se substituer à lui pour accomplir l'acte en question. D'ailleurs, des exemples significatifs peuvent être donnés de l'utilisation du pouvoir de substitution. Ainsi en est-il en matière de police administrative et en matière budgétaire. Dans cette dernière matière, l'autorité de tutelle dispose de la possibilité de se substituer à l'autorité locale dans quelques cas.

Les articles 150 du CAC et 70 de la loi sur les communautés rurales posaient le principe du vote en équilibre du budget. Si l'organe local auquel incombe cette tâche n'y pourvoit pas, l'autorité de tutelle après mise en demeure restée infructueuse « arrête le budget ». Les mêmes articles prévoient que si l'autorité supérieure constate définitivement l'existence d'un déficit budgétaire, un décret interviendra pour résorber celui-ci. Dans la même mouvance, si les dépenses obligatoires ne sont pas suffisamment pourvues en crédits[231]ou si le budget n'est pas voté dans le délai légal[232], l'autorité compétente y supplée d'office.

En matière de police administrative, il revient au maire, aux termes de l'article 92 du CAC, de se charger de la police municipale et rurale. D'ailleurs, la loi sur les communautés rurales n'accorde au président du conseil rural en matière de police administrative qu'une compétence pour l'exécution des mesures de police sous l'autorité du sous-préfet en même temps qu'il charge le conseil rural de veiller à prendre « toutes les dispositions en vue d'assurer l'exécution des mesures de salubrité et de tranquillité publiques ».

Au-delà de la police administrative, l'article 102, de façon générale, pose la possibilité pour l'autorité de tutelle de procéder d'office à un acte auquel se refuserait le maire en violation des lois et règlements ou en méconnaissance de l'intérêt de la commune. Une procédure formaliste régit la mise en demeure qui est obligatoirement faite par écrit et doit comporter l'indication du délai imparti aux autorités locales. Cependant, bien que traditionnellement la substitution ait été prévue pour des cas de légalité, il apparaît ici que le

[231] Voir l'article 152 du CAC et l'article 7 de la loi 72.25.
[232] Voir l'article 153 du CAC et 73 de la loi 72.25.

législateur sénégalais est allé plus loin car l'appréciation de l'intérêt de la commune suppose que l'autorité de tutelle intègre des considérations d'opportunité.

Cela illustre encore une fois que le régime de tutelle est lourd. La mise en œuvre du pouvoir de substitution pose le problème de la responsabilité du fait des actes de tutelle. L'acte qui aurait dû être le fait de l'autorité sous tutelle a été, en fait, celui de l'autorité de tutelle. Quel est le régime de responsabilité de ce type d'acte ? Convient-il d'en imputer la responsabilité aux autorités de tutelle qui l'ont effectivement pris alors qu'au demeurant il ne relevait pas de leur compétence ou serait-il mieux à propos de conclure à la responsabilité de l'autorité sous tutelle qui devra alors prendre sur elle d'endosser toutes les conséquences pouvant découler de ces actes de tutelle ?

Toutefois, on a admis que les collectivités locales puissent se faire indemniser par l'autorité de tutelle si celle-ci a commis une faute lourde. Cette exigence tient à la tentative d'unification du contentieux général de la responsabilité de la puissance publique autour de cette notion de faute lourde et le contentieux de la responsabilité du fait de l'acte de tutelle en général ne fait pas exception à la règle[233].

§2 : La consécration de principe du caractère exécutoire des actes locaux en 1996

Le caractère exécutoire d'un acte est la propriété qu'a cet acte de produire par lui-même des effets de droit. Que le problème du caractère exécutoire des actes locaux puisse se poser au Sénégal relevait de l'ordre du normal puisque, habituellement, s'intercale entre l'édiction de l'acte et son entrée en vigueur un contrôle « a priori » rigoureux incarné par la technique de l'approbation préalable qui conditionne l'entrée de l'acte dans l'ordonnancement juridique.

La nouvelle loi portant Code des collectivités locales pose en ses articles 334 et 335 le principe du caractère exécutoire des actes des collectivités locales. Ce principe ainsi consacré ne l'était pas dans les mêmes termes dans les lois antérieures qui régissaient les collectivités locales. Il inaugure en effet, un changement fondamental dans le régime des actes administratifs des collectivités locales au Sénégal. Le

---

233 CE ass. 29 mars 1946, « Caisse départ. d'ass.sociales de Meurthe-et-Moselle », RDP, 1946, 490.

Code de l'administration communale de 1966 permettait, un nombre infime d'actes administratifs du conseil municipal non soumis à l'approbation préalable expresse d'être exécutoires après un certain délai, tandis que la loi 72-25 soumettait toutes les délibérations du conseil rural à l'approbation préalable.

L'adoption de ce principe général illustre donc un changement d'attitude irrévocable : les décisions locales qui étaient systématiquement soumises à approbation pour être exécutoires peuvent dorénavant l'être sans passer par l'approbation préalable. Cette nouveauté que le texte introduit dans le contexte sénégalais implique néanmoins un contrôle dont l'impact est important. Le législateur sénégalais semble vouloir se débarrasser de l'exception que représentait le caractère exécutoire des actes locaux, de sa condition d'épiphénomène pour l'ériger en principe. Ce principe obéit à certaines conditions et entraîne certaines conséquences.

A :Les conditions du caractère exécutoire de l'acte local

L'octroi du caractère exécutoire aux actes locaux n'exclut toutefois pas l'existence de conditions auxquelles est subordonné cet octroi. Les actes des collectivités locales dont il s'agit sont, comme nous l'avons déjà signalé, des actes administratifs. A ce titre, ils sont soumis aux conditions de droit commun qui régissent l'entrée en vigueur des actes administratifs en général (loi 70-14 du 6 février 1970 fixant les règles d'application des lois, des actes administratifs à caractère réglementaire modifiée par la loi n° 71-07 du 21 février 1971). Il s'y ajoute que le Code des collectivités locales astreint ces actes locaux affranchis du contrôle préalable à des formalités supplémentaires pour l'acquisition du bénéfice de ce caractère exécutoire. Il apparaît ainsi que le régime qui s'applique aux actes locaux pour qu'on leur reconnaisse un caractère exécutoire est plus lourd que le régime de droit commun. Ces sujétions particulières sont dues à des facteurs précis.

Les collectivités locales sont des démembrements de l'État dotées de la personnalité juridique mais l'État veille au moyen de la tutelle à s'entourer de précautions et garanties pour éviter les velléités des autorités locales qui pourraient subvertir le système. Pourtant le système français est moins rigoureux. Dans ce pays, l'on a voulu donner sa véritable dimension au principe exécutoire des actes locaux ; par contre dans le contexte sénégalais, la méfiance du pouvoir central par rapport aux collectivités locales ne contrarierait-il pas les possibilités réelles de l'installation d'une véritable liberté des collectivités locales ? Ces formalités qui président à l'entrée en vigueur des actes locaux sont au nombre de deux. L'une est relative à l'obligation d'information, la seconde se rapporte au délai.

- **L'obligation d'information**

Les actes des collectivités locales concernées par la tutelle sont les actes administratifs décisoires de nature à influer sur la situation matérielle et juridique des particuliers, c'est-à-dire susceptibles de modifier l'ordonnancement juridique. A l'instar de tous les actes administratifs, les actes locaux doivent répondre aux conditions de droit commun établies pour leur entrée en vigueur par la loi n° 70-14 du 6 février 1970 modifiée par la loi n° 71-07 du 21 février 1971.

C'est ainsi que les actes administratifs à caractère réglementaire devront être publiés dans le *Journal Officiel*, tandis que les actes administratifs non réglementaires à caractère individuel ou collectif seront notifiés aux principaux intéressés.

L'article 334 fait de la publication ou de la notification de l'acte une condition expresse de son caractère exécutoire. De ce point de vue, il n'y a pas de règles spécifiquement contraignantes puisque c'est le droit commun qui s'applique. Mais l'originalité résulte de la transmission des actes locaux au représentant de l'État pour être exécutoires. C'est un procédé d'information du représentant de l'État qui déroge aux modes usuels en droit administratif.

Le représentant de l'État doit être informé en priorité et en particulier. Ce privilège dont il dispose fait peser sur l'acte l'obligation d'une formalité supplémentaire. Cette transmission sur laquelle nous reviendrons plus largement comprend l'envoi de l'acte par l'autorité sous tutelle et la réception par l'autorité de tutelle. En définitive, à côté des formalités normales de publication et de notification de l'acte administratif local, il existe la procédure de transmission mais aussi la procédure relative au délai.

- **Les modalités du délai**

L'acte pris par les autorités de la collectivité locale, après avoir été publié ou notifié et transmis, n'est toujours pas apte à entrer en vigueur. Il lui faut en plus satisfaire à la condition du délai. L'assujettissement du caractère exécutoire de l'acte des collectivités locales à un délai de quinze jours gêne son entrée en vigueur. Les collectivités locales sénégalaises ne seraient-elles pas capables de prendre des actes suffisamment valables pour entrer en vigueur sans délai supplémentaire en plus des formalités d'usage ? Sinon, comment expliquer que l'acte administratif local émanant d'une autorité administrative locale qui a rempli toutes les conditions auxquelles satisfont d'ordinaire les autres actes administratifs des autorités administratives centrales, puisse être astreint en plus de l'obligation de la transmission à un délai supplémentaire pour entrer en vigueur ?

En France, le projet de loi présenté à l'Assemblée Nationale avant la loi de 1982 comportait la condition du délai qui fut rapidement récusée par les élus pour des raisons très simples. L'existence d'un délai comme condition du caractère exécutoire est un obstacle majeur à l'entrée en vigueur des actes locaux. Cela ne reflète pas la volonté affichée des pouvoirs publics de responsabiliser les collectivités locales.

Au Sénégal, malgré tout, le législateur n'a pas jugé utile d'occulter la condition du délai. D'ailleurs, durant les quinze jours, le représentant de l'État peut demander une seconde lecture suspensive du caractère exécutoire de l'acte. La demande de seconde lecture est la sollicitation par le représentant de l'État de la possibilité de réexaminer l'acte concerné à la suite de l'épuisement du délai qui lui est initialement imparti pour prendre connaissance de sa teneur, et ceci aux fins de livrer un avis mieux éclairé sur la décision. La demande de seconde lecture suspend automatiquement le caractère de l'acte. Cette procédure peut aussi prendre une signification plus subtile et plus pratique. Elle sert à installer la discussion et le dialogue entre l'administration centrale et les autorités sous tutelle afin d'éviter une procédure contentieuse inutile.

Il semble à la lumière de tout cela que l'on doive, au Sénégal, si l'on veut poursuivre dans la voie de la décentralisation, supprimer la condition du délai supplémentaire. Il est vrai que l'on tente quelque peu d'atténuer la rigueur des conditions du caractère exécutoire des actes locaux. C'est dans ce sens que le législateur a établi que l'accusé de réception est délivré par le représentant de l'État aussitôt après la transmission de l'acte dans le but de ne pas allonger le délai qui ne commence à courir qu'à partir de la délivrance de cet accusé de réception.

En outre, le délai peut être abrégé par le représentant de l'État sur une demande formulée par l'autorité locale. Mais là encore, le représentant de l'État n'y est pas obligé et, par conséquent, cette simple faculté ne tempère que faiblement la rigueur du délai.

Ces mesures sont donc insuffisantes pour donner une réelle ampleur au principe du caractère exécutoire des actes locaux qui s'épanouirait mieux dans un environnement où la condition du délai n'existerait pas, même si l'on conçoit aisément que la transmission conditionne le caractère exécutoire de l'acte par ailleurs. L'obligation d'information et la modalité du délai sont les conditions nécessaires pour que l'acte devienne exécutoire. Si ces conditions sont réunies, l'acte pourra alors produire tous ses effets.

La signification essentielle du caractère exécutoire de l'acte de la collectivité locale se résume à son applicabilité. L'acquisition du caractère exécutoire n'étant pas instantanée, mais plutôt différée, l'applicabilité de l'acte va s'en ressentir. Ce ne sont pas tous les actes des Collectivités locales qui sont systématiquement considérés comme exécutoires. Seul un nombre limité d'entre eux est concerné.

Il faut donc se livrer à une appréciation qualitative des actes exécutoires pour se faire une idée exacte du crédit que l'on peut accorder au principe solennellement consacré. Il n'empêche que, dès l'abord, on peut préciser un fait. De ce que les actes locaux sont soumis à une transmission obligatoire au représentant de l'État et qu'ils ne sont exécutoires qu'à compter de cette transmission, on peut en déduire que l'acte non transmis est privé de force exécutoire.

Le Code des collectivités locales spécifie deux sortes d'actes qui acquièrent leur caractère exécutoire dans des conditions différentes : les actes immédiatement exécutoires et les actes pouvant faire l'objet d'une demande de seconde lecture.

- **Les actes « immédiatement » exécutoires**

L'article 335 du Code des collectivités locales prévoit qu'un certain nombre d'actes des autorités locales seront immédiatement exécutoires de plein droit, c'est-à-dire sans qu'il ne soit plus possible de les contraindre à l'observance de formalités particulières pour l'obtention de leur caractère exécutoire. Les seules exigences auxquelles ces actes doivent être confrontés restent, en sus de la transmission au représentant de l'État, les formalités de droit commun à savoir la publication ou la notification aux intéressés. Les actes exécutoires de plein droit sont de deux ordres : d'abord, les actes de gestion quotidienne autres que ceux prévus à l'article 334 précédent. A l'évidence, ces actes ne sont pas revêtus d'une importance déterminante qui puisse justifier qu'ils soient assujettis à des conditions supplémentaires pour leur entrée en vigueur. Peuvent entrer dans cette catégorie les actes pris pour le paiement des factures d'eau, d'électricité ou pour la fourniture de matériel.

Au nombre de ces actes figurent aussi les décisions administratives de l'exécutif local agissant dans le cadre de leurs compétences en matière de police même si les pouvoirs de police de l'exécutif local sont modestes. Par exemple, l'article 124 du code des collectivités locales dispose que « le maire est chargé sous le contrôle du représentant de l'État, de la police municipale et de l'exécution des actes de l'État qui y sont relatifs ». Autrement dit le maire a des pouvoirs de police propres, mais ils entrent également dans ses compétences grâce au dédoublement fonctionnel, ce qui pose le problème du concours de police et de la répartition des pouvoirs de police municipale entre le maire et l'autorité de tutelle. En effet l'article 125 définit les pouvoirs de police municipale du maire, comme une compétence résiduelle sous réserve des compétences du représentant de l'État. Si des compétences générales relatives à l'ordre public, à la sûreté, à la tranquillité, à la sécurité et à la salubrité publiques ont été réservées au maire l'article 129 vient vider ces pouvoirs de toute signification substantielle puisque la prépondérance du représentant de l' État est assurée par la possibilité qui lui est reconnue de réprimer « tous actes de nature à compromettre la tranquillité publique » et de « maintenir le bon ordre dans les endroits où se font de grands rassemblements ».

En outre, l'article 126 octroie au représentant de l'État le droit de prendre « toutes mesures de sûreté » nécessaires « en cas de danger grave et imminent ». La primauté du représentant de l'État en matière de police administrative ne fait l'objet d'aucun doute. Or, il importe que les autorités locales aient un véritable pouvoir en vertu duquel elles prendront des actes qui seront exécutoires. L'importance de ces actes pris dans des matières importantes et bénéficiant du principe du caractère exécutoire des actes locaux serait un fait plus approprié à une décentralisation poussée. Mais pour l'instant, le caractère non déterminant des actes qui en bénéficient ne procure pas au principe du caractère exécutoire une réelle ampleur que ce soient les actes immédiatement exécutoires ou les actes soumis à une seconde lecture.

- **Les actes pouvant faire l'objet d'une seconde lecture**

Le principe du caractère exécutoire des actes locaux ne concerne pas seulement les actes de l'article 335 du code. Sont également concernés au même titre mais selon des modalités différentes un certain nombre d'actes énumérés à l'article 334 du code des collectivités locales, il est prévu la possibilité pour le représentant de l'État de demander une seconde lecture. Les actes ainsi concernés sont cités par l'article 334 du Code : les décisions individuelles relatives au déroulement de la carrière des agents des collectivités locales ; certaines conventions, les actes réglementaires de la Collectivité locale et enfin les délibérations et décisions prises par l'exécutif local sur délégation du conseil. Un examen attentif de ces actes nous donne l'occasion de constater leur importance, encore que l'on doive leur reconnaître quelque valeur non négligeable. Toujours est-il qu'à cet égard, nous pouvons faire quelques observations.

Tout d'abord, le représentant de l'État disposant d'un pouvoir général de recours en annulation contre l'acte de la collectivité locale, il peut non seulement mettre en œuvre ce recours mais aussi l'accompagner d'une demande de sursis à exécution. Par ailleurs, les conditions du sursis à exécution sur demande du préfet contre l'acte local sont très allégées par rapport au droit commun ; par voie de conséquence, il faut en conclure que la facilitation de l'obtention du sursis à exécution pour le représentant de l'État rend plus difficile l'entrée en vigueur de l'acte et participe donc à l'affaiblissement du principe du caractère exécutoire des actes locaux. Il faut préciser que la demande de sursis à exécution requiert toutefois obligatoirement l'existence préalable d'une demande principale.

Ensuite, il faut souligner que les actes pouvant faire l'objet d'une seconde lecture, énumérés à l'article 334, sont importants et pèsent sur la vie économique et sociale de la collectivité locale. Or la profession de foi des pouvoirs publics en faveur de l'approfondissement de la décentralisation exigerait logiquement des textes qu'ils permettent aux autorités locales de prendre des actes qui acquièrent rapidement le caractère exécutoire, dans des matières essentielles. C'est ce qui donnerait son véritable sens au principe du caractère exécutoire des actes des collectivités locales. L'adoption de ce principe ainsi que la tentative d'assouplissement de l'exercice de la tutelle, pour modestes qu'ils soient, participent tout de même, cela reste entendu, de la disparition partielle de la tutelle administrative au Sénégal.

Les problèmes qui ont résulté de la situation qui vient d'être présentée ont occasionné une réforme adoptée en 1996. Cette réforme, bien que non négligeable à plus d'un titre comme nous avons tenté de le montrer, n'a pas supprimé la tutelle administrative au Sénégal.

Section II : Le maintien d'un contrôle a priori du représentant de l'État

Le changement intervenu dans les pouvoirs de l'autorité de tutelle sur l'acte local a consacré la disparition du pouvoir d'annulation et du contrôle d'opportunité. Néanmoins la loi de 1996 prévoit le maintien ou la subsistance de la tutelle administrative au titre d'une approbation préalable mais aussi elle aménage pour le représentant de l'État un certain nombre de pouvoirs d'investigation sur l'acte local avant même son entrée dans le commerce juridique.

§1 : Le maintien de la tutelle administrative

La loi de 1996 présente la réforme comme devant donner lieu à une éradication de la tutelle. L'exposé des motifs pose que « la notion de tutelle doit désormais disparaître et faire place à celle de contrôle ». Il précise néanmoins le maintien de la subsistance d'un contrôle a priori. « Le contrôle a posteriori sera donc désormais la règle, et le contrôle a priori l'exception ». Ce « contrôle a priori » est en réalité une tutelle administrative entendue au sens strict du terme c'est-à-dire s'exerçant en amont de la vie juridique de l'acte. Ainsi donc une exception semble *a priori* être aménagée pour ne s'appliquer que dans des cas restrictivement prévus tant par rapport aux cas limités qui appellent son application à titre dérogatoire, que vis-à-vis des conditions restrictives qui gouvernent sa mise en œuvre ainsi qu'il convient de faire lorsqu'une exception est apportée à un principe.

- **Le caractère dérogatoire de la tutelle administrative**

Le principe étant désormais le caractère exécutoire des actes locaux, la soumission d'un certain nombre d'actes à une approbation préalable conditionnant leur entrée en vigueur ne peut être de mise qu'en vertu d'une exception.

L'article 336 du Code des collectivités locales annonce que « par dérogation au caractère exécutoire des actes, un certain nombre d'actes pris par l'autorité locale intervenant dans certains domaines précis pour lesquels compétence lui a été donnée par la loi restent soumis à l'approbation préalable de l'autorité administrative de tutelle ».

L'importance que les rédacteurs de la loi portant Code des collectivités locales attachent au caractère exécutoire des actes locaux ne les a donc pas empêchés de lui aménager une exception de taille. Les raisons en sont multiples qui militent en faveur du maintien du contrôle préalable sur les collectivités locales. Cependant, il est évident qu'une décentralisation poussée ne se satisfait pas de la survivance d'une approbation préalable large et pesante. Par conséquent, l'on peut légitimement formuler la question de savoir si le législateur n'a pas maintenu le contrôle préalable en cet état à titre provisoire en attendant que se réunissent les conditions de l'octroi d'une véritable liberté aux collectivités locales.

La lourdeur de la tutelle d'avant réforme a été fortement critiquée. Cette lourdeur a été pour une large part introduite par le contrôle préalable. La réforme qui vise à atteindre l'allégement de la tutelle devrait donc logiquement porter en priorité sur le contrôle préalable. Autrement dit, l'approbation préalable des actes des collectivités locales devrait être allégée en principe de toutes les autres modalités du contrôle de la tutelle administrative.

La loi est intervenue dans ce sens. Cependant les innovations dont elle est porteuse ne sont pas d'une grande ampleur. Et si elle a tenu à inverser les tendances en faisant du contrôle a priori l'exception dérogatoire, cela traduit plutôt la volonté des pouvoirs publics d'annoncer une réforme du reste importante mais dont on juge qu'elle ne peut être accomplie avec succès que progressivement. Il n'est donc pas question de bouleverser soudainement et tout entier un système en place depuis fort longtemps.

Le contrôle préalable sur les actes des autorités locales demeure à l'ordre du jour ; son maintien est fort opportun dans le contexte particulier qui prévaut au Sénégal. Cette survivance de la tutelle administrative est d'une part liée à l'importance des domaines dont il a été convenu qu'ils resteront soumis à l'approbation du représentant de l'État c'est-à-dire à la nature des actes concernés et de l'autre, elle est due à la faiblesse dont souffrent en général les collectivités locales sénégalaises.

La portée des actes en cause requiert en effet qu'il soit maintenu un contrôle préalable. Il en est ainsi en matière financière où le budget et tous les secteurs censés pouvoir susciter des conséquences économiques et financières importantes restent du domaine de l'approbation préalable ; en matière de gestion des terres, l'affectation et la désaffectation provoquent d'énormes conflits.

Par ailleurs, la vie économique et l'action politique étant fortement imbriquées l'une dans l'autre, il est des décisions qui, bien qu'intervenant à titre principal en matière financière, peuvent avoir une portée politique certaine. D'autant plus que parfois les élus locaux peuvent être portés à essayer de satisfaire leur électorat en intégrant massivement leurs militants parmi les agents locaux de la collectivité au nom du népotisme et au détriment de l'efficacité et de l'intérêt général. Cela fait naître la forte suspicion que nourrit l'administration centrale à l'égard des élus locaux, d'où résulte l'utilité d'un contrôle préalable pour empêcher les recrutements arbitraires qui sont soumis audit contrôle préalable à travers celui effectué sur le Budget.

A d'autres égards, la faiblesse des collectivités locales empêche que l'on puisse leur témoigner aujourd'hui une totale confiance pour la prise d'actes très importants. Elles ne disposent pas toutes de personnel à la hauteur des tâches d'une certaine importance. Seule la commune de Dakar peut s'enorgueillir de s'être dotée d'un personnel d'un niveau assez satisfaisant. Il y a aussi le fait que des collectivités locales, bien que ne disposant pas de ressources importantes, sont souvent amenées à initier des actions d'une envergure qui dépasse largement leurs moyens. Il convient alors que le contrôle puisse empêcher, en amont, l'engagement de la collectivité dans certains projets irréalistes ou sans intérêt. Mais certainement n'en sommes-nous qu'à une étape dans la décentralisation au Sénégal : c'est l'intérêt actuel du contrôle préalable.

L'évolution de la décentralisation fait apparaître une première phase correspondant à la mise en place des institutions locales qui a abouti à la création des Communes et des Communautés rurales. Cependant l'autonomie des collectivités locales n'était encore que fictive on assistait à une « décentralisation surveillée » et « fortement encadrée ».

La disposition des structures locales est parachevée en 1996 par la décentralisation régionale qui érige la région en collectivité locale. Corrélativement, l'État transfère une bonne partie de ses compétences aux collectivités locales, et l'aménagement d'une plus large autonomie de ces collectivités débouche sur un allégement de la tutelle. Ces prudentes avancées, empreintes d'un pragmatisme efficace, s'inscrivaient dans un canevas délibérément circonscrit de façon restrictive à « la réalisation des critères essentiels de la décentralisation ». Autrement dit, le pouvoir étatique tente d'atteindre un minimum d'éléments suffisants pour asseoir une décentralisation en prenant en compte le niveau d'émancipation des collectivités locales. Dans cette perspective, le maintien devra être dépassé à terme dans une large mesure, pour ensuite permettre l'instauration d'une véritable décentralisation.

Cette démarche prudente choisie par le Sénégal a une valeur pédagogique importante car les autorités locales ne sont pas brusquement mises devant des responsabilités nouvelles démesurées. Elles ont le temps de s'adapter aux réalités nouvelles en vue d'assurer les nouvelles compétences transférées. Aujourd'hui même en France, le contrôle a priori n'a pas complètement disparu dans un certain nombre de secteurs comme l'urbanisme, par exemple.

Cependant à la différence de ce qui se passe en France, au Sénégal, son maintien au demeurant opportun, qui ne devrait représenter qu'une étape dans le processus décentralisateur, est d'une très grande ampleur.

B : La portée du contrôle de tutelle administrative

La loi portant Code des collectivités locales tente de minimiser la portée du contrôle a priori qui subsiste malgré la réforme de la tutelle, en parlant à son sujet de « dérogation ». L'on est tenté de considérer qu'il a en effet une portée réduite d'autant plus que le contrôle a posteriori, au sein duquel le juge joue un rôle important, est en train de le supplanter. De plus, comparativement à l'ancien régime de la tutelle, la portée du contrôle préalable est aujourd'hui quantitativement restreinte.

Cependant la réalité se recoupe-t-elle avec ce que prétendent officiellement les textes ? Il y a lieu de se poser la question car le principe du maintien du contrôle de tutelle a priori n'a pu être retenu que pour s'appliquer à un domaine suffisamment important. Autrement, si le champ de prédilection du contrôle préalable aujourd'hui n'était pas essentiel, il ne vaudrait pas la peine pour le législateur de veiller à sa pérennisation. D'ailleurs lorsqu'on se rapproche des textes, il apparaît une réalité toute autre, distincte à bien des égards de ce que déclare expressément la loi. La tutelle de l'approbation préalable occupe en réalité un champ d'application d'une large étendue même si le législateur a tenté de lui porter quelques tempéraments.

Le champ d'application de la tutelle administrative est le domaine de compétence où celle-ci a vocation à s'appliquer. Il concerne tous les cas énoncés, soit expressément par les textes comme devant être compris dans ce domaine, soit tacitement rangés par les lois dans les actes soumis au contrôle préalable.

La loi portant Code des collectivités locales prévoit un régime d'approbation aussi bien pour les délibérations que pour les actes des organes exécutifs émanant de la région, de la commune ou de la communauté rurale. Aux termes de son article 336, les actes portant sur sept (7) domaines spécifiques sont soumis à l'approbation préalable[234].

[234] -les budgets primitifs et supplémentaires ;
-les emprunts et garanties d'emprunts ;
-les plans régionaux, communaux et ruraux de développement et les plans régionaux d'aménagement du territoire ;
-les conventions financières de coopération internationale ; comportant des engagements d'un montant fixé par décret ;
-les affaires domaniales et l'urbanisme ;
-les garanties et prises de participation dans les sociétés privées exerçant des activités d'intérêt général à participation publique ;

A l'examen, il ressort avec évidence que ces sept points constituent la substance essentielle du champ matériel sur lequel peuvent intervenir les Collectivités locales, même si par ailleurs le nombre d'actes concernés par l'approbation semble réduit à première vue.

Le budget, qui comprend toutes les prévisions de dépenses et de recettes, détermine assurément la vie économique et sociale locale ; tandis que les affaires domaniales et l'urbanisme embrassent toutes les questions liées à la terre qui sont d'importance capitale en zone rurale comme en zone urbaine. Les marchés conclus jusqu'à concurrence d'un montant fixé selon un critère d'importance, par décret, sont également concernés, or l'on connaît leur impact primordial sur la réalisation des travaux d'intérêt public au niveau local. Ainsi à travers ce décret, de nombreux contrats seront aussi concernés.

Par ailleurs, les articles 27 et 94 de la loi 96-06 portant Code des collectivités locales, relatifs respectivement au conseil régional, au conseil municipal et au conseil rural rédigés dans des termes identiques, prévoient une procédure particulière qui s'apparente au contrôle de tutelle a priori pour certaines délibérations des conseils locaux. Ainsi, lorsque la compétence *ratione materiae* est mise à mal, c'est-à-dire lorsque l'assemblée locale a pris des délibérations hors des réunions légales ou à propos d'un objet étranger à sa compétence, le représentant de l' État « prononce par arrêté motivé la nullité des actes, prend toutes les mesures nécessaires pour que l' Assemblée se sépare immédiatement ».

Ainsi, le conseil ne peut menacer l'intégrité territoriale et l'unité nationale ou prendre contact avec un autre conseil en dehors des cas prévus par la loi, sauf à provoquer la réaction du représentant de l'État, tenu dans ce cas de veiller à l'exécution de la loi. Enfin le Code des collectivités locales prévoit en son article 10 que « tout recrutement de personnel par une collectivité locale doit être prévu et inscrit à son budget » or, le budget étant rangé au nombre des actes soumis à approbation préalable, il s'ensuit automatiquement que le recrutement de personnel l'est dans les mêmes termes.

-les marchés supérieurs à un montant fixé par décret et les contrats de concession d'une durée supérieure à trente ans.

Au surplus, l'article 91 prévoit pour la Commune que toute « création de services ou d'emplois nouveaux » doit s'accompagner de « l'ouverture préalable d'un crédit au chapitre correspondant du budget ». Le champ de la tutelle a priori est donc très vaste. Néanmoins ce contrôle préalable connaît quelques limites.

Le contrôle *a priori* s'exerce concrètement sur un champ d'application très large et il s'exerce par nature de manière rigoureuse. Cependant, la réforme a voulu s'imprégner d'une philosophie et d'un esprit nouveaux et tendant à adoucir les modalités d'exercice du contrôle préalable. Ainsi plusieurs mesures que l'on retrouve dans le Code ont été prises dans ce sens. L'article 336, qui prévoit le contrôle préalable, choisit néanmoins le régime d'approbation le moins rigoureux pour les actes des collectivités locales.

L'approbation préalable peut être expresse. Dans ce cas l'expression de la réponse de l'autorité de tutelle exclut tout dilemme dans l'interprétation qui peut en être donnée. Cependant l'autorité sous tutelle peut ne pas recevoir de réponse expresse ; dans ce cas l'écoulement d'un certain délai sans intervention de la réponse expresse de l'autorité de tutelle peut être interprété par les textes différemment. Selon que les pouvoirs publics choisissent d'assouplir le système ou de le rendre plus contraignant, ils optent pour une réponse tacite positive ou une réponse tacite négative. Sous l'ancien régime, le Code de l'administration communale comme la loi sur les communautés rurales prévoyaient en des termes presque identiques, en cas de silence de l'administration, l'obligation pour l'autorité sous tutelle d'exercer un recours administratif, avant de se pourvoir devant le juge de l'excès de pouvoir. L'on en déduit aisément que le silence de l'Administration équivalait à un refus puisqu'il ouvrait la voie au recours hiérarchique et éventuellement au recours juridictionnel. C'est le refus qui liait le contentieux.

Le nouveau Code des collectivités locales établit que « l'approbation du représentant de l'État est réputée tacite », si elle n'est pas intervenue un mois après la délivrance de l'accusé de réception. Par l'édiction de cette mesure, le Sénégal choisit de rendre le régime de l'approbation plus souple.

Ce choix se double de la possibilité qui est offerte au représentant de l'État d'abréger le délai de réponse d'un mois sur demande de l'autorité locale mais toujours est-il qu'il n'y est pas obligé. La loi n'en fait pas une obligation mais une simple faculté. En outre, l'article

340 envisage au profit de l'autorité locale un recours pour excès de pouvoir dirigé contre le refus d'approbation opposé à l'acte local par l'autorité de tutelle.

Ceci n'est pas nouveau ; à dire vrai, les lois régissant les collectivités locales le prévoyaient aussi avant la réforme, mais en l'espèce l'innovation consiste en ce que, contrairement à la procédure ancienne, le recours hiérarchique devant le préfet pour la communauté rurale ou devant le président de la République pour la commune, non seulement n'est plus une obligation, mais est désormais inutile.

L'article 340 renvoie, pour la procédure dont ce recours fait l'objet, aux articles 337 et 338 du Code ; or le premier article des deux déclare en parlant des actes des Collectivités locales que « ces actes déférés au juge ne sont pas susceptibles de recours hiérarchique ». Le renvoi de l'article 340 à l'article 337 nous fait admettre qu'il en est de même pour les actes de tutelle. Par ailleurs et enfin, si le recours juridictionnel intenté par l'autorité exécutive locale contre l'acte de refus d'approbation provoque son annulation par le juge, cela « équivaut à une approbation » après notification de l'arrêt à la Collectivité locale. Là aussi, les textes ont assoupli le régime de l'approbation car, avant 1996, l'annulation du refus d'approbation n'équivalait pas à une approbation. La collectivité locale concernée procédait plutôt à une nouvelle délibération qu'elle soumettait à nouveau à l'autorité qui pouvait l'acte exécutoire. Ces quelques tempéraments apportés à la rigueur du contrôle préalable sont certes appréciables, mais ne suffisent pas à contrebalancer l'ampleur du champ d'application de l'approbation préalable prévue à l'usage du représentant de l'État. Ce dernier, outre son rôle dans la tutelle administrative de l'approbation, dispose aussi d'un pouvoir d'investigation sur l'acte local qui entre dans le cadre du contrôle a priori, c'est-à-dire avant l'entrée en vigueur de l'acte.

Section 2 :
Les pouvoirs du représentant de l'État

L'autorité de tutelle est le représentant de l'État dans sa circonscription administrative, auprès de la collectivité locale. A ce titre, elle dispose de certains pouvoirs d'investigation sur les actes locaux avant même leur entrée en vigueur. Elle doit en effet vérifier si l'acte que la collectivité locale a pris est un acte valable au regard de la loi et des règlements. Et même si elle ne dispose plus, à titre personnel, du pouvoir d'annuler l'acte illégal de la collectivité, c'est à elle que ressortit le pouvoir de saisir le juge administratif à cet effet. C'est à ce titre que le législateur a prévu pour lui la possibilité de pouvoir enquêter sur la légalité des actes locaux. C'est ainsi que la procédure de transmission a été aménagée. Elle permet à l'autorité de tutelle d'être informée sur la teneur de l'acte et de se faire une idée exacte sur sa conformité au droit. La transmission de l'acte local au représentant de l'État et son examen par lui se déroulent avant l'entrée en vigueur de l'acte.

Le contrôle a priori s'étend aux pouvoirs d'investigation dont dispose le représentant de l'État, et qu'il exerce en amont avant l'entrée en vigueur de l'acte. Ainsi verrons-nous d'abord la transmission des actes locaux au représentant de l'État, et ensuite l'examen de ces actes par celui-ci.

A : La transmission des actes du représentant de l'État

La transmission des actes locaux au représentant de l'État est la procédure qui consiste à communiquer les actes pris par l'autorité locale à l'autorité de tutelle par la voie légale. L'obligation de transmission est une survivance de l'ancien système. Les articles 46 du Code de l'administration communale et 19 de la loi sur les communautés rurales rendaient obligatoire la communication de toutes les délibérations du conseil local aux autorités centrales, dans la huitaine, à compter de l'édiction de l'acte. C'est donc ce principe qui est repris par le Code des collectivités locales en son article 334. L'obligation de transmission constitue une procédure d'information et de détection des actes suspectés d'illégalité et à cet effet, non seulement elle contribue au maintien du lien existant entre les collectivités locales et le représentant de l'État mais encore elle permet à ce dernier d'apprécier si les actes des autorités locales sont conformes à la légalité en vigueur. Elle a, au Sénégal, plus qu'en France, une portée considérable. L'obligation de transmission obéit par ailleurs à une procédure particulière.

L'importance de la transmission se mesure à l'étendue de son champ d'application et à l'ampleur de ses conséquences. Au Sénégal, l'article 334 du Code des collectivités locales, alinéa 1er, affirme : « les actes pris par les collectivités locales sont transmis au représentant de l'État ». Ces dispositions signifient-elles que tous les actes locaux sont transmissibles à l'autorité de tutelle ? Il convient de rappeler à ce propos qu'en France, on a fait le tri entre actes transmissibles et actes non transmissibles, ce qui atteste d'une option assez libérale pour certains actes locaux qui ne sont pas obligatoirement transmis à l'autorité de tutelle. On peut aussi se demander si la règle énoncée au premier alinéa de l'article 334 ne se ramène pas aux seules catégories d'actes cités par la suite dans le même article.

Cependant ces actes qui sont en outre concernés par les dispositions des alinéas 1 et 2 ne sont spécifiés par l'alinéa 3 que par rapport à l'utilisation de la procédure de la seconde lecture, mais ils ne sont pas cités dans le but d'illustrer les actes qui seraient seuls transmissibles au représentant de l'État.

Au surplus, l'article 122 du Code précise que les décisions et les arrêtés doivent être « immédiatement adressés au représentant de l' État qui en assure le contrôle ». Si l'on compare les situations, on se rend compte que les actes soumis à l'obligation de transmission en France correspondent aux actes qui, selon l'article 334 du Code, sont astreints non seulement à l'obligation de transmission, mais encore à un délai de quinze jours pour l'acquisition de leur caractère exécutoire, tandis que les actes énumérés à l'article 335 du Code qui sont immédiatement exécutoires après la publication ou la notification et la transmission sont ceux qui, en France, ne peuvent faire l'objet de transmission.

Le champ d'application de la transmission des actes locaux au représentant de l'État est très large au Sénégal puisqu'il englobe pratiquement tous les actes juridiques émanant des organes des collectivités locales, que ce soient les organes délibérants ou les organes exécutifs. La transmission produit, d'autre part, des effets juridiques. L'effet majeur de la transmission pour les actes soumis obligatoirement à cette procédure est de permettre à l'acte, sous réserve par ailleurs de sa publication ou de sa notification, d'acquérir son caractère exécutoire, c'est-à-dire en réalité d'entrer en vigueur, de produire des effets de droit et donc de pouvoir être légalement mis en application[235].

La non-observance de l'obligation de transmission empêche l'acte de produire tout effet juridique. Il existe donc entre la transmission et le caractère exécutoire une corrélation, un lien de cause à effet. Cependant l'obligation de transmission n'est pas une condition de validité de l'acte local. Elle est une procédure obligatoire dont le non-accomplissement prive certes l'acte de ses effets juridiques, mais n'affecte nullement sa légalité interne. Toutefois, on peut penser qu'un acte pris en exécution d'une décision non transmise alors qu'elle aurait dû l'être est illégal car son support lui-même n'est pas apte à intégrer le commerce juridique. A fortiori, il ne peut fonder la validité d'un autre acte. En outre, l'acte local ne peut être exécuté antérieurement à la transmission ni ne peut produire des effets rétroactivement à celle-ci. Les effets de la transmission sont cependant subordonnés à l'accomplissement d'une certaine procédure.

L'ensemble des formalités qui encadrent la transmission sont prévues principalement à l'article 334 du Code des collectivités locales. Cette procédure est relativement simple. La transmission comprend deux phases essentielles : l'envoi, puis la réception de l'acte. L'acte doit émaner des autorités exécutives ou de l'assemblée délibérante de la région, de la commune ou de la communauté rurale ; ce sont elles qui procèdent à l'envoi de l'acte.

Les destinataires en sont, pour la région : le gouverneur qui y représente l'État, pour la commune : le préfet, pour la communauté rurale : le sous-préfet (article 363 Code des collectivités locales). Ces derniers en accusent réception par la délivrance d'un récépissé qui « n'est pas un brevet de légalité de l'acte »[236] . Il atteste tout au plus que l'acte est bien parvenu au service de l'administration centrale. C'est l'élément de preuve par excellence mais « la preuve de la réception des actes par le Représentant de l' État peut être apportée par tout moyen » (article 334 CCL). Il n'est prévu dans le Code des collectivités locales aucun délai enfermant la transmission. D'ailleurs

---

[235]Jean-François Lachaume : « Contrôle « a posteriori » des actes des Collectivités locales et des Etablissements publics locaux. » *Juris-Classeur. Collectivités locales.* 1992. Facs. 2, n°11.

[236] Ibidem.

cela serait d'autant plus inutile que l'on ne pourrait logiquement opposer la forclusion à une transmission éventuellement faite hors délais.

Cette forclusion serait sans intérêt puisque la collectivité locale pourrait toujours reprendre l'acte et le transmettre dans le délai. Elle ne peut, donc, être déchue de sa faculté d'agir. En plus, le caractère exécutoire profitant à l'acte local étant subordonné à sa transmission, on mesure aisément l'intérêt qu'il y a pour les autorités locales à procéder à une transmission rapide. L'article 122 du Code dispose que les actes et décisions du maire « sont immédiatement adressés au représentant de l'État ». L'acte soumis à la transmission peut être accompagné des pièces annexes nécessaires pour éclairer en tout état de cause le jugement que le représentant de l'État portera sur lui après examen.

B : L'examen des actes par le représentant de l'État

L'examen d'un acte d'une autorité locale par l'autorité de tutelle correspond à la phase où le représentant de l'État, après que cet acte lui a été transmis, procède à son analyse pour vérifier s'il a été pris conformément aux lois et règlements.

L'examen de l'acte local est confiné dans un délai déterminé qui peut cependant atteindre trente jours à compter de la transmission, si le Représentant de l'État demande une seconde lecture.

En France, l'on a constaté que, la plupart du temps, l'essentiel du contrôle de légalité se déroulait pendant cette période mise à profit par le représentant de l'État pour dialoguer avec les autorités locales dont il tentera d'infléchir la position, en cas de désaccord sur la légalité de l'acte. Même si par ailleurs l'étendue des compétences du représentant de l'État sur l'acte a été limitée par les textes, les risques d'instauration d'un contrôle administratif autonome existent aussi au Sénégal.

1 : L'étendue des compétences du représentant de l'État sur les actes transmis

Le représentant de l'État dispose à l'encontre de l'acte qui lui est transmis d'un certain nombre de pouvoirs. Il analyse l'acte afin d'y déceler des éléments contrevenant à la légalité. Il n'a de pouvoir sur l'acte que par rapport à l'appréciation stricte de la légalité qu'il peut en faire, à l'exclusion de toute considération d'opportunité. Il n'est plus permis à l'autorité de tutelle d'apprécier l'acte au-delà des conditions de droit qui président à sa validité.

Le respect de la légalité par l'acte local comporte non seulement celui qui est dû aux lois et règlements mais aussi aux accords et traités internationaux régulièrement ratifiés et intégrés à l'ordre juridique interne. A cet effet, l'autorité de tutelle vérifie la légalité interne et la légalité externe de l'acte, conformément à la classification dichotomique classique des vices affectant les actes administratifs en droit commun. Dans l'examen de la légalité externe, il suffit de voir si l'acte ne souffre pas d'un vice de compétence ou d'un vice de forme ou de procédure.

L'incompétence comporte plusieurs variétés : l'incom-pétence matérielle qui se produit quand l'autorité locale intervient en dehors des matières qui lui sont réservées par les lois (articles 27, 94 et 201 du CCL) ; l'incompétence territoriale qui a lieu lorsque l'autorité locale décide pour des choses relevant d'une autre Collectivité locale ; l'incompétence temporelle qui se manifeste, par exemple, lorsque l'acte est pris en dehors des réunions légales de l'assemblée locale[237].

Le vice de forme, lui, a rapport avec le contenant, l'instrumentum, c'est-à-dire la présentation extérieure de l'acte. Ainsi la motivation de l'acte est, dans certaines hypothèses, requise de même que sa signature par son auteur ou les cocontractants. Enfin, il y a le vice de procédure qui s'apparente au vice de forme, et qui en est pourtant distinct. Il concerne l'altération du processus de l'élaboration de la décision ou des contrats. Il en est ainsi lorsqu'un avis pourtant requis n'a pas été sollicité, par exemple le Code des Collectivités locales prévoit en son article 288 que les projets de contrat des Collectivités locales « sont soumis à l'avis de la Commission nationale ou régionale des contrats de l' Administration ».

De manière plus générale, l'article 88 du Code dispose que « Le Conseil municipal donne son avis toutes les fois que celui-ci est requis par les lois et règlements ».

---

[237] Voir articles 27, 94 et 201 du *CCL*.

Quant à la légalité interne, elle renferme trois modalités. L'acte doit être légal, eu égard à son contenu, par rapport à ses motifs, et du point de vue de son but.

En premier lieu, l'illégalité de l'acte quant à son contenu se retrouve lorsqu'il y a « violation directe de la loi », c'est-à-dire quand des normes contenues dans l'acte ne sont pas en conformité avec les normes qui leur sont supérieures. L'illégalité de l'acte appréciée selon ses motifs a rapport avec l'existence d'une erreur de droit, une erreur de fait ou une erreur dans la qualification juridique des faits.

En deuxième lieu, il y a l'erreur de droit qui est une interprétation erronée du contenu de la loi ou une ignorance de son existence. Elle peut consister en l'exécution d'une règle qui était juridiquement inapplicable : il y a alors défaut de base légale. Elle peut aussi résulter de ce que la règle édictée se fonde sur une norme supérieure elle-même illégale. Elle peut enfin être liée à une mauvaise interprétation, que fait l'auteur de l'acte, de la norme sur laquelle il se fonde. Quant à l'erreur de fait, elle tient au contrôle de l'exactitude matérielle des faits qui donnent prise à l'acte. Enfin le dernier aspect de l'erreur de droit est l'erreur dans la qualification juridique des faits. Dans ce cas, il y a erreur lorsque ces faits ne sont pas « de nature » à justifier la décision, juridiquement s'entend. Le contrôle de motifs dérive facilement sur un contrôle d'opportunité ; il est en effet parfois vain de vouloir séparer opportunité et légalité car la première peut n'être qu'un élément de la seconde.

Enfin en troisième lieu, le but de l'acte est dévoyé lorsqu'il y a détournement de pouvoir, c'est-à-dire lorsque l'acte a été pris à des fins autres que celles pour lesquelles la compétence avait été donnée à son auteur. Les conditions de légalité de l'acte administratif local ne diffèrent donc pas de celle qui régissent l'acte administratif en droit commun. C'est sur cette base que l'autorité de tutelle peut exercer son pouvoir pour déférer l'acte devant le juge administratif.

2 : Les risques de dérive

L'obligation de transmission qui régit les actes locaux vise, entre autres objectifs, à instaurer un dialogue entre le représentant de l'État et l'autorité locale. Si la transmission est une survivance de l'ancienne tutelle, comme nous l'avons tantôt souligné, la pratique du dialogue qu'elle favorise n'est pas non plus nouvelle. Mais dans le contexte nouveau du contrôle a posteriori pouvant déboucher sur la saisine du juge administratif par le représentant de l'État, le dialogue entre l'autorité de tutelle et l'autorité sous tutelle prend une tout autre signification.

Il faut remarquer toutefois que ce dialogue est impossible si la saisine du juge administratif par le représentant de l'État ayant constaté l'illégalité de l'acte est imposée comme une compétence liée. Il faut qu'il soit reconnu au représentant de l'État la possibilité de se désister.

La tutelle est une institution d'assistance et de conseil. L'autorité sous tutelle peut donc valablement recevoir, des représentants de l'État, les informations nécessaires à l'exercice de leurs attributions[238]. Le dialogue entre autorité de tutelle et autorité sous tutelle est cependant informel. Il peut facilement dériver vers une sorte de régulation administrative de la part du représentant de l'État.

En France, les statistiques ont montré que, par rapport aux actes transmis, un nombre infime d'actes arrive devant le juge administratif. Cette phase est, en réalité, une phase de négociation que le représentant de l'État utilise pour convaincre l'élu local de l'abrogation ou du retrait de son acte. Il se produit un « court-circuit » du processus de contrôle qui devrait mener à l'intervention du juge.

Lorsque l'autorité centrale décide de ne pas déférer l'acte au Conseil d'État, elle peut sur leur demande en informer les autorités locales par un certificat de non-recours. La rétention des litiges et leur traitement par le représentant de l'État sont favorisés par certaines règles de procédure.

L'article 341 du code prévoit que lorsqu'un particulier demande dans les deux mois suivant l'entrée en vigueur de l'acte à l'autorité de tutelle de déférer un des actes cités à l'article 335 du Code, celle-ci dispose à partir de sa saisine d'un délai de deux mois pour agir, ce qui peut allonger considérablement le délai initial qui devait commencer à courir à partir de la transmission. En outre, la possibilité accordée au représentant de l'État de demander une seconde lecture des actes énumérés à l'article 334 du Code suspend la procédure contentieuse.

Ces deux procédures permettent d'allonger le temps de dialogue entre représentant de l'État et autorité sous tutelle. Elles attestent de la volonté du législateur de privilégier une collaboration positive entre

[238] Voir article 365 du *CCL*.

élus locaux et administration centrale. Tous les deux ont en charge une activité d'intérêt général. Il est donc dans l'intérêt du service public de prévenir les conflits par un dialogue fructueux, d'autant plus qu'il faut éviter l'engorgement du Conseil d'État, seul juge compétent pour traiter du contentieux de tous les actes des collectivités locales sénégalaises. Mais à part le risque d'accaparement par le représentant de l'État du contrôle de légalité, qu'il peut favoriser, ce dialogue comporte un autre danger. Il peut en effet être l'occasion pour les élus et les représentants de l'État de tisser des relations personnelles, source d'une complicité qui peut peser sur l'efficacité de la gestion locale. La connivence qui peut exister entre eux peut amener le représentant de l'État à fermer les yeux sur certains points requérant toute son intervention.

Par ailleurs, s'il s'avère que l'autorité de tutelle, ayant décelé une illégalité dans l'acte de l'autorité locale, n'a pas pu persuader celle-ci de le retirer ou de le reformer, elle peut faire usage de son pouvoir de contrôle a posteriori.

Section 3 : Le contrôle juridictionnel de la légalité

Le rôle du représentant de l'État dans le nouveau contrôle administratif des actes locaux reste très important. Il dispose d'un pouvoir de contrôle a priori qui comprend l'exercice d'un pouvoir d'approbation préalable et de certains pouvoirs d'investigation et d'autre part, d'un contrôle a posteriori c'est-à-dire un contrôle qui s'exerce après l'acquisition de leur caractère exécutoire par les actes de la collectivité locale - le représentant de l'État ne peut cependant pas annuler lui-même l'acte local. En fait, le nouveau contrôle de légalité réserve au représentant de l'État le droit de saisir le juge d'une demande d'annulation d'un acte émanant d'une autorité régionale, communale ou rurale qu'il suspecte d'illégalité. La demande d'annulation intervient après un dialogue infructueux avec l'autorité locale qui aura refusé d'obtempérer sur la modification ou le retrait de l'acte.

Le représentant de l'État n'est par ailleurs pas obligé de solliciter le dialogue avec l'élu local il peut, s'il le juge opportun, saisir directement le juge administratif. L'absence de la sollicitation du dialogue par l'autorité de tutelle ne l'empêche pas de déférer l'acte directement. La recevabilité de l'action du représentant de l'État tient à d'autres conditions que nous aurons l'occasion d'examiner. En outre, il convient de remarquer que la retenue des litiges par l'autorité de tutelle entraînera une insuffisance du contentieux des actes locaux et par suite une saisine du Conseil d'État assez peu fréquente. Le représentant de l'État ne trouve d'intérêt à agir qu'à l'égard d'actes dont il ne peut pas empêcher l'entrée en vigueur et pour lesquels le pouvoir d'annulation lui a été expressément retiré au profit du juge de l'excès de pouvoir. D'ailleurs l'organisation de la justice administrative, aujourd'hui au Sénégal, s'accommoderait difficilement de l'existence d'un contentieux local très intense. Le Conseil d'État est la seule juridiction compétente en matière d'annulation pour toutes les collectivités locales au Sénégal. Il se trouve en plus très éloigné de la majorité des collectivités locales qui sont à l'intérieur du pays. Cela pose le problème de la nécessité d'une réforme de la justice administrative.

Il faudrait que, corrélativement avec la réforme de l'organisation territoriale, il soit procédé à un réaménagement de l'organisation de la justice administrative afin de rapprocher la juridiction administrative des collectivités locales. Cela pourrait se traduire par la création de chambres administratives au sein des tribunaux régionaux auxquels il serait reconnu le pouvoir de juger du contentieux des actes locaux. Dans cette perspective, la formation de magistrats spécialisés en droit administratif serait nécessaire surtout à la suite de la dualité qui existe désormais au sommet de l'ordre juridictionnel et qui pourrait bien se prolonger à la base.

La saisine du juge du Conseil d'État est la formalité par laquelle le gouverneur, le préfet ou le sous-préfet porte devant ce Conseil le différend l'opposant aux élus locaux quant à la légalité d'un acte local. Elle se fait par le dépôt d'un acte introductif d'instance au secrétariat du greffe et vise à ce que le juge examine la recevabilité et le bien-fondé de ses prétentions. Il y a donc dépôt d'un mémoire que le représentant de l'État dirige contre l'acte administratif local. A l'image du droit commun de la procédure contentieuse de l'acte administratif, le contentieux de l'acte local est un procès fait à un acte et non à l'autorité locale. L'introduction de l'instance précède le déroulement de celle-ci. Elle a rapport aux moyens et manières par lesquels le juge est saisi et se distingue parfaitement de la phase où le juge exerce ses pouvoirs. Cette dernière phase est la dernière étape du nouveau contrôle de légalité mais elle relève du contrôle juridictionnel et non du contrôle administratif.

Le représentant de l'État dispose dans le cadre de l'exercice du contrôle de légalité des modes de saisines spécifiques du juge administratif dont la mise en œuvre peut de surcroît s'accompagner d'une demande de sursis à exécution.

§1 : Les modes de saisine du juge administratif

Le nouveau contrôle de légalité aménage au représentant de l'État des modes de saisine du juge qui n'existaient pas auparavant dans le cadre du recours en annulation. Ce recours est souvent assimilé au recours pour excès de pouvoir traditionnel. Le procédé étant nouveau, le juge administratif s'emploie méthodiquement à rapprocher sensiblement le « déféré préfectoral » et le recours pour excès de pouvoir. Dans ce sens, le juge administratif français a interprété les observations du préfet adressées à l'autorité locale sur la légalité de l'acte comme un recours gracieux, à l'instar de la demande présentée à l'auteur de l'acte illégal afin qu'il y remédie. De même le délai du « déféré » du représentant de l'État est calqué sur celui du recours pour excès de pouvoir[239]. Cependant si la distinction formelle des deux voies de recours est difficile à faire, il ne saurait toutefois y avoir une confusion entre elles. Les deux recours sont des modalités de recours en annulation, comprises dans le contentieux de légalité dont le recours pour excès de pouvoir est la branche principale. Il existe donc une filiation naturelle horizontale entre recours pour excès de pouvoir et déféré du représentant de l'État.

Le fait que celui-ci dispose simultanément du bénéfice des deux voies de recours témoigne de l'intérêt de leur distinction qui tient pour une large part à la possibilité reconnue au représentant de l'État de diriger le déféré contre un contrat alors que le recours pour excès de pouvoir dont il dispose ne peut tout au plus qu'être orienté vers les actes dits détachables du contrat. Toutefois, le déféré contre les conventions est parfois requalifié à l'image de la théorie des actes détachables, par le juge, comme un recours contre la décision de signature. La possibilité offerte au représentant de l'État d'exercer un

[239] - Le conseil a même qualifié le déféré de recours pour excès de pouvoir. C.E. Section 26 juillet 1992. Commune de Saint-Marie. Lebon. p.302.

recours pour excès de pouvoir ne se justifie que si ce dernier « ne dispose pas d'autres moyens »[240] pour faire annuler l'acte local.

L'examen de la jurisprudence française laisse en effet penser que le déféré préfectoral s'est élargi à d'autres hypothèses que celles qui étaient prévues, ce qui implique une lecture extensive de la loi de 1982 modifiée. Ce phénomène revient à constater que le régime du recours pour excès de pouvoir a petit à petit grignoté les spécificités du déféré, jusqu'à lui faire perdre toute originalité et à considérer que le déféré préfectoral n'est qu'une variante du recours pour excès de pouvoir[241].

Une lecture jurisprudentielle dégage, en effet, une tendance assimilatrice du recours pour excès de pouvoir et il arrive que le juge administratif qualifie expressément de recours pour excès de pouvoir une requête présentée en application de la loi de 1982[242].

Dans le champ d'application de la loi de 1982, le Conseil d'État a progressivement dégagé l'idée que le déféré préfectoral n'est qu'une variante du recours pour excès de pouvoir. Cette position a permis d'aligner le régime du déféré sur celui du recours pour excès de pouvoir sur tous les points non traités expressément par la loi. Elle a également permis, entre autres solutions, de requalifier des recours plutôt que de les déclarer irrecevables[243], d'instaurer une possibilité de recours gracieux du préfet[244], voire, de façon plus artificielle, d'autoriser une demande de pièces complémentaires[245], de donner acte

[240] Alain Bockel, *Droit administratif*, Dakar, NEA. 1978, p.255.
[241] Verpeaux M., Constitution, Déféré préfectoral et Rec.ours pour excès de pouvoir ou Commune du Port encore….in Mélanges offerts au Professeur Jacques Moreau, Economica, 2003.
[242] CE 27 février 1987, Commune de Grand Bourg de Marie-Galante C/ Madame Pistol, *RFDA*, 1987,2, p.212, concl. B. Stirn, note de J.-C. Douence, 5,p.777 ; AJDA, 1987, p.419, note X. Prétot.
[243] CE, section, 13 janvier 1988, Mutuelle générale des personnels des collectivités locales, Rec. Lebon, p.6, concl. Roux ; AJDA, 1988, p.160, chron. Azibert et de Boisdeffre, p.142 ; *RFDA*, 1988, 2, p.282, concl. Roux ; *RDP*, 1988, p.853, note de Llorens.
[244] CE 18 avril 1986, Commissaire de la république d'Ille-et-Vilaine Rec. Lebon, Tables 423 ; *RFDA*, 1987,2, p.206, concl. Michel Roux ; AJDA, 1986, 455, note D. Chabanol ; D. 1987, 70, note J. P. Négrin ; *Droit adm.* 1986, n°261.
[245] CE Section, 13 janvier 1988, précitée.

d'un désistement pur et simple (en tout cas pour une demande de sursis à exécution)[246].

Cette volonté de considérer le déféré comme un simple recours pour excès de pouvoir a eu pour conséquence de permettre au représentant de l'État d'introduire des recours contre les actes qui auraient échappé aux règles du déféré si celui avait été strictement entendu. La jurisprudence a eu très fortement tendance à ne plus faire de différence entre les différents recours et à donner à ceux-ci les caractéristiques du déféré, implicitement d'abord et explicitement ensuite mais de façon timide[247]. Le Conseil d'État a eu à préciser que si le Commissaire de la République peut déférer au tribunal administratif tous les actes des collectivités locales qu'il estime contraires à la légalité, il pouvait au surplus, en vertu des dispositions de la loi du 2 mars 1982 modifiée, déférer la décision attaquée sur la base de l'article 3 de ladite loi[248].

Par la décision précitée[249] du 13 janvier 1988, le Conseil d'État considère que s'il a institué le déféré de l'article 3 de la loi du 2 mars 1982, le législateur n'a pas entendu limiter la faculté qu'a le préfet de former un recours pour excès de pouvoir à l'encontre de tous les actes des collectivités territoriales[250]. Cette jurisprudence est, depuis cette date, d'une application constante y compris pour les actes non soumis à l'obligation de transmission et pour lesquels sont malgré tout applicables les règles des actes soumis à cette obligation[251].

Après avoir qualifié de recours pour excès de pouvoir un déféré préfectoral dirigé contre un contrat soumis à l'obligation de

[246] CE, 16 juin 1989, Préfet des Bouches-du-Rhône c/ commissaire de Belcodène, *RFDA*, 1989, 6, p.941.
[247] Verpeaux M., Constitution, Déféré préfectoral et Rec.ours pour excès de pouvoir ou Commune du port encore… Op.cit.
[248] CE 30 janvier 1987, commissaire de la république d'Ille-et-Vilaine c/ Commune de RHEU, *RFDA*, 1978 avec les notes de J.-C. DOUENCE ; *Droit adm.*, 1987, n°149.
[249]CE, section, 13 janvier 1988, Mutuelle générale des personnels des collectivités locales, précité
[250] *eod.loc.*
[251] Verpeaux M., Constitution, Déféré préfectoral et Recours pour excès de pouvoir ou Commune du port encore…Op.cit.

transmission[252] , le Conseil d'État a admis qu'un contrat de droit public non soumis à cette obligation pouvait être annulé pour recours pour excès de pouvoir sur déféré préfectoral[253].

Ainsi, la haute juridiction administrative n'a pas hésité à qualifier le déféré préfectoral de recours pour excès de pouvoir et il est certain que le déféré préfectoral présente de nombreuses similitudes avec le recours pour excès de pouvoir. De ce fait, le préfet peut toujours utiliser la voie du recours pour excès de pouvoir de droit commun contre tout acte des collectivités locales qu'il estime illégal et, au surplus, l'usage du déféré de l'article 3 de la loi de 1982 lui est reconnu lorsque les conditions de mise en œuvre de ce « déféré préfectoral » particulier sont réunies[254].

Chaque fois qu'un problème s'est posé auquel la loi n'apportait pas de réponse explicite, le juge l'a résolu conformément au droit commun de l'excès de pouvoir. Il a ainsi considéré que la demande adressée par le préfet à une autorité locale de rendre son acte conforme à la légalité a valeur d'un recours gracieux qui interrompt le délai du recours contentieux[255]. Il a aussi considéré que le déféré formé contre un acte de droit privé devait être rejeté pour incompétence et non pour irrecevabilité[256]. De même le conseil d'État a jugé que la règle de la connaissance acquise s'appliquait aux recours directs des membres d'un conseil municipal, sans qu'y fasse obstacle l'article 4 de la loi de 1982 selon lequel le délai de saisine du représentant de l'État par une personne lésée court uniquement à compter de la date à laquelle l'acte est devenu exécutoire[257].

C'est encore le régime de l'excès de pouvoir que le Conseil d'État applique lorsqu'il considère que la saisine du représentant de l'État

---

[252] CE, section, 26 juillet 1991, Commune de Sainte-Marie (Réunion), Rec. Lebon, p.302 ; *RFDA*, 1991,5, p.877, et 6, p.966, concl. Hubert Legal ; AJDA, 1991, p.739, chron. Maugüé et Schwartz.

[253] CE, 4 novembre 1994, Département de SARTHE, AJDA, 1994, p.898, conclus. CH. MAUGÜE, *DA*, 1994, n°640

[254] Décision précitée du CE, section, 30 janvier 1987, Commissaire de la République de l'Ille-et-Vilaine.

[255]Décision précitée du CE, 18 avril 1986, Commissaire de la République de l'Ille-et-Vilaine.

[256] CE, section, 27 février 1987, Commune de Grand-Bourg de Marie-Galante C. Madame Lancelot, Lebon, p.79, 1987, 2, p.212, concl. B. Stirn, note J.-C., Douence, 5, p.777; AJDA, 1987, p.418 note X Prétot.

[257] CE, 13 juin 1986, Toribio Bideau, Lebon, p.161, AJDA, 1986, p.503

par un administré n'interrompt pas le délai du recours contentieux dont il dispose, le représentant de l'État n'étant dans ce cas ni l'auteur de la décision ni le supérieur hiérarchique[258].

Ces quelques cas montrent la volonté du Conseil d'État de ne déroger au droit commun de la procédure contentieuse que lorsque la loi l'a explicitement écarté.

En analysant l'arrêt Commune du Port, le professeur Jean-Claude Douence souligne que celui-ci a le mérite d'attaquer le problème de front et d'y apporter une réponse possible car « il desserre l'étau dans lequel s'était enfermée la jurisprudence initiale en récusant les deux termes de l'alternative. Pour y parvenir, il donne à l'action du préfet le fondement le plus général et le plus incontestable qui soit : l'investiture qu'il tire de l'article 72 de la Constitution[259] ». Si le préfet tient directement de la Constitution sa mission de contrôle de la légalité, elle ne se limite pas aux seules hypothèses régies par la loi ; elle s'étend logiquement à tous les actes des collectivités locales même ceux qui ne sont pas susceptibles d'un recours pour excès de pouvoir ordinaire. Le fondement constitutionnel du contrôle de légalité justifie aussi qu'il prime la distinction purement procédurale des contentieux[260]. Ainsi, la charge constitutionnelle d'assurer le respect des lois définit et unifie la nature du recours préfectoral qui, en toute hypothèse, relève du contentieux de l'excès de pouvoir. Ainsi, le contrôle général de la légalité peut s'identifier à la procédure du déféré puisque rien ne s'oppose à ce que son régime soit unifié en combinant le droit commun du recours pour excès de pouvoir et les règles spéciales de la loi de 1982[261]. L'alignement du régime du déféré préfectoral sur celui de l'excès de pouvoir s'explique également par la volonté constante mais justifiée du juge administratif de renforcer le contrôle de légalité en simplifiant son régime.

La doctrine, quant à elle, est divisée sur la question de la distinction entre le recours pour excès de pouvoir et le déféré préfectoral. Quand elle n'assimile pas le recours pour excès de

---

[258] Décision précitée du CE 13 mai 1986, Cassar, Lebon, *RFDA*, 1987, p.221.

[259] DOUENCE, J.C, Le fondement constitutionnel du déféré préfectoral, Op.cit.

[260] *eod. loc.*

[261] *eod.loc*

pouvoir au déféré préfectoral, la dissociation n'est pas clairement établie[262].

Ainsi, le déféré préfectoral n'est qu'un cas de recours pour excès de pouvoir comme le précise le professeur René Chapus dans son manuel de contentieux administratif[263]. Alors que selon Jean-Claude Douence, en tant que recours de droit de commun, le recours pour excès de pouvoir du préfet se présente comme le complément logique du déféré préfectoral, recours spécial instauré par la loi de 1982 dont il pallie les lacunes[264].

Il convient de souligner que, aujourd'hui, la seule différence significative qui subsiste entre le déféré préfectoral et le recours pour excès de pouvoir porte sur la compétence exclusive du préfet pour représenter l'État en première instance comme en appel et par le régime du sursis à exécution de l'acte attaqué dans le cadre du déféré et là encore la réforme de 2000 sur les référés administratifs a bouleversé les données en réduisant pour ne pas dire reléguant toute originalité.

Au total, ces aménagements jurisprudentiels ont pour effets induits de reconstituer un contrôle administratif préalable au contentieux et de préserver la liberté d'action du représentant de l'État.

Au total, notre intérêt se portera sur les modes de saisine du juge administratif que le représentant de l'État tient spécialement de la loi n° 96.06 et qui sont une variété autonome de recours en annulation. Ils se scindent principalement en deux branches consacrées par le Code des collectivités locales à savoir le déféré d'office et le déféré sur demande.

A : Le déféré d'office

Le déféré d'office est une voie de recours juridictionnelle dont seul le représentant de l'État dans la collectivité locale dispose, et qu'il met en œuvre spontanément dans le but de solliciter du juge, pour cause d'illégalité, l'annulation d'un acte administratif décisoire

---

262 Bénoît, P. F., « Les recours contre les actes des collectivités locales », *Encyclopédie des Collectivités locales*, Tome IV, p.4415-1 et s.

263 Chapus, R., *Droit administratif général*, Paris, Montchrestien, 1999.

264 *Juris-Classeur administratif*, Fasc.1011, « Contrôle de la légalité des actes des autorités locales », par Charles Louis Vier.

émanant de l'autorité locale qu'il aura informée parallèlement, et sans délai. Dans la doctrine, il est désigné sous plusieurs vocables de déféré automatique, spontané ou normal. Au Sénégal, c'est l'article 337 du Code des collectivités locales qui prévoit l'exercice du déféré d'office au profit du représentant de l'État. Le déféré d'office ne vise pas tous les actes des collectivités locales ; il importe par conséquent d'en définir le champ d'application et les modalités de saisine du juge.

1: Le champ d'application du déféré d'office

Le champ d'application du déféré d'office est simple à déterminer. L'article 337 mentionne à cet effet les actes cités aux articles 334 et 335 du code des collectivités locales à l'exclusion bien évidemment des actes énumérés à l'article 336, à l'encontre desquels le représentant de l'État dispose lui-même d'un pouvoir d'approbation. Les actes concernés sont des actes administratifs susceptibles de modifier l'ordonnancement juridique, c'est-à-dire de produire des effets de droit donc de faire grief. Ils peuvent indifféremment prendre la forme d'un acte administratif unilatéral ou d'un acte administratif bilatéral.

Toutes les décisions unilatérales et tous les contrats locaux étant soumis à l'obligation de transmission, il s'ensuit que tous les actes administratifs locaux peuvent être déférés d'office, concrètement ceux énumérés par l'article 334 du code :

- les délibérations des conseils ou les décisions prises par délégation des conseils ;
- les actes à caractère réglementaire pris par les collectivités locales dans tous les domaines qui relèvent de leur compétence en application de la loi ;
- les conventions relatives aux marchés ainsi que les conventions de concession ou d'affermage de services publics locaux à caractère industriel ou commercial ;
- les décisions individuelles relatives à la nomination, à l'avancement de grade ou d'échelon d'agents des collectivités locales ;
- les décisions individuelles relatives aux sanctions soumises à l'avis du conseil de discipline et au licenciement d'agents des collectivités locales.

Ressortissent aussi au champ d'application du déféré d'office les actes cités à l'article 335 du code, c'est-à-dire les décisions réglementaires et individuelles prises par le président du conseil régional, le maire ou le président du conseil rural dans l'exercice de leurs pouvoirs de police, les actes de gestion quotidienne pris au nom des collectivités locales, autres que ceux mentionnés à l'article 334.

2 : La décision de saisine du juge administratif

La mise en œuvre du déféré du représentant de l'État obéit à une certaine procédure. D'abord en matière de délai, l'article 337 du Code des collectivités locales précise que le représentant de l' État peut déférer les actes locaux « dans les deux mois suivant leur transmission ». L'originalité du déféré apparaît ici car la loi pose ainsi une règle spécifique : le délai de deux mois commence à courir à partir de la transmission à la différence du délai du recours pour excès de pouvoir dont le point de départ dépend des mesures de publicité de l'acte.

Le principe est juridiquement très logique car c'est à l'entrée en vigueur de l'acte et à l'information des intéressés que le délai doit être subordonné. Or en matière de contrôle de légalité des actes locaux, c'est la transmission qui détermine le caractère exécutoire de l'acte sous réserve de l'accomplissement des mesures de publicité de droit commun. Ensuite, il se pose la question de la recevabilité du déféré, notamment celle de ses conditions de recevabilité. Le régime de recevabilité est une technique procédurale qui permet d'opposer une fin de non-recevoir sans examen au fond à un recours qui ne réunit pas certaines conditions[265].

Il y a des conditions relatives à l'acte, d'autres ayant trait au délai. D'autres conditions enfin sont relatives au requérant et à des règles de forme[266]. Le représentant de l'État a qualité et intérêt à agir. Au regard du Code des collectivités locales, il est l'unique requérant ayant qualité pour intenter un recours en annulation contre un acte d'une autorité locale.

---

[265]Jean-Claude Douence : « Collectivités locales (contrôle de la légalité des actes des) », Dalloz, *Rép.Contentieux administratif*, n°120.
[266] Jean-Claude Douence : Article précité, n°121.

Par ailleurs, l'autorité de tutelle est le représentant de l'État au sein de la collectivité locale. Elle tient son intérêt à agir de sa qualité même de Représentant de l'État que rappelle la loi portant Code des collectivités locales. Elle n'est pas tenue de justifier cet intérêt qui est un « intérêt public au respect de la légalité[267] ». Les règles de forme du déféré sont alignées sur celles de la procédure administrative contentieuse. Cependant la loi prévoit spécifiquement que « lorsque le représentant défère un acte au juge administratif, il en informe par écrit sans délai l'autorité locale »[268].

La jurisprudence française s'est refusée à reconnaître à ce principe un caractère obligatoire mais, au Sénégal, la rédaction du dernier alinéa de l'article 337 dans les termes mêmes où nous l'avons ci-dessus cité nous semble imposer l'information parallèle de l'autorité locale comme une obligation dont l'omission constituerait une cause d'irrecevabilité de la requête.

La consécration du caractère non obligatoire du déféré préfectoral est le fait de la jurisprudence qui a considéré le pouvoir de l'autorité préfectorale de déférer les actes des collectivités locales au juge comme une simple faculté. Mais cette consécration n'était pas aussi automatique voire aussi évidente car il y a eu quelques hésitations dans la démarche du juge.

Dans un premier temps, des tribunaux administratifs avaient retenu la thèse selon laquelle le déféré préfectoral, tel qu'il est organisé par la loi, constitue une obligation pour l'autorité préfectorale[269]. C'est dans cette logique que le tribunal administratif de Nantes a considéré que « lorsqu'il dispose des éléments d'appréciation suffisants, le représentant de l'État dans le département n'a pas, à la différence d'un administré, la faculté de s'abstenir de déférer au tribunal administratif une décision de principe qu'il estime illégale[270] ». Cinq mois après sa décision précitée, le tribunal administratif de Lyon est revenu sur la question pour considérer que « le représentant de l'État, dans le cadre de la mission de contrôle de légalité des actes des autorités communales qui lui est attribuée par le

---

[267] Ibidem.

[268] Voir article 337 *CCL*.

[269] TA de Lyon, 6 février 1984, Commissaire de la République du RHONE c/ TRCL, AJDA, 1984, p.570.

[270] TA de Nantes, 25 avril 1984, Commissaire de la république de Vendée, Rec., p.458, concl. Cacheux.

législateur, conformément à l'article 72, alinéa 3 de la Constitution, est tenu d'exercer à l'encontre des actes illégaux desdites autorités les pouvoirs qu'il tient de la loi du 2 mars 1982, et notamment d'utiliser la procédure susmentionnée de saisine du tribunal administratif[271] ».

Cette conception de l'autorité préfectorale sur le déféré sera appuyée par une partie de la doctrine qui conçoit que, dans le cadre de la mission de contrôle qui lui a été attribuée par le législateur, le préfet est tenu d'exercer un recours à l'encontre des actes illégaux des autorités des collectivités décentralisées[272]. A l'appui de cette position, on peut également invoquer la conception de Daniel Chabanol qui considère que la compétence conférée au préfet dans le cadre du déféré est une compétence liée, ce qui implique une obligation pour lui de déférer les actes qu'il estime illégaux[273].

Face à cette conception qui privilégie le caractère obligatoire de l'autorité préfectorale en matière de déféré, le juge du Conseil d'État a dégagé le principe du caractère facultatif du déféré accepté largement par la doctrine. La question est ainsi tranchée par le Conseil d'État qui, dans sa décision 5 octobre 1984[274], a incidemment, envisagé la possibilité du désistement dans le cadre d'un déféré d'une part[275], et a jugé que le refus du préfet de mettre en œuvre en œuvre la procédure du déféré ne constitue pas une décision susceptible de recours pour excès de pouvoir d'autre part[276]. L'évolution de la jurisprudence sur le désistement témoigne de la diversité des conceptions du juge en matière de déféré préfectoral. Le Conseil d'État retient finalement une conception qui permet de reconnaître à l'autorité préfectorale un véritable pouvoir discrétionnaire en matière de contrôle des actes des collectivités locales. Cette qualification résulte tant de l'absence d'obligation pour le préfet de saisir le juge

---

[271] TA de Lyon, 10 juillet 1984, Commissaire de la République du département de l'Ardèche c. commune de FONS, ADJA, 1984, p.571.

[272] Notes de Jean-François Lachaume à propos de la décision du TA de Poitiers du 30 avril 1985, Préfet de la République des Deux-Sèvres c/ Commune de Rom, *RFDA*, 1986, 4, p.618.

[273] Notes de Daniel Chabanol dans la décision précitée du TA de Lyon :Commissaire de la République du département de Rhône c. Syndicat mixte des transports en commun de la région lyonnaise, AJDA, 1984, p.570.

[274]CE, 5 octobre 1984, Commissaire de la république de l'Ariège, Rec. Lebon, p.315; *RFDA*, 2, 1985, p.241.

[275] *eod.loc.*

[276]Décision précitée du CE 25 janvier 1991, Brasseur.

administratif, que de la possibilité de se désister pour motif d'opportunité. La nature de ce pouvoir témoigne de la volonté du Conseil d'État de maintenir la liberté d'action du préfet.

La jurisprudence du Conseil d'État sur le refus de déférer constitue également une illustration de la volonté du juge administratif de consacrer le pouvoir discrétionnaire de l'autorité préfectorale en matière de déféré. En effet, dans l'arrêt Brasseur précité, le Conseil d'État affirme que la saisine du préfet par la personne lésée « n'ayant pas pour effet de priver cette personne de la faculté d'exercer un recours direct contre cet acte, le refus du préfet de déférer celui-ci au tribunal administratif ne constitue pas une décision susceptible de faire l'objet d'un recours pour excès de pouvoir ; qu'en revanche, la demande ainsi présentée au préfet, si elle a été formée dans le délai du recours contentieux ouvert contre l'acte de la collectivité locale, a pour effet de proroger ce délai jusqu'à l'intervention de la décision explicite ou implicite par laquelle le préfet se prononce sur la demande ». A travers cette décision, le juge consacre deux éléments : d'une part, le préfet y gagne une liberté non surveillée et d'autre part, le requérant a la garantie d'un recours juridictionnel après un refus manifesté par le représentant de l'État.

Cette position sera défendue par la doctrine qui soutient que la compétence du préfet a un caractère discrétionnaire en matière de déféré. C'est la conception de Michel Lévy qui, s'appuyant sur les travaux préparatoires et sur la décision du conseil constitutionnel du 25 février 1982, de même que sur le fondement de l'article 72 de la Constitution, considère que c'est une faculté de déférer un acte illégal qui est conférée au préfet, dont il est libre d'apprécier lui-même l'usage, en tant qu'il a la charge, selon l'article 72 de la Constitution, non seulement du respect des lois, mais aussi des intérêts nationaux et du contrôle administratif[277]. Ainsi pour cet auteur, le juge doit admettre que le préfet peut se désister au cours de l'instance non seulement lorsque la collectivité a respecté la légalité après le déféré préfectoral, mais aussi pour des motifs d'opportunité. Cette solution est fondée sur les pouvoirs reconnus au représentant de l'État par le texte constitutionnel. Il convient donc, poursuit notre auteur, de respecter les compétences respectives du juge administratif et du

---

[277] LEVY, M., *Le désistement du commissaire de la République*, AJDA, 1985, P.136.

Commissaire de la République. C'est à ce dernier que le constituant et le législateur ont confié, en sa qualité de représentant du gouvernement, le contrôle du respect des lois qu'ils n'ont pas véritablement dissocié de la charge des intérêts nationaux qui lui revient. D'ailleurs le professeur émérite de l'Université de Paris II, Francis-Paul Bénoît considère aussi que cette thèse est plus conforme que la première au système juridique français[278].

Mais la consécration d'un tel pouvoir au profit du préfet a des incidences non souhaitables, pour ne, dire regrettables, sur l'utilisation et le développement du déféré préfectoral qui se traduisent par sa marginalisation.

Ainsi, la marginalisation du déféré préfectoral pourrait résulter dans le fait que le déféré est devenu une des voies de recours dont dispose le préfet pour contrôler la légalité des actes des collectivités décentralisées. Rien ne l'oblige à recourir à la technique du déféré.

Il s'y ajoute que même si l'arrêt Brasseur garantit au requérant la possibilité d'un recours juridictionnel, il convient de souligner que la technique du déféré préfectoral est très complexe au regard des délais surtout en matière de décision implicite de refus de déférer. En effet, le requérant peut théoriquement rester longtemps sans obtenir satisfaction car l'on peut affirmer que si, au bout de deux mois maximum, le préfet n'a pas déféré l'acte soumis par un citoyen, son inaction doit être assimilée à un refus, puisqu'il ne peut plus saisir le tribunal administratif. A l'expiration du délai de deux mois dont dispose le préfet intervient donc une décision implicite de rejet et le délai de recours direct recommence alors à courir.

Ces phénomènes plongent le citoyen dans une impasse contentieuse qui ne lui offre aucune sécurité juridique puisqu'il ne se voit pas faciliter l'accès au juge administratif alors que l'introduction du déféré préfectoral dans le système juridique français relevait pourtant d'une philosophie inverse[279].

Dans ces conditions, la seule alternative qui reste au citoyen est l'action en responsabilité à l'encontre du préfet et là encore il risque de se trouver devant une procédure contentieuse relativement longue et complexe. L'action en responsabilité introduite devant le

---

[278] Bénoît, P. F., « Les recours contre les actes des collectivités locales », *Encyclopédie des Collectivités locales*, Tome IV, p.4415-1 et s.

[279] LESORBE, O., Op.cit.

tribunal administratif de Bastia le 3 juillet 1997 en est une illustration car il a fallu quatre années pour que la responsabilité de l'État au titre du contrôle de la légalité soit établie. En effet, ce sont les communes regroupées au sein d'un syndicat à vocation multiple qui demandaient réparation à l'État du préjudice résultant pour elles de la mise à leur charge du passif de cet établissement public, faisant valoir que la situation désastreuse de celui-ci résultait de la négligence de l'État dans l'exercice du contrôle de légalité. Saisi de cette affaire, le tribunal administratif a analysé les faits et relevé une insuffisance tant du contrôle de la légalité des actes du syndicat que du contrôle budgétaire, qu'il estimé, en l'espèce, constitutive d'une faute lourde seule susceptible d'engager la responsabilité de l'État en matière de contrôles de légalité et budgétaire[280].

En appel de ce jugement, la Cour administrative d'appel a admis que la mise en œuvre d'un déféré contre une décision illégale qui lui a été transmise par une collectivité locale ne constitue en principe qu'une simple faculté pour le préfet. Par conséquent, si l'abstention du préfet ne saurait en elle-même engager la responsabilité de l'État, l'abstention prolongée du représentant de l'État de ne pas déférer au tribunal administratif les irrégularités facilement décelables constitue seule une faute de nature à engager la responsabilité de l'État[281]. Dans ses conclusions, le commissaire du gouvernement a conclu en proposant non pas la faute lourde comme l'avait jugé le tribunal de Bastia[282], mais la faute simple. Mais le Conseil d'État a consacré, en cassation, la nécessité d'une faute lourde, seule susceptible d'engager la responsabilité de l'État au titre du contrôle de légalité[283].

---

280 TA de Bastia du 3 juillet 1997, *LPA*, 1997, n°109, p.12, concl. Philippe Chiavérini, note de Bernard Brenet, 1998, n°6, p.34, note Sylvie Hormont.

281 CAA de Marseille, 21 janvier 1999, Ministère de l'Intérieur c/ Commune de Saint-Florent et autres, *RFDA*, 1999, 5, p.1032, concl. J-C Duchon Doris, AJDA, 1999, p.279, et 224, chron. L.B.; *Petites Affiches*,14 septembre 2000, p.13, note Poulet-Gibot Leclerc.

282 Décision précitée du TA de Bastia du 3 juillet 1997, Op.cit.

283 CE, 6 octobre 2001, Ministère de l'Intérieur c/ Commune de Saint-Florent et autres, *RFDA* 2000, p.1347, et 2001, p.152, observations de P. Bon ; AJDA, 2001, p.201, Notes M. Cliquenois ; *JCP* 2001, II, 10516, note de M.-C. Rouault ; *LPA* 2001, n°132, chron. C. Guettier ; D. 2002, Som. Com., 526, P. Bon et D. de Béchillon, Rec. Lebon, p.395.

Toutefois, la question de la responsabilité civile ou pénale peut se poser mais en l'état actuel des choses cela relève d'une hypothèse d'école car une réponse du Garde des sceaux à une question écrite précise que « aucune conséquence ne paraît pouvoir être tirée, au plan pénal, de la décision du préfet de ne pas déférer un acte à la censure du juge administratif[284] ».

Le Conseil d'État sénégalais aura sans doute l'occasion de préciser le sens de ces dispositions. Si dans le déféré d'office le représentant de l'État dispose à la fois de l'initiative du recours et de l'exclusivité de sa mise en œuvre, il n'en est pas de même dans le déféré sur demande.

B : Le déféré sur demande

Un acte de la collectivité locale peut n'avoir pas été déféré d'office par le représentant de l'État en cas d'illégalité observée. Dans un tel cas de figure, il est permis aux particuliers de faire procéder à la mise en œuvre de la procédure devant aboutir à la saisine du juge : c'est le déféré sur demande prévue à l'article 341 du Code des collectivités locales.

Le déféré sur demande est le fait pour une personne physique ou morale de demander au représentant de l'État d'exercer la voie du déféré qui lui est tracée par la loi contre un acte de la collectivité locale. Ce recours est prévu pour les particuliers sans préjudice du recours direct dont il dispose. Il l'exerce dans un délai de deux mois à compter de la date à laquelle l'acte est devenu exécutoire. L'existence du déféré sur demande en France repose en partie sur la distinction entre actes transmissibles et actes non transmissibles.

Les actes non transmissibles ne pouvant faire l'objet d'un déféré préfectoral d'office restent cependant dans le champ du contrôle administratif de légalité, puisqu'ils peuvent faire l'objet d'une demande de déféré, indifféremment du recours pour excès de pouvoir dont dispose à leur encontre l'autorité de tutelle. L'on peut alors se demander si le déféré sur demande présente un intérêt au Sénégal où tous les actes locaux sont transmissibles au représentant de l'État, sauf les actes soumis à approbation préalable. En fait l'intérêt du déféré sur

[284]Bénoît, P. F., « Les recours contre les actes des collectivités locales », *Encyclopédie des Collectivités locales*, Tome IV, p.4473-20.

demande se retrouve « dans les avantages que présente la procédure du déféré sur les recours de droit commun[285] ». Le particulier peut ainsi bénéficier de ces avantages en faisant agir à sa place le représentant de l'État.

Ainsi en est-il du sursis à exécution dont l'obtention se trouve être plus facile dans le cadre du déféré. Le déféré sur demande rappelle la demande administrative préalable dans l'ancien système de tutelle administrative. Cette forme de recours comporte deux phases : la demande de déféré présentée par un intéressé et sa mise en œuvre qui incombe au Représentant de l'État.

A l'opposé du déféré d'office, l'initiative du procès de l'acte local est détenue par une personne physique ou morale dans le déféré sur demande et non le représentant de l'État. Cela exprime une différence fondamentale. Cependant cette différence n'est pas une différence de nature puisque le représentant de l'État étant exclusivement compétent pour mettre en œuvre la procédure prévue par les textes en l'espèce, il lui revient de faire droit à la demande des particuliers qui solliciteraient de sa part l'exercice d'un déféré. La voie de recours est donc le même exercice sensiblement dans les mêmes conditions par le même requérant. C'est uniquement en amont de l'action que se trouve la différence. Le représentant de l'État n'aurait-il pas décelé l'illégalité de l'acte ou s'abstiendrait-il de le faire censurer que les particuliers pourraient toujours intervenir en amont de la procédure pour amener ce dernier à déférer.

Au préalable, la loi précise que seules sont concernées les personnes lésées. Le demandeur doit avoir capacité à ester en justice d'un intérêt à ce que l'acte soit retiré, cette condition étant remplie lorsque la personne est lésée. Il faut toutefois regretter l'utilisation du terme « lésée » qui renvoie au contentieux de la responsabilité plutôt qu'à celui de la légalité qui est ici en cause ; « être lésée par » doit être lu comme « ayant intérêt à »[286]. Cette faculté est offerte au particulier sans préjudice du recours direct qu'il peut lui-même exercer. D'ailleurs l'expression « sans préjudice du recours direct dont il dispose » employée par la loi signifie que le déféré sur demande n'exclut pas pour la personne demanderesse le droit d'exercer un recours pour excès de pouvoir, ni ne représente une procédure

---

[285]Jean-Claude Douence, Op.cit.

[286]Jean-Clause DOUENCE, Op.cit.

préalable obligatoire conditionnant le recours direct. En d'autres termes, les deux recours sont totalement indépendants l'un de l'autre. D'autre part, le caractère aléatoire de la demande à laquelle le Représentant de l'État n'est pas tenu de faire droit laisse planer le doute sur la pertinence et la force probante du déféré sur demande.

La personne lésée a alors naturellement intérêt à exercer parallèlement les deux recours pour prévenir l'insuccès du déféré sur demande. La question qui se pose naturellement est celle de savoir où se trouve l'intérêt d'une telle dualité de recours, d'où vient l'utilité de la procédure prévue à l'article 341.

Dans un premier temps, l'analyse fait apparaître que le déféré sur demande fait bénéficier le demandeur des avantages qu'il présente par rapport au recours de droit commun. Ainsi les personnes physiques ou morales ne peuvent en aucun cas exercer de recours direct en annulation des contrats. Elles ne peuvent à cet égard que s'en remettre au représentant de l'État qui d'ailleurs, hormis cette exception, n'est pas recevable à le faire. Ensuite le demandeur pourra aussi obtenir le sursis à exécution dans des conditions plus souples que par rapport au recours de droit commun. Enfin, il ressort que les particuliers ont tout intérêt à ce que le procès soit intenté par le représentant de l'État lui-même plus apte à obtenir du juge la consécration de ses prétentions puisqu'il est censé maîtriser les techniques procédurales et le droit, contrairement au simple citoyen. C'est assez prouver l'intérêt du déféré sur demande que de souligner ces trois points, mais encore faut-il que l'autorité de tutelle se décide à saisir le juge.

La demande de déféré adressée au représentant de l'État ne lie pas celui-ci. Il n'a pas l'obligation d'agir. Cela ne constitue pas une compétence liée. Le texte de la loi précise que « le représentant de l' État peut déférer l'acte en cause ». Ce n'est donc pas en terme d'obligation que la loi a abordé la question. Toutefois, si le représentant de l'État prend la décision d'attaquer l'acte devant le juge administratif, il exercera un recours qui a la même nature que le déféré d'office. En effet, l'article 341 renvoie à la procédure prévue aux articles 337 et 338 du Code. Par suite on peut en déduire l'unité de nature du déféré.

Il comporte cependant certaines variantes. En fait certains points de procédure gagneraient à être précisés. Par exemple la demande introduite par la personne lésée dans le délai du recours contentieux sera-t-elle de nature à prolonger le délai du recours direct ? Le déféré sur demande profiterait de ce que la jurisprudence réponde positivement à cette question comme ce fut le cas en France[287].

Si la loi est muette à ce propos, par contre elle indique que la demande doit intervenir dans un « délai de deux mois à compter de la date à laquelle l'acte est devenu exécutoire » sous réserve des possibilités de prolongation de ce délai. En effet, la demande d'annulation intentée contre un acte cité à l'article 335 du Code des collectivités locales a pour effet de prolonger le délai de saisine du juge puisque le point de départ de celui-ci sera différé au jour où la demande aura été adressée au Représentant de l'État au lieu du jour où l'acte acquérait son caractère exécutoire. De même si l'acte attaqué figure au nombre de ceux qui sont soumis à l'approbation préalable, alors la demande adressée au Représentant de l'État dans le délai de l'approbation sera traitée selon la procédure du recours gracieux or ce type de recours a la particularité de prolonger le délai contentieux.

Cependant une demande attaquant un des actes énumérés à l'article 334 du Code ne peut pas prolonger le délai qui régit le représentant de l'État dans son recours contentieux. Ce dernier exerce, à la suite de sa saisine par la personne intéressée, « la procédure d'annulation prévue aux articles 337 et 338 » du Code. Ces dispositions sont entièrement applicables au déféré sur demande au même titre qu'elles le sont au déféré d'office ; la procédure est la même. Les champs d'application non plus ne diffèrent pas de même que les caractères du déféré. Bref, il ne nous semble pas utile de revenir sur ces points. Ces modes de saisine du juge administratif peuvent s'accompagner d'une demande de sursis à exécution.

§2 : La demande de sursis à exécution[288]

Dans le cadre de la décentralisation, les lois des 2 mars et 22 juillet 1982 ont voulu consacrer un régime de contentieux spécial pour les actes de nature à compromettre l'exercice d'une liberté publique ou individuelle. A cet effet, le représentant de l'État dispose d'une voie lui permettant d'obtenir une décision, de la part du juge administratif,

---

[287] C.E. 25 janvier 1991 : Brasseur, Rec. Cons. d'Etat p.23, *RFDA.*,1991. p587.

[288] En France, on ne parle plus de sursis à exécution car la réforme du 30 juin 2000 a introduit la nouvelle procédure portant sur les référés.

dans un délai extrêmement court grâce à la procédure du référé-suspension. En pareil cas, comme dans le cadre de la procédure normale, la requête en suspension doit être présentée à l'appui d'une demande d'annulation.

La décision de suspension de l'exécution d'un acte local doit être prise dans un temps maximum de quarante-huit heures, ce délai commençant à courir le lendemain du jour de la saisine à zéro heure et expirant à vingt-quatre heures le surlendemain.

En effet, la notion d'actes de nature à compromettre une liberté publique et individuelle a été interprétée de manière stricte par les juridictions administratives. En effet, il ne suffit pas qu'il y ait menace pour l'exercice d'une liberté publique ou individuelle, il faut encore que soit établi un moyen sérieux c'est-à-dire de nature à justifier l'annulation de l'acte en cause. On notera à cet égard que les décisions rendues sur une demande de suspension de quarante-huit heures font mention de la double exigence : un moyen sérieux et l'atteinte à une liberté publique ou individuelle[289]. La suspension de l'exécution est refusée si l'acte déféré paraît légal[290] et elle est au contraire susceptible d'être accordée si l'acte paraît entaché d'une illégalité de nature à justifier l'annulation[291].

Toutefois, depuis le 1er janvier 2001, date de l'entrée en vigueur de la loi sur les référés administratifs, le régime de l'ancien sursis à exécution dans la décentralisation est régi par de nouvelles dispositions[292]. La condition de fond pour une demande de sursis à exécution réside dans l'existence d'un moyen propre à créer un doute sérieux quant à la légalité d'un acte attaqué. Il n'existe pas, pour le représentant de l'État, d'autres conditions et il n'a donc pas, à la différence de l'administré, à apporter la preuve de l'exigence de l'urgence pour obtenir la suspension.[293] Mais cette nouvelle loi de

[289] CE, ordonnance du président, 15 décembre 1982, Commune de Garches, Rec. Lebon, p.417, *RDP.*, p.211, note Drago; D.,1983, 279, note J.-M. Auby; Rev. Adm., 1983, n°212, p.144, commentaire B.Pacteau.

[290] CE, ordonnance du Président, 15 décembre 1982, Commune de Garches, précité.

[291] CE, ordonnance du président, 29 juillet 1997, Préfet de Vaucluse, Rec. Lebon, tables, p.695 ; *RFDA*, 1998,2, p.383, note P.L. Frier.

[292] Articles L 2131-6, L 3132-1, L 4442-1 du CGCT issus de la loi 200-597 du 30 juin 2000.

[293] Il est de droit dès que la condition est remplie puisque le tribunal administratif fait droit à cette demande lorsque la condition de fond est remplie.

2000 a introduit une situation qui risque d'influer sur le régime de sursis à exécution prévu dans le cadre du déféré préfectoral car elle dispose en son article L521-2 du CJA que « saisi d'une demande en ce sens justifiée par l'urgence, le juge des référés peut ordonner toute mesure nécessaire à la sauvegarde d'une liberté fondamentale à laquelle une personne morale de droit public ou un organisme de droit privé chargé de la gestion d'un service public aurait porté, dans l'exercice d'un de ses pouvoirs, une atteinte grave et manifestement illégale. Le juge statue dans un délai de 48 heures».

A partir de là, des interrogations se posent quant à la différence qu'il faut opérer entre la terminologie « mesures nécessaires à la sauvegarde d'une liberté fondamentale » au sens de l'article L521-6 du CJA et « suspension d'un acte local de nature à compromettre l'exercice d'une liberté publique ou individuelle » au sens des articles L. 2131-6, L.3132-1 et L. 4142-1 du code général des collectivités territoriales.

Et une analyse de la jurisprudence administrative nous permet d'affirmer une interpénétration des champs d'application du déféré-liberté et du référé-liberté. Ainsi dans ses conclusions sur l'arrêt de section Commune de Venelles du 18 janvier 2001, le commissaire du gouvernement M. Touvet a souligné à juste titre, à propos de la notion de liberté fondamentale, qu'il s'agit de l'une des notions « les plus délicates de celles issues de la loi du 30 juin 2000[294] ». Dans cette perspective, certains auteurs ont estimé que la notion de liberté fondamentale est « par nature indéfinissable et fluctuante[295] ».Le juge a donc été amené à l'interpréter et différentes libertés ont été reconnues comme fondamentales par le Conseil d'État et le juge des référés.

Les décisions rendues par le Conseil d'État durant les années qui ont suivi la réforme sur les référés administratifs confirment que le juge administratif reconnaît un caractère « fondamental » à des libertés ou à des droits individuels[296]. Il a ainsi consacré la liberté

---

[294] CE, section, 18 janvier 2001, Commune de Venelles, Concl. L.Touvet, *RFDA*, 2001, p.306 ; AJDA, 2001, p.153.,chron. M. Guyomar et P. Collin ; *LPA*, 2001, n°30, note N.Chachid-Nouraï et C. Lahami-Depinay.

[295] Cassia P. et Beal A., « La nouvelle procédure applicable devant le juge administratif des référés, bilan de jurisprudence », *JCP* 2001,p.921.

[296] PUGEAUT S., « Le juge administratif des référés, Gardien des libertés », in LE NOUVEAU JUGE ADMINISTRATIF DES REFERES, réflexions sur la réforme

d'aller et de venir[297], le droit d'asile et son corollaire, le droit de solliciter le statut de réfugié[298], la libre expression des suffrages[299], la liberté d'opinion et d'expression d'un agent public[300], le principe du caractère pluraliste de l'expression des courants de pensée et d'opinion[301], la liberté d'entreprendre[302], le droit pour un patient majeur de donner, lorsqu'il se trouve en état de l'exprimer, son consentement à un traitement médical[303].

C'est le même flottement terminologique que l'on va observer en matière de déféré-liberté car la notion de « liberté publique ou individuelle compromise » est sujette à discussion. Ainsi, il y a liberté compromise en cas d'interdiction revêtant un caractère général et absolu et empêchant de surcroît l'accès des riverains à leur propriété avec des véhicules appropriés[304].

Mais au-delà de cette interpénétration des champs d'application du déféré-liberté et du référé-liberté, il y a lieu de souligner que, dans le cadre de la première procédure, deux conditions doivent être simultanément remplies pour que la suspension soit prononcée : un moyen sérieux de nature à justifier l'annulation et le fait que l'acte attaqué soit de nature à compromettre l'exercice d'une liberté publique ou individuelle. Dans le cadre de la deuxième procédure, deux conditions sont également exigées : l'action devant le juge du référé-liberté doit nécessairement tendre à la sauvegarde d'une liberté fondamentale et se proposer de remédier à une atteinte grave et

---

opérée par la loi du 30 juin 2000, Nouvelle Série, N° 5, Presses Universitaires Strasbourg, 2002.

[297] CE, ord. 9 janvier 2001, Déperthes, *DA* 2001, n°102.

[298] CE, 12 janvier 2001, Madame Hyacinthe, ADJA, 2001, note de MM. J. MORRI et S. SLAMA.

[299] CE, 7 février 2001, Commune de Pointe-À-Pitre, req.229921 et 229922, Voir également Brenet F., « La notion de liberté fondamentale au sens de l'article L521-2 du CJA », *RDP*,2003,2,p.1543.

[300] CE, 28 février 2001, M. Casanovas, AJDA, 2001, p.971, AJDA, 28 octobre 2002, p.1055.

[301] CE, ord. 24 février 2001,Tibéri, *RFDA* 2001,p.629, note de B. Maligner.

[302] CE, ord. 12 novembre 2001, Commune de Montreuil- Bellay, req.n°239840, *Dr.adm.*,2002,p.35 note de M. lombard.

[303] CE, ord. 16 août 2002, Madame Valérie Feuillatey et Mme Isabelle Feuillatey, *JCP* 2002, II, 10184, note de P .Mistretta ; *Dr.adm.*2002, n°188, note de E Aubin ; *LPA* du 26 mars 2003,n°61,p.4.

[304] TA Montpellier, ord., 31 mai 1983,commissaire de la République des Pyrénées – Orientales c/ maire de Castail, Rec., Lebon, p.557.

manifestement illégale portée à une telle liberté. Dans les deux cas, le juge statue dans un délai de 48 heures mais ce qu'il y a lieu de relever, sans aucune prétention d'assimilation, réside dans le fait qu'un acte qui compromet l'exercice d'une liberté publique ou individuelle peut constituer aussi une atteinte grave et manifestement illégale qui nécessite une mesure de sauvegarde d'une liberté simple ou fondamentale.

Il ressort de ce qui précède un enchevêtrement des champs d'application du déféré-liberté et du référé-liberté. En réalité, sans prétendre affirmer que les libertés et droits fondamentaux consacrés par le Conseil constitutionnel sont aussi concernés dans le cadre de référé-liberté, compte tenu de la finalité du contrôle qui lui est spécifique, il convient d'affirmer que les contours de la notion de libertés fondamentales ne sont pas précis car elle englobe aussi bien des libertés publiques qu'individuelles garanties par la Constitution ou par une convention internationale.

Mais l'introduction de la nouvelle procédure de référé-liberté a des conséquences qui méritent d'être mentionnées.

La nouvelle procédure du référé-liberté a introduit des paramètres qui accentuent la marginalisation du déféré-liberté. Ces paramètres sont liés à des facteurs internes au déféré-liberté d'une part, et à des facteurs externes liés aux avantages que procure la procédure du référé-liberté.

Dans le cadre du déféré-liberté, il faut souligner qu'un particulier ne peut pas lui-même enclencher les procédures de demande de suspension contre un acte, quel que ce soit cet acte. En effet, le tiers lésé est obligé de passer par le représentant de l'État pour obtenir la suspension de l'exécution d'un acte local[305]. Dans ces conditions, le citoyen local ne dispose d'aucune garantie quant à l'aboutissement de sa demande car, lorsque le préfet est saisi, il lui appartient de décider s'il entend ou non acquiescer à cette demande, c'est-à-dire déférer l'acte ou au contraire refuser d'introduire l'instance[306].

En outre, l'ouverture accordée au préfet pour recourir au référé-liberté réduit logiquement les possibilités de recours au déféré

[305] Verpeaux M., « Les actes des collectivités locales », *LPA*, 14 mai 2001, n°95,p.17.
[306] Hostiou, R., « A propos du déféré « provoqué » : chronique d'une mort annoncée », *Rec.ueil Dalloz 2000*, Jurisprudence p.843.

préfectoral car, à chaque fois que les conditions sont réunies, le préfet serait tenté d'utiliser la procédure du référé-liberté pour multiplier ses chances de voir sa demande aboutir, car la notion de libertés fondamentales offre beaucoup plus de perspectives. Ainsi, le préfet a le choix pour attaquer un acte local qui compromet une liberté publique ou individuelle ou un acte local qui, manifestement illégal, porte gravement atteinte à une liberté fondamentale. La frontière entre les deux procédures n'est pas évidente comme le confirme le rapport du Gouvernement au Parlement sur le contrôle a posteriori des actes des collectivités locales et des établissements publics locaux qui dispose que « les préfectures paraissent avoir hésité sur la procédure applicable depuis la réforme du référé, certains référés ayant été introduits sur le fondement erroné du déféré de droit commun[307] ».

Dans le cadre du référé-liberté, il convient de souligner que la procédure est plus souple pour le requérant. L'unicité du juge des référés administratifs et l'oralité des débats constituent aussi des atouts majeurs pour la simplification et l'accélération de la procédure[308].

En outre, il faut dire que, contrairement au cas du déféré-liberté, le juge des référés- libertés pourra prévenir par des interdictions ciblées les comportements ou décisions susceptibles de porter gravement atteinte aux libertés fondamentales, ordonner qu'il soit mis fin à ces agissements ou à ces actes par les moyens appropriés, éventuellement enjoindre à l'administration de prendre les mesures nécessaires pour pallier une inertie qui s'avère dangereuse pour la sauvegarde de telle ou telle liberté fondamentale et, bien sûr, assortir d'astreintes comminatoires les diverses injonctions relevant de son office.

Un principe fondamental de droit public pose le caractère exécutoire des actes administratifs qui ont vocation à s'appliquer au nom du privilège du préalable. Toutefois, il est prévu à l'usage du juge le pouvoir d'ordonner le sursis à exécution d'une décision litigieuse. Le sursis à exécution est le fait pour le Conseil d'État saisi à cet effet de différer l'exécution d'un acte administratif, alors même qu'il

---

[307] Direction Générale des Collectivités Locales, *Rapport du Gouvernement au Parlement sur le contrôle a posteriori des actes des collectivités locales et des établissements publics locaux*, Années 2001, 2002, 2003.

[308] Cette procédure repose l'oralité et la publicité des débats et les parties sont convoquées par tous moyens à l'audience.

entraînerait des conséquences difficilement réparables, jusqu'à ce qu'il soit procédé à un jugement sur sa légalité quant au fond.

L'acte administratif local reste exécutoire malgré le déféré du représentant de l'État formé contre lui. Le déféré n'a pas de caractère suspensif. Il ne peut avoir pour effet d'empêcher l'exécution de l'acte avant le verdict du juge sur le fond. Toutefois, il peut être assorti d'une demande de sursis à exécution prévu à l'article 338 du Code des collectivités locales. Le représentant de l'État disposait déjà dans le cadre du recours pour excès de pouvoir de la possibilité de demander le sursis à exécution des actes administratifs locaux. En outre, l'autorité de tutelle était avant la réforme de 1996 attributive d'un pouvoir d'annulation mais aussi de suspension. L'article 90 du Code de l'administration communale soulignait à cet effet que les décisions du maire pouvaient être annulées ou suspendues par l'autorité de tutelle.

Le dernier alinéa de cet article précise que « néanmoins en cas d'urgence l'autorité de tutelle peut en autoriser l'exécution immédiate ». Le principe était le caractère exécutoire de la décision de tutelle alors que l'acte local requerrait une intervention médiate de l'autorité de tutelle pour entrer en vigueur. La loi de 1996 inverse les tendances. Le principe du caractère exécutoire de l'acte local est officiellement acquis tandis que le représentant de l' État ne peut contrer la présomption de légalité dont bénéficie cet acte qu'en accompagnant expressément un recours d'annulation d'une demande de sursis à exécution. Il s'agit là de pouvoirs importants confiés à l'autorité de tutelle et qui renforcent son contrôle dans la mesure où ils lui donnent l'occasion de suspendre le caractère exécutoire de l'acte local.

Concrètement, le sursis à exécution permet au représentant de l'État d'empêcher l'exécution d'une décision locale ou la réalisation d'un contrat conclu par les autorités locales. La nouvelle loi aménage deux types de sursis à exécution, l'un s'appliquant à la généralité des actes locaux, l'autre étant envisagé lorsqu'une catégorie particulière d'actes locaux pouvant « commettre l'exercice d'une liberté publique ou individuelle » est en cause. Il s'agit du sursis à exécution normal ou ordinaire (A) et du sursis à exécution accéléré (B).

A : Le sursis à exécution normal

Le sursis à exécution normal se définit par son champ d'application, c'est-à-dire selon les cas où il est susceptible d'être demandé, mais aussi par sa procédure, c'est-à-dire les formalités qui encadrent sa demande et son octroi par le juge. Le sursis à exécution normal étant une demande accessoire qui accompagne le déféré, son champ d'application et sa procédure restent subordonnés à celui-ci. Cela est valable aussi bien pour le déféré d'office que pour le déféré sur demande.

Si la loi de 1996 réserve au représentant de l'État le pouvoir de déférer l'acte de la collectivité locale au titre de la procédure prévue par elle, il n'en est pas autrement pour ce qui est du sursis à exécution normal. L'administré est obligé de procéder à une demande accompagnée d'une requête tendant à amener le représentant de l'État à demander, pour son compte, le sursis à exécution de l'acte. Si une personne physique ou morale exerce les voies de recours direct devant le juge administratif, elle ne pourra bénéficier que du sursis à exécution de droit commun qu'elle aura demandé au juge dans des conditions plus restrictives.

Du point de vue de la procédure, le sursis à exécution normal demeure régi à plus d'un titre par des règles qu'il partage communément avec le sursis à exécution de droit commun qui prévaut en matière de contentieux de l'excès de pouvoir. Toutefois, la loi de 1996 spécifie volontairement à certains égards la procédure applicable au sursis à exécution normal[309]. Il existe donc des règles communes au sursis à exécution normal (1) mais il y a aussi des règles de procédure spécifiques au sursis à exécution normal, aménagées spécialement dans le cadre du déféré du représentant de l'État (2).

1 : Les règles empruntées au droit commun

Le déféré du représentant de l'État étant de la même nature que le recours pour excès de pouvoir, il en ressort que les demandes accessoires qui les accompagneront auront aussi des traits communs. Ainsi plusieurs règles de droit commun qui ont cours en matière de

---

[309] Jean-Claude DOUENCE : Article précité n°224 et s.

recours pour excès de pouvoir sont reprises par le sursis à exécution normal prévu par la loi de 1996.

D'abord, la demande de sursis à exécution est une demande accessoire dont la recevabilité est subordonnée à l'existence préalable d'une demande principale en annulation. Le texte de la loi précise à cet effet que le « représentant de l'État peut assortir son recours d'une demande de sursis à exécution ». Cela signifie qu'une requête ne peut à titre principal, demander si la principale qu'il accompagne était irrecevable. La « demande de sursis doit être expresse et présentée par requête séparée ». L'irrespect de cette règle n'entraîne pas la nullité de la demande. Par ailleurs, la décision attaquée doit avoir un caractère exécutoire, c'est-à-dire qu'elle doit entrer en vigueur après les formalités de publicité et de transmission.

Le Conseil d'État français a considéré que les décisions négatives ne modifiant pas l'ordonnancement juridique ne sont pas exécutoires et donc sont insusceptibles de faire l'objet d'une demande de sursis à exécution. D'autre part, la demande de sursis à exécution doit porter sur un acte non encore exécuté. Dans le cas contraire, il n'y aurait pas matière à surseoir à un acte déjà accompli. La demande serait alors dépourvue d'objet. C'est dire qu'entre le moment où la décision devient exécutoire et celui où elle est concrètement exécutée le requérant peut se trouver dans des délais très restreints.

Par ailleurs et enfin, « le désistement de la demande de sursis est toujours possible. La règle de droit commun vaut aussi pour le préfet »[310]. En effet l'article 338 du Code lui confère la possibilité et non l'obligation de demander le sursis. Toutes ces règles de droit commun sont transposables en matière de sursis à exécution normal du représentant de l'État. Toutefois, l'existence de ces règles communes n'empêche pas la demande de sursis à exécution normal de garder une certaine originalité grâce à l'adjonction de règles spécifiques.

2 : Les règles spécifiques

La loi n° 96-06 du 22 mars 1996 portant Code des collectivités locales introduit des dérogations plus souples par rapport aux règles de droit commun. Dans le droit commun, il existe deux exigences

[310] *eod.loc.*

cumulatives à l'octroi du sursis. L'exécution doit comporter le risque de provoquer des effets difficilement réparables et les moyens invoqués au soutien de la demande doivent être non seulement sérieux mais encore de nature à impliquer l'annulation de l'acte incriminé.

La loi de 1996 allège considérablement au profit du représentant de l'État les conditions du sursis à exécution normal. D'abord elle ne met à sa charge qu'une seule des conditions puisqu'elle écarte, en ne le citant pas, la condition du préjudice difficilement réparable. Ensuite le moyen retenu fait lui-même l'objet d'assouplissement. Ce ne sont plus des moyens sérieux de nature à entraîner l'annulation de l'acte qui sont exigés mais seulement que « l'un des moyens invoqués dans la requête » paraisse susceptible de justifier l'annulation de l'acte attaqué. Si le sursis à exécution de droit commun est entouré d'une rigueur incontestable, il apparaît que l'octroi du sursis à exécution du représentant de l'État contre l'acte local est sensiblement facilité. Cela est confirmé du reste par la nature des pouvoirs du juge qui, en droit commun, dispose d'une marge d'appréciation pour décider souverainement de l'opportunité d'accorder le sursis alors même que les conditions exigées sont réunies. Par contre, à la demande qui satisfait à la condition d'octroi du sursis « il est fait droit » par le juge qui se voit obligé de donner le sursis.

L'appréciation de moyens sérieux qui conditionnent le sursis reste toutefois l'apanage du juge. Le régime du sursis à exécution normal du représentant de l'État est plus souple que le sursis du recours pour excès de pouvoir. Mais il est lui-même plus rigoureux que le sursis à exécution exceptionnel prévu par l'article 338.

B : Le sursis à exécution accéléré

Dans l'ancien système datant d'avant 1996, les pouvoirs de l'autorité de tutelle en matière de police administrative étaient une garantie contre les mesures de police de l'autorité locale attentatoires aux libertés publiques.

La disparition d'une partie de ces pouvoirs en cette matière a pu fragiliser la protection de ces libertés publiques. Or il importe de garantir les libertés des particuliers au-delà du système ordinaire de contrôle de légalité. C'est ainsi qu'il a été décidé d'aménager un sursis à exécution à titre exceptionnel pour contrer les actes des collectivités locales susceptibles de compromettre l'exercice d'une liberté publique ou individuelle. Ce sursis doit son caractère exceptionnel à la spécificité de sa procédure extrêmement simplifiée et rapide. Nous serons amené ainsi à examiner le champ d'application du sursis à exécution accéléré (1) pour, ensuite, nous intéresser à la procédure particulière prévue à cet effet (2).

1 : Le champ d'application

L'article 330 alinéa 2 du Code des collectivités locales prévoit le prononcé du sursis à exécution par le juge « lorsque l'acte attaqué est de nature à compromettre l'exercice d'une liberté publique ou individuelle ». La notion de liberté publique ou individuelle comporte la liberté d'aller et de venir ; la liberté de culte, la liberté de circulation ; le respect du domicile et de la vie privée ; la sûreté, la liberté d'opinion ; la liberté syndicale ; la liberté de manipulation ; la liberté de commerce et d'industrie ; la liberté du travail, la liberté de propagande politique[311].

D'autre part, les tribunaux administratifs français ont reconnu le caractère attentatoire aux libertés publiques de mesures comme la création d'une milice d'habitants, l'interdiction de circuler sur les chemins ruraux ou encore l'interdiction des stands à caractère politique durant une fête[312]. En revanche n'entrent pas dans le champ d'application du sursis accéléré, toujours d'après la jurisprudence qui en trace les contours, des mesures prises en matière de recrutement de personnel ou une atteinte au droit de chasse.

Les libertés publiques et individuelles dont parle la loi ne coïncident donc pas toujours avec les libertés publiques constitutionnellement consacrées. Elle sont une catégorie juridique dont il appartient au juge de « dessiner les contours ». Il faut remarquer qu'évidemment ce sont les mesures de police qui ont vocation à prévenir les troubles de l'ordre public qui sont le plus susceptibles de compromettre les libertés publiques et individuelles. Elles ont tendance à restreindre les libertés du citoyen et donc à leur

---

[311]P. FANACHI, *Manuel de contrôle de la légalité*. La Documentation française. 2è éd. 1991. p.100 et s.

[312]Charles-Louis VIER : « Contrôle de légalité des autorités communales, départementales et régionales », *Juris-classeur administratif*, fasc. 590-3.

porter atteinte. Il importe à juste titre qu'il soit prévu à leur encontre cette procédure du sursis accéléré.

Il se trouve aussi que les actes des collectivités locales qui menacent ou compromettent l'exercice du droit de propriété privée sont compris dans le champ d'application du sursis accéléré et peuvent à ce titre se voir appliquer la procédure spéciale afférente à la circonstance.

2 : La procédure exceptionnelle

L'article 338 du Code des collectivités locales prévoit pour cette seconde catégorie de sursis une procédure accélérée. Le prononcé du sursis peut alors intervenir dans les « quarante-huit heures ». La brièveté du délai dont dispose le juge s'explique. L'élu local dispose désormais du pouvoir de police municipale sous réserve des attributions du représentant de l'État en la matière, prévues à l'article 129 du même Code.

L'usage de son pouvoir de police par l'élu local peut bafouer les libertés ; or l'autorité de tutelle qui ne peut que se substituer à lui en cas de carence, son pouvoir d'annulation ayant disparu, peut se heurter à la lenteur du sursis à exécution normal. Le sursis à exécution accéléré est donc une procédure visant à faire échec à certaines mesures de police dangereuses pour les libertés qu'il s'agit de protéger.

Il convient de remarquer que la loi ne prévoit pas de sanctionner le dépassement du délai de quarante-huit heures par le juge. Elle ne le dessaisit pas non plus. Cela empêcherait-il l'efficacité de la procédure ? Dans tous les cas, il ne saurait d'ailleurs en être autrement car si, en dehors de ce délai, le juge était dessaisi, le sursis à exécution accéléré ne trouverait pas à s'exercer puisque le Conseil d'État étant compétent en premier et dernier ressort son dessaisissement ne profiterait donc à aucune autre juridiction. La demande de sursis accéléré est enfermée dans le même délai des deux mois que le déféré qu'elle accompagne et bénéficie au même titre de toutes les prorogations.

Par ailleurs, l'alinéa 2 de l'article 338 du Code ne précise pas les moyens de nature à fonder l'octroi du sursis à exécution accéléré. Cela signifierait-il que la simple demande du représentant devrait provoquer un sursis automatique, ce qui équivaudrait à « juridictionnaliser » le pouvoir de suspension dont l'autorité de tutelle disposait dans l'ancienne tutelle ? Au contraire, il faut considérer que les moyens retenus par le premier alinéa pour le sursis à exécution normal, sont aussi valables pour le sursis accéléré. Il semble que cette solution doive être retenue. Les deux sursis sont de même nature. Le régime de l'octroi du premier sursis ne diffère de celui du second que dans la mesure où le délai est raccourci pour ce dernier.

D'ailleurs, c'est la doctrine française puis sénégalaise qui a pu parler de sursis à exécution accéléré et ordinaire, la loi ne s'étant pas elle-même engagée dans cette précision sémantique qui n'en est pas cependant moins pertinente. Enfin le dernier alinéa de l'article 338 prévoit que le Conseil d'État peut statuer sur une demande d'annulation d'un marché public et décider de faire survenir à son exécution. L'importance des marchés publics justifie que l'on veuille empêcher tout commencement d'exécution de ceux d'entre eux qui seraient illégaux. Le sursis à exécution accéléré constitue avec le sursis à exécution ordinaire ou normal des demandes qui viennent s'agglomérer aux deux modes de saisine dont dispose le représentant de l'État à savoir le déféré d'office et le déféré sur demande.

Le contrôle de légalité ne constitue pas le seul domaine où le droit de regard sur l'activité des collectivités locales s'exerce. A côté de ce type de contrôle, nous avons le contrôle financier.

§3 : Le cas particulier du contrôle financier

Dans le cadre de la régionalisation, contrairement au contrôle de légalité « aménagé » qui devrait permettre un renforcement significatif des droits et libertés des collectivités locales et enrichir davantage le contenu réel de l'État de droit sénégalais, le contrôle budgétaire a un domaine singulièrement défini. Il ne vise que les actes à caractère budgétaire ou financier qu'il convient de classer. Au principe du caractère des actes consacrés par les articles 334 et 335 du CCL, le législateur sénégalais évoque un certain nombre d'actes dérogatoires, c'est-à-dire soumis à la rigueur de l'appréciation préalable du représentant de l'État. Restent soumis à cette procédure, entre autres, les actes budgétaires. En effet, les collectivités locales sénégalaises obéissent, en principe, aux mêmes règles que le budget de l'État en ce qui concerne le principe de l'unité budgétaire. Ce principe implique que toutes les recettes et charges des collectivités locales doivent figurer dans un document unique. Outre l'exigence de clarté qu'impose ce principe, le contrôle est ici plus efficace. En effet, ce principe a pour objectif de permettre le contrôle de toute l'action de l'État et par là même d'en mesurer la signification, notamment par l'appréciation exacte de l'équilibre budgétaire. C'est à quoi répond le budget primitif. Jouant le même rôle que la loi de finances initiale, le budget primitif constitue le document de base pour l'année : cette dénomination résulte du fait qu'il est adopté le premier, au début de l'année. Il doit être le plus souvent complété par un budget supplémentaire. Celui-ci, voté en cours d'année d'exécution, apporte aux prévisions initiales les corrections rendues nécessaires par les événements et qui présentent un caractère imprévisible. Le budget primitif est une des variantes du budget principal car, à côté de lui, il y a les autorisations spéciales.

Le budget local peut être modifié par son conseil. Et, dans le délai d'un mois suivant la fin de l'exercice budgétaire, le conseil a la possibilité d'apporter au budget d'autres modifications. Ces modifications peuvent avoir plusieurs objectifs : soit, elles doivent ajuster les crédits de fonctionnement pour régler les dépenses engagées avant le 31 décembre ; soit, elles veulent inscrire les crédits nécessaires à la réalisation des opérations d'ordre de chacune des deux sections du budget ou entre les deux sections. Et rappelons que les deux sections du budget sont la section de fonctionnement et la section d'investissement. Et, pour chacune d'elles, le montant des recettes prévues doit être égal au montant des dépenses. Les délibérations afférentes à ces modifications doivent être transmises cinq jours avant leur adoption au représentant de l'État. En outre, ces autorisations spéciales peuvent être votées entre l'adoption du budget primitif et le budget supplémentaire. De plus, elles sont adoptées selon les formes requises en ce qui concerne le budget primitif.

Partie intégrante des finances publiques, les finances locales ont longtemps été reléguées au second plan. Ce n'est que récemment que leur a été reconnue la place de choix qu'elles occupent dans les finances publiques, du fait des nombreuses mutations intervenues dans ce champ. Les finances locales exercent une influence sur l'économie nationale. C'est forte de ce souci que la loi n° 96-06 portant Code des collectivités locales en son article 3 stipule : « Les collectivités locales ont pour mission la conception, la programmation et la mise en œuvre des actions de développement économique, éducatif, social et culturel d'intérêt régional, communal ou rural. Elles associent en partenariat, le cas échéant, à la réalisation des projets de développement économique, éducatif, social et culturel, les mouvements associatifs et les groupements à caractère communautaire. Toute personne physique ou morale peut faire au président du conseil régional, au maire et au président du conseil rural, toutes propositions relatives à l'impulsion du développement économique et social de la collectivité concernée et à l'amélioration du fonctionnement des institutions... ». L'analyse de cet article dans ses 3 alinéas révèle que le développement local fait partie intégrante des objectifs assignés aux collectivités locales par le biais bien sûr de leurs finances. Et cette notion de développement local qui a atteint son apogée avec la dynamique décentralisatrice initiée par les pouvoirs publics sénégalais ne peut se concevoir qu'avec des collectivités locales que la décentralisation a rendues majeures.

Un contrôle est exercé sur les conditions de la libre administration, qui sont d'ailleurs prévues dans le Titre VI du *CCL* en général et sur les actes budgétaires des collectivités locales plus particulièrement[313]. Ainsi, le contrôle de ces actes sera celui qui intervient dans la prise, au cours ou après l'exécution de la décision budgétaire locale. Et, du fait de l'importance des actes budgétaires, on assistera à une pluralité de contrôles portant toujours sur un objet nettement délimité.

La loi n° 96-06 du 22 mars 1996 portant Code des collectivités locales, dans son Titre VI intitulé « Du contrôle des collectivités locales », fait intervenir plusieurs autorités. Du chapitre II intitulé « Contrôle juridictionnel des comptes » au chapitre III portant « Règles budgétaires », il est fait mention du juge des comptes, du trésorier payeur régional, de l'exécutif de la collectivité de même que de son assemblée délibérante.

Au-delà de cette extrême diversité des organes intervenant en matière budgétaire, un recoupement relatif à la nature du contrôle permettrait de les classer en un contrôle non juridictionnel (A) et un contrôle juridictionnel (B). Toute classification est arbitraire ; mais l'essentiel est de retenir que la diversité de ces contrôles permettrait de

[313]Le budget étant l'instrument de réalisation des choix politiques.

s'assurer de la conformité de l'exécution budgétaire aux autorisations données et de la non-dilapidation des fonds et deniers publics.

A : Le contrôle non juridictionnel

L'article 102 de la loi constitutionnelle du 07 janvier 2001 précise que « les collectivités locales s'administrent librement par des Conseils élus », le respect du principe démocratique prévu par la Constitution sénégalaise s'impose ainsi à la décentralisation. C'est ainsi que la loi n° 96-06 du 22 mars 1996 portant Code des collectivités locales en fait application ; et son article 1er, alinéa 1er, stipule : « La région, la commune et la communauté rurale s'administrent librement par des Conseils élus au suffrage universel ». Moyen de résurgence de la tutelle, ce contrôle interne s'exerce par le biais de l'organe exécutif central et de l'organe délibérant local.

- **Le contrôle de l'organe exécutif central**

Le contrôle de l'organe exécutif central intervient à travers les organes généraux et spécialisés. Les organes généraux de l'État sont le Ministère de l'Economie et des Finances et le Ministère de l'Intérieur.

Le Ministère de l'Economie et des Finances effectue un contrôle a posteriori et hiérarchique sur les comptables locaux et sur les ordonnateurs de la collectivité locale.

S'agissant des comptables locaux, il est à préciser qu'ils sont des fonctionnaires de l'État, nommés par le Ministre de l'Economie et des Finances. Au Sénégal, les comptables locaux sont placés sous l'autorité hiérarchique du Trésorier général. Ces comptables locaux peuvent être selon la collectivité locale concernée, le receveur régional, municipal ou rural. Ils ont un rôle d'exécution du budget local et, en tant que tels, ils apparaissent comme des comptables principaux. Aussi pourront-ils exécuter les ordres de recettes et de dépenses et rendre compte de leur gestion à la cour des comptes.

En outre, le receveur local, dans l'exercice de son contrôle, est appelé à vérifier la régularité des opérations financières effectuées par l'ordonnateur local. De plus, le contrôle budgétaire peut porter sur certains actes de l'ordonnateur local. Autorité exécutive de la collectivité locale visée, l'ordonnateur local peut être soit le président du conseil régional dans la région, soit le maire dans sa commune ou le président du conseil rural dans la communauté rurale[314].

Ainsi voit-on qu'ordonnateur et comptable sont deux autorités de contrôle différentes du fait du principe de la séparation énoncé par le droit de la comptabilité publique. A l'échelon local, ce sont précisément les règles applicables à la phase de l'exécution du budget de l'État qui seront celles étudiées pour le budget local. Transposition du principe constitutionnel de la séparation des pouvoirs, le principe de la séparation des ordonnateurs et des comptables obéit à une double logique :

- d'une part, du fait du fossé existant entre les décisions à prendre et les tâches à exécuter, il paraît évident qu'elles soient confiées à deux agents différents ;
- d'autre part, il y a la volonté d'améliorer les contrôles et d'éradiquer les manipulations frauduleuses.

Le Ministère de l'Intérieur est un organe de l'État qui exerce un contrôle général et interne à la fois, par le biais de ses démembrements, notamment de la Direction des Collectivités locales (D.C.L.) et de l'Inspection de l' Administration Territoriale et Locale (I.A.T.L.). Les prérogatives détenues par le Ministère de l'Intérieur ont des origines lointaines. En effet, au terme du décret n° 73-0278 fixant les pouvoirs de tutelle du Ministère de l'Intérieur sur les collectivités locales[315], celui-ci exerce les pouvoirs de tutelle sur les collectivités locales. Il peut déléguer certains de ses pouvoirs au directeur de la direction des collectivités locales et aux chefs de circonscriptions administratives » (article premier).

---

[314] Pour ce qui est de ces dernières catégories de personne morale de droit public, il convient de préciser qu'avant 1990, dans la commune, l'ordonnateur du budget de la commune à statut spécial était l'administrateur municipal et le Sous-préfet apparaissait comme l'ordonnateur du budget de la communauté rurale. Mais, depuis 1990, le Chef de l'Etat donnant droit aux revendications des élus locaux a soumis l'ordonnateur du budget à ces autorités locales. Il s'agit là d'une prérogative exorbitante ; en effet, l'ordonnancement est un acte administratif donnant, conformément aux résultats de la liquidation, l'ordre au comptable public de payer la dette de la personne publique.

[315] *Journal officiel du Sénégal* n°4289 du 7 avril 1973, p.855.

On peut noter que le domaine du contrôle du Ministère de l'Intérieur est double : il s'exerce sur les actes et sur les organes de collectivités locales.

S'agissant du contrôle sur les actes des collectivités locales, il le déploie sur le budget local en particulier. Et les modalités d'exercice de ses prérogatives sont décrites ou prévues au Chapitre III de la loi n° 96-06. Ainsi, le ministère de l'intérieur, par le biais de son représentant dans la collectivité concernée, effectue quatre (4) sortes de contrôle : un contrôle de légalité, un contrôle d'équilibre, d'un contrôle d'opportunité et enfin un contrôle de conformité.

Le contrôle de légalité se fixe comme objectif de vérifier si les prescriptions légales qui s'imposent aux collectivités locales sont respectées et appliquées. Ainsi par exemple, s'agissant du vote du budget, il doit intervenir en temps utile, c'est-à-dire avant le 31 mars de l'exercice auquel il s'applique.

Mais si, à l'expiration de ce délai, le budget local n'est pas voté, l'autorité de tutelle peut se substituer d'office à l'autorité locale défaillante, régler le budget et le rendre exécutoire. En effet, le principe général de l'annualité est applicable au budget local : il doit être adopté avant le 1er janvier de l'exercice auquel il s'applique. Le retard accusé dans le vote du budget ne doit pas pour autant faire cesser la vie de la collectivité locale : et, comme l'affirme le Président Joseph Desmaresceaux[316], « la continuité du service public doit être assurée » dans la mesure où « il ne saurait y avoir un État à éclipses », ajoute le Commissaire du gouvernement Gazier. Aussi l'ordonnateur de la collectivité est-il en droit, jusqu'à l'adoption du budget ou à son règlement, « de mettre en recouvrement les recettes, d'engager, de liquider et de mandater les dépenses de la section de fonctionnement dans la limite de celles inscrites au budget de l'année précédente. Ils sont en droit de mandater les dépenses afférentes au remboursement en capital des annuités de la dette venant à échéance avant le vote du budget »[317].

Le contrôle de l'équilibre est, lui, prévu à l'article 346 du CCL qui donne une définition de l'équilibre réel. Cette définition représente une innovation juridique de taille. Le législateur sénégalais d'avant 1996 ne donnait pas une définition précise de la notion d'équilibre

---

[316] Président Honoraire du Tribunal administratif de Strasbourg.

[317] Voir article 345, alinéa 1 *CCL*.

budgétaire. S'agissait-il d'un oubli ou d'un silence délibéré ? Quoi qu'il en soit, cette lacune notée dans les textes antérieurs est comblée par le Code des collectivités locales. Aux termes de l'art. 346 CCL, le budget d'une collectivité locale est en équilibre réel lorsque la section « fonctionnement » et la section « investissement » sont respectivement votées en équilibre.

En vertu de ce texte, le budget en équilibre réel doit remplir trois conditions cumulatives :

1°) - La première est le vote en équilibre de chaque section. Pour chacune des sections de fonctionnement et d'investissement, le montant des recettes prévues doit être égal au montant des dépenses ; les emprunts, même non réalisés, font partie intégrante de cet équilibre. L'équilibre global ne suffit pas : si le budget comporte un équilibre global à l'intérieur duquel le déficit de la section de fonctionnement est compensé par un excédent de recettes de la section d'investissement, il méconnaît la règle selon laquelle il doit y avoir équilibre de chacune des deux sections.

2°) - La deuxième condition est la sincérité du budget. Celle-ci signifie que les recettes et les dépenses ont été évaluées de façon sincère en fonction des éléments connus ou prévisibles au moment de l'élaboration du budget. Et le pouvoir de l'autorité de tutelle apparaît ici encore. C'est ainsi qu'elle pourra révoquer ou suspendre l'exécutif local en faute dans la présentation du budget.

3°) - La dernière condition est que le remboursement de la dette en capital soit exclusivement couvert par des recettes propres de la collectivité concernée tel le produit de l'aliénation d'un bien immobilier.

Même dans ce cas réel, en cas de déséquilibre, le représentant de l'État peut dans un délai de quinze jours à compter de la date de transmission proposer à la collectivité locale les mesures nécessaires au rétablissement de l'équilibre budgétaire et demander au conseil une nouvelle délibération intervenant dans un délai d'un mois à compter de la communication de ses propositions. Si le conseil n'a pas délibéré dans le délai prescrit, il règle et rend le budget exécutoire.

Le contrôle de l'opportunité est relatif aux dépenses obligatoires plus particulièrement[318] et il est prévu à l'article 355 du CCL. Les dépenses obligatoires sont constituées par les dépenses nécessaires à l'acquittement des dettes exigibles et par les dépenses pour lesquelles la loi l'a expressément décidé. Et tout comme pour la notion d'équilibre budgétaire, la loi sénégalaise n'a pas donné une définition précise de la notion de dépenses obligatoires. Tout au plus se limite-t-elle à procéder à une définition large et par énumération[319].

L'autorité de tutelle a la faculté de rejeter ou de réduire les dépenses facultatives. Mais elle ne peut introduire de nouvelles dépenses ni augmenter les dépenses que si elles ont un caractère obligatoire.

Le contrôle de « conformité » est relatif à l'arrêté du compte administratif. Celui-ci, aux termes de l'art. 350 CCL, « est constitué par le vote du conseil de la collectivité locale sur le compte administratif présenté par l'exécutif local, après transmission au plus tard le 1er juillet de l'année suivant l'exercice du compte de gestion établi par le comptable de la collectivité locale. » Et le CCL a institué une procédure de rétablissement de l'équilibre du compte administratif lorsque l'exécution du budget a fait apparaître un déficit important. Ce compte administratif doit être conforme au compte de gestion établi par le comptable de la collectivité visée.

Outre ce contrôle exercé par le Ministre de la décentralisation sur les actes budgétaires des collectivités locales, il est instauré un contrôle sur les organes. Celui-ci vise précisément l'ordonnateur local et est exercé par l'Inspection de l' Administration Territoriale et Locale (IATL). Créée par décret n 0 75-473 du 06 mai 1975 portant organisation du Ministère de l'intérieur et par arrêté ministériel n° 7998/MINT/CAB du 23 juillet 1975 portant organisation de l'Inspection de l'administration territoriale et locale, cette structure est chargée d'une mission en permanence de contrôle et d'assistance auprès des chefs de circonscriptions territoriales, de leurs services et des collectivités locales.

Et comme le précisent les auteurs Marie-Claire Bouat et Jean-Louis Fouilland, « elle doit notamment vérifier l'application qui est faite des lois, règlements et instructions régissant le fonctionnement

---

[318] Cette notion remonte en France à l'arrêté du 17 Germinal an XI.

[319] Art. 257 et 258 *CCL*.

administratif, financier et comptable des circonscriptions et des collectivités, examiner les conditions de leur fonctionnement, la manière dont elles sont gérées et leurs résultats, prescrire les redressements nécessaires proposer toutes mesures utiles pour améliorer la qualité de leur administration »[320].

Un rapport sanctionne la mission qui leur est confiée ; et l'Inspection générale d'État peut, en plus du Ministère de l'intérieur, recevoir copie du rapport. A côté de ces organes généraux, il y a des organes spécialisés.

Rattachés à la présidence de la République, les organes spécialisés sont l'inspection générale d'État (IGE) et le contrôle financier.

S'agissant de l'inspection générale d'État, il convient dans un bref rappel de préciser que les services de l'État sont soumis à un contrôle administratif qui se manifeste sous trois formes : d'abord sous la forme d'un contrôle hiérarchique résultant de la répartition des tâches de l'État entre le Président de la République, la Primature et les ministères, ensuite sous la forme d'un contrôle hiérarchique résultant de la répartition des tâches entre les administrateurs, les ordonnateurs et les comptables.

Mais ce contrôle s'est révélé peu efficace du fait de la perception qu'avaient les administrateurs de la notion d'autorité hiérarchique. C'est ainsi qu'une troisième forme de contrôle a été instituée. Il s'agit du contrôle organique résultant de la spécialisation des hauts fonctionnaires ou de corps chargés exclusivement des tâches de contrôle ou d'inspection au nom du Président de la République. Parmi ces corps, outre le contrôle financier et le Bureau Organisation et Méthodes, on note l'IGE. Et c'est le décret n° 80-914 du 5 septembre 1980 qui porte organisation de l'IGE, abrogeant ainsi le décret n° 64-157 du 28 février 1964 qui lui-même avait succédé à l'Inspection des Affaires administratives créée par le décret n° 60-10 du 9 mars 1960.

Rattachée directement à la Présidence de la République, organisme de contrôle et de consultation, l'IGE a un rôle de formation

[320]Marie-Claire Bouat et Jean-Louis Fouilland, *Les finances publiques des communes et communautés rurales du Sénégal*, Ed. Claire-Afrique, 1983.

et de conseil[321]. Elle est chargée de contrôler dans tous les services publics de l'État l'observation des lois, ordonnances, décrets, règlements et instructions qui en régissent le fonctionnement administratif, financier et comptable, d'apprécier la qualité de l'organisation et du fonctionnement de ces services, la manière dont ils sont gérés et leurs résultats financiers, de vérifier l'utilisation des crédits publics et la régularité des opérations des administrateurs, des ordonnateurs et de tous les comptables publics.

Du fait de l'ampleur de leur tâche, les inspecteurs de l'IGE sont tenus d'observer une objectivité sans faille et une discrétion professionnelle la plus stricte. Sauf inscriptions contraires, toute opération effectuée par l'un d'entre eux donne lieu de sa part à l'établissement d'un rapport destiné au Président de la République.

Dans ses rapports avec les collectivités locales, son contrôle s'effectue en matière administrative et financière. Il veille à l'application correcte du décret n° 66.510 du 4 juillet 1966 portant régime financier des collectivités locales ainsi que l'application des dispositions relatives aux finances locales.

Concernant le contrôle financier, il faut préciser qu'en France il était peu opérationnel du fait de la dépendance du contrôleur financier par rapport au Ministère des Finances. Ce dernier nommait l'agent qui devrait le contrôler.

Au Sénégal, cette difficulté fut très vite contournée en rattachant cette structure à la plus haute fonction de l'État, notamment au Secrétariat général de la Présidence de la République. Le contrôle financier est régi par le décret n°8.085 du 1er février 1978[322]. Tout

---

[321]C'est la loi n°74-51 du 4 novembre 1974 qui fixe le statut des membres de l'IGE. La structure et le fonctionnement de l'IGE sont fixés par décret. L'IGE assure sa mission, selon un calendrier préétabli approuvé par le Président de la République ou à l'occasion de missions occasionnelles décidées par le Président de la République ou le Premier Ministre.

[322] Et si le contrôle financier est régi par un texte de 1978, sa création remonte à 1967 à travers le décret n°67-150 du 10 février 1967 pris en application de l'ordonnance n°59-049 du 31 mars 1959, qui fixe les modalités d'action du contrôleur financier, conformément aux dispositions du Titre VIII du décret n°66-458 du 17 juin 1966 portant règlement sur la comptabilité publique de l'Etat et du décret n°62-305 du 31 juillet 1962 relatif au contrôle financier des personnes morales placées sous la tutelle de l'Etat. Depuis lors, il y a eu de nombreuses réformes du corps des contrôleurs financiers.

comme l'inspecteur de l'Inspection générale d'État, le contrôleur financier a des attributions très diverses. En effet, au terme du décret n° 66.510 portant régime financier des collectivités, en son article 92, il est précisé que : « Dans le cadre de sa mission générale, le contrôleur financier suit la gestion financière des communes.

A ce titre, il reçoit du Ministre chargé de la tutelle copie des budgets et des comptes administratifs et communication de tous documents ou études relatifs à la gestion financière des communes ». En outre, il est habilité à demander au Trésorier Général, ou à son intermédiaire, les situations et documents comptables qui lui sont nécessaires.

A l'instar de l'IGE, le contrôleur financier peut être chargé de toute mission de contrôle et d'étude. A ce titre, il reçoit du Ministre chargé de la tutelle :

- Copie des budgets et des comptes administratifs ;
- Communication de tous documents et études néces-saires à l'accomplissement de sa mission ;
- Il est habilité à demander, soit au trésorier général, soit aux autorités administratives de ces collectivités ou à leur comptable, les situations et les documents de comptabilité qui lui sont nécessaires.

Au total, le contrôleur financier a un rôle de contrôle et d'information.

A côté de cette catégorie de contrôle qui relève de l'organe exécutif central manifestant une préoccupation de ne pas se dessaisir des questions financières, existe un autre type de contrôle qui, lui, est l'œuvre de l'organe délibérant local.

- **Le contrôle de l'organe délibérant**

La question que l'on pourrait tenter de se poser est de savoir quelle disposition particulière est prévue dans le CCL au cas où le compte administratif n'est pas intervenu avant la date requise. A la lecture du Code, on se rend compte qu'il n'y en a aucune. Les dispositions prévues font allusion au déficit éventuel du compte administratif. Et, juridiquement, tant que l'assemblée délibérante ne s'est pas prononcée, le compte administratif ne peut être regardé comme arrêté.

Sur le plan pratique, cela entraîne des conséquences pour l'attribution des ressources provenant de l'État[323]. Le juge sénégalais veille rigoureusement à ce que les organes délibérants exercent leur pouvoir de contrôle sur l'activité de l'exécutif local[324].

A côté du contrôle interne ou non juridictionnel organisé par le pouvoir central, par le biais de la tutelle, des corps de contrôle spécialisés, de l'organe délibérant local, il existe un contrôle juridictionnel exercé sur les collectivités locales.

B :Le contrôle juridictionnel des finances locales

Le Code des collectivités locales est allé dans le sens d'un accroissement des pouvoirs des collectivités locales et d'un renforcement du contrôle a posteriori. Cette mesure vise à améliorer la transparence de la gestion. A cet effet, c'est à une juridiction spécialisée que revient le soin de trancher les litiges qui peuvent surgir entre les collectivités décentralisées et les autorités de l'État. Du fait du caractère impartial de la juridiction, les collectivités locales sont ainsi protégées contre tout abus qui serait commis par les autorités de l'État dans l'exercice de leur fonction de contrôle. Et ce contrôle juridictionnel sera l'œuvre de la cour des comptes.

Avant 1999, c'était le Conseil d'État, qui résulte de la réorganisation de l'ancienne Cour Suprême, à travers la loi organique n° 92.24 du 30 mai 1992, qui avait repris, en matière de comptabilité publique, les anciennes attributions qui étaient dévolues à la 3ème section de la Cour Suprême.

Depuis 1999, c'est la cour des comptes qui est compétente pour connaître le contentieux financier des collectivités locales. Aux termes de l'article 342 CCL, « Le juge des comptes juge l'ensemble des comptes des comptables publics des collectivités locales, ainsi que les comptes des personnes qu'il a déclarées comptables de fait ».

---

[323] CE 29 juillet 1998, Gouverneur de la région de Tambacounda contre conseil régional de Tambacounda, Rec.ueil des arrêts du Conseil d'Etat du Sénégal : 1998, 1999, 2000.

[324] Dans l'arrêt précité, le juge estime que la convention signée par le président du conseil rural de Tambacounda sans l'autorisation de l'organe délibérant, méconnaissant les dispositions de l'article 286 du Code des collectivités locales, encourt ainsi l'annulation.

Les recettes et dépenses de la collectivité locale sont exécutées par un comptable, chargé seul et sous sa responsabilité :

- de poursuivre la rentrée de toutes les recettes de la collectivité locale et de toutes les sommes qui lui sont dues ;
- d'acquitter les dépenses ordonnancées par l'organe exécutif local, jusqu'à concurrence des crédits régulièrement ouverts ;
- d'assurer la garde des fonds et valeurs.

Le comptable public est tenu de transmettre à la collectivité locale sa situation comptable mensuelle et son compte de gestion annuel.

La cour des comptes est compétente pour connaître des comptes des comptables des collectivités locales que sont les receveurs et les comptes des comptables de fait.

Les receveurs locaux sont des comptables principaux relevant de la juridiction de la cour des comptes. Et, en tant que tels, ils encourent de leur fait personnel ou du fait de leurs agents une très lourde responsabilité personnelle et pécuniaire. Et la cour des comptes connaît des comptes des communes-chefs-lieux de région et ceux des autres dont le montant est supérieur à un plafond fixé. Les comptes des autres collectivités locales sont arrêtés par le trésorier général qui accorde après vérification une décharge provisoire.

Mais si, à l'occasion de l'examen des comptes des comptables, des irrégularités imputables à la gestion des ordonnateurs sont relevées, la cour des comptes saisit le Ministre de tutelle dans l'objectif de redresser les erreurs, d'adresser des avertissements aux personnes fautives et d'exercer éventuellement une action disciplinaire. En outre, la cour des comptes est juge des comptables de fait[325].

Aussi, après vérification des comptes par les rapporteurs-magistrats notifiés au comptable avec les observations et les injonctions de la cour, celle-ci rend un arrêt provisoire. Cette dernière exigera du comptable les justifications nécessaires. Le comptable doit donner sa réponse dans un délai d'un mois au terme duquel, la juridiction financière rendra un second arrêt définitif[326]. Cet arrêt

---

[325] Est comptable de fait toute personne qui, sans avoir la qualité de comptable public, manie des deniers publics.

[326] Voir l'Article 37 de la loi organique n°9970 du 17 février 1999 sur la cour des comptes *JORS* n°5845 du 20 février 1999.

définitif peut être un arrêt de décharge. C'est le cas où le comptable a répondu de façon positive aux injonctions de façon correcte.

Mais, dans le cas où le comptable est définitivement libéré de sa gestion, du fait d'une cessation de ses fonctions, un arrêt de quitus sera rendu. En outre, si le compte du comptable est irrégulier en raison d'un déficit, la cour des comptes rend un arrêt et sa responsabilité est engagée sur ses propres deniers.

Enfin, un arrêt d'avance est rendu si le comptable est « en avance » sur sa gestion.

L'inexistence d'une juridiction permettant de sanctionner et de responsabiliser les administrateurs et ordonnateurs a entraîné l'émergence d'une juridiction susceptible de prononcer de telles sanctions. C'est ainsi que la loi n° 63.20 du 5 février 1963 répond à cette nécessité par la mise en place d'une cour de discipline budgétaire devenue chambre de discipline financière en 1999 et rattachée à la cour des comptes[327]. Le parquet est lui représenté par le commissaire du droit[328].

En reprenant la loi de 1999 précitée, on peut diviser les compétences de la chambre de discipline financière en une compétence *ratione personae* et une compétence *ratione materiae*.

La compétence *ratione personae* est très large. En fait, en sont justiciables tous les fonctionnaires, agents civils ou militaires de l'État, membres de cabinets ministériels, représentants ou agents des organismes qui sont soumis à son autorité. Ce sont donc tous les agents intervenant dans l'exécution du budget de l'État. Mais il y a des agents qui échappent à son contrôle. Ce sont les ministres et secrétaires d'État justiciables devant la Haute Cour de Justice et les comptables publics et les comptables de fait responsables devant la cour des comptes. Il y a un silence total sur les autorités locales élues ; car on considère que la responsabilité encourue doit être d'ordre politique. Or, ces élus locaux devraient se soumettre à cette juridiction.

La compétence *ratione materiae* vise tous les faits punissables que cela soit en matière de dépenses ou de recettes.

---

[327] Voir le chapitre V de la loi organique n°9970 du 17 février 1999, Op.cit. p.44.

[328] Voir article 46 de la loi organique sur la cour des comptes, Op.cit. p 44.

* En matière de dépenses, il doit y avoir une absence de contrôle préalable, une imputation irrégulière, une absence de délégation de signature, une production de fausse certification, un état de gaspillage, un engagement d'une dépense par un ordonnateur incompétent, le fait d'avoir passé outre au refus de visa d'une proposition d'engagement de dépense, une violation de la réglementation sur les marchés ou conventions, des déclarations incomplètes ou inexactes aux administrations fiscales ou sociales.

* En matière de recettes, l'infraction punissable est le défaut de poursuites d'un débiteur, le non respect des règles d'exécution des recettes, la négligence dans le contrôle des actes de recettes, de même que dans l'exécution, le manque de diligence pour faire prévaloir les intérêts de la collectivité locale ou de l'entreprise publique.

On peut affirmer que le droit des collectivités locales existe et que malgré sa consécration réelle, il est encore en gestation ; c'est précisément cette situation qui lui confère un caractère quelque peu mitigé. S'il est vrai que ce n'est pas la première fois au Sénégal qu'une matière juridique se met en place difficilement[329]*, la spécificité des problèmes que posent les collectivités locales contribue à alimenter le débat fait autour de sa cohérence ou de sa pertinence.*

Le droit des collectivités locales peut fort bien, tout en étant institué dans les textes, n'avoir guère d'effectivité. Cette remarque du professeur émérite de l'université de Panthéon-Assas (Paris) René Chapus[330] *est d'autant plus vraie que le droit des collectivités locales est perçu comme une dynamique permanente et contraignante*[331]*. C'est la raison pour laquelle nous affirmons qu'il est indispensable d'analyser son effectivité réelle en prêtant une attention particulière au vécu de la décentralisation au Sénégal.*

---

[329]Ibrahima Ly, *Problématique du droit de l'environnement dans le processus de développement économique et social d'un pays africain :l'exemple du Sénégal*, Thèse de Doctorat d' Etat, Université Cheikh Anta Diop de Dakar,1994, p 214.
[330] René Chapus, *Droit administratif général*, Paris, Montchrestien, 1994, p.343.
[331] Ibrahima Ly, thèse, Op.cit. p.214.

Deuxième partie :

LA CONTRUCTION JURIDIQUE DE LA DÉCENTRALISATION, UNE APPLICATION CONTRARIÉE

L'approche kelsénienne du droit, que nous partageons, a guidé notre analyse dans cette nouvelle perspective de l'effectivité observée. En effet, pour le grand maître de Vienne, la validité de la norme a un double sens. Dans un sens étroit, elle désigne la « qualité d'un acte qui n'est entaché d'aucun vice de nature à justifier son annulation »[332]. Dans un sens plus large, elle désigne le caractère de la norme ou de l'acte juridique auxquels on reconnaît, dans un ordre juridique donné, qu'ils ont les effets juridiques que leurs auteurs entendent leur conférer. Dans le premier cas, la validité est un caractère intrinsèque de la norme juridique donnée ; elle représente selon Kelsen « le mode d'existence spécifique des normes »[333] : C'est cette orientation qui a retenu notre attention dans la première partie. Dans le second cas, elle concerne les effets juridiques de la norme et suppose la reconnaissance, par les destinataires de la règle, de sa légitimité.

Comme nous l'avons déjà évoqué, une norme est valide dans la logique de Kelsen selon deux conditions. L'une est strictement juridique et l'autre est juridico-sociale. L'analyse de l'effectivité observée porte donc le chercheur non seulement du côté de l'application des normes édictées mais aussi du côté de ce que Pierre Lascoumes et Evelyne Serverin ont appelé « les modes de réception du droit dans la sphère sociale[334] ». Une telle perspective ouvre des horizons intéressants qui favorisent des analyses et évaluations juridiques, politiques voire sociales du droit.

Questionner le système de la décentralisation sous l'angle de l'effectivité observée, c'est analyser toutes les applications concrètes des normes posées, faire ressortir les avantages et les inconvénients du système en essayant de diagnostiquer objectivement les données en vue de poser les éléments pertinents qui pourraient concourir à l'effectivité réelle du droit des collectivités locales. Cette orientation axiologique met bien en lumière les diverses voies dans lesquelles s'engage l'analyse de l'effectivité observée du droit.

Dans cette perspective, l'application du droit de la décentralisation est contrariée, ce qui justifie notre choix d'aborder les contraintes

---

[332] RANGEON, F., « Réflexions sur l'effectivité du droit », in *Les usages sociaux du droit*, PUF, 1989.

[333] Kelsen, H., *Théorie pure du droit*, Op.cit. p.13

[334] Pierre LASCOUMES et Evelyne SERVERIN, "Théories et pratiques de l'effectivité du Droit ", *Droit et société*, 1986, p.101

juridico-institutionnelles (titre 1) avant de cerner les contraintes socio -juridiques (titre 2) mais, une large place sera accordée à la gestion foncière et des ressources naturelles à titre d'illustration car aujourd'hui ces questions occupent une importance incontournable dans la décentralisation et le code des collectivités locales de 1996 a repris l'ensemble des textes qui régissent ces domaines en plaçant les collectivités locales au cœur du système juridique local dans une perspective de développement.

TITRE 1:
LES CONTRAINTES JURIDICO-INSTITUTIONNELLES

Le processus de décentralisation s'inscrit nécessairement dans la durée. Après plusieurs avancées importantes, les lois de décentralisation ont constitué une étape décisive. Or, huit ans après l'adoption de ces lois, la décentralisation semble être à bien des égards à la croisée des chemins. Son bilan demeure pourtant largement mitigé. Elle a, en effet, permis de diffuser les responsabilités, de libérer les énergies territoriales, contribuant, ce faisant, de manière exemplaire, à l'équipement et à la modernisation du Sénégal. Elle a également allégé l'État d'un certain nombre de tâches et renforcé l'efficacité des politiques publiques.

Dans un contexte économique difficile, les élus locaux ont ainsi su faire preuve d'une grande capacité pour mettre en oeuvre non seulement les compétences qui leur ont été transférées mais plus largement des responsabilités de plus en plus diffuses en raison du développement et de la diversification des attentes de la population. La décentralisation a, par ailleurs, rapproché le processus de décision du citoyen. Les collectivités locales ont prouvé qu'elles constituent-en permettant de surmonter les égoïsmes particuliers- des écoles d'apprentissage de la solidarité et qu'elles peuvent former un rempart efficace contre certaines formes de ségrégation sociale, que favorise malheureusement un contexte économique et social dégradé. Pour autant, cette grande réforme ne paraît pas avoir atteint sa pleine maturité. Certains défauts de la situation actuelle sont légitimement soulignés. Ainsi, l'opacité et la multiplication des financements croisés ne facilitent pas l'identification pourtant nécessaire des interventions des différents niveaux d'administration locale. De même, la superposition des structures et le « chevauchement » de leurs compétences sont mal ressentis par les citoyens et par les élus eux-mêmes. La pression fiscale locale peut apparaître trop souvent excessive. Encore faut-il souligner que l'État transfère aux collectivités locales des charges évolutives en se réservant, dans le même temps, l'exclusivité d'une fiscalité moderne et fondée sur les réalités économiques. Le contribuable, pour sa part, peut légitimement souhaiter être en mesure d'identifier clairement la destination des contributions qui lui sont demandées. Ces difficultés existent. Elles justifient une réflexion en vue de clarifier, de simplifier et de rationaliser notre organisation territoriale trop complexe et inadaptée. Une telle réflexion doit répondre aux inquiétudes légitimes des élus locaux auxquels il est demandé de s'engager toujours davantage -y compris dans la lutte contre la pauvreté, qui demeure pourtant une compétence de l'État- et qui ont dans bien des cas le sentiment de ne pas disposer des moyens adaptés pour faire face à ces responsabilités toujours plus lourdes dont ils sont trop souvent tenus pour personnellement responsables. Cette réflexion sur la décentralisation et sur les améliorations qui peuvent lui être apportées est elle-même indissociable des défis qui se posent à notre société à l'aube du prochain siècle et auxquels les collectivités locales peuvent en partie apporter des réponses. Elle est également étroitement liée à la réflexion sur l'État que le Gouvernement a entendu placer au coeur de son action. La décentralisation a bien, en effet, pour logique d'aider l'État à se renforcer dans ses fonctions souveraines tout en faisant confiance aux collectivités locales -conformément au principe de subsidiarité- pour assurer les autres fonctions.

Cette partie trouve son impulsion première dans la réaction intellectuelle d'un juriste confronté au paradigme qui impose la légalité produite par l'État comme objet et critère de la science juridique normale[335]. L'approche normative est essentielle mais la complexité du phénomène étudié c'est-à-dire la décentralisation nous amène à faire appel à la science administrative pour montrer que le dispositif mis en place par les pouvoirs politiques est traversé par des contraintes, des clivages et des contradictions.

Les contraintes juridiques sont nombreuses mais une démarche synthétique nous oblige à les étudier en deux parties. D'une part, ces contraintes sont générales parce que touchant l'ensemble des collectivités locales mais elles sont connues et médiatisées car les élus locaux et les spécialistes en parlent quotidiennement. D'autre part, ces contraintes sont spécifiques car elles touchent un domaine particulier de compétences transférées et nous privilégierons la gestion foncière

---

[335] Jean-Guy Belley, *Le pluralisme juridique de Roderick Macdonald : une analyse séquentielle, Théories et émergence du droit : pluralisme, surdétermination et effectivité*, BRUXELLES, Les Editions Thémis, 1998, p.60.

et des ressources naturelles compte tenu des enjeux qu'elle introduit dans le cadre de la décentralisation.

Nous allons donc étudier successivement les pesanteurs (chapitre 1) et les paradoxes (chapitre 2).

CHAPITRE I :
LES PESANTEURS SUR LE DROIT DE LA DÉCENTRALISATION

Il ne s'agit pas dans ce chapitre de reprendre les éléments de l'effectivité attendue mais de procéder à une analyse sous l'angle de l'effectivité observée qui nous permettra d'étudier les contraintes en général qui pèsent sur le système de la décentralisation à partir des différentes applications.

Toute réforme administrative crée un enjeu et mobilise un certain nombre de groupes à l'intérieur et à l'extérieur de l'administration. Un rapport de force complexe et mouvant apparaît. Chaque réforme se heurte à une résistance au sein de l'administration et dans son environnement, car elle est perçue comme une tentative de modification de l'équilibre des forces. Chaque groupe tente de préserver les situations acquises. Les réactions sont d'autant plus vives que la réforme est imposée par la hiérarchie. La résistance au changement se traduit, au sein de l'administration, par une mobilisation sociale, soit lors de la conception du projet de réforme, soit lors de son application. Le pouvoir social est presque systématiquement contre les réformes, qui portent nécessairement atteinte aux droits acquis, et qui sont ressenties comme une menace politique. Les administrés, quant à eux, sont plutôt conservateurs et craignent pour leurs privilèges. Peu d'études de science administrative ont été consacrées à l'étude des mécanismes d'échecs ou de semi échecs des réformes. Beaucoup de réformes se détruisent elles-mêmes, échouent par auto-blocage. Les gouvernants jugent souvent moins dangereux et plus rentable politiquement de ne rien faire que de réformer. Certaines réformes sont complètement déviées de leur objectif initial et, au lieu de transformer le milieu, le renforcent.

Beaucoup de réformes ne sont que des alibis, comme celles qui se réclament de l'idée de participation. Les obstacles sont porteurs de crise formelle ou réelle. Il y a crise lorsque l'administration est incapable de répondre au désordre extérieur ou intérieur. La crise révèle tout d'abord les carences et les dysfonctionnements du système. Elle a pour effet, ensuite, de créer un rapport de forces favorable au changement, en libérant les forces innovatrices qui étaient jusqu'alors tenues à l'écart par l'organisation.

Le système est contraint de s'adapter lorsqu'il engendre des dysfonctionnements qui compromettent sa survie. Parfois la crise provoque une régression, un retour au statu quo. L'inadaptation de l'administration n'est pas la seule cause de la réforme administrative. Celle-ci est parfois proposée par des fonctionnaires désireux d'asseoir leur autorité, de stimuler leurs subordonnés, d'étendre leur zone d'influence. La réforme est alors un moyen de conquérir de nouvelles positions et de concrétiser de nouveaux rapports de forces au sein de l'administration. En effet, ces dysfonctionnements participent de l'équilibre global du système et ont tendance, naturellement, à se perpétuer. En d'autres termes, la réforme administrative a sa logique propre. Elle suppose la réunion de conditions spécifiques. Démontrer la résistance au changement ne doit pas laisser croire que l'administration ne change pas. L'administration change en raison de l'évolution démographique, de la croissance urbaine et de la conjoncture économique. Elle s'adapte constamment en intégrant les innovations, mais cela n'est pas toujours spectaculaire et perceptible. Le changement a de nombreux effets, pas toujours attendus.

La participation a certes modifié les relations entre l'administration et le milieu social, mais pas complètement, et pas de manière égale. L'administration ne s'est ouverte que dans certains secteurs, et la participation n'a été proposée qu'à certains groupes.

Les pesanteurs sont nombreuses mais trois retiendront ici notre attention : la faiblesse des moyens financiers, les difficultés liées au personnel et les hésitations des pouvoirs publics par rapport aux réformes envisagées.

Section 1 :
La faiblesse des moyens financiers

Les moyens financiers disponibles sont limités, le Sénégal étant un pays pauvre n'ayant pas les moyens pour assurer une autonomie financière aux différentes collectivités locales. L'État lui-même a des problèmes financiers.

Les ressources des régions proviennent essentiellement de l'État. Il existe certes des ressources extra-budgétaires comme les emprunts et les ressources qui pourraient provenir de la coopération décentralisée mais l'assistance de l'État reste déterminante. Cette aide apparaît sous forme de dotation budgétaire. Les recettes de fonctionnement de la région ne proviennent donc que des ressources que lui apporte l'État dans la répartition annuelle du Fonds de dotation, ainsi que des redevances du domaine, des produits de l'exploitation de son patrimoine et des redevances pour services rendus. Il ressort de ces considérations que la région n'a pas de ressources propres.

Force est de constater aujourd'hui que les obstacles sont plus nombreux que les réalisations. Ces collectivités locales souffrent de la modicité du fonds de concours et du fonds de dotation alloués par l'État pour le plein exercice des compétences transférées.

Dans le discours des élus locaux, l'État n'a fait que transférer des difficultés aux collectivités locales[336]. A titre d'exemple, nous donnerons le cas de Kaolack[337]qui a reçu en 2001 une dotation de 400 millions de F CFA dont 65 pour le fonctionnement du conseil régional et 80 pour les salaires et indemnités. Le reste est réparti entre les différents services pris en charge par le conseil régional. Face à ces difficultés financières, seuls deux secteurs (l'éducation et la santé) sur les neuf transférés sont pourvus.

Concernant les communes et les communautés rurales, les difficultés financières sont aussi perceptibles. L'exécution des tâches conférées au conseil rural nécessite des moyens financiers. Or on constate que les budgets des conseils ruraux sont largement insuffisants pour financer leurs projets et programmes. La principale source de revenu des conseils ruraux est la taxe rurale mais, comme nous l'avons déjà indiqué, cette taxe n'est recouvrée que de façon très

---

[336] Voir Sud Quotidien n°2301 du 2 décembre 2001.

[337] Une région du Sénégal.

faible. Ainsi au cours de nos recherches de terrain dans les communautés rurales de Guédé et de Gamadji Saré situées dans la région de Saint-Louis du Sénégal, nous avons constaté une forte résistance au paiement de la taxe rurale qui tourne autour de 1.000 F par personne âgée de 18 ans ou plus. Ce phénomène est observé dans presque toutes les communautés rurales du Sénégal. Les populations estiment que le conseil rural ne réalise aucun investissement dans leur village qui justifierait la volonté de leur part de payer l'impôt. Cette situation met le conseil rural dans un cercle vicieux car plus le taux de recouvrement de la taxe rurale est faible moins le conseil rural a de possibilités d'investissement et plus les populations sont réticentes à payer l'impôt.

En outre, le conseil rural ne fait aucune action allant dans le sens de convaincre les populations de s'acquitter de leur devoir. C'est donc une situation regrettable que vivent les communautés rurales car leur enveloppe budgétaire est essentiellement financée par la taxe rurale, une partie très faible des droits de fourrière, les dons et subventions.

Pourtant les textes sur la décentralisation prévoient diverses sources de revenus mais ces sources ne semblent pas être exploitées ou « exploitables ».

L'insuffisance des recettes est due, en partie, au système d'exploitation des ressources (assiette et recouvrement en vigueur). Toutefois, la difficulté de taille, ici, demeure la non-reconnaissance aux communautés rurales de certaines ressources potentiellement importantes, dont l'exploitation n'a pas été prévue par le législateur. A titre d'exemple, nous pouvons prendre le cas de Ross-Béthio (une communauté rurale située dans la région de Saint-Louis avec le Fonds de dotation de la décentralisation : l'État a versé à la communauté rurale, par le biais du Trésor de Dagana, une dotation de 6 422 375 Fcfa en 1998. Mais des difficultés demeurent, parce que la dotation est insuffisante pour compenser toutes les charges occasionnées par le transfert des compétences. Par ailleurs, l'État exige que la dotation versée soit exclusivement destinée à des charges en matière de santé et d'éducation. Or la communauté rurale ayant déjà pourvu ces chapitres dans son budget se trouve dans l'impossibilité, après avoir obtenu la dotation, de la ventiler pour d'autres dépenses prioritaires[338]. La vie du budget dépend autant des recettes que de l'utilisation qui est faite de

[338] Cf. Documents budgétaires de la communauté rurale de Rosso-Béthio de 1998.

celles-ci. C'est pourquoi il faut accorder une attention particulière aux opérations de dépense, dont l'exécution permet d'observer des lacunes relatives surtout à la modicité des réalisations. Les investissements effectués n'ont pas fondamentalement modifié le paysage rural. Le législateur, en privilégiant des dépenses d'investissement dans les budgets de la communauté rurale, escomptait l'acquisition par celles-ci d'infrastructures d'envergure capables de générer des mutations quantitatives et qualitatives en milieu rural. Cet espoir a été déçu. En effet, l'examen des comptes administratifs qui récapitulent toutes les opérations de recettes et de dépenses réalisées durant une année budgétaire édifie sur la faiblesse et l'improductivité des investissements.

Section 2 : Les difficultés liées au personnel

Ces difficultés sont liées au manque considérable d'agents titulaires et à l'existence d'un personnel non qualifié et pléthorique.

Ce manque d'agents titulaires se manifeste à travers la rareté des fonctionnaires propres aux collectivités locales et le recours à des fonctionnaires de l'État. Dans les communautés rurales, la question est cruciale parce que nous notons une absence d'administration locale propre à la communauté rurale[339]. La situation au niveau communal et régional est moins catastrophique. La possibilité pour les communes d'avoir à leur service des agents titulaires a été ouverte dès 1969 par la loi n°69-54 du 16 juillet 1969 relative au statut général de la fonction publique communale[340]. Cette loi avait pour objectif, à l'instar du statut général des fonctionnaires d'État, de créer les conditions d'une bonne administration de la commune par la fixation des règles de recrutement, de rémunération, de conservation et d'organisation des personnels communaux. Elle est cependant restée généralement inappliquée dans la majorité des communes. Précisons à ce niveau que c'est le Président de la République qui, au terme de l'article 4 de la loi

[339] C'est la sous-préfecture qui assure, en général, l'administration locale des communautés rurales.

[340] L'article premier de cette loi précise, en effet, que le statut s'applique " aux personnes qui, nommées dans un emploi permanent, ont été titularisées dans un grade de la hiérarchie des corps municipaux ".

de 1969, « nomme à tous les emplois du corps des fonctionnaires communaux », mais il délègue au Ministre chargé des collectivités locales « les pouvoirs de nomination et d'administration du personnel des corps des fonctionnaires communaux autres que les conseillers aux affaires communales, les attachés d'administration communale et les contrôleurs de police municipale[341] ».

Avant la mise en place de la police municipale, on peut constater qu'il n'existait aucun fonctionnaire dans la plupart des communes[342]. Le Directeur adjoint du Centre de formation et de perfectionnement du personnel municipal (CFPPM) explique ce phénomène par le fait que les textes organisant la fonction publique communale n'ont pas « vraiment tenu compte de la spécificité des missions assignées aux structures locales pour fixer les cadres professionnels à partir d'une rigoureuse analyse des postes[343] ». En effet, le statut de la fonction publique communale n'est en fait qu'une copie de celui des fonctionnaires de l'État. A l'exclusion des agents de la police municipale, le secrétaire général[344] et l'Agent voyer sont les seuls fonctionnaires au niveau de la commune.

S'agissant du rôle du secrétaire général, il faut se référer au décret n°79-788 qui énumère un certain nombre d'attributions du secrétaire général[345]. Le secrétaire général en tant que coordonnateur principal

---

[341]Article 2 du décret n°79-788 du 24 juillet 1979 portant statut particulier des fonctionnaires communaux.

[342] Il en est d'ailleurs ainsi dans la quasi-totalité des communes sénégalaises à l'exception de la commune de Dakar et de la communauté urbaine de Dakar où l'on enregistre environ 326 fonctionnaires (82% de l'ensemble des agents titulaires des communes du Sénégal).

[343] Babacar CISSE, *Quel statut pour le personnel communal* ? Colloque de Dakar 1 3 juillet 1996.

[344] En ce qui concerne tout d'abord le secrétaire général de la commune, il s'agit d'un administrateur civil affecté par l'administration centrale auprès de la commune. D'ailleurs, sur l'existence dans la commune d'un tel agent, le Code de l'administration communale de 1966 était resté complètement muet. C'est en effet la loi n°72-63 du 26 juillet 1972 fixant le régime municipal des communes chefs-lieux de région autres que la commune de Dakar qui le mentionne pour la première fois dans son article 18. Selon cet article, " le Secrétaire général de la commune assiste aux séances du conseil municipal ".

[345] Pour l'essentiel, il est chargé :

- d'assurer l'organisation générale de tous ces services et d'en assurer la bonne marche ;

de l'ensemble des services constitue un outil à la disposition du maire pour mettre en œuvre les décisions du conseil municipal, d'où la nécessité d'une parfaite entente entre le secrétaire général et le maire. Or, dans la pratique, l'action des secrétaires de mairie est très limitée du fait notamment des conflits de divers ordres qui les opposent aux autorités municipales[346].

Selon ce rapport précité, plusieurs maires, parmi lesquels ceux de Marsassoum, Nioro-du-Rip et Sokone, avaient demandé que les fonctionnaires de l'État affectés dans leur mairie soient remplacés par d'autres. A l'inverse, le secrétaire municipal de Khombole avait sollicité une mutation par une lettre en date du 17 mars 1993 où il expliquait que les malentendus entre lui et l'autorité municipale étaient liés à l'ignorance par cette dernière des textes les plus élémentaires relatifs à la gestion d'une commune ; et le secrétaire municipal de préciser que « pour cette équipe composée du maire et de ses adjoints, le rôle du secrétaire municipal se limiterait à établir des mandats de paiement de manière anarchique et à jouer un rôle de carburant[347] ». Ce sont sans doute ces conflits qui font regretter àla plupart des observateurs l'absence d'un véritable statut pour les secrétaires de mairie. Un statut aurait, en effet, l'avantage de déterminer de manière précise les rôles respectifs des autorités municipales et des secrétaires de mairie et, par conséquent, d'établir des relations de confiance entre eux.

S'agissant de l'agent voyer, précisons tout d'abord que, contrairement au secrétaire général, celui-ci se trouve dans une position de détachement définie comme étant la position du fonctionnaire placé hors de son cadre d'origine et qui continue à bénéficier de ses droits à l'avancement et à la retraite.[348]

- de veiller à l'application des dispositions législatives et réglementaires en vigueur ainsi qu'à l'exécution des décisions des autorités locales par les services locaux dont il coordonne l'activité ;
- de procéder dans le cadre de ses attributions aux études et enquêtes ayant trait aux divers problèmes de la commune ;
- d'assister, par des conseils et suggestions, les autorités locales.

[346] Direction des collectivités locales du Sénégal – Rapport de la Division de la Tutelle administrative et du Personnel, février 1993.

[347] Propos recueillis à l'occasion des enquêtes de terrain.

[348] Article 63 de la loi 61-33 du 15 juin 1961 portant statut général des fonctionnaires modifié.

Concrètement, l'agent voyer coordonne dans la commune l'ensemble des services chargés de la voirie urbaine ou « petite voirie ». Il est en réalité le chef des services techniques de la commune. C'est ainsi que, aussi bien la « petite voirie » que l'enlèvement des ordures ménagères, l'eau, l'électricité, etc. sont gérés par l'agent voyer et une équipe placée sous sa direction. L'agent voyer est nommé par arrêté du Ministre chargé des Collectivités Locales et bénéficie d'une indemnité inscrite au budget de la commune.

En définitive, le constat qu'on peut faire en ce qui concerne le personnel titulaire des collectivités locales est qu'il n'existe pas en réalité de fonctionnaires propres. Pourtant de nombreux recrutements sont effectués, mais ceux-ci ne concernent que le personnel non fonctionnaire.

Le problème du personnel des collectivités locales est essentiellement un problème de recrutement et de formation. Ce constat unanime est lié au caractère anarchique des recrutements. Pour des impératifs généralement politiques d'accroissement de leur représentativité au sein de leur parti, les exécutifs locaux recrutent des agents sans qualification aucune. Ce personnel se révèle d'ailleurs largement pléthorique.

Les enquêtes effectuées au Sénégal confirment en général le phénomène de personnel pléthorique qui est retracé dans les différents rapports produits par le Ministère de l'intérieur. A titre d'illustration, il convient de préciser que les états du personnel de la commune de Kaolack mentionnent l'existence de 186 agents non fonctionnaires classant ainsi cette commune comme le sixième plus grand employeur des communes sénégalaises après la commune de Dakar (2 141 agents), la communauté urbaine de Dakar (1 217 agents), la commune de Pikine (498 agents), la commune de Rufisque (494 agents) et la commune de Guédiawaye (230 agents)[349].

Mais un bref survol de la situation de ce personnel permet de se rendre compte du caractère pléthorique des agents. Il s'agit en fait d'agents subalternes qui sont recrutés parmi les militants politiques du maire et qui n'exercent pas de fonctions précises. On observe donc un surnombre de personnel dans la plupart des collectivités locales[350]. Il

[349]Cheikh Tidiane NDOUR, *La fonction publique locale*, Op.cit. p.27.

[350]Ainsi sur les 186 agents que compte la commune de Kaolack, on dénombre 46 commis, 39 manœuvres et 13 secrétaires dactylographes, ce qui fait que beaucoup de

s'y ajoute une situation de vieillissement du personnel car, en effet, selon le rapport précité, pour l'ensemble des communes, 62% du personnel sont âgés de plus de 40 ans et exercent depuis plus de 15 ans, 5% ont dépassé l'âge de la retraite et 19 à 20 % en sont assez proches (50 à 55 ans) et peuvent même, en majorité (12%), prétendre à la retraite parce qu'ayant dépassé largement les vingt années de service.

Une des conséquences de recrutements politiques réside dans l'inadéquation entre les dépenses de personnel et les possibilités budgétaires offertes par les collectivités locales. En effet, même s'il semble que la règle fixée par la Direction des collectivités locales est généralement respectée (23, 98% du budget en 1996, 20,55% en 1995, et 25,13% en 1994), les dépenses de personnel continuent d'absorber l'essentiel des ressources des collectivités locales.

La situation est d'ailleurs aggravée par une pratique très fréquente au niveau des collectivités locales sénégalaises et qui consiste pour les organes exécutifs locaux à recruter des agents dits « temporaires ». Ces recrutements concernent généralement les manœuvres temporaires. Les agents concernés sont rarement enregistrés dans les états du personnel, d'où l'impossibilité pour le service du personnel de les prendre en charge. Une fois recrutés, sur des bases généralement politiques, ces agents dits temporaires sont maintenus en poste et traités comme des permanents, ce qui explique les nombreux problèmes budgétaires et les fréquentes revendications de la part des agents concernés pour obtenir une régularisation de leur situation.

Ainsi donc, du point de vue quantitatif, le personnel des collectivités locales est loin d'être adapté, non pas que le nombre d'agents employés soit excessif en soi, mais parce que, pour une tâche déterminée, le nombre d'agents recrutés est nettement supérieur aux besoins réels. Il y a donc une impertinence flagrante des recrutements qui, d'ailleurs, est généralement à l'origine du caractère non qualifié et mal encadré du personnel.

En ce qui concerne la situation de non-qualification des agents des communes et des communautés rurales, elle trouve également son explication dans les motivations politiques qui sont à la base des

---

ces agents se retrouvent de fait sans tâches précises. Cette situation peut d'ailleurs être relevée dans la plupart des autres communes. Il en est ainsi de la commune de Saint-Louis où, sur 162 agents, on dénombre 44 commis et 44 manœuvres.

recrutements effectués. En effet, au sein de la municipalité, tous les observateurs s'accordent pour dire que le maire choisit ses agents non du fait de leurs qualifications mais parce qu'il veut généralement satisfaire ses militants politiques. Il faut dire que la tâche lui est largement facilitée par l'absence d'organigrammes types définissant clairement chaque poste à pourvoir[351]. C'est ainsi qu'en définitive on se retrouve avec des agents au niveau de formation très bas et peu aptes à exercer les missions qu'on leur confie. D'ailleurs, pour l'ensemble des communes du Sénégal, plus de la moitié du personnel peut être considérée comme analphabète. Un tiers ne sait ni lire ni écrire et un autre tiers a fréquenté seulement l'école primaire[352].

Même s'il existe dans le budget des communes une rubrique Formation, le constat est que les agents ne bénéficient, en réalité, d'aucune formation spécifique[353]. Conséquence du niveau très bas des

---

[351]De tels organigrammes devraient en outre dégager de manière précise le profil de l'agent appelé à occuper un poste déterminé. L'inexistence de tels documents fait donc qu'il n'y a pas de critères précis de recrutement pouvant lier le maire et éviter les recrutements politiques.

[352] Dans la commune de Kaolack plus particulièrement, on constate que le niveau le plus élevé est le baccalauréat et un seul agent peut s'en prévaloir. En ce qui concerne les autres agents, le niveau le plus élevé est le Certificat d'Etudes Primaires Elémentaires (CEPE), à l'exception toutefois d'un autre chef de service qui est titulaire du Brevet d'Etudes de Premier Cycle (BEPC) : Cheikh Tidiane NDOUR, *La fonction publique locale*, Op.cit. p.19.

[353]On ne relève que de rares stages organisés par l'Association Internationale des Maires Francophones (AIMF). En ce qui concerne la Direction des Collectivités Locales, elle ne semble pas être en mesure de jouer un rôle très important en matière de formation des agents communaux, faute de moyens humains et financiers. Il en est de même d'ailleurs du service de formation du Ministère de l'intérieur. Certes, il a été mis en place dès 1986 un plan de formation à la Réforme de l'Administration Territoriale et Locale, mais les moyens de sa mise en oeuvre n'ont pas suivi. En 1993, ce plan évoluera dans sa conceptualisation pour intégrer la formation en Administration et Développement et un programme quinquennal d'application (1995-2000) sera été élaboré. En appui à ce Programme, le service de formation a mis sur pied un Projet de Gestion Automatisé de la Formation (PRAGESTAF) fixé sur micro-ordinateur. Ce projet présente les thèmes de formation, les formateurs, les cibles, etc. Cependant, faute de moyens, ce plan n'a pas jusque là produit les résultats escomptés surtout en ce qui concerne les agents communaux.

agents recrutés, on constate une grande faiblesse de l'encadrement des services[354].

Le secrétaire général et l'agent voyer constituent le seul encadrement dont bénéficient les services communaux. Dans la grande majorité, les chefs de service, à qui ce rôle d'encadrement incombe à plus d'un titre, ne se distinguent des autres agents que par leur ancienneté.

Ce phénomène constaté pour les communes est valable pour les communautés rurales. Ainsi dans nos enquêtes, nous avons remarqué que les conseillers ruraux de Gamadji Saré et de Guédé (situées dans la région de Saint - Louis) sont pour la plupart illettrés[355]. Cela constitue un handicap réel pour l'exercice des fonctions qui leur sont dévolues. On note ainsi l'absence d'un personnel réel en mesure de prendre en charge les problèmes ponctuels du terroir. Ces conseillers ne connaissent même pas le cadre juridique formel qui les régit. Ils ont un bref aperçu du nouveau code forestier et une ignorance presque totale d'autres textes comme le code de l'eau, le code de l'environnement, le code de la chasse et de la protection de la faune (la liste n'étant pas exhaustive) qui pourtant contiennent d'importantes dispositions en matière de gestion des ressources naturelles.

De même, leur connaissance de la loi 72-25 du 19 avril 1972 [356] et du nouveau code des collectivités locales est tout à fait relative. Il est évident qu'il sera très difficile de compter sur de tels conseillers pour une gestion effective de leurs rôles. Il s'y ajoute que le conseil est essentiellement composé de personnes âgées qui ont une vision inadaptée par rapport aux nouvelles exigences introduites par la décentralisation. En outre le conseil rural ne peut pas disposer d'un personnel qui lui est propre. On estime que son budget est trop insuffisant pour rémunérer un personnel et que les ressources de la communauté rurale devraient plutôt être orientées vers les dépenses d'investissement, ce qui fait que le conseil rural est obligé de recourir à une main-d'œuvre bénévole pour réaliser certains travaux au niveau de la communauté rurale. Par ailleurs, on note seulement l'existence de

---

[354] Raoul Niang N'diaye, « Gestion des conseils régionaux, formation des élus, formations des agents régionaux », Actes de séminaires du 2 au 4 mai 1994, Dakar, Sénégal.

[355] Cette situation est observée dans toutes les communautés rurales du Sénégal.

[356] *JORS* n°4224 du 13 mai 1972.

trois commissions au niveau des conseils ruraux de Guédé et de Gamadji Saré : il s'agit de la commission des finances[357], de la commission de l'hydraulique et de la commission domaniale[358].

Il apparaît donc que le nombre de commissions est insuffisant par rapport aux problèmes de la communauté rurale. Il n'existe pas de commissions chargées des affaires pastorales, forestières, halieutiques. Pourtant ce sont des domaines intéressants qui posent d'énormes problèmes en milieu rural. Cela montre que le conseil rural ne dispose pas de ressources humaines et financières adéquates lui permettant d'embrasser totalement tous les domaines de sa compétence. A ce manque de moyens humains, vient s'ajouter une insuffisance de moyens matériels. En effet, les communautés rurales souffrent réellement d'un important manque de moyens. Les moyens de déplacement font défaut comme dans la plupart des communautés rurales. Pour remplir leurs missions, les commissions sont obligées d'utiliser des moyens précaires (charrettes, marche à pied), ce qui rend l'exécution de leurs tâches très difficile, d'autant plus que les commissions doivent nécessairement faire des descentes périodiques dans les villages soit pour recouvrer la taxe rurale, soit pour instruire une demande d'affectation de terre, soit pour régler tout autre problème lié à leurs compétences.

En matière foncière, le conseil rural ne dispose pas des éléments essentiels pour une bonne gestion des terres à savoir le registre foncier et le cadastre rural. Dans ces conditions, il est difficile de faire prospérer le droit des collectivités locales.

Section 3 : Les hésitations des pouvoirs politiques dans le cadre des réformes relatives à la décentralisation

Au-delà des contraintes invoquées ci-dessus, d'autres méritent d'être soulevées. Le Sénégal vit une nouvelle ère depuis le 19 mars 2000 avec la victoire de l'opposition dirigée par Maître Abdoulaye Wade aux élections présidentielles. Cette date est un tournant décisif dans l'histoire politique et constitutionnelle du Sénégal. Les nouveaux dirigeants ont manifesté leur intention de changer de politique de

[357]La commission des finances intervient dans le recouvrement de la taxe rurale et de la gestion des fonds de la communauté rurale.

[358]La commission domaniale joue un rôle essentiel dans le cadre de l'instruction des dossiers de demande d'affectation des terres et de règlements des conflits fonciers.

décentralisation au moment où les acteurs locaux n'ont pas encore maîtrisé le système en vigueur compte tenu de sa relative jeunesse. Cette situation est perçue comme une contrainte qui se manifeste par l'instabilité institutionnelle qui résulte de la volonté du nouveau régime d'introduire dans le système juridique sénégalais un droit nouveau de la décentralisation. En outre, nous décelons des hésitations dans la démarche des nouveaux dirigeants, hésitations qui apparaissent à travers les différents projets de réforme avec des orientations différentes voire contradictoires.

Nous allons dans le cadre de cette étude livrer les raisons évoquées par les pouvoirs publics pour ensuite aborder le contenu des différents projets de réformes et les aménagements apportés au code des collectivités locales.

D'après l'exposé des motifs, des dysfonctionnements et des errements récurrents justifient une telle refondation. Il résulte de cet avant-projet de juin 2001 que les collectivités locales ne connaissent pas le dynamisme attendu. Elles peinent à prendre leurs marques entre l'État et les collectivités de base comme structures intermédiaires de programmation et de coordination du développement. Il est vrai, à cet égard, que l'absence d'une fiscalité propre les soumet aux aléas de la trésorerie de l'État.

Quant aux communes et communes d'arrondissement, des conflits périodiques les opposent du fait de l'enchevêtrement des attributions de leurs conseils et des pouvoirs de leurs maires. Pour leur part, les communautés rurales restent confrontées à un sous-équipement structurel du fait de la modicité de leurs budgets.

Enfin, dans la plupart des collectivités locales, existe une réelle sous-administration puisque leurs édiles peinent à trouver des agents publics qualifiés pour assurer la direction de leurs services publics.

Il convient dès lors pour le nouveau régime de tirer les conséquences de ces situations en présentant un nouveau dispositif qui rénove l'action publique locale suivant trois directions:

-l'amélioration de la qualité et de la proximité des services rendus aux citoyens ;

-l'autonomie financière effective des collectivités décentralisées;

-l'harmonisation et la cohérence du cadre institutionnel à travers notamment la création de communes sur l'ensemble du territoire.

Ainsi, à côté des communes qui existent déjà, les 320 communautés rurales seront transformées en communes rurales.

Au surplus, le même projet considère que la communauté rurale sera le pendant de la communauté urbaine en milieu rural, donc une personne morale de droit public née de l'association de plusieurs communes rurales sises dans le périmètre d'un même arrondissement.

Deux projets de réformes ont vu le jour : Le premier est oublié compte tenu des résistances manifestées par l'opinion publique sénégalaise et le second est à l'ordre du jour. Il s'agit du projet dit de provincialisation et de départementalisation.

La provincialisation tentée par les pouvoirs publics vise le découpage du territoire national en un certain nombre de provinces dotées de la personnalité juridique et de l'autonomie financière. Il s'agissait pour les nouveaux dirigeants de réconcilier le Sénégal avec son histoire, son passé, sa culture et ses traditions pour bâtir une nation. Ce projet a connu de vives critiques de la part des acteurs socio-politiques. C'est dans cette optique que Ibrahima M'Bodj affirme dans le quotidien national *Le soleil* que « le retour aux noms des anciennes provinces serait donc plus à même de créer une étincelle qui galvanise les énergies puisque la simple évocation de celles-ci déclenche toujours des réactions affectives, car il s'agit d'un lien très fort qui unit un individu à un terroir et à son histoire[359] ».

Jugé dangereux compte tenu des risques de rivalités interethniques et des féodalités rétrogrades, ce projet a été abandonné par le président Abdoulaye Wade au profit de la départementalisation.

A la suite de l'abandon du projet de provincialisation, les nouveaux dirigeants n'ont pas tardé à réagir en introduisant le projet de départementalisation, ce qui confirmait leur volonté ferme de changer de politique de décentralisation. Ce projet a prévu les innovations suivantes :

-l'érection du département en une collectivité décentralisée, personne morale de droit public sui generis. Il constitue le cadre institutionnel de la participation des citoyens aux actions de développement. Il s'administre librement par une assemblée élue pour les deux tiers de ses membres par les conseillers municipaux et les conseillers des communes rurales de la circonscription départementale

---

359 I. MBODJ, « Projet de réforme territoriale », *le Soleil*, 03 juillet 2001, p 3.

et pour un tiers de ses membres par les élus des chambres consulaires ayant leur ressort dans le département ;

-l'institution d'une fiscalité propre aux départements et comprenant, outre la fiscalité transférée ou partagée par l'État avec le département, de nouveaux impôts départementaux (taxe départementale, taxe professionnelle, taxe d'urbanisation, impôt foncier sur les grandes superficies, entre autres) ;

-la création d'Agences Régionales de Développement (A.R.D.) regroupant les départements et les collectivités locales d'une même circonscription administrative régionale. Ces organes permettront de penser le développement sur des territoires pertinents et de renforcer les dynamiques de solidarité existantes;

-la suppression des communes d'arrondissement qui marque le retour à un système de gestion urbaine fondé sur le principe de l'unité de la ville ;

-l'encouragement de la coopération entre collectivités par la simplification de la procédure de création des groupements mixtes créés désormais par voie réglementaire (décret) et non plus par la loi, ainsi que la possibilité pour les communes rurales de se regrouper au sein de communautés rurales constituées dans les mêmes conditions que les communautés urbaines ;

-l'amélioration de l'exercice du contrôle de légalité à travers la fixation d'un délai aux exécutifs des collectivités locales et des départements pour la transmission de leurs actes ;

-la nomination des secrétaires généraux des communes rurales, communes et départements par les présidents d'assemblée départementale et maires sur une liste proposée par le Ministre chargé des collectivités locales.

A travers ces mesures, le gouvernement vise à mettre un terme à la sous-administration actuelle de bon nombre de collectivités locales défavorisées par leur faible envergure financière ou leur situation géographique.

Parallèlement à ces projets de réforme, le gouvernement a apporté quelques modifications au Code des collectivités locales. L'article 106 de la loi de 1996 qui posait le principe de l'incompatibilité de l'exercice de certaines fonctions avec certains mandats a été modifié par la loi n°16-2002. Il est permis désormais aux directeurs généraux et aux présidents de conseil d'administration des sociétés publiques ou para- publiques d'être à la tête des collectivités locales s'ils sont élus.

Cet aménagement a été vivement critiqué par une partie de l'opinion publique sénégalaise qui considère ceci comme une entorse au droit des collectivités locales compte tenu du risque réel que cette mesure peut avoir dans le jeu politique local.

Au total, avec le changement de gouvernants en 2000, une question s'est très vite posée : les nouvelles autorités vont-elles poursuivre la décentralisation initiée par leurs prédécesseurs ou impulser une nouvelle forme de décentralisation. Initialement, les proclamations d'intention du nouveau pouvoir furent radicales : il faut redéfinir et redimensionner la décentralisation au Sénégal sur la base de ce qui était appelé la « *provincialisation* » et la communalisation de l'ensemble du territoire. Les réactions mitigées, controversées voire polémiques suscitées par le projet d'une nouvelle décentralisation ont amené les gouvernants à renoncer à réinventer la décentralisation sans pour autant à vrai dire adhérer à l'idée de continuer la décentralisation telle qu'elle avait été mise en œuvre jusque-là par leurs prédécesseurs.

Cette hésitation entre l'option simple et réaliste de poursuite de l'ancien et la volonté politique d'innover s'est traduite en un premier temps, à la faveur de l'expiration des mandats des élus locaux et des difficultés matérielles d'organisation des élections, par l'instauration (à titre provisoire) des délégations spéciales pour se donner un temps de réflexion ou pour révéler à l'opinion une forme alternative de gestion locale.

La parenthèse des délégations spéciales fermée sous les contraintes normatives et le rythme de renouvellement des mandats locaux repris, l'État semble opter pour une politique de continuité dans le domaine de la décentralisation, à tout le moins sans bouleversement majeur faute de bénéficier de l'adhésion sur sa réforme de décentralisation mal expliquée et mal comprise, une continuité qui, à force de n'impulser aucune dynamique innovante, ressemble à bien des égards à du piétinement, du stationnaire mettant l'ensemble des acteurs de la décentralisation (ministères, collectivités locales, organisations de la société civile, simples citoyens, partenaires au développement appuyant la décentralisation) dans une sorte de malaise remettant en cause des espoirs exprimés au lendemain des années 90.

A côté des obstacles généraux, nous avons identifié une catégorie de contraintes spécifiques qui mérite une attention particulière dans le cadre de la décentralisation.

CHAPITRE II : UNE DÉCENTRALISATION PARADOXALE

Comme nous l'avons précisé plus haut, il existe des contraintes générales mais aussi spécifiques. La première catégorie de contraintes réside dans le contournement de la procédure du déféré par les autorités locales occasionnant ainsi des conséquences non souhaitables au regard de l'effectivité du contrôle de la légalité des actes locaux.

La seconde catégorie de contraintes spécifiques résulte de l'effectivité de la gestion des compétences transférées et, à titre d'illustration, il est intéressant de choisir la question foncière. En réalité, l'un des domaines de compétence les plus importants et les plus sensibles constitue la gestion foncière mais le paradoxe est de constater un rendez-vous manqué entre la décentralisation et le foncier. Il faut remarquer que pratiquement partout en Afrique occidentale le foncier ne fait pas partie des compétences transférées à part quelques exceptions ; l'État entend conserver la maîtrise de la terre, même si des évolutions inverses commencent à être esquissées dans certains pays[360].

La gestion domaniale et foncière, plus encore que le contrôle du foncier, devrait constituer la compétence fondamentale des autorités locales, en particulier celles dites du niveau de base. Cette compétence échappe largement aujourd'hui à ces pouvoirs publics locaux. Or, le contrôle de la terre permet d'abord l'exercice des compétences de base des collectivités, par exemple l'aménagement de l'espace, la mise en place des voiries et équipements de base, les lotissements dans les zones urbaines. La gestion domaniale et foncière permet ensuite de créer les conditions d'une meilleure disponibilité des ressources locales. Et pourtant, dans presque tous les États de l'Afrique de l'Ouest et au Sénégal en particulier, la question de la terre est évoquée de manière confuse dans les énumérations de compétences, même s'il est recouru systématiquement à l'affirmation du principe général de

---

360 Alain Rochegude, « Foncier et décentralisation, Réconcilier la légalité et la légitimité des pouvoirs domaniaux et fonciers » in *Retour au foncier*, *Bulletin du LAJP*, 2001

compétence pour les affaires d'intérêt local, classique en droit de la décentralisation ou des collectivités locales[361].

A la lumière de ce qui précède, nous allons accorder une place privilégiée à la gestion foncière dans la décentralisation car cette compétence constitue un enjeu important pour le développement des collectivités locales au Sénégal. D'ailleurs, la gestion foncière et la décentralisation sont indissociables en droit sénégalais compte tenu de la volonté des pouvoirs publics de confier la gestion de la terre aux collectivités locales.

Ainsi, il y a lieu d'analyser les contraintes spécifiques à travers la décentralisation à l'épreuve de la gestion foncière. Le domaine national dont la gestion est confiée aux communautés rurales pose un problème certain au regard de la décentralisation. Le foncier est en effet un enjeu politique fort et une des données fondamentales de la vie locale. Mais, comme on va le voir, il existe un fossé entre les attentes et les réalités.

Pour mieux cerner les modalités et les contraintes de la question foncière en milieu décentralisé, il est nécessaire d'abord d'étudier le contournement de la procédure du déféré préfectoral (Section 1), la complexité des rapports entre la décentralisation et la gestion foncière (section 2) avant d'aborder les incohérences du système juridique de la décentralisation foncière (section 3) .

Section 1 :
Le contournement de la procédure du déféré préfectoral

Le contrôle de légalité des actes locaux comme substitut moderne de la tutelle préfectorale s'est révélé progressivement peu glorieux au regard de la pratique. Soucieux de préserver ses rapports avec les élus locaux, le préfet use du déféré avec parcimonie et préfère le plus souvent la négociation avec les autorités locales[362].

La négociation entre le représentant de l'État et les élus locaux constitue une réalité incontestable. Tous les rapports du gouvernement français au parlement sur le contrôle a posteriori des actes des

---

361 Eod.loc.

362 Portelli, H., « Le local et la crise du droit », in *La décentralisation en France*, Découverte, 1996, p.52.

collectivités locales et des établissements publics locaux soulignent que le déféré est un moyen ultime à ne mettre en œuvre qu'après l'échec de la négociation, et constatent que la concertation systématique et le dialogue quotidien et argumenté ont permis d'éviter que de nombreux litiges ne débouchent sur une action contentieuse[363]. Ainsi, les préfets dialoguent avec les élus et ne défèrent que très exceptionnellement les actes de ces derniers devant les juridictions administratives.

La concertation est privilégiée dans tous les cas, et ce jusqu'au dernier moment, c'est-à-dire jusqu'à l'expiration du délai de deux mois, pendant lequel le représentant de l'État peut saisir la juridiction administrative[364].

Le développement de cette forme de contrôle pré- juridictionnel par concertation a d'ailleurs reçu une consécration procédurale du Conseil d'État. Il a opté pour une affirmation des pouvoirs du représentant de l'État conforme à la tradition de l'organisation du système politico- administratif local et a ainsi interprété respectivement les dispositions législatives qui tendraient à mettre en place un mode de contrôle des actes essentiellement confié au juge administratif et dans lequel le préfet n'aurait joué qu'un rôle limité à la transmission des actes qu'il estime illégaux, perdant ainsi son rôle de négociateur avec les autorités locales. Il s'agit là d'une reconnaissance d'une phase pré-contentieuse. Aux termes de sa jurisprudence « Commissaire de la République d'Ille-et-Vilaine »[365], le juge administratif, à défaut de donner un statut juridique à la négociation préalable au déféré, va en reconnaître tacitement l'existence, lui conférer un début d'aménagement procédural et étendre de façon très sensible la durée de la négociation lorsque le préfet a pris la précaution de faire parvenir, dans les deux cas de transmission, une lettre d'observation à l'autorité locale. Cette décision constitue un élément décisif du statut juridique de la phase administrative du contrôle de légalité, et témoigne de l'importance de la régulation administrative dans le cadre de la décentralisation. Non seulement elle a permis ainsi aux préfet d'allonger la durée de la phase

---

[363] Rapports publiés par la Direction des collectivités locales.
[364] Martin S., *Contrôle a posteriori de la légalité des actes des collectivités locales*, BERGER LEVRAULT, octobre 1990.
[365] CE 18 avril 1986, décision précitée.

de négociation mais encore elle a neutralisé les effets de l'article 3 alinéa 1 de la loi de 1982 qui semblait bien imposer aux préfets une obligation de déférer les actes qu'ils estiment illégaux[366]. Cette interprétation avait trouvé certains adeptes dans la doctrine mais aussi dans la jurisprudence comme l'attestent certaines décisions rendues par les tribunaux de premier degré. Or, comme nous l'avons montré plus haut, le Conseil d'État en a implicitement fait un pouvoir discrétionnaire renforçant du même coup la marge de manœuvre du préfet dans sa politique de négociation avec les collectivités locales.

Le juge administratif contribue donc à créer les conditions favorables au pouvoir de négociation du préfet. C'est ainsi le cas dans l'hypothèse d'une transmission incomplète des actes de l'autorité locale. On peut estimer que l'interruption du délai de recours admise par le juge administratif dans le cas où le représentant de l'État considérerait que la transmission de l'acte est incomplète et ne lui permet pas d'apprécier la légalité de l'acte transmis, prolonge les possibilités de dialogue et d'échanges avec les autorités locales.

La négociation constitue donc un instrument de dissuasion dans le dialogue permanent entre le représentant de l'État et les collectivités locales, et même dans l'hypothèse d'une concertation infructueuse avec les autorités locales, la phase contentieuse semble s'imposer sans pour autant remettre en cause le pouvoir d'appréciation du préfet lorsque la légalité des actes est douteuse. En effet, le déféré de l'acte illégal au tribunal administratif ne clôture pas la procédure. Parallèlement à l'instruction de l'affaire par le juge, le dialogue se poursuit entre le représentant de l'État et l'autorité locale. Le représentant de l'État dispose d'un argument persuasif, le désistement. Il peut donc continuer à négocier avec l'autorité locale jusqu'à la clôture de l'instruction. Ce dispositif a des incidences qui se traduisent par la marginalisation du juge administratif.

L'une des conséquences majeures des négociations entre le préfet et les élus en dehors du prétoire est la marginalisation du juge administratif qui devrait pourtant constituer un maillon incontournable dans la régulation de la légalité des autorités locales. Cette marginalisation du juge n'est pas sans conséquence sur la sécurité juridique des administrés. En effet, contrairement aux attentes de

---

[366] HELIN, J-C., « Le préfet, les élus et le juge, réflexions sur le contrôle de légalité des actes locaux », in *La décentralisation dix ans après*, LGDJ, 1993, p.117.

départ, c'est le contraire qui s'est produit, et aujourd'hui le déféré préfectoral est devenu l'exception et la négociation le principe. D'ailleurs, les conclusions rendues sur l'affaire « commune de Saint-Florent » par Laurent Touvet ont le mérite de mettre en exergue le caractère purement théorique du déféré préfectoral[367], peu révélateur de l'exercice du contrôle de la légalité[368]. Ces conclusions précisent qu'en raison d'une conjonction d'éléments parmi lesquels se trouvent les moyens insuffisants, la diversité des intérêts en présence, l'appréciation délicate des actes, le recul du juge lorsqu'il statue, le déféré devait être manié avec précaution[369].

Dans le chapitre intitulé « Des préfets s'expriment » de l'ouvrage *Le retour des préfets*[370], Jean-Michel Marzin explique les raisons qui fondent la marginalisation du juge administratif c'est-à-dire le recours non fréquent du déféré préfectoral. La raison principale évoquée réside dans la pratique systématique de cette information préalable et approfondie de la collectivité dont l'acte est estimé illégal. Selon l'auteur, il ne s'agit pas d'une négociation mais de l'explication par le représentant de l'État de la règle de droit en vigueur et le but à atteindre n'est pas la sanction mais la suppression de l'illégalité. Il poursuit en estimant que si celle-ci peut être obtenue avant l'enclenchement de la procédure contentieuse, c'est tant mieux[371]. Cette marginalisation du juge administratif est donc un objectif recherché par le représentant de l'État.

Ce contournement du contentieux du déféré préfectoral se traduit par des transactions à la limite tolérées par le Conseil d'État à travers la consécration du pouvoir discrétionnaire de l'autorité préfectorale en matière de déféré préfectoral. D'ailleurs, la doctrine a vivement critiqué cette position en montrant de manière pertinente le caractère exagéré de cette position jurisprudentielle surtout au regard de la protection juridique de l'administré. C'est ainsi que le professeur Yves Jegouzo précise que « dans ces conditions, il est donc hautement dangereux, pour l'administré, de ne se fier qu'à l'intercession du préfet pour défendre ses intérêts. Ceci, d'autant plus qu'en admettant

---

367 Caillosse, J., « Un déféré préfectoral pourquoi faire ? », *Pouvoirs locaux*, 2000, n°441, p.52

368 FAVRO, C., « Les communes hors la loi ? » *LPA*, 14 mai 2001, n°95, p.9.

369 CE 6 octobre 2000, décision précitée.

370 *Le Retour des préfets?*, Op.cit.

371 *Eod.loc.*

même, que le représentant de l'État suit effectivement la demande qui lui était faite et saisisse le juge, il est en droit de se désister ensuite »[372]. Cette situation risque de laisser l'administré dépourvu de tout recours et d'en faire un tiers lésé[373] car, en lieu et place d'une assistance juridique, on crée une impasse procédurale.

Section 2 : La complexité des rapports entre la décentralisation et la gestion foncière

Votée le 17 juin 1964 sur l'initiative du Président Léopold Sédar Senghor, la loi sur le domaine national contient dix-sept articles[374]. Ce nombre très restreint pour un texte législatif fait songer par son chiffre à la Déclaration des Droits de l'Homme qui en contient autant[375]. « De quoi s'agit-il ? Il s'agit très simplement de revenir du droit romain au droit négro-africain, de la conception bourgeoise de la propriété foncière à la conception socialiste qui est celle de l'Afrique noire traditionnelle. Tel est le cadeau que le gouvernement entend apporter aux travailleurs urbains et ruraux en ce premier mai, fête du travail [376] ».

Cette conception négro-africaine, qualifiée par Marc Débène de « rêve senghorien »[377], est différente de celle d'André Peytavin. Ce dernier, alors ministre des Finances, voulait mettre en place un droit foncier moderne purgé des coutumes ancestrales. Ce droit aurait comme soubassement ce qu'Étienne Le Roy a appelé le « référent colonial » qui n'est rien d'autre que la transposition des catégories du droit civil français dans le contexte socio-juridique sénégalais.

---

[372] Jegouzo, Y., Le contrôle administratif, in Les nouvelles relations Etat-Collectivités locales, Colloque de Rennes, Documentation française, avril 1990.

[373] *eod.loc.*

[374] Voir exposé des motifs de la loi 64-46 relative au domaine national.

[375] N'DIAYE, I.C., *Les Toucouleurs et les bases socio-juridiques de l'agriculture irriguée. Vers l'émergence de nouveaux dispositifs régulatoires et d'un développement négocié au Sahel*, Thèse de doctorat en droit, Université de Parsi 1, 1998.

[376] Léopold Sédar SENGHOR, *Discours, Conseil national de l'Union Progressiste Sénégalaise (UPS)*, Dakar, 1er mai 1964.

[377] Marc DEBENE et Monique CAVERIVIERE, *Droit foncier sénégalais*, Paris, éd. Berger et Levrault, 1988, pp.70-76.

La gestion foncière repose essentiellement sur le domaine national dont on déterminera la notion et le contenu. Cette notion est définie par l'article 1 de la loi 64-46 qui dispose : « Constituent de plein droit le domaine national toutes les terres non classées dans le domaine public, non immatriculées et dont la propriété n'a pas été transcrite à la conservation des hypothèques à la date d'entrée en vigueur de la présente loi. Ne font pas non plus partie de plein droit du domaine national les terres qui, à cette date, font l'objet d'une procédure d'immatriculation au nom d'une personne autre que l'état ».

Pour déterminer la nature du domaine national, il est nécessaire de faire une systématisation à partir du questionnement de François Leimdorfer[378] qui se demande si le domaine national est considéré comme un bien ou une chose. En s'inscrivant dans la démarche de l'auteur, il y a lieu de souligner que le domaine national n'est pas un bien au sens juridique et économique du terme mais un patrimoine commun que personne ne peut s'approprier comme nous l'avons indiqué plus haut.

Aux termes de l'article 2 de la loi sur le domaine national l'État détient les terres du domaine national en vue d'assurer leur utilisation et leur mise en œuvre rationnelles, conformément aux plans de développement et aux programmes d'aménagement. Ainsi, le domaine national n'appartient ni à l'État, ni aux personnes privées, mais à la nation et intègre, à ce titre, le patrimoine de celle-ci. Cela implique un certain nombre de conséquences dont certaines sont relatives à l'interdiction de la spéculation et de la marchandisation en matière foncière conformément aux articles 13 du décret 64-573[379] et 3 du décret 72-1288[380] ;

La terre est ainsi un outil de travail affecté aux paysans comme le disposent les articles 3 et 19 du décret 72-1288. Ceux-ci y exercent un droit d'usage.

Contrairement à la possession qui est l'exercice d'un pouvoir de fait, la propriété se définit comme "un droit exclusif et individuel"[381].

---

[378] LEIMDORFER, F. - " *Le droit comme discours : l'exemple de la loi sénégalaise sur le domaine national* " la Contribution du droit au développement de l'Afrique, Cité par Ibra Ciré N'diaye, op.cit, p.84.

[379] *Journal Officiel de la République du Sénégal* du 29 août 1964, p.1183.

[380] *Journal Officiel de la République du Sénégal* du 18 novembre 1972, p.1884.

[381] CHABAS, F. ; MAZEAU, H. ; *et alii. - Biens : droits de propriété et ses démembrements*, Paris, Montchrestien, 1984, p.152.

Le propriétaire peut pratiquer la spéculation foncière de son patrimoine contrairement au détenteur. On peut dire que le premier exerce un pouvoir de droit qui lui confère une maîtrise matérielle sur la chose, qui par mutation est devenue un bien.

L'État détenteur du domaine national, peut devenir "propriétaire" en vertu du principe d'expropriation pour cause d'utilité publique[382]. Par ce procédé, l'État peut élargir son domaine et celui des particuliers. Mais il faut préciser que le principe de l'expropriation ne doit s'appliquer qu'aux cas de propriété résultant d'un titre. Dès lors que le domaine national exclut la propriété, on ne peut plus parler d'expropriation pour ces terres-là mais seulement pour les terres immatriculées, sinon, il faut parler de purge des droits coutumiers. Cette conduite vide le domaine national de son contenu initial. Ce risque qu'Etienne le Roy prévoyait[383] se matérialise au fil des années car le domaine national subit des grignotages progressifs de certains agents de l'État, des marabouts tijanes et mourides et de paysans influents appuyés soit par des marabouts soit par l'État, chaque catégorie faisant valoir son réseau de pouvoirs dans le contexte d'aménagements de la vallée du fleuve Sénégal[384].

Selon Jean Chabas, l'État est en réalité propriétaire car « c'est l'esprit de la loi »[385]. Samba Traoré partage cet avis et affirme : « l'État est bien propriétaire du domaine national puisque beaucoup de possibilités lui sont offertes pour se comporter comme tel. »[386].Pour comprendre la portée de la notion de la détention qui renvoie à un droit toujours relatif, souvent imprécis et parfois précaire, il faut situer

---

[382] Article 13 de la loi sur le domaine national " L'Etat peut requérir l'immatriculation des terres du domaine national constituant des terres ou affectées par décret en vertu de l'article 11 que pour la réalisation d'opérations déclarées d'utilité publique ".

[383] Le ROY, E. - Système foncier et développement rural. - Thèse pour le doctorat de droit, Université de Paris I, 1970.

[384] LE ROY, E. " *La loi sur le domaine national a vingt ans : joyeux anniversaire ?* ", Mondes en développement, n°52, 1985, pp.667-685.

[385] CHABAS, J. "La propriété foncière en Afrique noire, l'immatriculation et l'inscription des droits réels", Paris, *Jurisclasseur Civil*, annexe 2, fasc. A, 1957, p.7. Voir aussi, " *Le domaine national au Sénégal* ", Annales africaines, 1963, p.33.

[386] TRAORE, S. "La plus ancienne réforme d'Afrique francophone doit s'adapter aux nouveaux enjeux" *Mobilisation de la terre dans les stratégies de développement rural en Afrique noire francophone*, Paris, APREFA-LAJP, (sous la responsabilité d'Etienne Le Roy), 1992, p.250.

la novation sémantique dans le cadre d'une opposition entre l'expropriation (civiliste) et les droits de conservation (traditionnels) détenus par le chef de la terre, que la loi ne mentionne pas mais qui sont évoqués dans les travaux préparatoires et par les considérations introductives lors de la présentation du texte au parlement. L'idée de la réforme est de dépasser dialectiquement l'opposition entre deux notions considérées comme inefficaces. Si appropriation il peut y avoir, elle est reconnue implicitement à la nation qui n'a cependant pas d'autres moyens d'expression que l'État et ses organes constitutionnels. L'État ne détient qu'à charge d'affectation[387].

En outre, et en synthétisant les arguments de cet auteur, ce n'est pas faire preuve de préjugés que de faire remarquer que si l'Afrique pré-coloniale connaissait la propriété privée elle en avait soigneusement exclu l'application dans les rapports fonciers, non seulement sous la forme privative mais aussi sous la forme publique ou collective.

Cette précision étant faite, il y a lieu d'analyser de préciser que la complexité des rapports entre les collectivités locales et le domaine national apparaît à travers un paradoxe : Il s'agit d'un couple inséparable mais ses rapports sont toujours ambigus.

§1 : Les collectivités locales et le domaine national, un couple indissociable

La question foncière a été l'une des questions les plus délicates que le Sénégal ait dû affronter au moment de l'Indépendance. La loi du domaine national, promulguée en 1964, a été réalisée pour supprimer les tensions et les conflits dérivant de la coexistence d'un régime foncier traditionnel au sein duquel la terre est un patrimoine inaliénable et collectif.

L'objectif « théorique et déclaré » de la loi sur le domaine national de 1964 était donc de garantir aux masses rurales l'accès à la terre. L'élément essentiel de cette loi a été la création d'un domaine national couvrant la presque totalité du territoire : la terre devient un

---

387 Etienne Le Roy, "Réforme foncière et stratégie du développement. Réflexions à partir du cas sénégalais", *AFRICAN PERSPECTIVES*, 1979.

patrimoine commun que personne ne peut s'approprier. C'est le grand rêve national de Senghor.

Selon le croisement de critères socio-économiques, géographiques et écologiques, la loi sur le domaine national établit la division en quatre zones du territoire domanial :

-les zones des terroirs qui correspondent au « monde rural » et sont définies comme les « zones régulièrement exploitées pour l'habitat, la production et l'élevage rural » ; celles-ci constituent environ 60% du territoire domanial et ont été divisées en communautés rurales, dont la gestion a été attribuée à des organismes à base élective créés spécialement en 1972 ;

-les zones classées constituées par des zones forestières et soumises à un régime particulier de protection ;

-les zones pionnières constituées par des zones délimitées par décret et devant abriter des projets et des initiatives de différente nature ;

-les zones urbaines constituées par les terres du domaine national situées sur les territoires des communes et des « groupements d'urbanisme ».

Les critères à la base de cette division en grandes zones reflètent la complexité et la multiplicité des objectifs de la loi sur le domaine national. La nouvelle loi a été établie pour la mise en place d'un cadre de développement économique et social centré sur les stratégies de développement à la base, communautaire ou individuelle. Ce dernier aspect était « théoriquement et sur le papier[388] » le plus important dans la mesure où il tendait à la promotion sociale de la population rurale, « couche nationale la plus nombreuse et la plus déshéritée ».

Les personnes occupant et exploitant personnellement des terres dépendant du domaine national à la date d'entrée en vigueur de la présente loi continueront à les occuper et à les exploiter. Le domaine national, au moins dans sa plus vaste expression, correspond à un modèle de mise en valeur de type traditionnel. Le caractère dominant est plus la stabilisation qu'une volonté de modernisation ou l'intention

[388]Voir "Exposé des motifs de la loi 64-46 relative au domaine national".

d'en faire une réforme agraire. Le domaine national a été pensé pour rattacher les hommes à la terre et ralentir l'exode rural.

Le paysan travaille comme le faisaient ses pères sur les terres de ses ancêtres qui, de plus, lui sont attribuées par l'administration. Mais en réalité le paysan ne jouit que d'une autorisation d'exploiter le sol. La réalité juridique se superpose et s'oppose au rêve paysan. La solution sénégalaise - absence de droit du sol - est originale et ambiguë mais, comme on le verra plus loin, ni n'implique ni ne signifie précarité.

Pour atteindre les buts de la loi, il fallait constituer des institutions appropriées capables de s'opposer aux « forces traditionnelles féodales ». C'est pourquoi la loi sur le domaine national est donc intimement liée, dans sa conception et dans son application, à la réforme administrative et ses effets dépendent étroitement du fonctionnement des organes et des institutions créés dans le cadre de la décentralisation administrative mais aussi de l'environnement économique, politique et social.

Les nouvelles collectivités sont des éléments essentiels du régime foncier et, parmi les pouvoirs qui leur sont conférés, la gestion des « zones de terroirs » est considérée comme l'un des plus significatifs et des plus chargés de conséquences. Elles constituent l'unité de base du système politique sénégalais.

L'organisation foncière sénégalaise est centrée sur une unité politico-administrative relativement nouvelle et « artificielle », de toute manière en dehors du système traditionnel de distribution de la terre. Le niveau de « village » - où s'exerce le système de gestion traditionnel - est totalement absent du nouveau cadre de réglementation.

Il ressort de ces orientations que la gestion du domaine national est tributaire de la décentralisation mais que les rapports entre les deux sont toujours flous.

§2 : La décentralisation et le domaine national, un couple problématique

La réforme foncière au Sénégal a multiplié les conflits et les tensions au sein des familles et des villages, dans les nouvelles institutions et entre ces dernières et les autorités traditionnelles. Les conflits habituels n'ont pas disparu. Au contraire, ils éclatent avec plus de violence à cause des enjeux économiques et politiques liés à la réforme et à l'acuité des facteurs climatiques et démographiques. La vision du professeur Samba Traoré, l'un des plus attentifs observateurs de la situation foncière au Sénégal, est totalement négative et elle illustre synthétiquement toute la complexité des effets de l'application et de la « non-application » de la réforme.

En général, le cadre que le spécialiste trace de l'impact et des effets de la loi sur le domaine national est essentiellement triste. La loi sur le domaine national vit et se marie avec des pratiques traditionnelles qu'elle a elle-même abolies et le Sénégal est un exemple excellent de cohabitation entre tradition et loi étatique. Sur ce point, tous les chercheurs sont d'accord.

Le système foncier sénégalais reste essentiellement coutumier spécialement dans certaines zones du pays, et en particulier dans les régions du Nord où l'État a rencontré de nombreuses et sérieuses difficultés en essayant de faire appliquer cette loi. Il a été obligé d'accepter de nombreuses situations de compromis entre système officiel et système traditionnel, quand il n'a pas été contraint de renoncer à intervenir dans les zones encore totalement contrôlées par les autorités traditionnelles[389].

En général l'application partielle de la loi ainsi que sa coexistence et son intégration avec les formes traditionnelles de « land tenure » ont produit une série d'effets négatifs. La première conséquence a été la consolidation d'un climat général d'incertitude et de confusion où la superposition de différentes sphères de compétence et de différents types d'autorité a provoqué tant l'intensification de vieux conflits que la naissance de nouvelles tensions.

Lorsque la loi sur le domaine national est effectivement appliquée et que les communautés rurales interviennent dans la distribution de la terre, il faut considérer attentivement la nature de leur intervention, les effets et l'impact réel des décisions prises.

Dans les intentions des législateurs, le nouveau cadre devrait s'opposer à l'immense pouvoir de l'aristocratie de la terre qui proliférait alors ; il devait faire disparaître les spéculations et surtout abolir les redevances que les paysans payaient aux *lamanes*, les seigneurs de la terre. Non seulement le système de redevances

---

[389] Cf. au Titre 2 sur les résistances des autorités traditionnelles.

représentait un poids toujours croissant sur l'économie du paysan, mais il provoquait aussi une surexploitation des terrains avec pour conséquence le dangereux processus de la dégradation des sols.

La volonté de libérer le paysan de l'exploitation des « maîtres de la terre » et de garantir l'accès égalitaire à celle-ci, objectif fondamental de la réforme de 1964, risque de demeurer un vœu pieux si le processus de gestion de la terre ne tient pas compte de deux conditions fondamentales et interdépendantes : l'emprise de la tradition et l'apparition de nouvelles formes de monopole et de domination économique et sociale du paysan.

Les effets réels de la loi foncière dépendent directement de la capacité de la communauté rurale et de ses organes à représenter le monde rural et à s'exprimer en tant que structure démocratique. Leurs premiers bilans d'activités sont en général négatifs. Ils expriment la faiblesse et « l'absence relative » de la nouvelle institution qui utilise une partie minime de ses compétences théoriques.

La principale limite de la communauté rurale est d'être devenue le premier maillon de la chaîne de la « politique politicienne » sénégalaise en milieu rural et d'avoir été absorbée par les partis au pouvoir. En son sein se livrent des luttes intestines entre clientèle et factions ayant pour résultat l'affaiblissement de la capacité de représentation démocratique des nouvelles structures.

La « faiblesse démocratique » de la communauté rurale peut se trouver dans deux situations différentes mais également « dangereuses » pour la pleine réalisation de l'esprit qui est à l'origine de la loi sur le domaine national.

Premièrement lorsque les autorités traditionnelles « occupent » le conseil rural et s'approprient « les nouvelles charges », le droit sénégalais ne peut empêcher un « chef traditionnel » d'être élu conseiller ou président et, le cas échéant, le droit moderne ne peut que « consacrer » son autorité et renforcer son assise locale en lui conférant une fonction publique.

Les rapports traditionnels de fait tendent à résister et à se présenter sous des formes nouvelles même lorsqu'ils semblaient absents et le conseil rural doit refléter en partie cette réalité. Mais le phénomène semble être relativement atténué et surtout compréhensible. La résistance de l'autorité domaniale moderne au moyen de l'occupation des nouvelles instances de décision semble compréhensible et naturelle. Cette situation ne pourra être dépassée que par la transformation des mentalités et des pratiques, processus nécessairement lent et contradictoire.

La « résistance » de la tradition foncière est une question très complexe qui se présente sous différentes formes dans certaines zones ethniques et culturelles du pays, alors qu'elle est totalement absente dans d'autres. Par exemple dans certaines zones de la Casamance, où le « lamanat » n'a jamais existé et où l'utilisation de la terre était gratuite et égalitaire, existent de fortes résistances à l'application de la loi domaniale, qui proviennent donc d'une autre sphère de motivations. Les problèmes d'application de la loi sur le domaine national ne se limitent donc pas à la résistance de la tradition mais concernent aussi d'autres types de raisons.

Le deuxième cas de « faiblesse démocratique » se rencontre lorsque de nouvelles forces économiques et politiques « occupent et monopolisent » les nouvelles instances de représentation et utilisent en leur faveur leurs pouvoirs en matière foncière.

La loi a réussi, au moins en partie, à dépouiller et à miner les positions de rente de l'aristocratie de la terre qui était florissante au moment de sa promulgation. La réforme du domaine national a pu réduire et restreindre les inégalités traditionnelles d'accès à la terre, mais l'utilisation de la loi foncière a, de fait, substitué d'autres discriminations et a permis la création et la consolidation de nouvelles positions de rente.

La spoliation relative de la classe « aristocratique » traditionnellement plus favorisée s'est effectuée en faveur des classes dites bureaucratiques, d'une nouvelle « bourgeoisie foncière » qui s'épanouit dans les campagnes sénégalaises et qui s'enrichit grâce à la spéculation. Cette évolution semble être, d'après certains analystes qui prônent la privatisation pure et simple, une conséquence logique du caractère excessivement utopiste et naïf de la loi sur le domaine national.

Le seul ouvrage concernant la loi sur le domaine national, celui de Caverivière et Debène (1988), souligne de quelle manière celle-ci est imprégnée du rêve négro-africain de Senghor : la dimension communautaire héritière de la tradition négro-africaine forme tout le cadre législatif, les règles de répartition des sols comme les règles de leur administration.

Il s'agissait alors de trouver les valeurs authentiques négro-africaines : l'accès gratuit à la terre pour le paysan et sa

« stabilisation » liée à la mise en valeur. Il faut rappeler, à ce propos, qu'en 1964, date de la promulgation de la loi, la communauté rurale n'existait pas en tant qu'entité administrative. C'était donc la communauté, (aujourd'hui représentée par le conseil rural élu par la population) au sens strict du terme, qui devait distribuer la terre.

Affirmer que la terre est attribuée à ceux qui la travaillent, de fait, signifiait et signifie encore sous-estimer les rapports sociaux, l'existence de couches dominantes, bureaucratiques et de marabouts pouvant modifier la logique foncière à leur profit. La loi sur le domaine national non seulement n'a pas résolu le problème de la répartition inégale des terres et n'a pas produit de réforme agraire, mais a provoqué selon certains auteurs une augmentation de la concentration foncière. Si une volonté de réforme a existé, elle a été mise de côté et subordonnée à la volonté de maintenir le statu quo.

La plupart des spécialistes ayant travaillé dans sur ces problématiques ont une vision négative de l'impact de la loi sur le domaine national.

Mais d'autres auteurs au contraire soulignent et mettent en évidence des aspects positifs de l'application de la loi et de l'œuvre des communautés rurales en matière domaniale. Déjà en 1980 E. Le Roy[390], l'un des principaux spécialistes de la question foncière en Afrique, voyait dans l'action des communautés rurales l'apparition d'un « droit foncier local ». Le symptôme de cette évolution qu'il considérait comme positive serait une adaptation aux conditions locales du règlement des conflits, une simplification des procédures de preuve, une plus grande attention aux données techniques et écologiques due au fait que les conseillers sont des paysans de la région connaissant mieux que quiconque les terres et, enfin, une orientation moderniste de certaines décisions.

L'examen de l'ensemble des lois et décrets régissant la décentralisation et la gestion du foncier au Sénégal permet sans aucun doute de faire ressortir les contradictions et concepts porteurs de conflits. Il est intéressant de montrer les adaptations exigées par le code des collectivités locales avant de montrer les contradictions entre

---

390 Etienne Le Roy, " L'émergence d'un droit foncier local au Sénégal " *Dynamiques et Finalités des droits africains*, Paris, Economica, 1980.

système foncier et système forestier et celles entre système foncier et système pastoral.

C'est moins dans le Code des collectivités locales que dans la loi n° 96.07 du 22 mars 1996 portant transfert de compétences aux régions, aux communes et aux communautés rurales et dans son décret d'application n° 96.1130 du 27 décembre 1996 que la législation foncière connaît des réaménagements.

Toutefois, l'examen de ces réaménagements ne se fera que par rapport à la nouvelle configuration des compétences et à leur exercice, et non par rapport aux dispositions et concepts porteurs de conflits. L'article 17 de la loi portant transfert de compétences est rédigé comme suit : « Dans le respect des principes et dispositions de la loi sur le domaine national et du Code du domaine de l'État, en tout ce qui n'est pas contraire à la présente loi, les compétences sont transférées aux régions, communes et communautés rurales en matière domaniale concernant la gestion et l'utilisation du domaine privé de l'État, du domaine public et du domaine national »[391]. C'est ainsi que l'État peut céder aux collectivités locales tout ou partie de ses biens meubles ou immeubles relevant de son domaine privé ou passer des conventions avec ces collectivités portant sur l'utilisation desdits biens. L'État peut ainsi faciliter l'accès à la pleine propriété pour les collectivités locales, de tout ou partie des terrains de son domaine privé ou simplement permettre le droit d'usage pour ces collectivités. Sur le domaine public fluvial, tous les projets et opérations initiés par les collectivités locales, par l'État ou toute autre personne physique ou morale exigent désormais, soit l'autorisation du conseil régional par délibération, après avis de la commune ou de la communauté rurale du lieu du projet, soit la décision de l'État après consultation du conseil régional, sauf impératif de défense nationale ou d'ordre public. Sur le domaine national également, les projets et opérations initiés par l'État se font après consultation du conseil régional et de la communauté rurale du lieu du projet et de l'opération..

Toutefois, les terrains du domaine national situés en zone urbaine peuvent être immatriculés au nom de l'État et affectés aux communes éventuellement pour servir d'assiette à des projets d'équipements collectifs. La propriété de ces terrains immatriculés reste à l'État dans

[391] Nous assistons à des contradictions sérieuses entre les différents textes.

le cadre des lotissements, même si c'est le maire qui préside la commission d'attribution des parcelles issues de ces lotissements[392].

Il ne fait pas de doute que, désormais, c'est l'agencement des compétences, c'est-à-dire leur ordonnancement qui constitue une source potentielle de conflits. Si l'on considère que les collectivités locales vont chercher à profiter de façon logique et légitime des ressources foncières que la régionalisation met à leur disposition, et si l'État utilise ses prérogatives de contrôleur de la légalité a posteriori, il n'est pas exagéré d'affirmer que le contentieux foncier est à venir.

A l'image des textes concernant le régime foncier, ceux concernant les ressources forestières contiennent aussi des notions, termes et concepts porteurs de conflits. Le Code forestier, à lui seul, peut être considéré comme un nœud de conflits[393]. Son examen, tant dans sa partie législative que dans sa partie réglementaire, permet de relever que ses rédacteurs ont voulu introduire le concept d'appropriation sur les arbres plantés par les particuliers sur le domaine national, alors même que ce dernier est insusceptible d'appropriation privée. Les droits d'usage, les droits d'exploitation des forêts, les transactions, les saisies et confiscations, les défrichements, les pâturages en forêt, les plans d'aménagement, les procédures de classement et de déclassement des forêts, les contrats de culture, les principes de l'exploitation forestière, la cession des droits d'exploitation et la répartition du produit des infractions, etc. sont autant de termes et dispositions porteurs de conflits dans le droit forestier.

Néanmoins, pour rester dans les orientations des thèmes de la présente étude, ne seront examinés que les termes et dispositions concernant l'appropriation de l'arbre sur le domaine national, la gestion locale des ressources naturelles, leur régime juridique, la gestion des conflits liés aux ressources forestières par et dans le cadre des communautés rurales, et les contrats de culture en forêts classées[394].

Le législateur sénégalais, en introduisant le principe de l'appropriation privée des plantations individuelles sur le domaine

---

[392] Les conditions d'exercice de toutes ces compétences sont définies dans le décret n°96.1130 du 27 décembre 1996 (notamment les articles 2 à 10).

[393] Cf. Actes du séminaire sur les problèmes d'application du Code forestier, Laboratoire de droit rural, Faculté de Droit, UCAD, Dakar, novembre 1994.

[394] Le thème de la gestion des conflits en zone sylvopastorale sera examiné plus loin dans l'analyse des ressources pastorales.

national pour les personnes physiques ou morales qui les ont réalisées, faisait en réalité une exception au principe de l'appartenance à l'État des droits d'exploitation des forêts et terres à vocation forestière du domaine national (article 1er, alinéas 1 et 2 de la loi n° 93.06 du 4 février 1993 portant Code forestier). Le 3ème alinéa précise d'ailleurs que cette appropriation ne s'applique pas aux périmètres de reboisement et de restauration, aux parcs nationaux, aux réserves naturelles intégrales et aux réserves spéciales.

Même s'il y a là une exception à l'exception initiale, qui réduit le champ d'application du principe de l'appropriation, la critique qui est faite à cet article 1er depuis 1993 est basée sur le fait qu'il y a dissociation du régime juridique du sol et de celui de la plantation. Il est en effet difficile pour les tenants de l'école civiliste française d'accepter une telle dissociation dans la mesure où le Code civil français[395] a procédé depuis 1804 à l'unification du régime juridique du dessus et du dessous. L'exposé des motifs du Code de 1993 annonçait cette reconnaissance de la propriété sur les arbres comme une innovation permettant une meilleure responsabilisation des populations rurales. La difficulté principale, sinon l'incohérence majeure, se situe dans le fait que l'article L. 11 du même Code oblige le propriétaire des plantations à matérialiser les limites de sa propriété. On peut logiquement se poser la question de savoir quel sera le support d'une telle matérialisation ? Est-ce que ce sera les plantations ou le terrain ?

Une matérialisation correcte des limites devra se faire sur le terrain, or celui-ci est insusceptible d'appropriation privée. Il nous semble qu'une relecture du Code s'impose sur ce point pour apporter les précisions suivantes :

-soit supprimer toute possibilité d'appropriation des plantations sur le domaine national par assimilation au régime juridique de ce dernier (dans ce cas, les dispositions des articles L. 1 et L. 11 ainsi que toutes les autres accordant cette propriété seraient à réviser) ;

-soit maintenir cette propriété sur le domaine national, mais alors tout le régime foncier basé sur la loi n° 64.46 du 17 juin 1964 et ses décrets d'application serait à réviser.

---

[395] Pour rester dans le cadre du mimétisme juridique et institutionnel français très fort encore au Sénégal, il faut souligner que ce mimétisme imprègne tous les secteurs de la vie juridique et institutionnelle.

Le choix de l'une ou de l'autre solution relève d'une politique législative claire[396]. Mais il est aussi important également d'examiner certaines dispositions du Code forestier porteuses de conflits qui ont des répercussions dans la gestion décentralisée des ressources naturelles.

Selon l'article premier du code forestier « Les droits d'exploitation des forêts et terres à vocation forestière du domaine national appartiennent à l'État qui peut les exercer directement ou les concéder à des tiers ou aux collectivités locales, selon des modalités définies au présent chapitre ».

Mais en même temps, les articles 22 et 23 du décret n°96.1134 du 27 décembre 1996 confient à la région la gestion des forêts en dehors du domaine forestier de l'État ainsi que la répartition entre les communes et les communautés rurales des quotas régionaux fixés par les services techniques..

Pour éviter des conflits de compétences entre l'État et les collectivités, il convient de réexaminer le décret n° 96.1134 et l'article premier du Code forestier, en vue de modifier les dispositions des articles 22, 23, 45 et 46 du décret qui ne seraient pas en harmonie avec le Code.

L'article 2 du même code concerne les plantations réalisées sur le domaine national, mais considérées comme propriétés des personnes privées physiques ou morales qui les ont réalisées, à l'exclusion de toute appropriation du terrain du domaine national. A ce niveau, on a pu noter des cas de conflits provenant de la manière d'interpréter ces dispositions du Code forestier.

Comme nous l'avons précisé plus haut, le domaine national étant exclusif de propriété du fonds, les dispositions du code forestier de 1965 excluent également toute forme d'appropriation des ressources forestières. Pour remédier à cette situation, le nouveau code forestier de 1993 a reconnu explicitement le droit de propriété des personnes physiques ou morales sur les arbres qu'elles ont plantés. Ainsi le nouveau code forestier qui tente de régler le droit de propriété du

---

[396] Il convient de signaler d'ailleurs que la réforme qui a introduit l'appropriation dans le Code forestier de 1993 était l'aboutissement de plus de huit ans de réflexion en vue de remplacer l'ancienne loi n ° 74.46 du 18 juillet 1974 portant Code forestier.

dessus (l'arbre) sans s'occuper de celui du sol (le fond de la terre) semble moins original pour certains juristes qui se réfèrent à la règle qui veut que le dessous l'emporte sur le dessus, c'est-à-dire que le propriétaire d'un terrain exerce un droit réel sur tout ce qui pousse sur son sol. Mais ici une explication mérite d'être faite en ce qui concerne la formation forestière.

Si des formations forestières ont été régulièrement réalisées sur le domaine national sous forme de plantations individuelles en plein d'alignement et d'abris, elles sont la propriété des personnes privées physiques et morales qui les ont réalisées à l'exception de toute appropriation du terrain du domaine national. Ce droit de superficie reconnu a des conséquences sur les plantations réalisées par le titulaire du droit. Il peut être exercé directement par le propriétaire de la formation forestière ou par celui à qui il a cédé son droit.

Lorsque l'exploitation est faite dans le but de satisfaire des besoins personnels ou ceux de sa famille, il n'est pas nécessaire d'en aviser l'administration forestière. Par contre, lorsque l'exploitation est faite à des fins commerciales, l'exercice du droit de superficie est soumis à l'autorisation du droit d'autorisation préalable. Cela signifie que l'exploitation commerciale ou industrielle d'une formation forestière n'est pas libre. C'est donc une exception au principe de la liberté d'exercice des activités économiques énoncées par la Loi n°94-69 du 22 août 1994. Par conséquent, lorsque le propriétaire du droit de superficie veut faire de sa formation forestière une exploitation industrielle et commerciale, il doit préalablement solliciter l'autorisation de l'administration forestière sous peine de sanction. Cette situation a des conséquences sur le plan juridique car, contrairement à l'affectataire des terres de culture, le propriétaire du droit de superficie peut par exemple céder son droit en usufruit, le vendre ou le louer. Il peut aussi y constituer une garantie pour obtenir un crédit auprès d'un organisme financier. La valeur économique de la garantie dépendra bien entendu, non seulement de celle de la formation forestière mais aussi de celle de l'importance de la superficie du terrain.

Avec l'émergence des expériences locales, la gestion des espaces pastoraux n'est pas souvent considérée comme étant une forme de mise en valeur. En effet, à la lecture de la législation foncière, on note que l'agriculture seule a été consacrée comme forme véritable de mise en valeur. A travers la loi n° 64-46 du 17 juin 1964 relative au domaine national, on s'aperçoit que l'usage agricole des terres du domaine national en constitue la principale caractéristique. Cette approche a été renforcée par le texte de 1972 créant les communautés rurales (loi n° 72-25 du 19 avril 1972), et plus spécifiquement par son décret d'application n° 72-1288 du 30 octobre 1972 fixant les conditions d'affectation et de désaffectation des terres du domaine national où on note une carence au niveau législatif et réglementaire en ce qui concerne la mise en valeur pastorale. Cela met encore en relief les contradictions entre les réalités de notre société et le droit en vigueur. En effet, il y a un refus de reconnaître des normes endogènes de mise en valeur. Dans la conception traditionnelle, on reconnaissait les systèmes pastoraux comme forme de mise en valeur foncière. La négation de ces pratiques par la législation foncière entraîne une « menace du foncier agricole et pastoral »[397].

Le décret 80-268 du 10 mars 1980 censé organiser le parcours du bétail, l'utilisation pour l'élevage de certaines terres du domaine national a, selon le Pr. Samba Traoré, pour seule ambition de canaliser le bétail sur un espace de parcours préétabli, afin de l'empêcher de divaguer dans les champs qui deviennent de plus en plus nombreux. Cela est susceptible d'engendrer des difficultés mais surtout de faire naître des conflits entre les agriculteurs et les éleveurs.

Comme nous l'avons évoqué, la loi sur le domaine national a, dans son application, une approche très sectorielle et très orientée avec une certaine marginalisation de l'activité des pasteurs. Face à cette marginalisation dont ils font l'objet et aussi face au refus de considérer l'activité pastorale comme forme de mise en valeur des terres, qui, une fois affectées, sont regroupées pour servir d'espace de pâturage.[398] Ainsi peut-on encore relever qu'à défaut d'un « éclairage textuel » on assiste à une interprétation limitée de la loi.

Il existe un lien étroit entre le droit foncier et le droit d'accès au pâturage. C'est la raison pour laquelle la loi sur le domaine national renvoie (en même temps que son décret d'application n° 64.573) à toute la réglementation concernant les zones de parcours, au décret n° 80.268 du 10 mars 1980 portant organisation des parcours du bétail et

[397] Samba Traoré : " Les difficultés de gestion des espaces pastoraux liées au foncier : les politiques contre les pratiques de base ". - Communication Séminaire de Gorée, 18-22 novembre 1996.
[398] Pr. Samba Traoré : ibid.

fixant les conditions d'utilisation des pâturages. Ce même lien existe entre le droit foncier et le droit d'accès à l'eau. L'arrêté n° 5180 du 13 mai 1985 portant tarification de l'eau des forages pastoraux constitue ainsi le texte réglementaire d'application du Code de l'eau en matière de pastoralisme[399]. Les conflits portant sur l'accès à la ressource (pâturage et eau) découlent donc de l'application du décret n° 80.268 et de l'arrêté du 13 mai 1985.

En dehors des problèmes soulevés plus haut, nous notons des interprétations divergentes de quelques dispositions juridiques. Ainsi l'article 4 du décret n° 80.268 dispose que sur l'ensemble du territoire national, les couloirs d'accès et de passage du bétail ou pistes à bétail sont délimités de manière apparente[400] sans préciser de manière claire le sens de l'expression « manière apparente » contenue dans cet article 4 traduisant une imprécision par rapport aux autres dispositions. Cette imprécision peut être source de conflits d'interprétation.

De même, une autre source de conflits se situe dans l'utilisation possible des zones pionnières au bénéfice exclusif des pâturages quand ces zones se situent près de villages ou terroirs disposant de bétail important. Le risque de conflits s'explique par le fait que le décret n° 80.268 distingue simplement comme zones d'utilisation des pâturages les zones de terroirs et les zones pionnières. Son article 1er dénote une vision large des pâturages : « constituent des pâturages l'ensemble des espaces libres utilisés pour l'alimentation des animaux ou susceptibles de l'être. ».

Les catégories de pâturage sont énumérées par le décret n° 80.268 au même article 1er qui dispose: « on distingue quatre types de pâturages:

a) - les pâturages naturels ou parcours de bétail qui constituent l'ensemble des espaces libres naturels traditionnels destinés à la pâture des animaux ;

---

[399]Il faut signaler d'ailleurs que, depuis 1981, cet arrêté est le seul texte d'application de la loi n°81.13 du 4 mars 1981 portant Code de l'eau.

[400] Cet article précédent (article 3) fixe les règles de délimitation des pâturages naturels. " Cette délimitation se fait par des pare-feux, des poteaux en béton armé peints en blanc et bleu ou par une haie d'arbres plantés ou naturels, espacés de 100 à 200 m. Les poteaux sont d'une hauteur hors du sol de 1,50 m ".

b) - les jachères ou espaces cultivables laissés au repos ou non exploités ;

c) - les pâturages artificiels ou prairies artificielles aménagés pour la production de fourrage ou réservés à cet effet ;

d) - les pâturages post-culturaux ou ensemble des surfaces cultivées libérées des récoltes, constitués par les restes des sous-produits agricoles (paille, foin..), les repousses de plantes et d'herbes non récoltées ainsi que les espaces herbacés séparant les champ ».

Cette définition large des pâturages peut entrer en conflit ou peut porter un grand préjudice aux agriculteurs qui utilisent le même espace. C'est ainsi que l'article 14 du décret n° 80.268 prévoit : « Dans les zones de culture, il est créé ou restauré des zones de pâturages reliées par des couloirs de passage et d'accès aux points d'abreuvement ». Et surtout, l'article 16 dispose : « La protection d'un champ non libéré, après l'ouverture des pâturages post-culturaux est assurée par son seul propriétaire ». Cela signifie que l'arrêté du chef de la circonscription administrative du ressort du pâturage autorise l'ouverture et la fermeture des pâturages post-culturaux au bétail[401]. Par conséquent, l'agriculteur qui ne libère pas son champ après l'édiction de cet arrêté d'ouverture est responsable de tous les dommages qui lui seraient occasionnés par le bétail. C'est dans cette optique qu'intervient un autre texte, en l'occurrence le Code des Contraventions (décret n° 65.557 du 21 juillet 1965) qui punit à son article 13 « .. ceux qui, sans droit, auront passé ou laissé passer des animaux sur le terrain d'autrui en semence préparé, chargé de fruits ou avant l'enlèvement de la récolte.. » En effet, l'arrêté du chef de circonscription, s'il confère des droits aux pasteurs, peut être illégal s'il intervient avant les récoltes[402]. Les conflits qui se déclenchent ainsi entre agriculteurs et éleveurs sont sanctionnés au plan juridique de deux manières :

-une sanction pénale fixée par l'article 13 du Code des Contraventions (il s'agit de l'emprisonnement pour contravention de police et/ou des amendes pour contraventions) ;

---

401 - Cet arrêté est prévu par l'article 15 du décret n°80.268. On peut d'ailleurs se demander avec la régionalisation si les élus locaux ne doivent pas se substituer aux chefs de circonscriptions administratives pour prendre cet arrêté.

402 Malheureusement, les agriculteurs ne connaissent pas le recours pour excès de pouvoir contre les arrêtés d'ouverture et de fermeture des pâturages post-culturaux.

-une annulation possible de l'arrêté du chef de circonscription par le recours pour excès de pouvoir devant le juge administratif introduit par le ou les agriculteurs.

L'ampleur des conflits n'a pas cependant favorisé l'application de ces sanctions. En réalité, c'est la procédure de conciliation prévue par les articles 31, 34 et 38 du décret n°80.268 qui permet d'apporter des tentatives de solutions[403].

L'article 38 dispose enfin : « Dans les régions où la loi sur l'organisation administrative et territoriale n'est pas entrée en vigueur, les dispositions du présent décret sont appliquées par les autorités administratives locales. Des comités ad hoc de conflits seront créés par l'autorité administrative compétente à cet effet ». Les dispositions de cet article 38 n'ont plus leur raison d'être aujourd'hui avec la régionalisation, dans la mesure où les conseils régionaux, municipaux et ruraux sont désormais en place[404]. L'existence des organes de conciliation à ces trois niveaux (régional, départemental et d'arrondissement) doit faire l'objet d'un réaménagement en vue de prendre en considération les nouveaux textes juridiques entrés en vigueur en janvier 1997[405].

---

[403] C'est ainsi que l'article 34 dispose : " En cas d'échec de la conciliation devant le conseil rural, le conseil d'arrondissement est chargé de la conciliation entre éleveurs ou propriétaires d'animaux et agriculteurs en cas de conflits ". L'article 31 dispose : " En cas d'échec de la conciliation devant le conseil d'arrondissement pour la conservation des pâturages, les juridictions de droit commun restent compétentes pour régler les litiges en cas de non conciliation ".

[404] Les articles 38 et 39 du décret n°80.268 étaient pour cela intitulés "dispositions transitoires". Ils doivent être révisés désormais.

[405] L'accès à l'eau est également source de nombreux conflits. L'examen de l'arrêté n°51.80 du 13 mai 1985 permet de constater une distinction faite entre les usagers résidents et les usagers non-résidents dans l'utilisation des forages pastoraux. Cette distinction permet de faire payer le prix de l'eau moins cher pour les résidents (article 2 de l'arrêté) et plus cher pour les non-résidents (article 3 de l'arrêté). Ainsi seuls les résidents peuvent bénéficier d'un branchement privé à 120 F par m3 et d'une borne fontaine à 100 F par m3 en plus du prix réduit de l'abreuvement du cheptel qui se paye par an. Mais la différence entre résidents et non-résidents est très incertaine : l'article 2 de l'arrêté dispose simplement : " Est considéré résident tout sénégalais vivant depuis au moins un an dans un rayon de 15 km autour de l'un des forages cités à l'article 1er ". Or les modes d'installation de certaines familles, surtout chez les nomades, conduit souvent à une dispersion des activités d'élevage dans un rayon plus large que les 15 km[405]. La révision de l'arrêté s'impose.

Section 3 :
Les incohérences du système juridique de la décentralisation foncière

Avec la décentralisation, les communautés rurales sont compétentes en matière d'affectation et de désaffectation des terres du domaine national. Dans l'exercice de ces compétences qui leur sont dévolues, nous remarquons une application partielle des textes (§1) mais aussi une insuffisance du système juridique (§2).

§1 : L'application partielle des textes

Les collectivités locales appliquent, en effet, partiellement les « exigences textuelles ». Cela se traduit par le fait que ces collectivités font un « choix » quant aux dispositions de la loi à appliquer ou non. Ainsi remarque-t-on que ne sont appliquées que les dispositions avantageuses pour lesdites collectivités locales. Avec une certaine résistance des coutumes, les collectivités décentralisées appliquent de façon très stricte les dispositions textuelles qui seraient les plus conformes aux coutumes existantes.

On peut dire qu'à chaque fois que le droit coutumier et le droit moderne sont convergents, l'application est stricte. Il y a donc une application stricte du critère d'appartenance (A), alors que le critère de la capacité de mise en valeur fait l'objet d'un défaut de contrôle (B).

A : L'application stricte du critère d'appartenance

L'appartenance à la collectivité comme condition d'accès aux terres du domaine national est posée de façon très explicite dans les différents textes réglementant la gestion des terres du domaine national. En effet, elle est prévue aussi bien pour les terres se trouvant dans les zones urbaines que pour les terres situées dans les zones de terroir. En zone urbaine, l'affectation des terres à vocation agricole est réservée aux personnes de nationalité sénégalaise domiciliées dans la commune aux termes du décret 66-585 en son article 19.

En zone de terroir, selon l'article 8 de la loi sur le domaine national, « les terres du domaine national sont affectées aux membres des communautés rurales ». Cette condition découle de l'idée générale qui est à la base de la législation sur le domaine national, selon laquelle l'usage du sol doit être en priorité accordé aux habitants du terroir, aux membres de la collectivité. Cela peut être perçu comme une stratégie de développement endogène. Ainsi avait-on estimé que le développement ne pouvait se faire qu'à partir des populations autochtones. C'est alors aux membres de la communauté rurale que la loi sur le domaine national consacre la possibilité d'accéder aux terres du domaine national. Cela s'inscrit en droite ligne avec la politique de la décentralisation et du souci de démocratisation du monde rural.

Mais l'article 18 du décret 64-573 leur offre une double perspective dans cet accès aux terres du domaine national. Selon cet article, « les terres de culture ou de défrichement sont affectées aux membres de la communauté rurale groupés ou non en association ». Ainsi peuvent-ils accéder soit individuellement soit collectivement aux terres du domaine national. Cette alternative quant aux possibilités d'accès aux terres a été reprise par l'article 3 du décret n° 72-1288 qui dispose que « l'affectation peut être prononcée soit en faveur d'un membre de la communauté rurale, soit de plusieurs membres groupés ou en association ou en coopérative ».

A travers ces dispositions, il y a une amorce ou une émergence d'un développement communautaire. Aucun texte n'a expressément prévu la compétence des organisations paysannes en matière de répartition des terres du domaine national, mais il semble possible de concevoir que « quand la terre est affectée à une personne morale (association ou coopérative dans les zones de terroir) celle-ci peut à son tour l'affecter à un individu »[406].

La justification réside dans le fait que les affectations collectives sont faites à des personnes morales qui disposent en leur sein d'une autonomie d'organisation. En l'absence de prescription textuelle expresse, elles peuvent assurer la répartition des terres à leurs membres en faisant une interprétation extensive des textes. Donc, de fait, dans l'ensemble des organisations paysannes, la compétence de répartition des terres appartient à l'assemblée générale qui est composée de tous les membres. L'implication dans le processus de prise de décision facilite la réalisation des objectifs de « participation et de responsabilisation ».. par les autorités étatiques, à travers une

---

[406] Marc DEBENE et Monique CAVERIVIERE, *Droit foncier sénégalais.* Op.cit. p196.

expérience de démocratie directe palliant les faiblesses de la démocratie représentative mise en oeuvre par le conseil rural.[407]

Les organisations paysannes ont eu dans la vallée du fleuve Sénégal un objet spécialisé : la gestion en commun de leur périmètre irrigué. Elles peuvent, de ce fait poursuivre avec efficacité un « développement communautaire » bien entendu comme étant « un type de développement qui s'opère à la base, par la base et pour la base grâce à une possibilité d'épanouissement de l'initiative paysanne qui se regroupe en association villageoise de développement ».[408]

On peut donc dire que les organisations paysannes jouent un rôle déterminant dans la stratégie globale de responsabilisation et de participation des populations rurales.

Mais il faut souligner qu'il se pose le problème de savoir qui est membre ou non de la communauté. Devant le silence de la loi sur le domaine national et de ses décrets d'application sur la notion de « membre », surgit la question cruciale de l'appartenance à la collectivité, dans le cadre de l'accès aux terres du domaine national.

Dans les zones des terroirs, la répartition des terres a pour cadre la communauté rurale conformément à l'originalité du système foncier sénégalais qui fait, comme souligné plus haut, une place importante « au développement communautaire ».

Dans la loi sur le domaine national et ses décrets d'application, la communauté rurale est considérée comme une entité foncière dans un cadre purement communautaire. Le législateur n'a pas voulu amorcer une rupture avec la constitution du paysage traditionnel. Il s'agit en fait d'une reprise de la conception traditionnelle du clan, de la tribu, qu'on a essayé d'adapter à une société moderne.

Celle-ci se manifeste plus exactement avec le critère d'appartenance à la collectivité. Si auparavant, les « étrangers » non membres du clan ne pouvaient pas accéder aux terres, aujourd'hui, le clan étant reproduit sous la forme de la communauté rurale, les personnes considérées comme étrangères sont exclues de l'accès aux terres du domaine national.

---

[407] Félix TANO, « La répartition des terres dans l'application de la législation sur le domaine national », *Revue URED*, n°4. octobre 1994

[408] Daniel DESCENDRE, *L'autodétermination paysanne en Afrique*, Paris, L'Harmattan, 1991, p.178.

Qui peut être considéré comme membre d'une communauté rurale ? La loi sur le domaine national ne définit nulle part cette notion de membre et dans le cadre de leur politique et de leurs compétences d'affectation et de désaffectation les conseils ruraux interprètent cette disposition en lui donnant un contenu qui peut parfois souffrir de contradictions, en vue d'une application concrète et stricte.

Des recherches de terrain ont permis de montrer que parfois certaines communautés rurales attribuent le titre de résident à toute personne s'acquittant de ses impôts dans la communauté rurale : C'est le cas des communautés rurales de Gaé et de M'Bane (situées dans la région de Saint-Louis).

La notion de membre de la communauté au regard de la pratique dans presque toute la vallée recouvre celui qui en est originaire, y a sa famille ou est susceptible d'y revenir s'il est à l'étranger comme nous l'avons constaté dans la communauté rurale de Gamadj Saré. Cette définition ainsi donnée traduit beaucoup plus la réalité car elle englobe aussi bien les résidents, les originaires installés hors du terroir que les émigrés. Cette acception est plus conforme à la conception africaine en général et sénégalaise en particulier de cette notion de membre de la communauté.

En effet, d'après cette conception traditionnelle, l'individu ne peut en effet être perçu en dehors de son cadre familial et social. Il appartient à une famille élargie comprenant femmes, ascendants et parents, mais aussi au lignage qui regroupe des descendants directs d'un ancêtre dont les membres affirment descendre en ligne directe d'un même ancêtre mythique. L'appartenance à un groupe avait traditionnellement une grande importance en matière foncière. En fait, on peut constater que c'est le même modèle qui a été reproduit actuellement.

Mais avec les problèmes du monde rural, les populations autochtones ont tendance à quitter leur terroir tout en restant toujours attachées à celui-ci. Cependant il y a lieu de souligner que les émigrés jouent un rôle très important dans le processus de développement de leurs terroirs d'origine. On ne peut pas les exclure de l'accès aux terres dans la mesure où ils constituent les principaux « bailleurs de fonds » du monde rural et où les collectivités susceptibles de favoriser leur politique de développement ont de très faibles moyens financiers.

Les collectivités locales essaient de faire une application stricte du critère d'appartenance à la collectivité pour garder ainsi les terres en leur sein. Cela ne semble pas être le cas pour ce qui est du critère de la mise en valeur qui, lui, fait souvent défaut dans son application.

B : L'absence de contrôle de la notion de mise en valeur

Le critère de la capacité de mise en valeur comme condition d'accès aux terres du domaine national est expressément prévu par les articles 8 et 15 alinéa 2 de la loi sur le domaine national et l'article 18 du décret 64-573 du 20 juillet 1964. Aux termes de l'article 8 de la loi sur le domaine national, « les terres de la zone de terroirs sont affectées aux membres des communautés rurales qui assurent leur mise en valeur et les exploitent sous le contrôle de l'État et conformément aux lois et règlements ».

Mais il semble qu'un voile recouvre cette notion de mise en valeur qui n'a pas encore fait l'objet d'une définition, d'où les difficultés pour cerner la notion.

Le flou qui encadre ce concept de mise en valeur est dû en vérité à la période coloniale avec la notion de terres vacantes et sans maître avec le décret de 1904.

Les terres vacantes et sans maîtres sont celles qui souffrent d'un défaut de mise en valeur. Il y a eu une erreur d'appréciation avec la confusion entre la mise en valeur et la mise en culture. Finalement, aucun texte colonial n'a donné une définition de la notion de mise en valeur.

Ainsi donc le problème est de savoir jusqu'à quel acte matériel ou juridique on peut déterminer la mise en valeur ou l'absence de mise en valeur. Peut-être a-t-on cru voir un début de solution avec le décret 72-1288 du 27 octobre 1972 qui avait prévu un arrêté préfectoral pour déterminer la mise en valeur. Cependant, l'arrêté préfectoral pour fixer les contours de cette notion n'a jamais été pris.

Il y a eu tout de même une tentative de définition de ce concept avec la création d'un groupe de travail chargé d'exploiter les dispositions de ce décret de 1972 afin de proposer un arrêté préfectoral type donnant ainsi un contenu à ce que l'on a appelé « une mise en valeur minimum ».

Le groupe de travail a fait la proposition suivante : « Une superficie est considérée comme mise en valeur à partir du moment où un investissement y a été consenti aux fins de son exploitation intégrée ou non pour des activités de production agricoles, forestières, pastorales, halieutiques, cynégétiques.. par des techniques appropriées ». Le groupe a donc essayé de passer en revue toutes les formes d'exploitation susceptibles d'être réalisées.

L'article 18 alinéa 1 du décret 64-573 applicable aux zones des terroirs précise : « les terres.. sont affectées aux membres de la communauté.. en fonction de leur capacité d'assurer directement ou avec l'aide des membres de leur famille, la mise en valeur de ces terres.. ». La formule est reprise par l'article 3 alinéa 2 du décret 72-1288.

D'ailleurs selon Caverivière et Debène « la loi sur le domaine national repose plus sur l'exploitation familiale que sur l'exploitation individuelle »[409].

La capacité physique du demandeur doit être perçue comme étant la capacité personnelle de celui-ci et du nombre de bras dont il dispose. Cependant, si tel semblait être l'acception première de la capacité de mise en valeur, il y a eu une évolution notable de la notion surtout avec l'introduction de la culture irriguée dans les zones relativement étendues que sont les périmètres irrigués et les grands aménagements. D'une conception « traditionnelle » de la notion de mise en valeur, on passe à une conception beaucoup plus « moderne » pour ne pas dire industrielle de cette notion. D'exploitation de petites parcelles on évolue vers l'exploitation de grandes surfaces avec le développement de l'agro-business. Cela nécessite d'importants moyens à la fois techniques et financiers qui dépassent largement le cadre strictement physique.

Dans une conception étroite, la capacité de mise en valeur y est appréciée en fonction de la participation physique ou financière aux travaux d'aménagement du périmètre.

Mais avec l'arrêt El-Hadj Massamba Fall[410], on passe d'une conception étroite à une conception extensive qui favorise le recours à d'autres modes d'exploitation comme « l'apport de service mieux à même de favoriser de développement de l'agriculture ».

Malheureusement ce critère est très largement ignoré. En effet, il y a une absence de contrôle de la capacité de mise en valeur, ce qui a pour conséquences souvent une absence de mise en valeur ou une

---

409 Samba Traoré, *Cours le droit foncier*, UGB, 1994.
410 CS. 25 mars 1981, GDJAS.

insuffisance de mise en valeur ; il n'y pas de désaffectation comme le prévoit pourtant l'article 15 de la loi sur le domaine national.

Face à toutes ces lacunes, on assiste au développement de stratégies de mise en valeur. Il s'agit en fait des règles locales de gestion des ressources. Les stratégies paysannes de mise en valeur sont très variées ; il y a les clôtures (les haies vives), les plantations, les parcours du bétail, les pare-feux, etc. Elles varient selon les zones et selon les localités. Ainsi peut-on constater que les législations et les pratiques foncières des pays du Sahel (plus particulièrement du Sénégal) ont, dès le début des indépendances, consacré l'agriculture comme seule forme véritable de mise en valeur. C'est ainsi qu'on a pu assister dans la zone sylvo-pastorale à une désapprobation du préfet de Linguère concernant l'affectation de 14.000 ha par le conseil rural de Barkédji à des éleveurs pour une mise en valeur. De ce fait, les éleveurs de la zone sylvo-pastorale ont développé des stratégies qui consistent à demander des terres qui, une fois affectées, sont regroupées pour servir d'espace de pâturage[411].

Dans la zone des Niayes, on assiste à une circulation très intensive de la terre. Il y a en effet l'existence d'un marché foncier avec les ventes, les prêts ou même la location des terres, ce qui, évidemment, est contraire à la loi sur le domaine national qui expressément fait référence à la mise en valeur personnelle. Cela est favorisé par la complicité du conseil rural avec comme enjeu central le gain.

Dans la zone de la vallée du fleuve Sénégal, avec l'enjeu de l'après-barrage, se développent des stratégies d'exclusion et d'immobilisation des terres avec ce que le Pr. Samba Traoré a appelé « le réveil de l'instinct territorial ». Il y a donc une stratégie consistant à se faire affecter des terres, qui pourtant ne seront pas exploitées, tout simplement pour que celles-ci ne tombent pas dans l'escarcelle de l'État ou d'un « non-membre ».

Enfin, l'absence d'arrêté préfectoral fait que la capacité d'appréciation de la mise en valeur par les communautés rurales est très limitée. Le délai de mise en valeur qui est de deux ans (généralement) pose également problème. A partir de quand ce délai commence-t-il à courir ? Dans la pratique, la plupart des

[411] Daouda KA, *Les conflits fonciers dans la zone sylvo-pastorale,* mémoire de Maîtrise, UBG, 1998.

conseils ruraux considèrent la délimitation des terres comme point de départ du délai.

§2 : La gestion foncière dans la décentralisation, un transfert incomplet ?

Le droit n'est utile que s'il est appliqué. Son effectivité ne peut se mesurer que par rapport aux applications réelles. Malgré les attentes, la loi sur le domaine national n'en révèle pas moins des lacunes dans son système juridique portant ainsi un sérieux coup à un exercice plein des compétences transférées. La loi sur la décentralisation comporte aussi beaucoup de lacunes pouvant constituer une entrave majeure à une meilleure efficacité de la loi sur le domaine national.

Le transfert de compétences opéré par la loi n° 96-07 au profit des régions, des communes et des communautés rurales a concerné le domaine national et le domaine public. Mais à la lecture de l'article 27 de cette même loi, on peut voir qu'il s'agit surtout d'un abus de langage parce que, juridiquement, il n'y a pas eu de transfert de compétences dans la mesure où le texte ne fait que reprendre l'esprit des dispositions de la loi portant domaine national et de la loi de 1976 portant code du domaine de l'État. Il s'agit plutôt d'une simple reprise de la situation précédente c'est-à-dire la logique du domaine national avec les communautés rurales au cœur de la gestion foncière.

Ainsi peut-on dire que le régime juridique des terres est resté pour l'essentiel le même depuis l'avènement de la loi sur le domaine national.

Il y a des situations conflictuelles potentielles qui sont intrinsèques aux textes en vigueur et cela aussi bien au niveau de la loi sur le domaine national qu'au niveau des textes de la décentralisation. Comme l'a si bien souligné le Pr. Samba Traoré, la décentralisation constitue un paradoxe en matière de conflits liés au pouvoir et à la gestion des ressources naturelles : parce qu'elle porte elle-même les germes des conflits qu'elle prétend gérer.

La décentralisation a bouleversé le système traditionnel. Le principe d'égalité devant la loi, l'égal accès aux fonctions et aux responsabilités reconnues par les textes fondamentaux vont remettre en cause la structure du pouvoir traditionnel local. Il y a donc égalité d'accès aux ressources et égalité dans le pouvoir de contrôle et de gestion avec l'érection des communautés rurales en collectivités décentralisées et autonomes qui choisissent leurs propres représentants. Les anciens exclus traditionnels vont se baser sur la loi pour entamer un mouvement de contestation en direction du pouvoir local traditionnel.

Les anciens maîtres fonciers traditionnels ayant réussi à être les dirigeants des conseils ruraux et détenant par ce biais le pouvoir foncier vont ainsi utiliser les possibilités que leur offre la décentralisation pour rétablir dans une certaine mesure les mécanismes coutumiers de contrôle des terres.

Les textes de la décentralisation ont été édictés dans l'optique d'instaurer un cadre favorable au développement local. Mais on remarque qu'à travers leur lecture et leur interprétation, des conflits peuvent survenir, notamment concernant la délimitation des communautés rurales ainsi que des autres collectivités. Il n'y a pas de tracé très clair fixant les limites de chaque collectivité. Cela risque de déboucher sur des conflits entre les différents acteurs chargés de la mise en oeuvre de la loi sur le domaine national dans le cadre de la décentralisation.

Il n'existe pas de décentralisation sans une autonomie financière et un personnel compétent et apte à gérer les compétences transférées. Il n'existe pas non plus de décentralisation sans un cadre juridique cohérent et approprié par les acteurs locaux.

Il faut dépasser l'approche normative (même si elle est indispensable voire incontournable) pour mieux appréhender le droit des collectivités locales et ses contraintes car la décentralisation à la Sénégalaise est très complexe. La tendance à développer et à changer par le droit doit être soutenue par d'autres approches parce que cette conception doit être accompagnée par d'autres outils pour appréhender le phénomène de la décentralisation dans son ensemble et nous allons le démontrer à travers les contraintes socio-juridiques.

TITRE II:
LES CONTRAINTES SOCIO-JURIDIQUES

Dans cette perspective, nous ferons appel à la Science administrative pour mieux appréhender le phénomène de la décentralisation confrontée à la gestion réelle des ressources naturelles. Dans cette logique et selon le doyen Jean Carbonnier, le droit est plus grand que la règle de droit, car tous les phénomènes d'autorité peuvent donner lieu à des phénomènes de droit[412]. De plus, la jurisprudence ne représente qu'une partie du droit : le « droit pathologique[413] », parce qu'est juridique « ce qui est propre à provoquer un jugement, ce qui est susceptible de procès (..)[414] » et le contentieux ne correspond qu'à une faible portion du droit effectif, en raison du fait que des litiges ne se forment pas à chaque rapport de droits.

Plus qu'un mode de résolution des conflits, le droit est un système ou un espace de communication au sein du corps social. Cet espace comprend l'ensemble des normes de droit, c'est-à-dire les autorisations et les interdictions par lesquelles l'individu assume un statut qui incorpore droits, devoirs et interdits. Il comprend d'autre part un système de canalisation ou d'inhibition de l'agressivité ; ainsi les procédures judiciaires ritualisent la violence, et le droit instaure le débat, la communication par un médiateur, juge ou arbitre[415]. D'après R.Verdier, le droit est un système de communication et d'échange des valeurs « instaurant des relations symboliques entre les membres

---

[412] " Le droit est plus grand que la règle de droit. Le droit déborde de partout la notion de règle. Il y a toute une part du droit qui ne tient pas dans des commandements abstraits, généraux et permanents, mais qui est faite de décisions individuelles, de jugements spontanés et sans lendemain. Tous les phénomènes d'autorités peuvent, au fond, donner lieu à des phénomènes de droit " (Jean Carbonnier, *Flexible droit, pour une sociologie du droit sans rigueur*, LGDJ, 6ème éd. Paris, 1990, p.379.

[413] Jean Carbonnier, *Flexible droit, pour une sociologie du droit sans rigueur*, LGDJ, 6ème éd. Paris, p.379,1990, p.21.

[414] Ibidem.

[415] Verdier R," Le droit au singulier et au pluriel. Juridicité et cultures Juridiques ", Droits, n°11, 12, t. 2, Paris, PUF, 73-76.

(individus et groupes) d'une même unité politique ou de différentes unités appartenant à un groupement politique plus vaste[416] ».

La fonction du droit s'exprime dans l'image de la justice[417] associée à ses trois attributs, le glaive, la balance et le bandeau, qui traduisent la nécessité de trancher devant l'inacceptable ; « le droit fixe les limites de l'indisponible[418] », la prise en considération de tous les intérêts concernés et l'impartialité. François Ost considère que le droit, à travers cette fonction, « réfère le social à une transcendance qui s'oppose à la simple instrumentalisation de la loi[419] ». Allant plus loin même qu'une réinterprétation permanente de cette loi, le droit apparaît ainsi comme un facteur liant et limitant, articulant le lien social et procédant de lui[420].

L'objectif du droit est d'aboutir à une morale sociale et à un ordre juridique. Valentin Petit qualifie le droit de socio-éthique: « sa finalité est politique et sa fonction régulatrice, parce qu'il crée et modèle l'ordre de la société, d'après les idées dominantes à un moment donné (..) je vois le droit essentiellement lié à la morale sociale prédominante »[421], alors que R. Verdier considère que « le droit est un phénomène socioculturel spécifique avec une logique propre et un système ayant sa dynamique particulière. Le droit est un ensemble de normes renvoyant à un ensemble de faits et d'actes ; il reflète une culture, il exprime une société[422] ». Le droit étant un ordre normatif général, sa force d'intégration et d'organisation sociale le rend nécessaire à toute société. Il est un dispositif normatif visant à agir sur les comportements sociaux. Fixant le statut de chacun, définissant les « droits » dont il dispose, les obligations auxquelles il est soumis, la position qu'il occupe dans l'organisation sociale, il indique les règles à observer, trace les lignes de conduite à suivre (..). Il est aussi un

---

[416] Cité par Norbert Rouland, *Anthropologie juridique*, Paris, PUF, 1988, col. Droit fondamental, p.114.
[417] Qui peut servir d'archétype au droit tout entier selon François Ost : *La nature hors la loi*, Ed. La Découverte, Col. Ecologie et Société, 1995, p.17.
[418] Ibidem.
[419] Ibidem.
[420] Ibidem.
[421] Valentin Petev, " Une conception socio-axiologique du droit ", *Droits*, n°10, Paris, PUF, 1989 p.71.
[422] Raymond Verdier, " Le droit au singulier et au pluriel. Juridicité et cultures Juridiques ", Op.cit. , p.67.

discours imprégné des valeurs fondamentales qui garantissent la cohésion du groupe social et le maintien de l'ordre qui le régit : dans la norme juridique se profile une certaine conception de la « normativité », pétrie des « représentations dominantes[423] » que le droit diffuse et inculque. Le droit impose ainsi le respect de modèles de comportements par un encadrement normatif des conduites. Il transcrit et fixe l'ordre régissant la société dans un système de normes.

La théorie de la juridicisation[424] définit le droit comme d'une part une « qualification spécifique que chaque société choisit de donner à certaines relations sociales[425] » et d'autre part comme un mode de régulation et de reproduction sociale.

Produit de la société, il faut noter que le droit n'est pas totalement homogène, le pluralisme juridique n'est que la conséquence du pluralisme culturel. Pour J. Griffiths, « le pluralisme juridique consiste donc dans la multiplicité de droits en présence à l'intérieur d'un même champ social[426] ». Et toutes les sociétés sont divisées en plusieurs champs sociaux reliés par des interrelations[427]. Les sociétés seraient composées de sous-groupes possédant leur propre système juridique qui, eux-mêmes, constitueraient des niveaux juridiques. Les rapports fonciers font ressortir les prérogatives sur la terre reconnues aux personnes. Mais le droit subjectif de l'individu est fonction de sa place dans le groupe qui dépend lui-même des propres prérogatives qu'il possède vis-à-vis des autres communautés. C'est le droit dans les rapports agraires de l'homme à la terre qui affecte l'espace à un usage.

Ces contraintes apparaissent à travers deux secteurs : d'une part à travers les stratégies des acteurs qui se traduisent par des résistances et d'autre part à travers les conflits surtout fonciers. Il y a lieu de souligner que le milieu urbain connaît aussi des problèmes certains qui pouvaient faire l'objet d'étude mais notre choix porte sur le monde rural pour plusieurs raisons dont la principale est liée à la démarche

---

[423] Jacques Chevallier. - " Droit, ordre et institution ", in *Droits*, n°10, t1, Paris, PUF, 1989, p.19.
[424] Norbert Rouland, *Anthropologie Juridique*, Paris, PUF, 1988, pp.147-151.
[425] Norbert Rouland, *Anthropologie juridique*, Op.cit. , p.147.
[426] Norbert Rouland, « Le champ social désigne" une partie de l'espace où agissent des forces déterminées », Op.cit. , p 84.
[427] Norbert Rouland, Op.cit.

qui privilégie l'aspect foncier[428] pour mieux montrer les contradictions, les contraintes et les insuffisances de la décentralisation au Sénégal.

Pour faire ressortir toutes ces contraintes, nous allons analyser le pluralisme juridique dans la décentralisation (chapitre 1) et les malentendus dans la décentralisation (chapitre 2).

[428] Les problèmes fonciers sont plus complexes dans le milieu rural que dans les zones urbaines.

CHAPITRE I : LE PLURALISME JURIDIQUE DANS LA DÉCENTRALISATION

Les stratégies des acteurs et surtout des acteurs ruraux, c'est-à-dire les paysans, constituent une dimension intéressante de l'étude qui montre que le droit de la décentralisation n'est pas seulement ce que disent les textes mais ce qu'en font les acteurs.

Les normes réglant la conduite des hommes sont soit issues d'une activité normative (créées), soit d'origine coutumière (constatées). C'est la raison pour laquelle Maurice Kamto définit le droit comme un « ensemble de normes créées ou constatées qui cherchent à provoquer des conduites humaines en attachant aux conduites contraires des actes de contrainte socialement organisés[429] ». Le droit appliqué en droit foncier par les populations est à la fois transcendant et temporel. Le droit fondamental transcendant défini par M. Kamto s'inscrit dans un cadre cosmogonique. Sans créer le droit, le mythe répond à la création du groupe et fonde le droit[430]. Le mythe est donc la première représentation que l'homme a eue de son univers ; c'est pourquoi les fonctionnalistes comme Malinowsky ont attribué au mythe la fonction essentielle de répondre à une demande de sens, de renforcer et de codifier les croyances et les pratiques qui sous-tendent l'organisation sociale[431]. Maurice Kamto considère que, dans l'ordre juridique, le mythe constitue le cadre, la structure et le socle du droit : « il dévoile le droit à travers la description des structures originelles de la société. Il apparaît ainsi comme le socle sur lequel repose l'ordre juridique des sociétés traditionnelles construit à partir de l'œuvre normative

---

[429] M. Kamto, Pouvoir et Droit en Afrique, Paris, LGDJ, 1987, p.170.

[430] Le mythe est un récit transmis par la tradition, exprimant les croyances d'une communauté au sujet de ses origines historiques ; " le mythe raconte une histoire sacrée, il relate un événement qui a eu lieu dans le temps primordial, le temps fabuleux des commencements

[431] Selon Michel Bachelet, " Le mythe est une fiction spontanée dans laquelle l'homme matérialise inconsciemment ses idées, et ses sentiments, et les fait agir comme des êtres vivants dans les récits merveilleux. Le mythe est une métaphore qui s'ignore " (In *Systèmes fonciers et réformes agraires en Afrique Noire*, Paris, LGDJ., 1968, p.100).

originelle des ancêtres fondateurs[432] ». En dégageant le système de valeurs fondant l'identité et la pérennité du groupe, le mythe apparaît comme le cadre normatif général de la société[433]. Le mythe fonderait le droit sans le créer[434], révélant les normes transcendantes, mais le droit africain n'est pas un droit mythique[435]. Le mythe est, selon l'expression de M. Kamto, le substrat de l'ordre juridique et présuppose un paradigme[436] à suivre. Il reflète les structures des lignages, la formation des chefferies, les règles de la vie communautaire. Il est le support de l'organisation sociale. En cela, « il pose l'ordonnancement primordial, l'ordre idéal, le paradigme auquel devront essayer de se conformer le comportement des membres du groupe ainsi que l'ensemble des relations sociales[437] ».

Le droit temporel est généré par les hommes, en conformité avec la norme fondamentale transcendante. M. Kamto le considère comme une règle de droit dynamique, qui est créée « par les vivants pour répondre aux défis de la société. C'est celle qui cristallise à un moment donné les rapports sociaux et politiques[438] ». Le droit temporel réunit donc le droit législatif, jurisprudentiel, la doctrine et le droit d'origine coutumière. La loi est bien présente avec les autorités " faiseuses "de droit d'après Gérard Conac : « lorsqu'une autorité politique différenciée existait, elle pouvait être amenée à édicter, par voie orale,

---

432 M. Kamto, *Pouvoir et Droit en Afrique*, Op.cit. , p.153.

433 Ibidem, p.155.

434 Cependant, pour Raymond Verdier, le mythe se fait loi en établissant les structures, l'organisation de la société. L'homme n'intervient jamais pour faire la loi : " hormis quelques sociétés (..) le chef ou le roi ne légifère pas, la loi n'est pas un mode principal de formation du droit et cette idée que l'homme puisse par sa volonté créer des règles légales est contraire à la vision du monde que les mythes dévoilent : l'homme n'a pas le pouvoir d'y faire la loi, il a celui de dire le droit, de faire justice (..) le mythe tient lieu de loi " (R. Verdier "Premières orientations pour une anthropologie du droit " *Droit et Cultures*, 1981, p.12 et 13.

435 Ibidem, p.161.

436 Les paradigmes juridiques sont des " énoncés où des enchaînements types permettant de présenter les faits dans une situation qui ne se comprend que par référence à quelques principes généraux du droit, lesquels permettent d'en tirer les conséquences normatives selon les exigences sociales " . Pour les acceptations de paradigmes, se référer à Gilles Ferrol et alii. *Dictionnaire de Sociologie*, Paris, Armand Colin, 1995, p.185.

437 M. Kamto, *Pouvoir et Droit en Afrique*, Op.cit. p.158.

438 M. Kamto, *Pouvoir et Droit en Afrique*, Op.cit. p.175.

des règles de droit que l'on peut qualifier de législatives[439] ». La loi était proclamée oralement par une autorité socio-politique.

Le droit traditionnel comprend aussi des « diseurs » de droit à travers une justice familiale, villageoise et politique. Recherchant l'équilibre social, l'objectif est la réconciliation et non la division par la sanction, afin d'éviter de trop fortes tensions dans le groupe[440]. Les dépositaires des traditions du groupe peuvent proposer une solution dans une affaire quand la règle est insuffisamment limpide. Quand la solution est reprise, il y a création du droit.

La décentralisation au Sénégal se heurte aux normes opposées par les populations au nom de la coutume qui correspond à une source fondamentale du droit traditionnel et les études de terrain révèlent qu'elle occupe une place importante dans la vie des populations. Avant de développer les stratégies paysannes et les résistances traditionnelles, nous insisterons sur les logiques fondatrices de l'intervention des populations locales. Ainsi, nous aborderons la place importance de la coutume dans les pratiques locales, le détournement de la logique étatique et la décentralisation à l'épreuve de la démocratie locale.

Section 1 :
La place importante de la coutume dans les pratiques locales

La coutume est « l'ensemble des manières de faire, considérées comme indispensables à la reproduction des relations sociales et à la survie des groupes lorsque ces groupes ne font pas appel à une instance extérieure ou supérieure pour les réguler ». La coutume suit les articulations sociales dont elle s'inspire[441]. La reproduction d'un groupe réside dans sa capacité de transmission des attitudes et des valeurs. La coutume constitue le cadre fondamental du mode de

[439]G. Conac, *Dynamiques et Finalités des droits africains*, Paris, Economica, 1980, 509 p.

[440] Il arrive parfois que des règles obligent à une redistribution périodique des richesses individuelles.

[441] E. Le Roy., « Etre ou ne pas être propriétaire foncier », *La Propriété foncière*, Paris, Economica, ADEF, 1983, p.22 7.

reproduction endogène[442]. Son esprit réside dans la manière de penser cette transmission[443]. Chaque groupe social a ses propres coutumes qui concourent ensemble à la reproduction de la société. Ce particularisme explique la pluralité des pouvoirs : collectifs, multiples, spécialisés, interdépendants et complémentaires.

Les manières de faire constitutives de la coutume sont des usages spontanés prolongés ou répétitifs[444]. Elles forment le modèle de comportement social[445], obligatoire, une norme à suivre sous peine de sanctions d'ordre juridique, social ou surnaturel. La coutume serait ainsi « la preuve d'une pratique générale acceptée comme étant le droit[446] ». Source de droit, la coutume est d'abord un usage qui est juridicisé en devenant obligatoire[447].

---

[442] Selon l'expression d'Etienne Le Roy,. " Caractères des droits coutumiers ", *Droit des biens de l'Encyclopédie juridique de l'Afrique*, Dakar, N.E.A, 1982, p71 et s.

[443] Ibidem.

[444] La notion d'usage local est définie par la Cour de Cassation française, en 1861 (12 février, Civ., D. P. 61), comme " une pratique habituellement suivie dans un milieu donné (..) en vertu d'une règle non exprimée s'imposant comme une règle de droit ". La répétition prolongée des mêmes faits crée une habitude suivie par la généralité des habitants dans les situations analogues. Ainsi s'installe une obligation générale à laquelle fait expressément référence le Code civil dans ses articles 590, 593 ou 645.

[445] " Une coutume est fixée d'une série d'actes semblables, conduisant à l'émergence d'un modèle de comportement social qui reçoit le nom d'accoutumance, d'habitude ou de tradition " (O.Barrière, *Gestion des ressources renouvelables et conservation des écosystèmes au Sahel : Le foncier-environnement* ; Thèse de doctorat ; Université de Paris 1, 1996, p 30.

[446] Article 38 -1 (b) des Statuts de la Cour Internationale de Justice (1945).

[447] *L'Encyclopédie* de Diderot et d'Alembert souligne bien la distinction entre " us " et " coutumes " dans l'Ancien droit français. L'us est un " (..) vieux terme qui signifie usage, c'est-à-dire manière ordinaire d'agir en certains cas. On joint ordinairement le terme d'us avec celui de coutume d'un tel lieu, comme si ces termes étaient absolument synonymes. Cependant le terme coutume, lorsqu'on l'emploie seul, dit souvent plus qu'us ou usage ; car la coutume s'entend ordinairement d'une loi, laquelle, à la vérité, dans toute son origine, n'était qu'un usage, l'on entend communément comme l'a déjà dit, que la manière originaire d'agir, ce qui ne forme point une loi écrite. Mais, quand on joint le terme coutume avec celui d'us, on n'entend ordinairement par l'un et par l'autre que des usages non écrits, ou du moins qui ne l'étaient pas dans l'origine ". La coutume se différencie de l'usage en ce que cette dernière constitue l'état précédant qui devient règle de droit : " La coutume est un usage qui ne devient règle de droit qu'en se généralisant peu à peu, et parce que le milieu social, la conscience populaire viennent à la considérer comme obligatoire " (H.L. et J. Mazeaud et de Juglart, cité par M. Bourjol. - *Les biens communaux.*

Mais, pour aller plus loin, si la coutume ne constitue pas simplement une norme juridique, de nos jours elle devient « une expression juridique des quêtes identitaires[448] ». En cela elle puise dans le passé pour alimenter le présent et préparer l'avenir. La coutume ne peut ainsi être figée et n'est que le reflet des besoins du groupe qui l'exprime, même si elle constitue le produit d'une répétition. Contrairement à ce que l'on peut croire, cette répétition n'est pas statique mais bien évolutive[449].

Devant une menace qui touche son équilibre, l'homme cherche à se raccrocher à ce qui existe ; il fait ce qui a déjà été fait, et ainsi naît la coutume[450] ». La coutume constitue donc une simple imitation prolongée dans le passé ; elle s'effectue par respect des générations passées et par crainte de l'avenir.

La coutume n'est ni figée, ni forcément le reflet du passé. Mais elle serait plutôt le reflet d'un ordre social et se modifie en fonction de ce dernier. L'héritage des ancêtres ne fixe pas de façon immuable et intangible les règles de vie de la société. L'impossibilité d'adaptation anéantirait rapidement la société en les pétrifiant. C'est ce qui explique que la coutume a un caractère mouvant, exprimant la vie de la collectivité et traduisant « l'expérience de générations entières, qui ont patiemment fait la part des bons et des mauvais usages, essayé d'œuvrer dans les multiples voies, jusqu'à arriver à dégager la substance valable de toutes des tentatives. Elles forment donc un ensemble très fortement élaboré, auquel l'expérience et le génie de plusieurs générations ont donné l'aspect d'un ensemble cohérent et de principes, tant il vrai que la coutume est partie intégrante de l'évolution toute entière d'une société[451] ». Parce que si les coutumes sont fidèles au passé, c'est plus pour répondre aux besoins du présent que pour sacrifier le présent au respect du passé. Les coutumes sont donc créées par les vivants en vue non pas de préserver l'ordre ancien, mais de perpétrer la reproduction sociale.

Voyages au Centre de la propritété collective, ED. LGDJ-EJA, Col. Décentralisation et développement local, Paris, Imprimerie Nationale, MDCCCCVIII, 800 p.s.

448 Norbert Rouland, *Anthropologie juridique*, Op.cit. p.127.

449 Ibidem, 467.

450 Jean Carbonnier, *Flexible droit. Pour une sociologie du droit sans r*igueur, Paris, LGDJ, 1988, p.101

451 O. Barrière, thèse, Op.cit. , p.48.

Basé sur la coutume, le droit appliqué par les populations rurales a ses caractéristiques propres.

§1 : Les caractéristiques des normes appliquées dans la gestion des ressources naturelles

Le droit de la terre répond à des exigences politiques. L'organisation du pouvoir de même que les conceptions religieuses correspondent à une logique qui s'exprime également dans les rapports juridiques de l'homme à la terre. En effet, la terre constitue un lien entre les hommes ; elle donne lieu à des rapports sociaux de production, qui sont liés à la fois à la gestion des espaces sacrés et à l'organisation sociale.

- La terre, enjeu social de reproduction

La terre assure les moyens de subsistance à l'homme. Son usage est indispensable pour survivre. Par principe, l'accès à la terre est donc ouvert à tous et chacun a un droit potentiel d'exploitation. Cet axiome de base explique que le droit d'usage de la terre constitue un attribut de la personne, et non pas de droit réel. Il justifie d'autre part que ce droit s'exprime dans le cadre d'une communauté familiale[452].

L'individu isolé n'a pas d'existence juridique car il ne correspond à aucune réalité sociale. Ce n'est qu'en tant que membre d'une communauté que l'individu est considéré : « tout homme est ainsi le sujet potentiel d'un droit d'exploitation de la terre, mais cette potentialité n'accède à la réalité qu'à travers l'existence de cette communauté[453] ». L'individu ne s'affirme qu'au sein de la communauté, support des droits portant sur la terre[454]. Les sujets des droits sur la terre sont des communautés passées, présentes et à venir,

---

[452]Selon Guy Adjété Kouassigan, la famille africaine comprend " un ensemble de foyers fondés par des individus unis entre eux par un lien de sang ou de toute autre nature, placé sous l'autorité d'un chef qui est généralement le plus âgé du groupe ", *in L'homme et la terre, Droits fonciers coutumiers et Droit de propriété en Afrique Occidentale*, Op.cit. , p.55.

[453] A. Mignot, *La terre et le pouvoir chez les Guin du Sud-Est du Togo*, Publication de la Sorbonne, Paris, 1985, p.44.

[454] L'enjeu que représente la terre pour la société qui en dépend pour assurer sa reproduction fait que l'individu n'a de droit d'usage du sol qu'en fonction du groupe auquel il appartient. La perpétuation du groupe repose sur la terre, mère nourricière. L'homme s'y attache donc de génération en génération.

ce qu'affirmait un chef nigérian en 1912 devant le « West African Lands Committee » : « la terre appartiendrait à une grande famille dont beaucoup de membres sont morts, quelques-uns sont vivants, et dont le grand nombre est encore à naître[455] ».

Cette « parentalisation » de la terre[456] caractérise fondamentalement la société traditionnelle qui organise son alliance avec la terre en territorialisant la parenté à travers un chef de terre.

Inséré dans les communautés, dans le cadre desquelles il se réalise, l'individu est un « chaînon dans une chaîne de forces vitales, un chaînon vivant actif et passif, rattaché par le haut à l'enchaînement de sa lignée ascendante, et soutenant sous lui la lignée descendante[457] ». L'individu s'intègre dans un groupe structuré de parents, le lignage, et c'est à ce titre qu'il est rattaché à la terre. Cette dynamique lignagère se transmet entre générations pour la perpétuation du groupe et elle repose sur une permanence des rapports de l'homme à la terre perpétuée par le maître de terre[458] .

L'installation du groupe sur la terre s'effectue par l'établissement d'une alliance avec les puissances surnaturelles du lieu ou génies avec lesquelles s'instaure une série d'échanges. La mise en valeur agricole de la brousse par le travail de l'homme correspond selon Jacques Brosse à un « processus de profanation de la terre " et de ses ressources naturelles, en raison du fait que " le terrain avant d'être cultivé a été préalablement mis à nu, brûlé, dévasté, pour faire place nette aux semences, espace déspiritualisé, matérialisé, utilitaire (..)[459] » Cette emprise profanatrice de l'homme rend nécessaire l'alliance sacrificielle permettant le pardon de ce « viol sacrilège » et l'obtention de la protection des puissances du lieu qui se manifestent

---

[455]E. T. Olawalé, *La nature du droit coutumier africain*, Paris, Présence africaine, 1961, p.67.

[456]R. Verdier affirme ce néologisme de la terre qui se parentalise car les notions de terre et de parenté se recoupent, se territorialisent : " Terre et parenté agissent l'une sur l'autre en ce sens que la terre se parentalise et la parenté se territorialise ". La terre parentalisée correspond à la terre lignagère, in *L'homme et la terre, Droits fonciers coutumiers et Droit de propriété en Afrique Occidentale*, Op.cit. p.72.

[457] G. Kouassigan, *L'homme et la terre, Droits fonciers coutumiers et Droit de propriété en Afrique Occidentale*, Op.cit. , p.36.

[458] On parle de " chef de terre "quand le pouvoir est exercé à la fois sur les hommes et sur la terre, rassemblant sur une même tête les pouvoirs politiques et fonciers.

[459] BROSSE Jacques, *La Magie des plantes*, Paris, Ed. Albin Michel, 1990, 311 p.s, p.147.

par le biais de hiérophanies[460] minérales, végétales et aquatiques. L'alliance sacrificielle s'effectue en des lieux marqués du signe de la présence de l'invisible : cours d'eau, carrefour, rochers, arbres ou bosquets. Elle marque la socialisation du milieu et induit un morcellement de l'espace originel[461].

La première fonction du maître de terre, descendant du premier occupant, consiste à maintenir l'alliance inaugurée par ce dernier avec les entités du lieu, par le biais du sacrifice renouvelé. Ce pacte est à l'origine des droits sur la terre qui se transmettent de génération en génération. Véritable médiateur religieux, le maître de terre demeure le délégué des ancêtres et des génies : aucune transaction sur la terre ne peut se faire sans son accord. Toute utilisation de terre doit être autorisée par le chef de terre ; la distribution des droits fonciers nécessite son consentement.

Les fonctions du maître de terre consistent à répartir la terre entre les familles, à réattribuer la terre abandonnée, d'autoriser l'installation de groupements étrangers, à régler les litiges fonciers, à représenter la communauté. Le maître de terre est un gestionnaire, un administrateur du patrimoine foncier communautaire.

Quoi qu'il en soit, les rapports fonciers dépendent de ce pacte primordial et des alliances que les premiers occupants ont consenties avec les nouveaux arrivants. Les conditions d'installation de ces

---

460 " Les hièrophanies sont des actes de manifestation du sacré dans un objet, où l'irréel se révèle dans les objets réels. C'est la manifestation du sacré à travers une réalité autre que lui-même " (Mircéa ELIADE, 1949, *Traité d'histoire des religions*, Paris, Payot ; cité in *Traité d'anthropologie du sacré*, (dir. Julien RIES), 1992, vol 1. " les origines et le problème de l'homo religiosus ", Paris, Ed. Desclée, 358 p.s, p.s 41.

461 L'homme n'est pas d'emblée en osmose avec la nature. Comme l'écrit Jean Poirier, " (..) l'homme dans la nature n'est pas " chez lui " : il est un occupant précaire qui fonde son existence sur une alliance conclue avec les esprits chthoniens, génies du terroir. La nature est un ensemble sacralisé, un complexe de forces qui s'équilibrent et dans lequel l'homme ne peut s'aventurer (..) qu'au prix de multiples précautions " in *Histoire des mœurs*, I, Paris Ed. Gallimard, 1990, p.921. cité par Norbert Rouland, *Anthropologie Juridique*, Op.cit. , p.469). Ce qui fait dire à Norbert Rouland que " la fragilité originelle de l'homme par rapport au milieu naturel l'a conduit à humaniser la nature, à l'intégrer à son existence par un jeu de fictions " (ibidem).

différents lignages se sont répercutées en termes fonciers et ont modelé les rapports sociaux de production.

Le lien foncier

Le rapport de l'homme à la terre se caractérise par la nature ombilicale du lien entre l'ancêtre fondateur et le *Genius loci*. Du coup, le lien foncier se trouve auréolé d'une sacralité qui se répercute par confusion sur une présentation sacrée de la terre. La terre constitue le lien entre les générations passées, présentes et à venir. Le lien foncier intègre les morts et les vivants dans une même dynamique lignagère et souligne leur rapport commun à une même origine, l'ancêtre fondateur. « Chaque individu est héritier d'une fraction d'une force vitale qui circule à travers les générations[462] ». La structure sociale repose sur ce lien foncier au titre duquel l'individu affirme son identité sociale et s'intègre à la communauté[463]. L'homme et la terre sont indissociables, celui qui enfreint un interdit relatif à la terre est expulsé de la communauté villageoise. Parallèlement, l'étranger s'intègre au groupe en cultivant une parcelle prêtée par un lignage.

De ce fait, la relation foncière s'établit sur une interdépendance complète fondée sur des obligations réciproques, dépassant toute conception purement utilitariste. A travers la terre, l'homme sacralise son rapport avec le passé, sa propre continuité.

Le pouvoir de disposer de la terre

Le lien foncier démontre que l'homme n'a pas de pouvoirs sur la terre ; il ne la possède pas au contraire il en dépend et il s'y soumet, ce que souligne bien un chef ashanti : « La terre appartient aux ancêtres, et ils me demanderont des comptes quand je les rejoindrai[464] ». L'homme a envers la terre des obligations matérialisées dans les offrandes et les sacrifices. Dès lors, ce n'est pas la terre qui appartient à l'homme, mais bien l'homme qui appartient à la terre[465]. En conséquence du lien nodal terre-ancêtre, la terre est inaliénable.

---

[462] MADJARIAN. - Cité par Olivier Barrière, thèse, Op.cit. , p.57.

[463] R. Verdier, *Coutume et Loi dans le droit parental et foncier, Dynamiques et finalités des droits africains*, Paris, Economica, 1980,p367.

[464] Olivier Barrière, thèse, op.cit,.p58.

[465] " Quelle arrogance de parler de possession de terre alors que c'est la terre qui nous possède ! Comment peut-on posséder ce qui vous survivra ? " (Réponse d'un leader Kalinga à un fonctionnaire philippin, in *Monde Diplomatique*, 1989, p.18 ; cité par Norbert Rouland, *Anthropologie juridique*, Op.cit. p 393).

En ce qui concerne les terres lignagères, chaque génération hérite ses droits de la génération précédente. Chaque génération est donc responsable vis-à-vis de la génération future de la transmission du patrimoine foncier lignager. Ne pas le conserver équivaut à supprimer le lien foncier unissant toutes les générations, car « l'attachement au sol est une preuve de l'attachement aux ancêtres[466] ». Aliéner la terre reviendrait à supprimer les racines de la communauté.

Par ailleurs, dans le contexte d'une économie de survie, la valeur de la terre est considérable du fait de la faiblesse des moyens de production. Elle constitue l'unique moyen de survivre. Le marché foncier est absent car il mettrait en péril les générations présentes et futures. Si la terre ne se transmet pas en dehors du lignage, elle circule cependant au sein du groupe familial et se transmet à un autre membre de la famille consanguine. Seul son usager change. Le lien entre la terre et la communauté n'est pas rompu.

La circulation intra-lignagère des droits sur l'espace se réalise de différentes manières. En ce qui concerne l'aliénation et l'échange, ils s'effectuent rarement dans un dessein économique et ils n'obéissent pas aux lois du marché.

En termes de sécurisation[467] foncière, l'individu est assuré de l'usage viager de la parcelle qui lui a été attribuée, tant qu'il ne l'abandonne pas. A sa mort, la concession retombe dans l'usage commun pour être réattribuée, le principe de non-héritage étant renforcé par le système de rotation périodique « pour prévenir le risque de consolidation des droits individuels[468] ». Mais on note l'existence d'attributions préférentielles, mesure de faveur factuelle, où la terre du père décédé est transmise à ses fils[469].

Le droit foncier traditionnel s'exprime ainsi dans une dynamique relationnelle de l'homme à la terre reflétant la structure reproductive de la société. La terre et le lien foncier représentent un enjeu de reproduction qui fonde un rapport juridique et contribue à mettre en relief les éléments de la sécurisation de l'usage de la terre.

---

466 O.Barrière, Thèse, Op.cit. p58.

467 La sécurisation se définit comme une garantie juridique du pouvoir exercé sur la terre, en l'occurrence. Cf. Titre 2 de la deuxième partie.

468 G. KOUASSIGAN, *L'homme et la terre, Droits fonciers coutumiers et droit de propriété en Afrique occidentale*, Op.cit. p 175.

469 Ces attributions vont se transformer en droit de succession non de la terre mais du statut de son gestionnaire.

L'accès à la terre

Tout d'abord, la terre n'est pas une entité homogène ; elle se caractérise par une particularisation de l'espace et se compose d'une pluralité d'espaces affectant la spécificité des titulaires des droits fonciers. Ensuite, les modes d'accès à la terre correspondent à l'implantation du groupe et à l'usage intralignager, sachant qu'en Afrique le droit ne repose pas sur une distinction public/privé, mais sur les relations internes et externes du groupe correspondant aux systèmes d'exploitation et de répartition de la terre.

L'espace se fractionne en terre de brousse (pour la chasse, la pêche, la cueillette, le pâturage.. et la réserve foncière), terre de culture, terre de résidence (pour l'habitat et les fonctions sociales associées), et en espaces sacrés. La brousse est un espace naturel que l'agriculteur humanise, en pactisant avec les « habitants » originels, les esprits du lieu. Par le travail agraire, l'homme s'implante physiquement et spirituellement dans la terre, en la dénaturant[470]. Cette rupture entre l'homme et la nature n'existe pas.

Cette particularisation de l'espace en fonction des usages (agricole, pastoral, d'habitation, religieux) se superpose à une division de l'espace selon l'accès que les groupes et les individus y ont. En effet, comme nous l'avons vu, la société traditionnelle repose sur une dynamique lignagère unissant les descendants d'un ancêtre. Mais le lignage ne se limite pas à un seul facteur temporel. Il intègre aussi un rapport avec l'espace : tout lignage est installé sur un espace où vivent les descendants du fondateur.

Cet espace parental, géré par le chef de famille, fait l'objet d'une exploitation par les individus pour subvenir à leurs besoins alimentaires. Au sein de l'espace villageois, les terres de culture sont réparties entre familles lignagères, tandis que les autres - espaces non défrichés - sont d'usage collectif. La gestion (conservatrice) de ces dernières incombe au chef du village[471].

La titularité des droits fonciers d'un groupe dépend de ses origines par rapport à un espace déterminé, tandis que le droit d'usage d'une terre d'un individu dépend de son appartenance à un groupe.

---

[470]C'est-à-dire en lui retirant sa nature originelle pour l'inscrire dans les rapports sociaux selon son utilité.

[471] G.Kouassigan, *Coutume et Loi*, Op.cit. p 369.

Ainsi, les droits fonciers individuels dérivent des droits fonciers du groupe : l'aptitude des individus à détenir des droits propres sur la terre est limitée par les droits prééminents du groupe, auxquels ils ne peuvent s'opposer. Cependant, les droits individuels reflètent les droits de la collectivité ; c'est en ce sens que l'individu et le groupe sont complémentaires. Ainsi que l'affirme Raymond Verdier, « le groupe n'est pas une entité abstraite, pas plus que l'individu n'est en réalité autonome : ils sont l'un et l'autre, l'un par l'autre ; il y a d'un côté les droits du groupe en tant que ses membres le constituent ; de l'autre, il y a des individus qui tiennent leurs droits de leur appartenance au groupe[472] ».

L'appartenance à une communauté est la condition impérative et suffisante pour l'exercice de droits individuels sur la terre. Par le mécanisme de la parentalisation communautaire, les individus sont intégrés à une ou plusieurs communautés, telles que la communauté des ancêtres (apparentés par généalogie et filiation), la communauté de résidence (familles, la communauté de vie (village), la communauté d'interdits etc.

Il existe principalement deux types de collectivités ayant des droits sur la terre : la famille et le village. « La seule véritable qui détient la terre est la famille et la reconnaissance du droit de propriété sur la terre à la communauté ou au village n'est juste que si celui-ci est envisagé comme un ensemble social. Car, même à l'intérieur de la communauté ou du village, l'occupation effective et le contrôle de la terre sont deux choses différentes (..)[473] ». La famille dispose d'un droit exclusif sur la terre lignagère qui est en partie distribuée aux ménages.

Les modes d'accès à la terre du groupe sont au nombre de trois : la découverte, l'annexion et la cession.

L'occupation est le premier mode d'acquisition des droits fonciers. Elle fonde juridiquement l'ordre foncier et justifie l'ordre politique[474]. L'occupation n'est pas le fait d'un individu mais du représentant d'une communauté familiale. Le premier occupant est le premier qui

---

[472] R. Verdier, " Féodalités et collectivismes africains ", in *Présence Africaine*, n°4, 1961, p.99.

[473] E.T.OLAWALE, *La nature du droit coutumier*, Op.cit. p.71.

[474] Alain MIGNOT, *La terre et le pouvoir chez les guin du Sud-est du Togo*, Op.cit. p35.

s'installe. L'occupation de la terre consiste en une mise en valeur agricole. Le lien de droit avec la terre repose sur cette exploitation : le travail effectué sur un espace naturel, défrichage et mise en culture, particularise le droit d'usage général qui devient particulier et exclusif. Étant donné que l'occupation s'inscrit dans une dynamique lignagère, elle concerne la terre exploitée par les membres présents ainsi que la terre en réserve, qui sera mise en culture par les membres futurs de la famille.

Par définition, le domaine lignager est vaste. Mais vu que tout individu a un droit potentiel d'exploiter la terre, l'extension de l'espace lignager est limitée. L'espace lignager peut surtout subir une diminution par annexion, qui est la conséquence d'une compétition entre individus ou groupes. L'existence d'un domaine lignager repose sur la capacité de la défendre en empêchant l'installation d'étrangers au groupe. Ainsi, comme le souligne Alain Mignot, le droit intègre aussi des principes qui régissent la perte des droits fonciers[475].

Par arrangement, le groupe du premier occupant attribue un espace à un autre groupe arrivé ultérieurement. L'individu dispose d'une portion des terres de la communauté qu'il exploite pour ses besoins personnels. De la concession à titre viager, l'attribution de la terre est devenue héréditaire. Notons qu'originairement le travail de la terre était familial, sans aucune concession individuelle.

Les droits fonciers concédés par la collectivité découlent du rôle social de l'individu et notamment de sa place reconnue dans la dynamique lignagère. Par conséquent, le célibat constitue une anomalie car « il rompt la chaîne des générations[476] ». Il en ressort que l'acquisition de droits sur la terre découle de la fondation d'un ménage, famille restreinte.

Seuls les hommes ont des droits sur la terre, dont la circulation doit être nécessairement endogène afin de maintenir la continuité du patrimoine lignager. Par conséquent, du fait qu'elle se marie à l'extérieur du lignage, la femme est exclue de la succession foncière.

Le droit d'exploiter le sol étant indissociable de l'appartenance à une communauté, l'étranger en est, par définition, exclu. Ce n'est que par mesure d'hospitalité qu'il peut se voir attribuer une parcelle à

---

[475] Alain MIGNOT, Ibidem.

[476] MADJARIAN, *L'invention de la propriété. De la terre sacrée à la société marchande*, Paris, L'Harmattan, 1991 p. 93.

cultiver. Le contrat d'hospitalité permet à des étrangers de s'intégrer « momentanément en un lieu et d'accéder à certains droits en vertu d'un contrat passé avec un hôte qui se porte garant vis-à-vis de son groupe[477] ».

L'accès à la terre se contractualise à travers l'héritage, succession au droit d'usage, ou le prêt - gratuit pour une membre de la famille et onéreux pour un membre étranger à la famille -, ou encore le gage, l'échange et la cession définitive intra-familiale gratuite (don) ou non (vente). L'aliénation dans le groupe existe avec une clause de rachat. Ces modes d'accès à la terre sont une adaptation du système d'attribution de la terre permettant les transferts de droits nécessaires entre titulaires.

Après avoir étudié l'univers mental des populations locales qui fondent les logiques endogènes, il est possible d'étudier les résistances traditionnelles pour mieux comprendre certaines revendications ou contraintes. Ces résistances apparaissent à travers l'accaparement des organes décisionnels par les élites traditionnelles et par le détournement de la logique d'État.

§2 : L'accaparement des organes décisionnels par les élites traditionnelles

La législation sur le domaine national a marqué une certaine rupture avec la tradition. Elle avait pour ambition la modernisation du monde rural, mais sans trop tenir compte des pratiques coutumières existantes, pas plus que des institutions traditionnelles. La loi sur le domaine national, en faisant de l'État héritier des anciens maîtres coutumiers, a entendu ainsi dépouiller les descendants de ces derniers de tous leurs droits sur ces terres d'où la résistance des élites traditionnelles.

Cette résistance prend la forme d'un contournement de la loi aboutissant à un accaparement des organes décisionnels par les élites traditionnelles.

La loi sur le domaine national a dépouillé les élites traditionnelles de leurs droits qu'elles pouvaient réclamer comme héritage de leurs ancêtres. Mais, dans l'optique de préserver ou de retrouver leurs droits

---

[477] Etienne Le Roy, thèse, Op.cit. p. 204.

ancestraux, tous les cadres formels de répartition des terres vont être investis par les élites traditionnelles.

Il faut souligner que ces dernières vont utiliser la loi pour arriver à leur dessein. En effet, la gestion des terres du domaine national est confiée à des organes décentralisés issus des populations locales. L'organe de gestion est le conseil rural. Ce conseil est issu d'élections, et les membres sont choisis parmi les résidents de la communauté rurale.

On sait que, malgré l'affirmation du principe d'égalité des citoyens devant la loi, la société sénégalaise reste toujours dans les faits une société très hiérarchisée.

D'après la stratification de la société sénégalaise, il y a les hommes libres dont les nobles, les castés et les anciens esclaves. Donc il y a ceux qui doivent diriger et une autre catégorie de personnes appelées à jouer un rôle secondaire dans la conduite des affaires locales. Ainsi, la stratification de la société se reflète au niveau de la composition des instances de décision. Il en est ainsi de l'organe de direction des organisations paysannes. S'il est vrai que certains exclus traditionnellement ont réussi à diriger des organisations paysannes, il faut dire que la plupart d'entre elles demeurent sous l'emprise des élites traditionnelles. Cela est patent au niveau des groupements d'intérêt économique (GIE) qui sont souvent créés par certains notables et dans lesquels les hiérarchies traditionnelles ont la plupart du temps été rétablies.

On constate que toutes les couches de la population ne sont pas intégrées dans le processus de développement. Le jeu démocratique est faussé sans pour autant qu'il y ait illégalité. Cette situation est susceptible d'engendrer des ressentiments au sein des populations qui se sentent exclues. Cela constitue un des obstacles majeurs pour notre décollage économique.

Un des enjeux de la décentralisation, surtout en matière foncière, devrait être la construction de contre-pouvoirs démocratiques assurant une prise en compte des intérêts des groupes dominés et limitant par la même occasion les abus de pouvoir des autorités locales.

Il convient de s'interroger sur les liens qui existent entre les nouvelles structures décentralisées et les autorités coutumières. Quelle est la place des autorités traditionnelles dans la gestion foncière et dans le processus de décentralisation ? La décentralisation ne permet-elle pas de légitimer aux yeux de la loi le pouvoir des élites traditionnelles ? Avec l'accaparement par les élites traditionnelles, tel semble être le cas.

Sur les périmètres irrigués villageois où les principes de justice et de démocratie avaient guidé la répartition des terres, les pratiques traditionnelles se réinstallent progressivement. Dans la majorité des cas, les notables traditionnels ou leurs représentants occupent les postes de direction dans les organisations paysannes, utilisant celles-ci à leur profit personnel.

C'est ainsi que Paul Mathieu[478] constate, de façon variable suivant les zones de la vallée, que la répartition des parcelles est faite de façon relativement démocratique. Cette remarque est partagée par J.-L. BOUTILLIER dans son rapport de mission pour le PNUD[479].

Même si le pouvoir de répartition appartient à l'assemblée générale des membres bénéficiaires de la parcelle, la position dominante des notables est de nature à influencer les décisions arrêtées.

Pourtant, l'action la plus significative allant dans ce sens se déroule le plus souvent au sein du conseil rural, organe qui devrait veiller au respect de la lettre et de l'esprit de la loi. Les élites traditionnelles en ont fait leur nouveau cadre d'action, à tel point qu'il n'est pas exagéré de parler de « l'assaut des féodalités sur l'outil communautaire[480] ».

Cette présence prépondérante trouve son explication moins dans le mode de désignation des conseillers ruraux que dans l'organisation sociale. Les hiérarchies traditionnelles et les relations verticales qu'elles impliquent ne facilitent pas l'expression libre des couches sociales dominées, inférieures et leur représentation conséquente. Des études ont montré que l'origine sociale des élus locaux leur confère dès le départ une audience qui leur permet d'être cooptés lors du renouvellement des conseils ruraux.

Ainsi peut-on constater que l'un des obstacles à la réalisation de la pleine participation des populations réside dans la différence entre les

---

[478]Paul Mathieu, « Irrigation, transformation économique et enjeux fonciers, le cas des périmètres villageois », in *La vallée du fleuve Sénégal, Evaluations et perspectives d'une décennie d'aménagements*, Paris, KARTHALA, 1991, p.210.

[479] J.-L. Boutillier, *Pour une problématique foncière de l'après barrage*, Rapport de mission pour le PNUD, Dakar, 1986, 55p.

[480] Félix Tano, *La répartition des terres dans l'application de la législation sur le domaine national au Sénégal*, Op.cit. , p.50.

principes de l'État républicain et démocratique et ceux qui guident la société traditionnelle. Certaines couches se trouvent exclues du processus décisionnel, sans avoir la possibilité de l'influencer de manière décisive et par conséquent de défendre leurs intérêts. Ainsi, la participation s'en trouve limitée. Et cette exclusion remet en cause le principe de la participation locale qui a motivé la politique de la décentralisation avec le choix du conseil rural comme autorité chargée d'assurer la répartition des terres. Cela nous amène évidemment à nous interroger sur la pertinence du choix de la démocratie représentative qui, au regard des faits, ne semble pas compatible avec les contraintes sociologiques du milieu traditionnel. Il y a donc un détournement de la loi. La mauvaise représentation d'une certaine frange de la population rend la démocratie rurale presque illusoire, surtout au sein du conseil rural.

Avec l'accaparement par les autorités traditionnelles de la structure décisionnelle en matière de répartition des terres, on assiste en toute logique à une continuité avec les conceptions traditionnelles en matière foncière.

Section 2 : Le détournement de la logique de l'État

Nous allons illustrer ce détournement de la logique de l'État par le recours à la coutume par les collectivités locales. A titre d'exemple, nous livrerons de manière concrète le jeu des acteurs dans la vallée du fleuve Sénégal qui va confirmer le détournement de la logique de l'État. Les élites traditionnelles, ayant réussi à accaparer l'organe chargé de la répartition des terres, vont ainsi imposer leur propre critère d'affectation, à savoir celui de la « propriété coutumière ».

Avec un tel critère, les affectations vont s'effectuer en faveur des « propriétaires traditionnels ». Cela est surtout favorisé par la dépendance du conseil rural à l'égard des autorités traditionnelles en matière de délimitation des terres. Ainsi, ces « cadastres vivants » vont répartir les terres en fonction des anciennes propriétés foncières. Et cela va en droite ligne avec la politique des élites traditionnelles qui préservent leur intérêt par ce biais, si bien que les affectations constituent à plusieurs égards de simples régularisations des anciennes propriétés foncières coutumières qui pourtant sont contraires à la lettre et à l'esprit de la loi sur le domaine national.

Parfois, lorsqu'un non-propriétaire traditionnel fait une demande d'affectation, le conseil rural ne réserve pas d'avis favorable à cette demande, et cela malgré le fait qu'il ait au préalable rempli les conditions exigées par la loi. Dans le même ordre d'idée, on remarque que quand un conflit éclate entre un « propriétaire coutumier » et un « non-propriétaire coutumier », bien que ce dernier exploite effectivement la terre, objet du litige, le conseil rural tranche la plupart du temps en faveur du « propriétaire coutumier ».

Il découle dans ce sens, que le critère sur lequel se base le conseil rural est le plus souvent l'exercice antérieur et prolongé des droits sur le terrain. Il s'agit d'un mépris de la loi sur le domaine national qui a purgé la terre de tous les droits coutumiers. Cela fausse de manière très claire et très nette le principe d'égal accès à la terre. La coutume est ainsi « légalisée ».

En cas de conflit ou de contestation portant sur une terre, il suffit d'établir de manière irréfutable les droits ancestraux pour en connaître le bénéficiaire. Le conseil rural, pour établir la preuve des droits ancestraux sur les terres, a recours aux témoignages des autorités traditionnelles locales. La terre est ainsi réservée à une catégorie de la population, celle qui était anciennement dominante.

Cette situation est susceptible d'engendrer des conflits d'intérêts entre les élites traditionnelles qui veulent maintenir leurs privilèges ancestraux et les exclus traditionnels qui, dopés par le pari démocratique de la législation sur le domaine national, voient en lui un allié des plus sûrs pour une répartition équitable des terres du domaine national.

L'exercice des compétences transférées en matière foncière révèle d'une part que certaines couches de la population n'hésitent pas à revendiquer les droits qui leur sont conférés par la législation sur le domaine national. Il s'agit de ceux qui exploitent effectivement les terres et qui voudraient bénéficier du critère de mise en valeur. Parmi ceux-ci, on trouve tout naturellement les exclus traditionnels qui sont en général ceux qui ne pouvaient pas accéder à la maîtrise foncière du fait des tenures traditionnelles. D'autre part, les hommes libres qui constituent les élites traditionnelles cherchent à empêcher la répartition équitable des terres du domaine national. Cette situation sera mise en évidence par l'étude des stratégies paysannes dans la vallée où deux catégories d'acteurs remettent en cause la nature juridique du domaine national. Ce sont la noblesse foncière et les bailleurs de fonds. La première catégorie d'acteurs considère que le législateur ne doit pas abolir les régimes fonciers coutumiers et s'est posée comme acteur politique incontournable en s'appropriant le conseil rural et en souhaitant l'octroi d'un titre foncier pour rendre perpétuel son droit sur la terre.

La seconde catégorie (les bailleurs de fonds y compris) revendique une législation foncière garantissant un titre foncier à tout exploitant débiteur[481].

Enfin, il convient de préciser que la bourgeoisie traditionnelle maraboutique observe encore au Sénégal « une situation de résistance » par rapport aux politiques de décentralisation. Cette situation est perceptible dans quelques collectivités locales comme celle de Touba. Les foyers de résistances sont nombreux[482] et multiformes et on pourrait multiplier les exemples. En effet, dans l'effectivité attendue, nous avons montré les mécanismes de fonctionnement du conseil rural basé sur l'élection mais à Touba, le président de la communauté rurale et les membres sont désignés par le khalife des mourides. Les élections locales organisées dans cette localité ne sont que des habillages qui viennent masquer la liste déposée par le Khalife. Dans ce système, il serait illusoire de parler de tutelle car les représentants de l'État dans cette localité ne sont que des figurants s'ils ne sont pas des mourides. Ainsi, la décentralisation sénégalaise ne s'est jamais départie de son instrumentalisation par les acteurs politiques ou religieux[483].

La vallée du fleuve Sénégal va nous servir de cadre d'étude pour montrer de manière concrète les déviances à travers les stratégies paysannes à travers deux zones différentes au plan sociologique : Le département de Dagana et le département de Podor.

---

481 Ibra Ciré N'diaye, *Dynamiques régulatoires de la compétence déléguée : Résistance à la nature juridique du domaine national et à la privatisation individuelle des terres dans la moyenne vallée du Fleuve Sénégal.*, Rapport GRET&IIED, mars, 2000.

482 La question casamançaise pose d'énormes difficultés à l'Etat sénégalais compte tenu des résistances violentes.

483 A partir de là, la décentralisation peut paraître plus qu'une stratégie de renforcement du pouvoir qu'une modalité de dévolution du pouvoir tournée vers le développement local.

- Les stratégies paysannes dans le département de Podor : Dans cette zone, plusieurs critères sont pris en compte dans l'affectation des terres parmi lesquels :

-le statut social : pour pouvoir prétendre à une terre il faut être descendant d'un lignage détenteur de terres. Le conseil rural fait valoir les attaches traditionnelles dans l'affectation des terres. De ce fait les *jom-leydi* [484] gardent leur emprise sur « leur terre » en contrôlant le conseil rural qu'ils composent essentiellement et en passant des contrats de louage qu'ils peuvent résilier à tout moment. Nous reviendrons sur ces contrats de louage.

-Le deuxième critère est la capacité d'exploitation des demandeurs. Il prend généralement en compte trois éléments : la main-d'œuvre (si c'est un groupement d'intérêt économique, on prend en compte le nombre de membres), les possibilités du demandeur (le chef du CERP[485] est en mesure de savoir le nombre d'hectares qu'un individu peut exploiter en vérifiant si le demandeur dispose de moyens modernes d'exploitation par exemple) et enfin l'évaluation des biens du demandeur qui devront constituer une garantie pour les bailleurs[486].

Concernant la procédure d'affectation des terres, le demandeur adresse une correspondance au président du conseil rural pour une délimitation du terrain en question. Celui-ci transfère la demande à la commission domaniale[487] à laquelle il appartient de procéder à la reconnaissance des terres du domaine national. Ensuite, une commission composée d'au moins six personnes doit se rendre sur le terrain en présence du chef du CERP pour fixer la date de délimitation. Cette délimitation doit se faire en présence des témoins du demandeur d'une part, pour éviter les conflits et d'autre part,

---

[484] Le *jom leydi* est un terme pular (peulh) qui signifie « propriétaire terrien ».

[485] CERP signifie Centre d'expansion rural polyvalent.

[486] Ce rôle dévolu au chef du CERP pose un certain nombre de problèmes. D'abord, le CERP ne dispose pas des moyens matériels et techniques nécessaires pour évaluer avec précision la capacité d'exploitation. Le CERP utilise des techniques qu'on pourrait qualifier d'artisanales. Il n'utilise pas decartes, de bases de données. Il n'existe pas de cadastre en milieu rural. De même, avec la modicité de ses moyens financiers, ajoutée à un manque de moyens matériels, l'indépendance requise du chef du CERP n'est pas garantie, dans la mesure où c'est au demandeur de prendre en charge les frais de délimitation.

[487] A titre d'exemple, nous pouvons prendre le cas de la communauté rurale de Guédé qui a une commission domaniale qui recouvre 23 villages et compte 16 membres désignés par le président du conseil rural parmi les conseillers.

confirmer que la terre demandée « appartient » au demandeur, et qu'il n'y a pas une prétention sur elle.

A l'issue de cette opération, le chef du CERP établit un croquis fixant les limites et un avis technique dans lequel doit figurer : le nom du requérant, son domicile, le numéro du GIE, la position géographique du site, la capacité d'exploitation, la superficie disponible et demandée, les moyens disponibles et enfin ses avis et observations[488].

Après ce travail de la commission domaniale, son président fait un rapport qu'il remet au président du conseil rural et c'est sur la base de ce rapport et de l'avis technique du chef du CERP que le conseil rural procède à la délibération. Il peut adopter ou rejeter la demande.

En cas d'adoption, la délibération est soumise à l'approbation de l'autorité de tutelle en l'occurrence le préfet. Ce dernier peut refuser d'approuver. Il en est ainsi quand il estime que la superficie affectée est trop importante. Généralement le maximum d'hectares attribués est de 200 par village et d'une soixantaine par individu d'après les enquêtes de terrain[489].

Mais, on assiste à des pratiques discriminatoires et inégalitaires dans les communautés rurales. Et ceci est renforcé par le défaut de base légale dans la définition d'un critère maximum ou minimum de terres. En effet aucun texte ne prévoit le nombre d'hectares à attribuer, ce qui explique les variations d'hectares à attribuer. C'est ainsi que le préfet a eu à approuver 800 hectares attribués au chef de village de Nenette et refuser 200 hectares à un autre.

A la lumière des critères et de la procédure d'affectation, on peut estimer qu'en réalité, dans le département de Podor, il n'existe pas d'affectation des terres mais une régularisation du statut. En effet, les conseils ruraux n'affectent de terres qu'aux « ayants droits » qui sont les familles traditionnelles détentrices de terres. Si les ayants droits

[488] L'avis technique peut être rejeté s'il est incomplet ou s'il comporte des éléments inexacts. En effet, la communauté rurale est une petite entité de ce fait les conseillers savent à peu près la superficie de terrain dont dispose chacun d'après un conseiller de cette localité. Ce sont les limites traditionnelles qui sont maintenues et les conseillers appartiennent généralement tous aux familles traditionnelles détentrices de terre.

[489] C'est ainsi par exemple qu'à Hore Jniwa et M'Boyo, le préfet a refusé d'approuver des délibérations portant affectation de terres dépassant 200 hectares. Dans ce cas le conseil rural devra de nouveau délibérer et diminuer le nombre d'hectares affectés.

traditionnels ont éprouvé le besoin de recourir au conseil rural pour avoir une délibération d'affectation de terres, c'est surtout pour accéder aux crédits du CNCAS (Caisse Nationale du Crédit Agricole du Sénégal) ou des bailleurs de fonds. De ce fait, ce n'est pas parce que les détenteurs de terres ont foi en la législation en vigueur mais c'est surtout pour satisfaire leurs propres intérêts.

Aussi constate-t-on un amalgame dans l'application de la loi relative au domaine national[490] car le but de la réforme était « de purger le sol des pratiques coutumières[491] ».

Nous remarquons que les anciens détenteurs fonciers ont toujours une emprise sur « leurs » terres. Quant aux autorités administratives, elles sont au courant des violations dont la législation fait l'objet mais elles ne font rien pour les empêcher., d'abord parce que le respect des traditions est fortement ancré dans les mentalités de la population locale, ensuite parce qu'il existe des pressions sur l'État venant des hommes politiques locaux et des marabouts. Et l'État ne voulant pas perdre son électorat, il ferme les yeux sur certaines pratiques. C'est ce qui a fait dire à Marc Debène que « des classes sociales feront pression sur les structures étatiques pour que les gouvernants leur consentent des avantages, renforcent leur pouvoir. L'État sera au service de ces forces qui connaissent son mode d'emploi ». Le processus d'affectation des terres est donc détourné.

Ainsi, malgré l'existence de dispositions légales, la procédure de demande d'affectation de terre se fait toujours de manière traditionnelle. En effet, seuls les anciens détenteurs de terre font des demandes au niveau du conseil rural. Parallèlement les non-détenteurs de terres reconnaissent des droits aux détenteurs traditionnels de la terre et ne demandent pas d'attribution de terre mais ils vont recourir au métayage ou intégrer les organisations paysannes qui facilitent l'accès à la terre.

Nous pouvons diviser les exploitants en deux grandes catégories : ceux appartenant à une famille propriétaire et ceux qui bénéficient sur ces terres d'un droit de culture.

---

[490] Loi 64.46 relative au Domaine National, Op.cit.

[491] Samba TRAORE. - *Les systèmes fonciers dans la vallée du Sénégal : l'exemple de la zone Soninké de Bakel*, Thèse de doctorat d'Etat, USL, 1991.

Nous rappelons ici que le droit de propriété sur le sol n'est pas individuel, mais réside dans la collectivité familiale. L'autre catégorie d'exploitants est composée de ceux qui sont liés au *jom-leydi* par un système complexe de redevances. Il y a aussi ceux qui ont accès à la terre par le canal du mariage. Ces derniers, comme ceux qui bénéficient d'une donation, ne sont pas tenus de verser une quelconque redevance. Mais dans la pratique, ils versent de leur propre gré des redevances.

Les populations rurales qui s'adonnent jusqu'à nos jours à des modes de mise en valeur de type traditionnel font exactement comme le faisaient leurs ancêtres. En effet, ceux qui ne sont pas membres d'une famille propriétaire se trouvent dans un statut de dépendance vis-à-vis du gérant foncier. Le gérant du patrimoine foncier ou *jom-leydi* se trouve être le patriarche de la famille propriétaire de terres.

Nous avons ainsi constaté un grand écart entre le droit écrit relatif au régime juridique des terres et la pratique des populations. L'article 3 du décret 72.1288 du 27 octobre 1972 dispose que les terres affectées ne peuvent faire l'objet d'aucune transaction, pas plus que les terres du domaine national. Toute vente ou tout contrat de louage est interdit. Nous assistons ici à une véritable spéculation foncière qui est contraire à la législation en vigueur. La forme la plus fréquente se trouve être une sorte de contrat de louage. Ce système de location est sanctionné par le paiement d'une redevance. Il peut revêtir plusieurs formes que nous allons successivement analyser.

- L'*assakal* : C'est la redevance la plus connue. Elle est payée généralement en nature. L'exploitant doit, après la récolte, donner 1/10 de sa récolte au maître foncier, c'est-à-dire au chef de famille propriétaire[492]. Contrairement au vrai *assakal* (dîme religieuse) qui est affecté aux nécessiteux, celui-ci est délivré au maître de la terre qui a mis la parcelle à la disposition de l'utilisateur. Cette redevance pèse sur tout utilisateur du sol, quel que soit son statut social. L'obligation de payer l'*assakal* entraîne une autre obligation, celle de mettre la terre

[492] Un maître foncier du village de Korkadjel (village situé dans le fouta et plus particulièrement dans la communauté rurale de Guédé) interrogé affirme que lorsque l'attributaire ne lui donne pas l'*assakal*, il reprend ses terres sans aucune formalité. Pour lui, il ne faut pas " badiner " avec le paiement de l'*assakal*.

en valeur. Car le prélèvement de la redevance s'opère sur les productions agricoles.

-Le *Njoldi* est aussi versé au maître de la terre ; mais contrairement à l'*assakal*, il est versé avant l'exploitation de la terre. Ce qui veut dire que ce n'est pas la production agricole qui est frappée. Généralement, c'est le maître de la terre qui fixe unilatéralement le montant de cette redevance, en tenant compte de la superficie et de l'emplacement du terrain (s'il est proche ou un peu loin du fleuve), de la capacité de mise en valeur du bénéficiaire (nombre de personnes qui vont travailler pour lui dans le champ). Mais le maître foncier et l'attributaire ont la possibilité de convenir du montant du njoldi. Il peut être payé en espèces ou en nature.

Cette forme de redevance est de plus en plus rare ; elle ne subsiste que dans quelques villages.

- Le *Rem peccem* : Littéralement, *rem peccem signifie* « cultive et partageons ». Le *rem peccem* est une sorte de contrat de métayage. Le métayage est en effet, selon le lexique des termes juridiques, « un contrat en vertu duquel le propriétaire d'un domaine rural, le loue temporairement à une autre personne qui l'exploite moyennant partage de fruits et de pertes ». On assimile souvent le *rem peccem* au contrat de métayage, car le mécanisme des deux contrats est similaire. Mais la différence est qu'en ce qui concerne le *rem peccem* on ne peut parler de propriétaire d'un domaine, étant donné que les terres en question sont du domaine national. Généralement cette pratique est utilisée dans les cas où un père de famille meurt en laissant des héritiers incapables de mettre en valeur les terres héritées (parce qu'ils n'ont pas de moyens ou parce qu'ils sont physiquement incapables). Le maître foncier peut aussi avoir recours au *rem peccem* pour permettre à certains paysans à la bourse légère d'accéder à la terre.

Le paysan peut être considéré comme un ouvrier agricole dans la mesure où la part qu'il reçoit de la récolte est considérée comme son paiement. Aujourd'hui, une pratique pareille sévit sur la terre affectée par le conseil rural, bien que les autorités administratives et locales l'aient rigoureusement rejetée. Les non-membres de la communauté rurale vont en effet bénéficier d'une affectation de terre par le moyen du « prêt ».

La Cour d'Appel de Dakar, dans son arrêt du 19 avril 1971, Ministère public contre Djibril Fall, a jugé que « tombent sous le coup du délit de convention illicite portant sur le domaine national, voire d'escroquerie, les actes (..) qui ne visent en effet qu'à transférer contractuellement le bénéfice de l'affectation de la parcelle ».

Beaucoup de paysans soumis à ces redevances sont conscients des dispositions de la loi relative au domaine national. Les redevables savent que, depuis 1964, ce principe du lamanat est révolu. Néanmoins, les populations rurales préfèrent maintenir la nature des relations qui les lient avec les maîtres fonciers comme le faisaient les ancêtres. Elles reconnaissent, et sans équivoque, le droit des familles propriétaires. Pour elles, le paiement de la redevance permet de prouver l'appropriation des terres par une famille donnée, d'une part, et d'autre part, de maintenir une harmonie, une entente pour ne pas heurter les pratiques foncières traditionnelles.

L'emprise que les *jom-leydi* ont sur leurs terres a pour conséquence donc d'exclure certaines catégories de la maîtrise foncière. C'est ce qui a fait dire à Vidal dès 1935 cité par Jean Paul Minvielle que « la terre cultivable au Fouta est à peu près entièrement appropriée, il n'y reste guère de possibilités pour de nouveaux défricheurs. Par conséquent les exploitants actuels du sol sont tenus de rester sur place et de se soumettre aux exigences des chefs de la terre pour pouvoir subsister[493] ». La solution pour les exclus de la maîtrise foncière est de passer des contrats avec les propriétaires terriens.

Ces pratiques, qui bloquent la réussite de la décentralisation, sont aussi observées dans le département de Dagana.

- Les stratégies paysannes dans le département de DAGANA : Nous allons aborder les stratégies paysannes à travers les droits délégués et les procédures de délégation. Il s'agira de mettre en exergue les éléments qui permettent de mieux cerner le contenu des droits délégués[494]. Ainsi, on s'attellera d'abord à définir le concept de droits fonciers délégués, de faire leur typologie, de montrer les procédures de cette délégation

Le concept de droits fonciers délégués n'est pas nouveau, puisqu'ils existent depuis longtemps. Mais seulement, jusque-là, ces droits fonciers délégués étaient désignés sous le vocable de modes de

---

[493]VIDAL (M.). - *Etude sur la tenure des terres indigènes au Fuuta* (Paris, Larose 1936), cité par Minvielle J. P., *Paysans migrants du Fouta Toro*, ORSTOM, 1985.

[494]Etienne LE ROY. - " Faire-valoir indirects et droits délégués " in : *Quelles politiques foncières pour l'Afrique rurale ?* Paris : Karthala, 1998, p.87.

faire-valoir indirect. A cet effet, le professeur Étienne Le Roy[495] estime que « les droits délégués ne sont que de nouvelles formes de faire-valoir ». La non-prise en compte de ce concept dans les analyses concernant la question foncière s'explique, d'une part, par le fait que le mode de faire-valoir direct est la règle et d'autre part, du fait que les législations foncières ont ignoré ou ont purement et simplement interdit ces droits délégués.

Mais dans la réalité des systèmes et des pratiques d'exploitation de terres au sein des collectivités agraires, on sait que ces modes indirects de faire-valoir ou tout autre mode d'affectation des droits délégués sont extrêmement fréquents[496]. Au regard de cette analyse, on peut définir des droits délégués comme « l'ensemble hétérogène des droits d'accès, d'usage, de culture, de gestion et d'exclusion voire d'aliénation, issus d'une convention formelle ou informelle entre autre des ayants droits détenteurs de droits d'appropriation ou de maîtrises foncières ; et d'autre part, des individus ou groupes d'individus à qui sont délégués des droits[497] ».

Au cours de nos recherches dans le département de Dagana, nous avons identifié plusieurs sortes de droits délégués dont il importe de faire une typologie. Les différents droits délégués identifiés sont : les prêts de terre, les contrats de location de métayage, la « vente » du droit d'usage, les droits de culture délégués aux épouses et aux héritiers.

- Les prêts de terre : Ils sont interdits par la législation sur le domaine national. Mais avec l'émergence d'une culture irriguée au niveau des périmètres irrigués villageois, il y a un développement de formes de faire-valoir indirect sur ces périmètres dû à l'accroissement des coûts de production découlant du désengagement de l'État.

Ainsi au cours de notre enquête, nous avons identifié deux types de prêts : le prêt à titre gratuit[498] et le prêt onéreux[499]. Ces deux formes

---

[495] Etienne LE ROY. - " Faire-valoir indirects et droits délégués " in : *Quelles politiques foncières pour l'Afrique rurale ?* Paris : Karthala, 1998, p.83.

[496] Rapport Panaudit Cabinet Sakhir Diagne, Op.cit. , pp.125-133.

[497] Propositions des termes de référence " Droits délégués ", J. P. Chauveau (ORSTOM).

[498] Le prêt à titre gratuit est un droit d'exploitation d'un lopin de terre accordé par un titulaire d'un droit d'usage à un individu sans contrepartie. Ce prêt résulte généralement d'un accord verbal. Par conséquent, il n'obéit à aucune formalité de

de prêts remettent en cause le principe de la gratuité de l'accès aux terres du domaine national parce que, dans les deux cas, il subsiste des redevances « foncières » versées par les emprunteurs au profit des prêteurs.

Dans cette zone, le prêt à titre onéreux devient pour ces paysans une source de rente foncière et un moyen de préserver leur droit d'usage. Sur ces terres, le recours au prêt à titre onéreux est aussi un moyen pour certains de continuer d'exploiter par le biais du financement de l'emprunteur qui est généralement doté de moyens matériels suffisants. Ce phénomène est regrettable au niveau des périmètres irrigués villageois parce que la plupart des règlements intérieurs des sections villageoises l'interdisent. Mais avec la complexité des chefs de sections villageoises, certains paysans se livrent à de telles pratiques, ce qui constitue une entrave aux principes d'égal accès dans ces périmètres comme nous l'avons précisé dans nos développements précédents[500].

Dans ce système d'exploitation, les redevances foncières ne sont pas absentes et sont multiformes. C'est ainsi qu'on a pu noter dans cette zone que la contrepartie des bénéficiaires du prêt est de fournir les intrants, de faire l'aménagement, de fournir les semences au prêteur.

- La location de terre : Elle se fait par un accord verbal ou formel par lequel un titulaire de droit d'usage cède celui-ci à une autre personne moyennant une redevance foncière en monnaie versée avant culture pour une durée limitée. L'accord n'est pas formaliste puisque généralement seul l'accord verbal des parties suffit à former le contrat

---

validité ou de preuve, il est généralement accordé à des parents, des amis et même aux anciens exclus de la terre.
Étant seulement titulaires de " droits d'accès seconds " obtenus par délégation de maîtrises foncières premières, les bénéficiaires du prêt à titre gratuit disposent de droits précaires. C'est pourquoi le prêt à titre gratuit est souvent accordé pour une durée déterminée et, dans ce cas, le bénéficiaire du prêt doit à l'échéance fixée rendre la terre au prêteur sauf à demander aussi la reconduction du contrat.

[499] Le prêt à titre onéreux est un contrat oral synallagmatique assorti de certaines conditions et redevances qui sont fixées librement par les deux parties. Ce prêt peut être consenti pour une durée déterminée. Il est aussi une pratique courante au niveau des périmètres irrigués villageois et surtout sur les terres du Walo qui ont été régularisées par les anciens propriétaires coutumiers au lendemain de l'entrée en vigueur de la loi sur le domaine national.

[500] Paul Mathieu, *Irrigation, transformation économique et enjeux*, Op.cit. p.199.

de location. Mais parfois on a pu noter que les parties font recours à des témoins pour avaliser le contrat[501], ce qui est apparemment surprenant dans la mesure où les conseillers ruraux doivent veiller strictement au respect des délibérations du conseil rural et à l'application de la loi. Paradoxalement, ils participent directement ou indirectement à la légitimation de telles pratiques qui sont contraires à la législation sur le domaine national.

Au niveau des PIV (périmètres irrigués villageois), le principal acteur de la location est la section villageoise qui attribue les parcelles à ses membres qui se sont acquittés de leurs dettes. Tout comme les prêts, la location donne lieu à des redevances foncières. A ce titre, le contrat de location s'apparente au prêt à titre onéreux du fait qu'ils sont tous les deux assortis d'obligations réciproques entre les parties. Mais la différence entre ces deux types tient au fait que, dans la location, la redevance foncière est versée non pas en nature mais en monnaie. En plus, elle est surtout versée avant la culture.

- Le métayage[502] : même s'il est interdit par la législation sur le domaine national, il est devenu une pratique courante dans la vallée du fleuve Sénégal. Ainsi dans la communauté rurale de Gaé (située dans la vallée du fleuve Sénégal), la pratique du métayage est très fréquente au niveau des PIV[503].

- La « vente » du droit d'usage sur le domaine national : Il ne s'agit pas de vente à proprement parler au sens civiliste du terme mais d'une vente du droit d'usage déguisée. C'est ainsi que certains titulaires d'un droit d'usage décident volontairement de céder leurs parcelles à d'autres qui sont disposés à les reprendre. Les nouveaux « affectataires » se contentent de régulariser leur droit d'usage en introduisant des demandes fictives d'affectation que les conseillers

---

[501] Ces témoins sont généralement conseillers ruraux ou notables du village.

[502] A titre de rappel « un contrat en vertu duquel le propriétaire d'un domaine rural le loue temporairement à une autre personne appelée métayer qui l'exploite moyennant partage des fruits et des perte ».

[503] Ici, la redevance foncière est versée en nature par le métayer et sa quantité ou sa valeur varie d'une zone à une autre ou selon certaines circonstances. Ainsi, lorsque c'est le propriétaire du champ qui fait l'avance des semences, des intrants, il récupère lors de la récolte la moitié des quantités produites. Mais lorsque le métayer prend en charge toutes les dépenses relatives à l'aménagement de la parcelle ou à l'achat des intrants, il ne devrait verser que 1/3 de la récolte au propriétaire du champ.Dans la première situation, le paysan peut être considéré comme un ouvrier agricole dans la mesure où la part qu'il reçoit est considérée comme son paiement.

ruraux vont appuyer. Les acteurs de la « vente » déguisée sont donc : les conseillers ruraux, le bénéficiaire de la première affectation et le nouveau bénéficiaire et évidemment le président du conseil rural qui est généralement au cœur de cette pratique[504].

Pourtant toute transaction ou spéculation foncière serait constitutive d'une faute pénale qui peut entraîner des poursuites judiciaires[505]. Mais malgré cette interdiction posée par la loi et les mesures de dissuasion qui l'accompagnent[506], il y a une « vente » déguisée du droit d'usage sur le domaine national qui s'opère suivant une procédure déterminée.

- L'héritage en matière foncière :On assiste au niveau surtout des PIV, à la transmission automatique du droit d'usage aux héritiers et aux épouses de l'affectataire à son décès sans aucune formalité préalable. Ainsi lorsque les héritiers sont mineurs, ce sont les épouses qui continuent à exploiter les parcelles laissées par leur défunt époux[507].

En dehors des stratégies paysannes qui ne manifestent en terme de résistances, d'autres facteurs constituent également des contraintes non négligeables qui pèsent sur le droit des collectivités locales. En effet, la décentralisation a toujours constitué un espoir au regard du renforcement démocratique même si la réalité est tout autre.

---

504 Le prix de la vente est généralement discuté entre les différents protagonistes ; il peut s'élever à plus de dix millions et il dépend souvent de la superficie affectée, de son emplacement, du coût des investissements qui seront réalisés par le bénéficiaire de la vente déguisée.

505 Article 63 da la loi n°72.25, Op.cit.

506 A titre de rappel, comme nous l'avons souligné plus haut, la Cour d'Appel de Dakar a confirmé cette interdiction de toute transaction dans un arrêt en date du 19 août 1971 opposant le ministère public au sieur Djibril Fall. Dans cet arrêt, la Cour a jugé que tombent sous le coup du délit de convention illicite portant sur le domaine national, voire d'escroquerie, les actes (..) qui ne visent en fait qu'à transférer contractuellement le bénéficiaire de l'affectation de la parcelle.

507 Les épouses bénéficiaires d'une telle délégation peuvent à leur tour mettre en location, en métayage ou prêter les parcelles héritées lorsqu'elles ne disposent pas de moyens suffisants pour les mettre en valeur. Certaines sections villageoises excluent cette possibilité et privilégient les aînés du défunt au détriment des épouses du fait de l'influence de certaines mentalités qui tend à l'exclusion des femmes en arguant leur incapacité d'exploiter.

Section 3 :
Une démocratie locale difficilement émergente

Les réformes décentralisatrices actuelles en Afrique sont un phénomène récent, intimement lié aux processus de transition politique amorcés au début des années 1990. Il y eut certes par le passé, un peu partout au sud du Sahara, maintes tentatives de réaménagement des modes d'articulation entre centre et périphéries, fondées sur une redistribution des pouvoirs entre l'État et des collectivités locales – cercles, communes,départements, provinces, régions, etc. - érigées pour la circonstance. Toutefois, ces réformes n'eurent jamais le caractère global et systématique dont peut se prévaloir le phénomène actuel. S'il est donc incontestable que celui-ci doit être situé dans la longue durée, il n'en demeure pas moins que les réformes en cours s'inscrivent dans un environnement politique et économique radicalement différent, tant aux plans interne qu'externe, même si elles présentent des analogies d'ordre fonctionnel ou discursif avec les expérimentations passées. En effet, le caractère contraint des décentralisations actuelles est la résultante directe de la crise de l'État postcolonial autoritaire. Economique et politique, cette crise, dont l'analyse a généré une surabondante littérature, a donné prétexte à une remise en cause radicale de son rôle. Avec sa mise sous ajustement structurel, la maîtrise des décisions économiques et financières stratégiques lui a échappé, au bénéfice des institutions de Bretton Woods et des donneurs d'aide bilatéraux. Le mythe qui en faisait l'agent principal du développement s'est alors écroulé, consommant l'échec des idéologies du développement sur lesquelles il avait bâti sa légitimité. L'autoritarisme érigé en mode ordinaire de gouvernement perdait donc sa principale source de légitimation, d'autant que l'échec n'était pas seulement économique (l'État autoritaire a été incapable de développer, signant ainsi l'impéritie des dictatures africaines de développement) mais également politique (cet État s'avérant également incapable de réaliser l'unité nationale). Le coup de grâce lui a enfin été porté par l'effondrement du bloc communiste qui a achevé de dèqualifier le modèle de parti-État dont s'étaient inspirés les régimes africains de parti unique, quelle que fût leur orientation, libérale (Côte d'Ivoire, Togo, Kenya, Cameroun, etc.) ou « socialiste » (Bénin, Angola, Congo, Mozambique, Ghana, etc.). Portée par l'universalisation de la norme libérale et des thèses valorisant le *lean state* (État souple) ou encore l'État minimum, processus lui-même révélateur d'une « crise de confiance » envers l'État, la critique de l'État autoritaire a puissamment alimenté le discours aujourd'hui dominant sur les vertus supposés de la décentralisation et de l'émergence de pouvoirs locaux censés favoriser la participation politique.

« Ces réformes tendent toutes à réduire le poids des administrations centrales sur l'économie nationale, tant en ce qui concerne leur pouvoir d'intervention que le montant de leurs prélèvements sur la production ou les échanges.[508] » Insister sur le caractère exogène et contraint des réformes ne signifie cependant aucunement qu'elles n'ont pas fait l'objet de processus d'appropriation, même si l'adhésion des élites africaines à l'ordre décentralisateur reste bien souvent mimétique et formelle.

Car en dépit de l'étroitesse de sa marge de manœuvre, l'État a montré et montre des capacités constamment renouvelées de contournement et d'instrumentalisation des règles du jeu édictées vidant ce faisant les réformes de leur substance et les réduisant à un simple problème de gestion et de techniques administratives déconnectées des enjeux politiques pourtant inhérents à toute réforme. Dans ce contexte, l'hypothèse selon laquelle la critique néo-libérale signerait la « destruction » de l'État au nom de son désengagement doit être substantiellement nuancée, le désengagement en question s'inscrivant moins dans un processus de désétatisation absolue, fût elle « imposée » que de « reconfiguration » de l'État dans un environnement propice à la « multiplication des contraintes et aussi des opportunités internationales. [509] »

L'hypothèse de l'articulation positive entre décentralisation, démocratisation et participation est d'autant plus problématique que l'observation sur la longue durée montre qu'il n'y a pas de corrélation univoque entre décentralisation et type de régime politique.

---

[508] J.-L. Vénard, « Bailleurs de fonds et développement local », dans S. Jaglin et A. Dubresson (dir.), *Pouvoirs et*cités d'Afrique noire. Décentralisations en questions, Paris, Karthala, 1993, p.25.

[509] B. Hibou, « La décharge, nouvel interventionnisme », *Politique africaine*, 73, mars 1999, p.7.

La récurrence et la diversité des politiques de décentralisation menées en Afrique depuis le début des années soixante et même avant valident cette observation. En effet, les velléités décentralisatrices des États subsahariens se sont heurtées avec constance à la contradiction, insoluble compte tenu de leur caractère autoritaire et néo-patrimonial entre les deux principes d'autorité et de liberté dont la régulation institutionnelle fonde l'articulation entre pouvoir central et collectivités locales.

Les années 1970-1980 sont celles de l'ajustement structurel et des politiques de désengagement de l'État. Frappés par la crise de la dette, les États voient s'effondrer leurs capacités redistributives grâce auxquelles s'opérait la régulation néo-patrimoniale. Contraints d'accepter les réformes sous la pression des bailleurs de fonds, ils en profitent pour se redéployer et se re-configurer. C'est l'heure de la « société civile » où, faute de moyens, l'État africain avait, depuis longtemps, déjà consenti à des transferts *de facto* de certaines de ses compétences, notamment en matière d'éducation, de santé et de logement.

Ainsi, les États africains se voient imposer des réformes dont l'inspiration idéologique, l'agenda, le contenu et les modalités de mise en œuvre leur échappent totalement ; ce dispositif n'est cependant pas totalement dénué d'avantages pour eux : d'une part parce qu'il légitime le transfert (engagé depuis longtemps en fait) aux collectivités locales de compétences que l'état de leurs finances ne leur permettait plus d'assumer de toute façon; d'autre part en ce qu'il leur permet de profiter de la fragilité des nouvelles collectivités locales pour s'en assurer le contrôle et organiser leur dépendance par rapport au pouvoir central par la nomination aux postes clefs de ses représentants. Un peu partout prévaut donc un processus non pas de décentralisation mais de déconcentration qui n'entame que marginalement la prééminence du centre, n'induit pas de réelle redistribution du pouvoir et autorise l'État à se prévaloir de sa capacité à se réformer.

Les transitions politiques du début des années 1990 donnent une nouvelle impulsion à la décentralisation. Si l'argument du développement et de la lutte contre la pauvreté y reste central, l'accent est désormais mis avec vigueur sur la « valeur ajoutée démocratique » dont elle serait porteuse. Le discours décentralisateur se veut désormais « politique » en articulant étroitement démocratisation et décentralisation, la seconde étant supposée consolider la première en favorisant l'émergence de nouveaux acteurs, la mobilisation de la « société civile », la construction d'un champ politique local et le renouvellement des pratiques participatives ; mais en fait, les décentralisations engagées restent tributaires d'une vision essentiellement gestionnaire et technicienne de la réforme, « construite autour d'un refus énoncé du politique autour duquel convergent les intérêts des responsables politiques et administratifs locaux, des experts nationaux ou étrangers et des bailleurs de fond ». Dans ce contexte incertain, les pouvoirs centraux n'ont guère de difficultés à récupérer une part de la marge de manœuvre consentie aux bailleurs de fonds, vidant la réforme de l'essentiel de son contenu en imposant, au nom de la fragilité structurelle des collectivités locales et de l'inexpérience de leurs administrations et des élus locaux, des mesures de déconcentration leur permettant d'investir les arènes locales et d'en contrôler la dynamique.

A ce jeu, la décentralisation peut s'avérer génératrice d'effets d'aubaine prompts à être captés par les États à des fins stratégiques qui n'ont pas grand-chose à voir avec les objectifs manifestes (développement local, démocratie participative, imputabilité, etc.) assignés à la réforme mais n'en sont pas moins d'une grande fonctionnalité.

L'hypothèse de la dépolitisation de l'arène locale qui serait comme par magie imperméable aux conflits de pouvoir ne résiste guère à l'épreuve des faits, nonobstant ce qu'en disent avec constance experts internationaux, bailleurs de fonds ou responsables d'ONG, attachés à une vision mythifiée et normative du local qui, à l'image du couple État-société civile, incarnerait la démocratie et la vertu face au centre assimilé à la corruption et à la coercition. On peut penser, au contraire, que la décentralisation non seulement tend à délocaliser les luttes de pouvoir (ce qui est sans doute l'un des objectifs qui en sont attendus en vue d'une régulation institutionnelle « décentrée » de ces luttes) sans atténuer forcément leur acuité, mais qu'elle valorise également l'arène politique locale en lui conférant une charge politique inédite, source d'exacerbation de la compétition pour son contrôle.

Dans cette configuration, le parti au pouvoir jouit d'une rente de situation – toutes les ressources, politiques, administratives, financières, médiatiques de l'appareil étatique - qui lui permet bien souvent de contrôler le jeu électoral.

Loin de se réduire donc à une contrainte subie, la décentralisation apparaît comme « une option favorable à une consolidation du pouvoir » et elle est à prendre d'autant plus au sérieux qu'elle est investie par l'enchevêtrement d'enjeux politiques nationaux et locaux, et participe puissamment non seulement à la construction d'un champ politique local mais également et peut-être surtout à la cristallisation de dynamiques territoriales paradoxales. En effet, il n'est pas illégitime de se demander si l'un des effets « pervers » de la décentralisation n'est pas de favoriser un processus de territorialisation rendu possible par la capacité du parti dominant, identifié au centre politique, à capter les périphéries grâce aux vertus du suffrage universel. Dans cette hypothèse, la décentralisation, en ce qu'elle signifie l'extension du pouvoir central aux périphéries, serait un instrument d'homogénéisation. L'autre effet paradoxal, complémentaire du précédent, consisterait en un processus de re-centralisation du pouvoir, favorisé par la fragilité structurelle des collectivités locales, la dépendance des élites locales à l'égard de celles du centre et la capacité de celui-ci à profiter des opportunités offertes par la décentralisation pour inventer de nouvelles modalités de captation de ses périphéries. La plupart des observations semble valider cette hypothèse.

La valorisation de la participation politique est au cœur du discours décentralisateur qui y voit le vecteur approprié de mobilisation pour le développement, d'émergence de nouveaux acteurs et de construction d'une démocratie de proximité.

Loin d'être ce mécanisme neutre porteur de partage du pouvoir, la décentralisation apparaît plutôt comme l'ultime ruse des régimes post-transitionnels africains pour se redéployer sans remise en cause radicale de leur nature au sujet de laquelle les concepteurs internationaux des réformes ne s'interrogent que marginalement. Dans cette optique, la reconfiguration des modes d'articulation des périphéries au centre, comme la réduction du rôle de l'État aux plans politique et économique, ressortissent bien souvent à des stratégies de survie où la simple rationalité politique commande de lâcher du lest à la périphérie pour ne rien concéder de fondamental au centre. Mais même dans cette hypothèse, l'automutilation à laquelle consent le pouvoir central est largement compensée par sa capacité à reprendre d'une main ce qu'il donne de l'autre, soit en vidant la décentralisation de son potentiel « démocratisant » en ne l'appliquant que partiellement (c'est-à-dire dans les domaines qui ne menacent pas son hégémonie), soit en réorganisant, par divers moyens, la dépendance à son égard des périphéries, soit encore en faisant de la mise en œuvre de la décentralisation une affaire technique et bureaucratique dans le cadre de laquelle les acteurs sociaux, réduits au rang d'exécutants, sont de simples sujets. Il y a là, peut-être, une piste qui explique l'étonnante récurrence des transitions sans alternance en Afrique.

CHAPITRE II : LES MALENTENDUS DANS LA DÉCENTRALISATION

Les conflits sont souvent une étape d'un processus plus long de relations (relations sociales, relations de pouvoir, etc.), d'intérêts (intérêts économiques, politiques..) et de tensions au sein ou entre différents groupes au niveau local, national et international. Une bonne connaissance de la nature des conflits oblige souvent à une catégorisation ou typologie. Dans cet exercice, plusieurs démarches sont généralement suggérées.

Les unes mettent l'accent sur les acteurs (l'exemple le plus classique : agriculteurs et éleveurs). Les tenants de cette démarche pensent que l'identité des acteurs impliqués dans un conflit est fondamentale pour en comprendre les causes profondes et mieux cibler les stratégies de règlement ; en effet la diversité des acteurs concernés par un conflit induit assez souvent une aussi grande diversité des cadres de références qui influencent les processus de décision et les mécanismes de gestion des conflits. D'autres privilégient les ressources et les différentes prétentions qui pèsent sur elles et qui déterminent les enjeux à partir desquels les acteurs sont repérés.

Cette démarche a, selon nous, l'avantage d'aller au-delà des seuls acteurs qui sont au devant de la scène pour tenter d'identifier toutes les parties prenantes au conflit (notamment celles qui sont cachées), leurs motivations profondes et leurs préférences. A cette fin, il nous paraît pertinent de nous poser un certain nombre de questions parmi lesquelles : les acteurs à eux seuls rendent-ils compte des véritables causes de conflits ? Comment reconnaître les acteurs dans un conflit latent où rien, a priori, ne permet de les identifier. Quelle est la ressource qui fait l'objet de conflit ? Quels sont les enjeux autour de cette ressource, autrement dit, qu'est ce qui est en jeu, entre qui et qui, pourquoi ? Quelles sont les prétentions exprimées sur cette ressource et quels sont les différents intérêts qui s'opposent ? Ces intérêts sont-ils exclusivement locaux ou en collusion avec d'autres au niveau national, régional, international?

Les modes de règlement des conflits fonciers sont les différents mécanismes à travers lesquels on tend à résoudre un conflit foncier dans une localité. Les modes de règlement sont nombreux et variés en ce sens qu'ils ne sont que les simples reflets de la complexité des conflits fonciers et de la diversité des acteurs. En effet, un mode de règlement unique et uniforme serait inopérant et inopérationnel dans la mesure où il ne prendrait pas en compte tous les aspects du problème posé. Ainsi, les modes de règlement des conflits fonciers se caractérisent par leur hétérogénéité et leur diversité. Cependant, le critère de classification qui nous paraît le plus pertinent est le critère relatif à l'intervention de l'État ou à son manque d'intervention dans le règlement des conflits fonciers.

En effet, le rapport au foncier (foncier du sol, foncier de l'arbre ou foncier pastoral) est à l'origine un rapport plus social qu'économique déterminé par l'appropriation de l'espace et des ressources qui s'y trouvent. Les enjeux fonciers et les conflits qu'ils entretiennent sont donc incontournables et indissociables des rapports sociaux à l'intérieur d'une communauté ou entre communautés ou groupes ethniques.

Toutefois, les contextes des conflits, les oppositions d'intérêt plus ou moins violentes entre les différents protagonistes, mais aussi les cadres et valeurs auxquels se réfèrent les acteurs rendent complexe la gestion de ces conflits et, partant, l'utilisation et la gestion durable des ressources.

Dans cette optique, une démarche tripartite sera privilégiée. Il s'agira d'abord d'étudier l'insécurité foncière dans l'espace décentralisé (Section I) avant d'aborder les modes concurrentiels de règlements des conflits (Section II). Mais pour une meilleure compréhension du problème posé, la question de la sécurisation foncière mérite une attention particulière (Section III).

Section 1 :
L'insécurité foncière dans l'espace décentralisé

Il est important de cerner la position du problème avant d'analyser les origines des conflits.

§1 :La position du problème

Du fait de la multiplicité des logiques en présence, chacune se retrouve en position d'ambiguïté en porte-à-faux, par rapport à une réalité qu'elle n'arrive pas seule à maîtriser. Cette situation fait apparaître quelques ambiguïtés dans la mesure où chaque groupe, conscient de sa faiblesse, cherche à acquérir les caractéristiques qui lui font défaut. Ainsi une juxtaposition de plusieurs logiques est constatée et évoque l'image de « tectonique des ordres juridiques ». Ces flous juridiques pérennisent les divergences et accentuent les marges de manœuvre au détriment d'une gestion efficace et ordonnée.

Aujourd'hui les autorités de gestion des terres sont multiples comme nous l'avons souligné plus haut. En réalité, nous avons les autorités et institutions émanant de l'État, et celles des populations. Il y a aussi de plus en plus le poids de l'argent et d'une logique de marché qui devient de plus en plus importante devant la rareté foncière, ce qui conduit certains acteurs à sécuriser leurs droits fonciers individuels. Ces échanges marchands sont de plus en plus importants même s'ils restent en grande partie occultes, car non officiellement autorisés[510].

Les diverses autorités qui devraient gérer ces situations sont dans des situations de faiblesse et d'incertitude. D'une part, la prétention au monopole foncier de l'État n'est plus crédible car celui-ci n'a clairement pas ou plus les moyens correspondant à ses ambitions de gérer la terre de façon autoritaire et administrative. D'autre part, les pouvoirs fonciers endogènes (issus de la coutume) ne sont souvent plus à même de maîtriser la gestion communautaire du foncier qu'ils exerçaient auparavant. Leur légitimité a été affaiblie de l'intérieur (avec un certaine dissolution des rapports sociaux communautaires) et de l'extérieur (par l'État). De plus, les intérêts financiers liés aux nouveaux enjeux conduisent souvent les chefs traditionnels eux-mêmes - en collusion avec l'autorité administrative - à « vendre » le

[510]Paul Mathieu, « La sécurisation foncière entre compromis et conflits : un processus politique », in *Démocratie, enjeux fonciers et pratiques locales en Afrique*, Paris, L' HARMATTAN, déc.1986, p.26.

patrimoine foncier villageois dont ils sont, suivant la coutume, plus les gestionnaires que les propriétaires[511].

En outre, l'augmentation de la population rurale, les migrations des zones surpeuplées et dégradées vers les régions les plus riches ou moins peuplées font que « la brousse est finie » selon l'expression de Paul Mathieu.

Suite à l'individualisation des rapports sociaux et familiaux, et à la compétition pour obtenir des terres, les litiges fonciers entre membres d'une même famille deviennent de plus en plus nombreux. La méfiance au sein des familles et des villages augmente, chacun craignant la concurrence et les ruses des autres pour s'approprier les terres. Avec la « politisation » de la communauté rurale, c'est à travers le conseil rural que se joue de plus en plus la compétition pour la terre. Il s'y ajoute que les nouveaux droits fonciers qui émergent des transactions foncières actuelles tendent à être de plus en plus privatisés, permanents et exclusifs. Ceci est presque toujours à l'avantage des acteurs les plus riches et les plus puissants au plan politique au détriment des groupes sociaux les pus faibles.

§2 : Les origines des conflits fonciers

Les origines sont en réalité les facteurs qui sous-tendent et entretiennent les causes profondes de conflits et les cerner permettrait de mieux identifier les mécanismes de gestion durable de ces conflits. Ils sont de divers ordres, mais on ne pourrait en retenir quatre principaux : les origines démographiques, économiques, écologiques et socio-politiques.

- **L'origine démographique :** L'augmentation de la population mais aussi et surtout sa répartition inégale constituent un facteur essentiel de déséquilibre et de pression sur l'espace. A partir du moment où les acteurs en compétition pour les ressources foncières et naturelles augmentent (au niveau familial, villageois comme national), l'espace utilisé qui se rétrécit en permanence devient un enjeu majeur pour son occupation. C'est le cas des champs de culture qui s'étendent avec l'arrivée de nouveaux agriculteurs ou qui se déplacent suite à la

[511]Paul Mathieu, « La sécurisation foncière entre compromis et conflits », Op.cit. , p.27.

perte de fertilité des sols (amenant certains spécialistes à parler de « mobilité » des champs, menaçant ainsi la survie d'autres activités telles que le pastoralisme). N'est-ce pas l'augmentation constante des besoins en terres de cultures due en partie à la croissance démographique qui est également à l'origine des conflits entre les services de l'État concernés et les villages limitrophes qui empiètent sur les forêts classées ou parcs ?

- **L'origine économique :** La plupart des ressources naturelles avaient traditionnellement une valeur sociale ou culturelle plus qu'économique. L'enjeu se situait beaucoup plus au niveau des droits des groupes qui les possédaient, droits qui contribuaient à conforter leur position sociale et politique au niveau local[512]. Dans un contexte de crise économique, d'ajustement structurel et de dévaluation, ces ressources naturelles qui sont au centre de rapports devenus de plus en plus marchands acquièrent une valeur monétaire. Ainsi, en raison d'enjeux économiques réels, les droits sur ces ressources des détenteurs traditionnels et les convoitises de nouveaux arrivants sont fortement exprimés. C'est ce qui s'est passé dans le département de Thiès où les terres impropres à l'agriculture après plus de deux décennies de sécheresse et exploitées par les seuls éleveurs ont subitement connu un regain d'intérêt avec les nouvelles possibilités d'irrigation offertes par le projet de canal du Cayor. Un autre exemple de conflit cette fois sanglant est celui qui a opposé en 1989 le Sénégal et la Mauritanie et qui trouve également ses origines dans la revalorisation des terres de la vallée avec les barrages de l'OMVS.

Dans un article récent du quotidien sénégalais, *Le Sud*, deux journalistes nous retracent la situation sur les litiges et les violations foncières dans le village de Mbodiène[513] .

Dans cette localité, titres fonciers, spéculations foncières, terrains du domaine national revendus à plusieurs personnes à la fois ont fini par faire de Mbodiène, village situé dans la communauté rurale de

---

[512] Traoré S. et KA A., *Étude sur la gestion alternative des conflits dans la zone sylvopastorale du Sud-Ferlo*, PRASET, PAPF, PAPEL, 1996.

[513] Mame Aly KONTE et Samba Niébé BA, « Litiges fonciers et violations du littoral », *Sud quotidien* du 14 Août 2002.

Nguènième, à quelques encablures de la ville de Joal, un terroir de prédilection des litiges fonciers.

Depuis quelques années, plusieurs hectares de terres font l'objet de polémique entre autorités et populations. Les bornages clandestins faits dans l'anarchie et le caractère litigieux des lotissements ont été à la base de nombreux conflits non encore résolus à ce jour. Entre les projets de petits campements, les villas grand standing du bord de mer ou encore les parcelles d'habitation, c'est le pillage organisé du côté de Mbodiène qui bat, après Mbour, tous les records de litiges et conflits fonciers.

Mbodiène est aujourd'hui, en grande partie, convoités par des opérateurs hôteliers accompagnés de spéculateurs fonciers qui font des affaires à coup de millions de francs, à la suite d'une transaction sur une bande de terre.

Dans cette localité, de nombreuses plaintes ont accompagné les ventes de parcelles, depuis quelques années. Souvent, déplorent certains habitants, il arrive qu'une même parcelle soit affectée par les élus locaux avec l'approbation des représentants de l'État à plusieurs personnes différentes.

Face à ces problèmes, les autorités administratives, le conseil rural et responsables politiques se renvoient la balle, pour situer les responsabilités dans ce qui est parti pour être un énorme scandale, du fait des contestations de tous bords qui se font jour dans le village et toute la communauté rurale.

Sur cet espace au bord de la mer, les belles villas à l'européenne sont construites sans doute par quelques « gros bonnets sénégalais », c'est-à-dire des « borom barké » ou des Européens qui y ont trouvé un « paradis » perdu, ce qui crée des problèmes importants aux populations locales considérées comme de simples spectateurs.

- **L'origine écologique :** Ce type d'enjeu concerne surtout les espaces classés, évoqués plus haut, (forêts classées, parcs etc.) où la logique de conservation de l'État est en contradiction avec les besoins de survie des populations ou tout simplement avec leur perception de la propriété de ressources dont l'accès est aujourd'hui totalement interdit.

La sécheresse persistante, l'augmentation rapide de la population et l'exploitation irrationnelle des ressources naturelles sont à l'origine d'une dégradation continue de ces écosystèmes et de la biodiversité engendrant ainsi une compétition ardue pour les rares espaces où ces ressources sont encore abondantes. Les zones de protection intégrale érigées ou maintenues telles quelles par l'État sénégalais sont de ce fait l'objet de contestation permanente et donc de conflit entre les populations et l'État. Ces conflits vont probablement connaître une recrudescence avec le rôle de plus en plus controversé de l'État et de ses démembrements dans un contexte d'approfondissement de la décentralisation.

- L'origine socio-politique : Dans cette catégorie, on retrouve les conflits engendrés par les changements politiques et les nouvelles alliances qui se nouent et se dénouent en fonction des intérêts des groupes, mais aussi et surtout ceux engendrés par les incohérences ou contradictions, les « oublis » et autres situations, concepts ou termes porteurs de conflits qui émaillent les politiques et cadres législatif et institutionnel en vigueur (législation foncière, code forestier, code des collectivités locales, loi portant transfert de compétences aux régions, aux communes et aux communautés rurales, textes organisant le pastoralisme, etc.). Parmi ceux-ci rappelons :

-l'interprétation divergente qui est faite des notions de domaine national, de mise en valeur, des conditions d'affectation et de désaffectation par l'administration et les populations d'une part, par les différentes composantes de la population entre elles, d'autre part : les conflits devenus classiques entre agriculteurs et éleveurs et généralement tranchés au profit des premiers illustrent bien de ce fait ;

-la reconnaissance par le Code forestier de la propriété sur les arbres plantés par des particuliers sur les terres du domaine national qui elles sont susceptibles d'appropriation privée ; cette dissociation du régime juridique du sol (le dessous) de celui de la plantation (le dessus) est d'autant plus incohérente que l'article 11 du même code oblige le propriétaire des plantations à matérialiser les limites de sa propriété. Comment gérer des situations où le propriétaire des arbres et le nouvel affectataire des terres seraient différents?

-des déclassements de forêts refusés à des autochtones mais consentis à des personnes influentes (marabouts et autres) ;

-Enfin, la superposition de fait du droit moderne (la loi sur le domaine national) et de la coutume.

On pourrait allonger la liste en évoquant d'autres dispositions du Code forestier ou des Codes de la Chasse ou de l'eau tout aussi porteuses de tensions et conflits. Cet exercice démontre, s'il en était encore besoin, la nécessité d'harmoniser l'arsenal juridique et de l'adapter au vécu quotidien des populations.

Ce ne serait pas faire preuve de lucidité que de taire les enjeux financiers importants autour de la décentralisation de la gestion des ressources naturelles. Le souci de toute organisation administrative réside dans la constitution de recettes pour financer les actions ; l'assiette fiscale dérisoire des nouvelles entités ne leur permet pas de se passer des possibilités financières représentées par le contrôle des potentialités locales en particulier financières. L'État gérait les ressources naturelles à son profit (exploitation, chasse), pratiquement sans aucune retombée significative pour les zones de prélèvement. Un conflit qui illustre bien cet enjeu financier est celui de l'exploitation forestière pour la production de charbon de bois qui a vu les populations de Maka Colibantang menacer le pouvoir de vote sanction aux élections de 1993, amenant le préfet à prendre des arrêtés de fermeture et d'ouverture de l'exploitation sans aucun respect des textes.

La terre tend de plus en plus à devenir « un instrument de production, de crédit et d'accumulation » non sans résistance de la part de ceux qui ne veulent pas voir les symboles et valeurs qui s'y rattachaient voler en éclats, d'où les conflits. Le problème n'est pas tant d'éviter ces conflits qui, comme on l'a souligné tantôt, sont révélateurs des ajustements à apporter aux systèmes en vigueur (système social, système économique, système politique..) que de mettre en place les cadres et mécanismes adéquats de gestion et de doter les différentes parties des compétences nécessaires pour les prévoir et les résoudre.

Section 2 :
Les modes concurrentiels de règlement des conflits fonciers

Deux modes de règlement des conflits fonciers se concurrencent. Il s'agit d'une part des modes étatiques de règlements des conflits et des modes non étatiques de règlement.

§1 : Les modes étatiques de règlement des conflits fonciers, des recours peu utilisés

Défini comme le mode de résolution qui se fait par l'intervention des autorités de l'État, le règlement étatique des conflits fonciers se manifeste par le règlement administratif et le règlement juridictionnel. Mais l'analyse des pratiques atteste bien que ces modes de règlement des conflits ne sont pas fréquents.

Le règlement administratif des conflits fonciers tourne essentiellement autour de trois recours, à savoir le recours gracieux[514], le recours hiérarchique[515] et enfin le recours de tutelle.

Dans le cadre du recours gracieux, si une personne se sent lésée par une décision d'affectation ou de désaffectation, elle a la possibilité de former un recours en s'adressant à l'autorité de gestion des terres à savoir le conseil rural pour lui demander de revenir sur sa décision[516]. Le conseil rural intervient dans le règlement des litiges fonciers par le biais de la commission domaniale qu'il a créée. En effet, l'article 229 de la loi 96-06 du 22 mars 1996 portant code des collectivités locales prévoit que le conseil rural peut former des commissions pour l'étude des questions entrant dans ses attributions. La commission domaniale est ainsi chargée d'une mission délicate relative à la résolution des conflits fonciers[517]. Cette commission centralise toutes les questions qui peuvent se poser en matière domaniale en prenant des solutions

---

[514] Le recours gracieux est le recours porté devant l'autorité qui a pris la décision. C'est un recours qui peut être ouvert sans texte car il constitue un principe général du droit.

[515] Au cœur de la déconcentration, il y a le pouvoir hiérarchique détenu par l'autorité supérieure et exercé par elle à l'égard de ses subordonnés. C'est bien dans le cadre de l'Etat que son exercice est le plus remarquable. Mais, comme l'a précisé le professeur René Chapus, le pouvoir hiérarchique peut être exercé sur le chef de l'exécutif local lorsque ce dernier est pris dans sa qualité d'agent de l'Etat.

[516] Le conseil rural en tant qu'organe de la communauté rurale accorde une attention particulière aux litiges fonciers dans la mesure où ceux-ci tiennent une place importante dans la vie quotidienne des communautés rurales sénégalaises.

[517] Elle est composée de 7 membres à savoir le président de la commission domaniale, deux conseillers, le chef du village, l'intéressé, le chef de CER et un représentant du sous-préfet.

préalables ou préparatoires en matière de conflits[518]. L'autorité du conseil rural est liée d'une part à son prestige social et, d'autre part, à une spécialisation dans le règlement des conflits fonciers qui apparente sa fonction à celle des anciens chefs de terre[519], à la différence qu'il s'efforce d'adopter les nouvelles catégories juridiques[520].

Alors que le supérieur hiérarchique dispose de plein droit des pouvoirs sur ses subordonnés, l'autorité de tutelle ne détient que les pouvoirs dont elle a été expressément investie par les lois et règlements. La tutelle ne présume pas d'où la formule pas de tutelle sans texte, ni au-delà des textes.

Dans le cadre de la communauté rurale, le recours de tutelle est le recours porté devant l'autorité qui exerce la tutelle en l'occurrence le sous-préfet.

Le recours de tutelle a connu une avancée significative tant au point de vue de l'autorité à prononcer l'affectation ou la désaffectation que du point de vue de l'autorité à laquelle le recours doit être adressé. En effet, l'affectation et la désaffectation des terres étaient dans le texte initial de la loi de 1972 du seul ressort du président du conseil rural[521], le conseil ne donnant que son avis et l'autorité de tutelle, le sous-préfet, n'intervenait qu'a priori. Mais cette situation favorisant la prééminence du président du conseil rural a conduit à de nombreux errements et abus de la part de certains présidents qui ont arbitrairement décidé de l'affectation et de la désaffectation des terres. En vue de remédier aux abus de ces présidents, liés à l'imperfection de la loi de 1972, un nouveau texte est venu confier l'affectation et la désaffectation au conseil rural dans son ensemble et non à son président exclusivement. Ce nouveau texte est venu ainsi renforcer le

---

518 Aujourd'hui, les communautés rurales choisissent de plus en plus d'outils nouveaux de gestion concertée de l'espace avec la mise en place des plans de développement locaux.

519 A cet effet, il intervient fréquemment dans les conflits fonciers à un double titre comme un personnage coutumier influent et en sa qualité de président du conseil rural. Ainsi, il peut trouver un arrangement amiable entre deux protagonistes au sujet d'un différend foncier les opposant parce que sa place lui permet d'apaiser les esprits et d'éviter l'officialisation d'un tel litige auprès des autorités de tutelle.

520 Etienne LEROY. – « L'émergence d'un droit foncier local au Sénégal » in *Dynamiques et finalités des droits africains.* Paris : Economica, Rec.herches Panthéon Sorbonne, Série Sc. Juridiques, p.575.

521 Article 56 de la loi 72-25 du 19 avril 1972, *JORS* 13 mai 1972, p.755.

pouvoir de l'administration locale en rendant les délibérations du conseil, en la matière, exécutoires par l'autorité de tutelle qui devient le préfet. En effet, avant 1986, le sous-préfet, en tant qu'autorité de tutelle de la communauté rurale, recevait les recours relatifs à l'affectation des terres du domaine national. De ce fait, il réglait la plupart des conflits. Mais le décret 86-445 du 10 avril 1986 a remplacé le sous-préfet par le préfet qui, en devenant l'autorité de tutelle, devient en même temps l'instance de règlement des conflits. La loi 96-06 du 22 mars 1996 est venue confirmer cette donnée fondamentale. En effet, cette évolution textuelle traduit un souci majeur de démocratiser les conseils ruraux et d'étendre l'autorité du préfet en matière foncière.

Deux catégories de recours peuvent être portées devant l'autorité de tutelle. D'une part, toute personne qui se prétend lésée par une affectation ou une désaffectation peut formuler un recours administratif préalable obligatoire adressé à l'autorité de tutelle contre une décision émanant d'une autorité décentralisée dans le délai d'un mois. D'autre part, la délibération du conseil rural est soumise à l'approbation du préfet qui peut donner ou refuser dans un délai d'un mois son approbation. Le refus ou le défaut d'approbation d'une délibération peut être attaqué par le conseil rural ou tout intéressé. C'est donc le rejet de la requête par l'autorité de tutelle qui est attaquable pour excès de pouvoir devant le Conseil d'État.

Les modes de règlement administratif ainsi identifiés ne sont pas sans critique. En effet, ils sont peu efficaces du fait des lourdeurs et des lenteurs des procédures et de la déperdition de la substance du conflit, avant son arrivée au sommet, a fortiori quand le conflit a quelques connotations politiques voire politiciennes.

D'un autre côté, le règlement juridictionnel de conflits fonciers est le règlement qui fait appel à la « sagesse du juge » pour résoudre un différend foncier. Pour certains, le recours au juge pour trouver une solution à un conflit foncier traduit une certaine dislocation du tissu familial, social ou communautaire, un effritement voire un effondrement des valeurs, des us et coutumes sur lesquels reposait la société traditionnelle africaine. Ainsi, en matière de litiges fonciers, si l'intéressé n'est pas satisfait de la décision des autorités administratives, il peut introduire une action en justice pour demander son annulation : c'est le recours pour excès de pouvoir[522] qui ne peut être valable qu'avec la saisine du juge compétent à savoir le Conseil d'État ; une telle saisine n'en revêt pas moins un certain nombre de contraintes. Cependant, si le juge est valablement saisi, il va prendre une décision qui ne manquera pas de produire des effets[523].

La saisine de la juridiction compétente est la condition sine qua non, obligatoire, indispensable, que doit remplir toute action en justice pour ne pas être déclarée irrecevable pour incompétence. A cet effet, la juridiction compétente est le Conseil d'État. Cette condition n'échappe pas cependant à la critique dans la mesure où, le Conseil d'État étant implanté à Dakar, il se pose le problème de l'accessibilité de cette juridiction du fait de son éloignement si l'on sait que la plupart des conflits fonciers qui éclatent se déploient au niveau des communautés rurales. On devrait donc « faire approcher le juge du justiciable » en donnant compétence au tribunal départemental en matière foncière. Ainsi les décisions rendues en dernier ressort par les tribunaux départementaux pourraient faire l'objet d'un recours en cassation devant le Conseil d'État.

Cela aurait le mérite de lever toutes les contraintes qui tournent autour de la saisine du Conseil d'État en matière foncière.

---

522 Le recours pour excès de pouvoir est une action par laquelle toute personne qui y a intérêt peut demander l'annulation d'une décision exécutoire par le juge compétent.

523 En matière foncière, le recours pour excès de pouvoir peut être intenté contre une décision administrative affectant ou refusant d'affecter une terre. Selon Gaston Jèze, le recours pour excès de pouvoir est " la plus merveilleuse création des juristes, l'arme la plus efficace, la plus rapide, la plus économique qui existe au monde pour défendre les libertés ". En effet, le recours pour excès de pouvoir est le moyen le plus énergique, le plus démocratique de défense des administrés contre l'arbitraire et l'illégalité. Cependant, il doit être introduit dans le délai de deux mois après avoir pris connaissance de l'acte. La décision d'affectation ou de désaffectation étant un acte individuel, le point de départ du délai est la notification. En outre, le requérant doit avoir intérêt et qualité à agir. L'idée de base dans l'interprétation de l'intérêt à agir, c'est d'ouvrir le recours pour excès de pouvoir au plus grand nombre de requérants possible, d'autre part, d'éviter de faire du recours pour excès de pouvoir une action populaire. Mais cette interprétation de l'intérêt à agir par le juge peut être faite de manière libérale ou de manière restrictive. Ainsi, la Cour Suprême, en se campant dans une conception étroite de l'intérêt à agir, a refusé de reconnaître cette qualité à un chef coutumier qui agissait contre une décision d'affectation (Cour Suprême, 12 mai 1982, Fodé Coulibaly c/ Préfet de Bignona). Par ailleurs, le recours pour excès de pouvoir ne peut être valablement introduit sans que la condition la plus importante ne soit remplie à savoir la saisine de la juridiction compétente.

Les contraintes liées à la saisine du Conseil d'État en matière foncière sont les obstacles que rencontrent les citoyens pour faire porter un différend foncier devant cette haute juridiction. Ces contraintes sont nombreuses et variées. Mais essentiellement deux catégories de contraintes nous paraissent être les plus pertinentes à savoir d'une part les contraintes juridiques et d'autre part les contraintes sociologiques.

Les contraintes juridiques sont les contraintes afférentes au droit et principalement la loi 92-24 du 30 mai 1992 sur le Conseil d'État. Ces contraintes sont relatives essentiellement au formalisme contraignant qui a été dégagé pour saisir valablement le Conseil d'État. En effet, la requête doit être présentée sous une forme écrite. Ce caractère écrit de la requête est un facteur limitant, bloquant dans les communautés rurales sénégalaises où l'analphabétisme et le faible niveau culturel des justiciables ne militent pas en faveur du développement du recours pour excès de pouvoir.

Ensuite le paysan est tenu de consigner une somme de cinq mille (5000) francs qui sera perdue en cas de rejet et versée au Trésor Public. Cette caution obligatoire constitue également en milieu rural un obstacle majeur à la saisine du juge même si une dispense des sommes dues au Trésor Public peut être accordée après approbation de la demande d'assistance judiciaire formulée par les requérants.

Par ailleurs, le recours pour excès de pouvoir ne peut être mené à bonne fin sans que soit respecté le recours préalable administratif obligatoire. C'est ainsi qu'en matière de litiges fonciers la déclaration d'irrecevabilité a fait obstacle à l'examen d'au moins deux affaires[524].

Il faudrait tendre vers un allégement de la procédure en ce qui concerne le caractère écrit de la requête foncière ou la somme de 5000 F à consigner en tenant compte de la spécialité du contentieux foncier parce que les lois ne sont bonnes que lorsqu'elles épousent la réalité d'une société donnée.

Les contraintes sociologiques de la saisine du Conseil d'État en matière foncière sont les contraintes afférentes aux attitudes, aux habitudes et aux comportements des citoyens ruraux devant leur chef.

---

[524] Cour Suprême, 24 décembre 1986, Boubacar Fall et Assane Fall c/ Etat du Sénégal.

Ils peuvent mais ils ne veulent pas mettre en cause l'autorité du chef devant une autorité de quelque nature qu'elle puisse être c'est-à-dire administrative ou juridictionnelle. Même si les conseils ruraux sont élus démocratiquement et qu'ils ont la capacité de prononcer l'affectation ou la désaffectation des terres du domaine national, on a constaté que la plupart des conseillers ruraux sont les anciens maîtres de terres ou leurs descendants. Par conséquent, un citoyen qui se trouve lésé par une décision d'affectation ou de désaffectation des terres du domaine national n'est pas enthousiasmé de porter l'affaire devant le Conseil d'État. Les pesanteurs sociologiques sont telles qu'une telle entreprise s'avérerait comme un affront à la communauté et une offense au « chef ». On ne dira même pas qu'il a intenté un recours pour excès de pouvoir mais « qu'il a porté plainte », ce qui serait mal vu et difficilement acceptable. Ces pesanteurs sociologiques constituent une entrave majeure à la saisine de la juridiction administrative et sont une des causes les plus pertinentes de la faiblesse voire de l'inexistence du contentieux foncier.

Une autre cause sociologique explicative ou justificative de la faiblesse du contentieux foncier est relative à l'éloignement de la juridiction administrative. Ainsi, les citoyens préféreraient s'occuper de leurs activités champêtres et familiales plutôt que de perdre deux jours au moins et de l'argent pour intenter un recours dont on n'est même pas sûr de sa rentabilité et le cas échéant de son efficacité. C'est une position qu'on peut soutenir sur le plan social ; mais sur le plan juridique, elle limite considérablement le développement du contentieux foncier.

Pour obtenir l'annulation d'une décision administrative affectant ou refusant d'affecter une terre, le requérant doit démontrer l'illégalité de cet acte, c'est-à-dire les vices dont il est affecté. Ces vices sont les moyens externes ou internes sur lesquels le demandeur devra s'appuyer pour obtenir l'annulation. Ainsi, pour le contrôle de la légalité externe, le juge a pu vérifier l'incompétence d'un préfet pour prononcer la délimitation des terrains du domaine national à l'intérieur d'un même terroir[525]. De même, il a été amené à annuler la décision de désaffectation qui n'avait pas été précédée par une mise en demeure qui constituait une formalité substantielle qui n'avait pas été respectée.

---

[525] Cour Suprême, 02 janvier 1970, Longin Coly et autres c/ Préfet de Bignona, Cour Suprême, 02 mars 1981, El-Hadji Massamba Sall.

Passant du contrôle de la légalité externe à celui de la légalité interne, il vérifie si la décision n'est pas entachée d'un détournement de pouvoir, d'une erreur de droit ou d'une erreur de fait. Le détournement de pouvoir est une illégalité consistant pour une autorité administrative à mettre en oeuvre l'une de ses compétences dans un autre but que celui en vue duquel elle lui a été conférée. L'erreur de droit est une représentation inexacte du contenu de la loi ou une ignorance de son existence. Quant à l'erreur de fait, elle est une représentation inexacte d'un fait matériel ou une ignorance de son existence. Ainsi, pour le contrôle de la légalité interne, le juge a été conduit à se prononcer sur l'illégalité d'une décision du président du conseil rural portant désaffectation d'un terrain du domaine national qui constituait une erreur de fait car ce contrôle portait sur le caractère insuffisant de la mise en valeur[526].

Enfin, en matière de décision d'affectation, il a pu également vérifier si l'affectataire avait bien la capacité personnelle de mettre en valeur[527]. On voit donc qu'il s'agit d'un contrôle portant non seulement sur l'existence des faits, mais aussi sur la qualification et sur l'adéquation de la mesure à ses motifs.

Même si le volume du contentieux de la légalité sur les décisions d'affectation et de désaffectation a été faible, il demeure cependant que le juge sénégalais a eu à se prononcer correctement sur le recours dont il a eu à connaître. « L'ampleur prise par le contentieux fait qu'on assiste à une déconnexion des enjeux qui sous-tendent les conflits. Le juge dans la plupart des cas n'est plus le conseiller mais le censeur parce qu'il condamne, punit, menace et réprimande[528] ».

Cependant, le règlement juridictionnel n'est pas exempt de reproches. En effet, le « niveau juridictionnel est aussi peu efficace que le mode de règlement administratif à cause de la lenteur et de la complexité des procédures[529] ». Il urge donc d'alléger les procédures,

---

[526] Voir l'arrêt El-Hadji Massamba Fall.

[527] Cour Suprême, 24 mars 1982, Madior Wade et autres c/Président du conseil rural de Diender.

[528] Samba Traoré. « Les méthodes alternatives de règlement des conflits : justice du palais, justice des palabres » ; entretien du 19 janvier 2002.

[529] Samba Traoré et Henri Lô. – « Les conflits relatifs à la gestion des ressources naturelles et de la foresterie communautaire en Afrique de l'Ouest » - Préparé par la conférence électronique sur le thème : *Adressing Natutral Ressources Conflits throught Community Forestry.*

de faire rapprocher le justiciable du juge, de réduire les coûts pour une efficacité accrue du règlement juridictionnel des conflits fonciers qui ne présente pas moins un avantage certain à savoir la sécurité et la garantie dues à l'ordre républicain.

Au total, les modes étatiques de règlement des conflits fonciers sont relatifs au règlement administratif et au règlement juridictionnel. Cependant, il arrive que ces modes soient inopérants. C'est ainsi qu'on tend aujourd'hui à utiliser de plus en plus des méthodes alternatives, informelles, traditionnelles pour résoudre les conflits fonciers.

§2 : La prépondérance des modes non étatiques de règlement des conflits fonciers.

Avec l'échec des modes étatiques, formels, conventionnels de règlement des conflits fonciers, on met de plus en plus en avant et de façon souvent plus efficace d'autres modes et surtout d'autres acteurs alternatifs pour la gestion des conflits fonciers.

Selon Gerti Hessling, cet échec est dû au fait que « dans la majorité des pays le législateur a une conception essentiellement instrumentale et positiviste de la législation ; ce n'est pas au droit de s'adapter à la société, mais aux acteurs à adapter leur comportement au droit[530] ». La loi ainsi conçue est considérée comme un outil dans un processus de changement social. Pour arriver donc à une gestion effective, le législateur devra adopter une approche sociologique qui ne sera rien d'autre que la prise en considération des pratiques foncières effectives, des coutumes sociétales au moment de l'application de la législation foncière.

Pour le Pr. Samba Traoré et M. Ka, ces méthodes informelles, non étatiques de gestion des conflits fonciers viennent non pas remplacer mais renforcer des méthodes classiques officielles de gestion[531]. Ces méthodes non étatiques correspondent à la « justice des palabres[532] »,

[530] Gerti Hessling. - *Réformes et pratiques foncières à l'ombre du droit : l'application du droit foncier urbain à Ziguinchor*, Sénégal. African studies Centre Leiden the Netherlands, Research, Reports 1992 / 49, 191 p.

[531] Samba Traoré et Alioune Kâ. - *Etude sur la gestion alternative des conflits en zone sylvo-pastorales Nord Ferlo*, Rapport pour le compte du PAPF, du PRASET (GTZ) et du PAPEL1996.

[532] Samba Traoré, « Les méthodes alternatives de règlement des conflits : justice du palais, justice des palabres », entretien du 19 janvier 2002.

c'est-à-dire une justice négociée. Donc c'est une justice qui ne s'apparente pas à rendre une sentence, mais vise à créer les conditions de l'équilibre social. Ces méthodes se distinguent de celles de la « justice du Palais » parce qu'elles ont un caractère préventif. Ainsi, elles tendent plutôt à prévenir un conflit, à contenir les germes d'un conflit qu'à le régler.

- Le recours à la conciliation :La conciliation est un mode de règlement politique des conflits internationaux consistant dans l'intervention d'une commission chargée, en mettant en oeuvre une procédure contradictoire, d'examiner l'affaire et de proposer une solution. La conciliation est un procédé de règlement amiable des conflits collectifs. La procédure de conciliation est facultative sauf convention la rendant obligatoire.

En droit foncier, la conciliation est un mode non étatique, informel d'un règlement à l'amiable d'un conflit foncier entre deux ou plusieurs protagonistes. C'est une méthode alternative de résolution des conflits fonciers qui tend à concilier les parties opposées. C'est un mode de règlement qui est très usité dans les conflits entre agriculteurs et éleveurs dans la mesure où ces conflits sont parmi les plus violents, les plus fréquents et les plus apparents.

Ainsi, il serait intéressant d'examiner la désignation des commissions de conciliation avant d'envisager leurs attributions.

D'après le rapport de la présentation du décret n° 80-268 du 10 mars 1980[533], il est créé au niveau régional, départemental et de l'arrondissement des commissions de conciliation des conflits.

Les commissions de conciliation ne sont pas des structures permanentes dans la mesure où elles sont désignées pour une affaire bien déterminée qui, une fois résolue, entraînera leur disparition d'office. Elles sont composées d'un certain nombre de personnes appelées conciliatrices.

En effet, un conciliateur est une personne privée chargée de favoriser un règlement amiable des conflits, de donner des informations et des conseils.

Cependant, du fait que les commissions de conciliation ne soient pas permanentes et que leurs décisions ne revêtent pas un caractère

---

[533] Décret n°80-268 du 10 mars 1980, portant organisation des parcours du bétail et fixant les conditions d'utilisation des pâturages, *JORS*, avril 1980, p.443.

obligatoire, il va se poser des problèmes d'efficacité et d'efficience de ces commissions. C'est pourquoi il faudrait tendre à leur reconnaître un caractère permanent à défaut de garantir l'exécution rapide et immédiate de leurs décisions. Leur existence permanente doublée du renforcement de leurs pouvoirs peut constituer un impact psychologique positif car les parties auront tendance à saisir ces commissions avant de pouvoir porter leur différend devant les autorités étatiques. Cela permettra « d'écraser le conflit dans l'œuf » ou de le résoudre « dans le ventre du groupe » au lieu de le porter sur la place publique avec la saisine des instances administratives ou juridictionnelles. En effet, en cas d'échec de la conciliation, les juridictions de droit commun restent compétentes[534].

Après que les commissions de conciliation ont été désignées, il se pose le problème de leurs attributions.

Selon le rapport de présentation du décret n° 80-268 du 10 mars 1980[535], « par ces structures qu'il met en place, ce décret permettra de résoudre nombre de différends en conformité avec l'esprit de conciliation qui anime les populations ». En effet, en cas de conflit portant sur le foncier entre agriculteurs et éleveurs, les commissions auront pour attribution principale et primordiale de concilier les parties. C'est une entreprise d'autant plus difficile qu'elle oppose deux acteurs aux intérêts différents voire antagonistes même s'ils partagent le même espace. Ainsi, selon l'article 31 alinéa 3 du décret n° 80 - 268 du 10 mars 1980, la commission départementale de conservation des pâturages est chargée « de concilier éventuellement éleveurs ou propriétaires d'animaux et agriculteurs. En cas d'échec de la conciliation devant le conseil d'arrondissement pour la conservation des pâturages, les juridictions de droit commun restent compétentes pour régler les litiges ». En effet, si la conciliation échoue devant le conseil rural, « le conseil d'arrondissement pour la conservation des pâturages est chargé de la conciliation entre éleveurs ou propriétaires d'animaux et agriculteurs en cas de conflit[536] ».

---

[534] Article 31 alinéa 3 du Décret n°80-268 du 10 mars 1980.

[535] Décret n°80-268 du 10 mars 1980 portant organisation des parcours du bétail et fixant les conditions d'utilisation des pâturages, *JORS* avril 1980, p.443.

[536]Article 34 du décret 80-268 du 10 mars 1980 portant organisation des parcours du bétail et fixant les conditions d'utilisation des pâturages.

La conciliation est donc une méthode indiquée et appropriée pour résoudre les conflits fonciers. Dans cette optique, une importance capitale devrait être accordée aux commissions de conciliation. Cependant, dans la pratique, c'est le centre d'expansion rural (CER) qui se charge de régler les conflits entre agriculteurs et éleveurs rendant ainsi secondaire et subsidiaire la place des commissions de conciliation. En effet, le CER est un acteur pertinent de résolution des conflits fonciers.

A côté du recours au centre d'expansion rural, la médiation peut être un procédé pertinent de résolution des conflits fonciers.

- Le recours à la médiation : La médiation est un procédé de règlement des conflits fonciers au sein d'un espace déterminé ; généralement, elle a lieu au sein du village ou de la communauté rurale. Elle est, comme la conciliation, un signe de refus de porter les affaires devant l'autorité étatique. Selon le Pr. Traoré, « les groupes de médiation foncière ne sont pas de nouvelles structures créées en fonction de la loi sur le domaine national ou celle de 1972 sur les communautés rurales. Ce sont des structures qui existaient et qui intervenaient dans les conflits fonciers traditionnels[537] ».

Ces groupes de médiation foncière sont incarnés par différentes autorités qui interviennent d'une manière ou d'une autre dans le règlement des conflits fonciers. Ces autorités sont diverses eu égard à la complexité des conflits fonciers et à la multiplicité des acteurs. Mais les autorités les plus représentatives sont d'une part les autorités coutumières et d'autre part les autorités religieuses ou politiques.

Les autorités coutumières intervenant dans les conflits fonciers par le biais de la médiation sont nombreuses et variées. Mais on peut citer deux autorités coutumières dont le poids et la respectabilité sont des facteurs déterminants et pertinents de résolution. Il s'agit du chef de village et du conseil des sages ou notable.

Le chef de village, de par son autorité, de par sa légitimité et de par son prestige, peut être un médiateur privilégié de règlement des conflits fonciers. Les conflits fonciers qui se posent au sein d'un village sont relatifs à l'éternelle opposition entre agriculteurs et

---

[537] Samba Traoré, *Les systèmes fonciers de la vallée du Sénégal : exemple de zone soninké Bakel / canton du Goy-gajaaga*, Thèse pour le doctorat d'Etat en Histoire du Droit, UGB, 20 juillet 1991, 463p.

éleveurs, au différend entre les membres d'une même famille voire entre familles.

Contrairement au chef du village qui est autorité individuelle, le conseil des sages est un organe collégial regroupant ainsi en son sein des personnes âgées qui jouissent d'un certain respect. Il est ainsi composé de vieux dont la moralité, la personnalité et l'intégrité ne font aucun doute. En cas de conflit, le conseil des sages essaie toujours de trouver un résultat équilibré entre les protagonistes en veillant à ne pas favoriser une partie au détriment de l'autre. La sagesse qu'il incarne justifie une telle position. Ainsi, des solutions sont trouvées par le conseil des sages du fait du respect que lui doivent les populations[538].

La médiation est le procédé consistant à faire appel à une autorité ou à une instance pour régler un différend qui oppose deux ou plusieurs personnes. Dans le cas d'un conflit foncier, ces autorités peuvent être aussi bien religieuses que politiques. Les autorités

---

[538] Au Ferlo, c'est la commission des sages ou « ay njanbur » qui fait office de médiation pour le règlement des conflits fonciers. Selon le Pr. Samba Traoré, « l'originalité de la commission « ay njanbur » se situe dans le fait qu'il ne s'agit pas d'une commission permanente, avec des personnes fixes, identifiées, une procédure fixée à l'avance. C'est une commission ad hoc qui se crée spontanément à la demande des parties ». Cependant, même si elle n'est pas permanente, la commission « ay njanbur » n'en joue pas moins un rôle important. Ainsi, en cas de conflit, les parties choisissent paritairement deux agriculteurs et deux éleveurs pour servir de médiateurs. Ils font une estimation des dégâts sur les cultures et proposent une indemnisation que les parties très souvent acceptent. Néanmoins, bien qu'étant indépendante, la commission fait l'objet d'un enjeu pour son contrôle par les différents acteurs pour la gestion des conflits. En effet, le succès des médiateurs est tel qu'on assiste à un risque de marginalisation des chefs de village, de campements d'éleveurs et du conseil rural.
Par ailleurs, la commission présente des lacunes dont la plus importante est l'absence d'une prise en charge de toutes les formes de conflit. Elle n'est compétente qu'en cas de divagation du bétail. On devrait donc tendre vers l'élargissement de ses compétences pour qu'elle puisse être une instance sinon incontournable du moins non négligeable du règlement des conflits fonciers. En outre, on devra en faire une commission permanente car les conflits entre agriculteurs et éleveurs sont très nombreux dans cette zone pour ne pas avoir recours au juge ou à la gendarmerie, sinon « c'est le tissu familial tant protégé par le cercle des sages qui s'étiole ». Le caractère récurrent des conflits fonciers milite en faveur de la permanence de la commission « ay ndjanbur » pour une solution rapide et efficace de ces conflits. La médiation n'est pas seulement l'apanage des autorités coutumières : elle peut aussi être le fait des autorités religieuses ou politiques

religieuses sont nombreuses et variées car il peut s'agir de l'Imam, du Curé, du Pasteur ou du Responsable des rites initiatiques. Leur médiation est souvent sollicitée dans la mesure où leur rôle et leur place dans la société leur procurent une certaine légitimité et un certain charisme pour régler les conflits qui éclatent dans un endroit. Au Sénégal, qui est un pays majoritairement composé de musulmans, l'Imam bénéficie d'une certain ascendant sur les fidèles. C'est ainsi que ses décisions sont rarement contestées. Ainsi, quand un conflit foncier lui est soumis, il peut facilement le trancher et les parties conforment presque toujours à sa sentence.

Les autorités politiques jouent un rôle non négligeable pour résoudre les conflits qui éclatent dans leur localité en raison de leur autorité et de leur position sociale.

Les modes non étatiques ainsi dégagés (conciliation, médiation) présentent des avantages certains relatifs à leur proximité et à leur noble but qui est de concilier ou d'instaurer une médiation plutôt que de sanctionner. Cependant, ils présentent des faiblesses non négligeables qui sont la non-prise en compte des intérêts de certaines catégories (les femmes et les jeunes), l'absence de transcription de leurs délibérations et la non-couverture de certains domaines. Néanmoins, ils n'en sont pas moins importants dans la mesure où ils diminuent le volume du contentieux au niveau des instances officielles.

Section 3 :
La question de la sécurisation foncière, un pari de la décentralisation

La question de la sécurisation foncière apparaît particulièrement difficile à traiter, tant les variables à prendre en considération sont nombreuses et parfois contradictoires. On assiste en effet à une crise multiforme (vivrière, économique, sociale et écologique) qui se combine avec l'échec des politiques financières et agricoles. Les législations modernes restent dans une grande mesure mal connues des populations rurales et appliquées de façon très imparfaite et, partielle, et les populations continuent à se référer aux valeurs et aux autorités de la coutume. Cette situation rend la gestion foncière complexe pour qu'il y ait un développement réel, il faut donc qu'il y ait un compromis, une sécurisation des acteurs.

Il est nécessaire de poser le problème de la sécurisation foncière avant de traiter de la sécurisation foncière proprement dite. Cette situation complexe fait de la sécurisation foncière une nécessité.

La critique du paradigme dominant brandi par les développementalistes nous invite à voir autrement les problèmes de gestion des ressources naturelles. En effet les conceptions développementalistes ne prennent pas en compte le point de vue des populations autochtones au nom d'un universalisme fondé sur une approche libre-échangiste et capitaliste justifiant la démarche uniformisante du Droit en relation avec la philosophie dominante des juristes occidentaux. Cette démarche qualifiée d'idéalisme doit être au moins amendée si elle ne peut être directement et immédiatement remplacée. Nous proposons dans cette perspective d'innovation d'étudier les matériaux nécessaires pour une sécurisation avant d'évoquer le ou les mécanismes de réalisation de la sécurisation.

Chaque société dispose d'un ensemble de savoirs qui obéit à une logique particulière. Et la logique fondant le droit foncier est déterminée par la vision du monde inhérente à chaque société et justifiant ses particularités donc l'identité collective du groupement.

En outre, une interpénétration des logiques, des approches est nécessaire pour une meilleure compréhension des modes spécifiques d'articulation des rapports sociaux et juridiques de chaque société. Ainsi il est donc obligatoire d'opérer une rupture épistémologique pour une analyse plus performante de la question foncière. Dans cette optique, nous proposons la remise en cause des approches « obsolètes » et l'introduction des éléments novateurs à féconder.

Nous aborderons la question par les propos fort pertinents de François Constantin qui constate que « Les politiques publiques de gestion des ressources naturelles apparaissent ainsi comme des ingérences qui déstabilisent les conditions d'existence des groupes sociaux vulnérables au nom de priorités définies avec une large marge d'incertitude par des acteurs extérieurs (..) sans aller jusqu'à l'élimination physique (mais on s'en approche parfois de manière insidieuse), l'histoire récente des sociétés paysannes (celles qui vivent là où les mesures contraignantes sont mises en oeuvre) est celle d'une dépossession continue et globale puisqu'à la fois économique, juridique, politique, culturelle, sinon psychologique[539] ».

Il ressort de l'analyse que l'on dénote le caractère non seulement inefficace de certaines approches mais aussi inacceptable sur le plan de la philosophie juridique. En effet l'État doit rompre avec sa démarche classique consistant à écarter le savoir-faire et le savoir-penser des populations locales. Cette attitude a pour conséquence la mise en place de procédures juridiques inadaptées voire contradictoires qui aggravent la dégradation des ressources naturelles. L'interrogation pertinente du professeur Etienne Le Roy mérite d'être reformulée : Devra-t-on en arriver à souhaiter que les codes brûlent pour qu'enfin les forêts cessent de brûler ?

Après avoir attiré notre attention sur ce phénomène, le professeur Etienne Leroy précise qu'il n'existe pas de sécurisation sans un environnement institutionnel adéquat. En effet, l'harmonisation des textes juridiques est nécessaire pour tenir compte du contexte du moment et de la nécessité d'une gestion globale des ressources. Cette harmonisation doit en outre aboutir à une loi-cadre sur les ressources naturelles et l'environnement. Ainsi au plan législatif et réglementaire, un travail de « toilettage » est indispensable pour atténuer la diversité et l'insuffisance des textes mais aussi les contradictions.

Le rôle de l'État pour une sécurisation apparaît comme crucial (et problématique d'après Paul Mathieu) sous trois aspects : pour garantir la stabilité politique globale, pour répondre aux demandes de formalisation des droits ou des transactions, et enfin pour arbitrer les conflits. En l'absence de stabilité politique, la sécurisation des droits fonciers est impossible et la violence fait irruption sans prévenir dans les conflits qui dépassent de plus en plus souvent les capacités d'arbitrage des pouvoirs traditionnels ; elle est également assez évidente.

Une autre fonction de l'État est d'appuyer l'émergence et le fonctionnement d'institutions efficaces et de règles du jeu nouvelles susceptibles de répondre aux demandes de sécurisation des acteurs fonciers.

L'absence d'insécurité suppose de pouvoir maîtriser en même temps des contraintes dont les logiques sont différentes. Mais il

---

[539] Paul Mathieu, « La sécurisation foncière entre compromis et conflits », Op.cit. , p.27.

convient, d'abord et surtout, de ne pas se tromper de logique ou de ne pas associer à une situation des logiques qui ne la caractérisent pas[540]. C'est là évoquer deux questions : le foncier au Sénégal est-il réductible à la propriété et la sécurité foncière peut-elle être assurée globalement par un titre foncier ? A cette question, les politiques coloniales et post-coloniales sous la houlette de la Banque mondiale ont répondu « oui » mais le constat du mal-développement qui en est résulté est accablant[541]. Ces politiques ne voyaient en effet la sécurisation foncière que sous l'angle capitaliste qui considère le titre foncier comme garantie de l'exercice d'un droit de propriété privée exclusif et absolu. Deux erreurs peuvent être soulevées à la suite de ces observations. L'État ne peut garantir la sécurité par le titre s'il a des comportements d'insécurisation.

Par ailleurs, pour l'essentiel des opérateurs économiques, l'accès aux ressources et la garantie des droits ne sont pas déterminé par un titre, même coutumier. La sécurité foncière est liée à l'appartenance à la communauté et/ou à des conventions sociales[542].

La sécurisation passe ainsi par la prise en compte successive des différentes dimensions du foncier en apportant aux acteurs les réponses qui, sur le plan de l'économique, du juridique, des modes d'aménagement et du politique réduisent l'insécurité des situations et permettent à ces acteurs d'investir leur temps, leur capital financier et leur intelligence en vue d'une vie meilleure de leurs familles.

Une politique juridique qui se veut en phase avec la complexité des situations abordera la sécurisation avec le souci :

-de promouvoir une gestion paritaire et décentralisée prenant en compte tous les intérêts, dans le cas du foncier ceux des « propriétaires, des producteurs et des politiques, du local comme du mondial »;

-de privilégier ainsi le principe de subsidiarité réhabilitant les modes de sécurisation les plus proches des acteurs ;

-d'accepter une approche métisse intégrant la pluralité, la différence et la divergence donc de faire une part aux normes

---

[540] Etienne Le Roy, *Le jeu des lois*, Op.cit., p.249.

[541] Etienne Le Roy, *Le jeu des lois*, Op.cit. , p.250.

[542] J.-P. Chauveau, *La sécurisation de l'accès aux ressources par le titre ou l'inscription dans la communauté*, citée par Etienne le Roy dans le jeu des Lois, Op.cit. . p.249.

générales et impersonnelles pour fixer les principes d'organisation, de traduire leurs applications normatives en modèles de conduites et de comportements et, enfin, d'enraciner par des systèmes de dispositions durables les valeurs à poursuivre.

Ainsi, nous comprenons tout l'enjeu d'une sécurisation foncière dans le cadre d'une politique de décentralisation marquée par une marginalisation des acteurs locaux dans la formulation des politiques juridiques.

Il résulte de ce qui précède que les contraintes constituent un problème sérieux qui risque d'hypothéquer le développement local recherché.

L'effectivité observée révèle une multitude de problèmes variés. Il s'agit généralement de contraintes qui gênent une bonne application de la législation et de la réglementation. Parmi ces contraintes figurent en premier lieu la multiplicité des textes et leur inadéquation aux réalités locales. Cela pose le problème aigu de l'inadéquation des politiques sectorielles et parfois de leur inadéquation à un contexte global de gestion des ressources naturelles et de l'environnement. En effet les politiques sectorielles sont accompagnées de textes juridiques qui sont souvent en contradiction avec les grandes orientations définies en matière de développement économique et social de la puissance publique.

Il y a, en outre, des contradictions manifestes entre les textes, dont les récents ne tiennent toujours pas compte de la logique et de l'esprit des plus anciens.

*D'autres problèmes s'ajoutent à ces contraintes. Il s'agit en effet des difficultés relatives à l'insuffisance des ressources financières, à une absence de personnel administratif et technique propre aux collectivités locales, qui n'est pas comblée par les services de l'*État.

*On peut craindre dans ces conditions que la décentralisation ne soit qu'un label surtout si c'est l'*État *qui apporte les moyens nécessaires. Or la réussite de la décentralisation dépend de beaucoup de paramètres dont le plus important est de rendre le droit des collectivités locales et la décentralisation aux populations locales.*

CONCLUSION GÉNÉRALE :

Les conditions d'effectivité du droit des collectivités locales au Sénégal

Toute recherche qui se clôt s'ouvre nécessairement sur de nouveaux questionnements. On se moque parfois du chercheur qui n'en a jamais terminé ou qui complique tout, dit le sens commun. Pourtant, cette complication n'est pas le fait du chercheur mais de la société, irrémédiablement complexe. Dès lors, se pose une question fondamentale : quel bilan peut-on tirer de cette étude ?

L'apparente logique des politiques législatives au Sénégal ne saurait masquer les résistances des populations ni les contradictions entre le droit posé et le droit vécu.

L'analyse de l'effectivité attendue révèle des contradictions, des situations floues et incomplètes, des insuffisances ou de la timidité dans l'intention et dans l'attitude des acteurs de la production du droit des collectivités locales. Quant à l'effectivité observée, elle démontre à travers les contraintes juridiques et sociologiques une ineffectivité certaine et atteste que la valeur d'une règle juridique ne dépend pas seulement de sa perfection technique formelle mais principalement de son adéquation au réel.

L'effectivité du droit des collectivités locales au Sénégal dépend largement de l'instauration d'un ordre public local qui est tributaire de la mise en place d'un cadre juridique cohérent et pertinent.

En réalité, nous constatons une prolifération des lois et règlements dont l'harmonisation s'impose. En outre, la jurisprudence, dont l'importance n'est plus à démontrer, n'est pas abondante au Sénégal. Elle est sans doute le domaine où le retard accumulé est le plus important, mais c'est aussi le domaine qui est le plus porteur d'espoir car le droit des collectivités locales restera une fiction si une dynamique de développement ne lui est pas imposée par le juge. La contribution du juge au développement et à l'effectivité du droit des collectivités locales devra s'effectuer sur deux plans : celui, classique, du contrôle de la légalité des dispositions du code des collectivités locales, et celui, plus novateur, de certaines créations prétoriennes originales[543].

L'effectivité réelle du droit des collectivités locales n'est possible que si la production normative prend également en compte ces trois éléments fondamentaux et interdépendants que sont : les pratiques locales, la corrélation entre légalité et légitimité et une rupture dans la manière de produire les normes juridiques.

Pour comprendre les rapports entre le droit et l'ordre social, il faut prendre en considération la pratique et les logiques des acteurs[544]. Dans le mécanisme de la source coutumière apparaissent tout naturellement, au premier plan, les éléments de la vie sociale qui se relient le plus directement au concret, c'est-à-dire les institutions. Mais ce serait une erreur de croire qu'à partir du moment où l'organisation juridique a pris plus d'ampleur et où les règles de droit sont devenues plus nombreuses, l'ordre concret des choses, c'est-à-dire l'ordre spontané de la société, a cessé du même coup de s'animer. Cela serait proprement inconcevable : les facteurs de modification qui résultent du jeu des intérêts économiques, du renouvellement des conceptions politiques ou sociales, continuent à faire sentir leur action[545].

---

[543] I. Ly, thèse, Op.cit., p.383.

[544] Le plus simple serait apparemment d'observer les codes de conduite et la pratique des acteurs. Qu'aperçoit-on par exemple au début du droit romain ? Le droit est réglé par ce qu'on appelle les mœurs (*mores*), c'est-à-dire les coutumes, les habitudes qui se créent progressivement au sein de la société pour régler les relations entre ses membres. Il existe ainsi, selon l'expression du juriste-philosophe Carl Larenz, un ordre concret des choses, et cet ordre concret, qui apparaît seul au début des sociétés, continue à animer la vie des sociétés plus développées. Cet ordre concret de la vie du peuple représente en définitive une réalité, dont la valeur est garantie par son existence même, et qui aboutit à créer chez les membres de la société la conviction de sa force obligatoire. C'est ainsi qu'aux origines mêmes du droit la plupart des règles sont purement coutumières et concrètes, et on se tromperait si on croyait que, dans un Etat plus développé, la pensée de l'ordonnancement concret de la vie sociale a disparu.

[545] Si le code civil a été composé dans une société de petits propriétaires et d'artisans, cela n'a pas empêché l'ordre concret des choses d'évoluer vers la grande industrie et le prolétariat. Il résulte de là qu'à partir du moment où l'ordre juridique présente des lacunes par rapport au concret, il est tout naturel d'aller chercher dans l'ordre social spontané, c'est-à-dire dans le contenu apporté par l'expérience de la vie, les pratiques locales et les nécessités des relations nouvelles, les éléments qui permettront de combler ces lacunes.

La corrélation entre la légalité et la légitimité constitue un des éléments essentiels pour réaliser l'effectivité du droit des collectivités locales[546]. Cette corrélation entre la légalité et la légitimité est une condition de sécurité juridique (sécurité institutionnelle, sécurité foncière, sécurité contre les violences de l'État etc.). Et celle-ci est un préalable nécessaire pour la réussite de toute politique ayant des implications locales : bonne gouvernance, développement durable, participation responsable etc. Et c'est par cette voie que le droit des collectivités locales pourrait être effectif à travers l'apparition d'un ordre juridique local accepté par tous.

Mais cette corrélation entre légalité et légitimité suppose une « rupture épistémologique » dans la manière de produire le droit. Cette rupture ne consiste pas à remettre en question la manière selon laquelle le droit des collectivités locales est pensé jusqu'ici mais il s'agit de proposer un cadre théorique à la mesure des nouveaux enjeux.

Les gouvernants sénégalais considèrent toujours que le droit est l'instrument incontournable de transformation sociale et de construction du local. Cette attitude est constante dans la démarche des gouvernants depuis l'indépendance[547]. Ils ont sans aucun doute surestimé l'influence de leur capacité d'action en perdant de vue que codifier c'est mettre en forme et mettre des formes[548].

Il résulte de ce qui précède qu'une rupture dans la manière de penser le droit est nécessaire en corroborant cette remarque du professeur Gérard Conac « lorsqu'il cherche à évaluer la portée du constitutionnalisme africain, le juriste doit se garder de deux tentations contradictoires. S'il est porté aux travaux d'exégèse et à l'art des classifications, il cédera aisément à l'euphorie. L'Afrique noire indépendante lui livre une telle floraison de constitutions écrites qu'il ne peut manquer d'en être ébloui et stimulé. Si au contraire, il a

[546]Il faut bien constater que le découp.administratif territorial en collectivités de divers niveaux qui se superposent aux circonscriptions administratives pose d'énormes problèmes ceux de la légitimité. Il s'y ajoute d'autres problèmes, de légitimité, liés aux politiques locales, ce qui implique une décentralisation plus ou moins habillée d'une autonomie locale mais limitée faute de base certaine de légitimité.

[547] Gérard Conac, « La vie du droit en Afrique », in *Dynamiques et finalités des droits africains*, Paris, Economica, 1980, p.15.

[548] Pierre Bourdieu cité par Etienne Le Roy dans *Le jeu des lois*, Op.cit. , p.21.

tendance à s'attacher plus à l'application des textes qu'à leur contenu, il ne peut manquer d'être déçu, il tiendra pour négligeables les constitutions qui sont éphémères ou peu contraignantes pour les pouvoirs politiques. Par dédain, il sera tenté de n'y voir que des documents formels, indignes de ses analyses[549] ». Cette remarque est aussi valable pour les politiques juridiques de décentralisation conçues de manière abstraite sans prendre en compte le vécu ou les besoins locaux exprimés par les acteurs.

Cette démarche est à proscrire au bénéfice d'autres qui intègrent le défi qui est celui d'expliquer comment chaque société s'y prend pour jouer sa propre partition et comment le droit y contribue.

Il semble donc que, sur la base même d'une méthode positiviste mais aussi pragmatique, on soit conduit à des constructions juridiques rigoureuses d'une certaine ampleur prenant en compte les pratiques locales, insistant sur la corrélation entre légalité et légitimité et en opérant du même coup une rupture dans la manière d'aborder jusqu'ici le droit de la décentralisation. C'est de cette manière seule que l'on pourra réaliser une effectivité possible et réelle qui dépend largement d'une volonté politique des gouvernants.

---

[549] Gérard Conac, « Les constitutions des Etats d'Afrique et leur effectivité », in *Dynamiques et finalités des droits africains*, Paris, Economica, 1980, p.385.

BIBLIOGRAPHIE SÉLECTIVE PORTANT UNIQUEMENT SUR L'AFRIQUE

I/ OUVRAGES GÉNÈRAUX

BACH, D., (sous la direction), *États et sociétés en Afrique francophone*, Paris, Économica, 1993.

BADIE, B., *L'État importé, l'occidentalisation de l'ordre politique*, Paris, Fayard, 1992.

BAYART, Jean-François, *L'État en Afrique, la politique du ventre*, Paris, Fayard, 1989.

BAYART, Jean-François, MBEMBE, A. et TOULABOR, C., (sous la direction), *Le pouvoir par le bas en Afrique Noire:Contribution à une problématique de la démocratie*, Paris, Karthala, 1992.

BELLONDE G., Le *chemin des villages. Formation des hommes et développement rural en Afrique*, Paris, L 'HARMATTAN, 1979.

BELLONDE G., *Participation paysanne et aménagements hydro-agricoles,* KARTHALA, 1985, 340 p.

BLANC-PAMARD, C., *Nouvelles recherches rurales au Sud*, Paris, ORSTOM, coll. Dynamique des systèmes agraires, 1997, 367 p. (279)

BOCKEL, A., *Droit administratif*, NEA, 1978, p.432.

BOULAGA, F. Eboussi, *Les conférences nationales en Afrique noire. Une affaire à suivre*, Paris, Karthala, 1993.

BOURMAUD, Daniel, *La politique en Afrique*, Paris, Montchrestien, 1997.

BROCHIER , J., *La diffusion du progrès technique en milieu rural sénégalais*, Paris,PUF, 1968, 396 p.

CHABAS, J. - « La propriété foncière en Afrique noire, l'immatriculation et l'inscription des droits réels », Paris, Jurisclasseur Civil, annexe 2ème appendice, fasc. A, 1957, p. 7

CHABAL, Patrick et DALOZ, Jean-Pascal, *L'Afrique est partie! Du désordre comme instrument politique*, Paris, Économica, 1999.

CHOLE, E. et JIBRIN, I., *Processus de démocratisation en Afrique*, Dakar, Codesria, 1995.

CONAC, G., *L'Afrique en transition vers le pluralisme politique*, Paris, Economica, 1993.

COULON, Christian et MARTIN, Denis-Constant (sous la direction), *Les Afriques politiques*, Paris, La Découverte, 1991.

COULON, C., *et alii*, Autonomie locale et intégration nationale au Sénégal, Pedone, 1975, 178p.

CROUSSE, B., Le Bris, É., Le Roy, É., Espaces disputés en Afrique noire, pratiques foncières locales, Paris, Karthala, 1986, 426 p. (106) (109 : 348)

D'ALMEIDA-TOPOR, H., *Naissance des États africains XXe siècle*, Casterman, 1996.

DANIOUÉ, R., *Afrique : L'unité de mesure démocratique: essai sur les postulats de changement politique en Afrique*, Paris, L'Harmattan, 1997.

DESCENDRE, D., *L'autodétermination paysanne en Afrique*. Paris, Harmattan, 1991, p. 178.

DIRECTION DES COLLECTIVITÉS LOCALES, *Rapport de Division Tutelle Administrative et Personnel*, ministère de la décentralisation, Dakar, février 1993.

DIALLO, M., *Les Africains sauveront-ils l'Afrique?* Paris, Karthala, 1996.

DIOP, M.-C., et DIOUF, *Les figures du politique en Afrique*, Paris, Karthala, 1999.

DUMONT, R., *Démocratie pour l'Afrique*, Paris, Seuil, 1991.

ELLIS, S. (sous la direction), *L'Afrique maintenant*, Paris, Karthala, 1995.

GABA, L., *L'État de droit, la démocratie et le développement économique en Afrique subsaharienne*, Paris, L'Harmattan, 2000.

GAZIBO, M., *Les paradoxes de la démocratisation en Afrique*, Montréal, Les Presses de l'Université de Montréal, 2005.

GAUDUSSON, J.D. de, et MEDART J.F., (sous la direction) *L'État en Afrique : entre le Global et le Local*, Numéro Spécial Afrique Contemporaine, Documentation Française, 2001.

GAUDUSSON , J.,D., de et Desouches C., *Les Constitutions Africaines publiées en langue française*, T1 et T2 Paris/Bruxelles, La Documentation Française/ Bruyant, 1996 et 1998.

GAUTRON, J.-C. et ROUGEVIN-BAVILLE, M., *Droit public du Sénégal*, Paris, PEDONE, 1977.

GAUTRON, J.C. , *L'administration sénégalaise*, Paris, Berger Levrault, 1971.

GIRARD, J., *Genèse du pouvoir charismatique en basse Casamance*, Dakar IFAN, 1969.

GEMDEV, *Les avatars de l'État en Afrique*, Paris, Karthala, 1998.

GONIDEC, P.-F., *Les droits africains, évolutions, sources*, Paris, LGDJ, 1968.

GONIDEC, P.-F., *L'État africain : évolution, fédéralisme, décentralisation, panafricanisme*, Paris, LGDJ, 1970.

HIBOU, Béatrice, *La privatisation des États*, Paris, Karthala, 1999.

HUGON, P., POURCET, G.et QUIERS-VALETTE, S., *L'Afrique des incertitudes*, Paris, PUF, 1995.

ILIFFE, John, *Les Africains Histoire d'un continent*, Paris, Aubier, 1997.

Institut africain pour la démocratie, Bonne gouvernance/développement en Afrique, Dakar, Éditions Démocraties africaines, 1997.

KABOU, A., *Et si l'Afrique refusait le développement?*, Paris, L'Harmattan, 1991.

KAMTO, M., *Pouvoir et Droit en Afrique Noire, Essai sur les fondements du constitutionnalisme en Afrique Noire francophone*, Paris , LGDJ, 1974.

KARSENTY, A., *Décentralisation et gestion des ressources naturelles renouvelables, bibliographie en langue française orientée vers les questions africaines*, Paris, CIRAD-GERDAT et Club du Sahel-ARD, 1994 (309 : 66).

KI ZERBO, F., *Sources du Droit chez les Diola du Sénégal : logiques de transmission des richesses et des statuts*, Paris, Karthala, 1997, 213 p. (196)

KONINGS, P. *et alii*, *Trajectoires de libération en Afrique contemporaine*, Paris, Karthala, 2000.

LAMPUE, P. ; ROLLAND, L., *Précis de législation coloniale*, Paris, Dalloz 1936.

LE BRIS, É, Le Roy, É, Leimdorfer, F. (dir.), *Enjeux fonciers en Afrique noire*, Paris, Karthala, 1983, 425 p. (107) (303 : 23-26).

LE ROY, É., Mathieu, P. (dir.), *L'appropriation de la terre en Afrique noire. Manuel d'analyse, de décision et de gestion foncières*, Paris, Karthala, 1991, 359 p. (136 : 176-177) (186 : 159-190) (247).

LE ROY, Étienne, *Système foncier et développement rural, essais d'anthropologie juridique sur la répartition des terres chez les Wolof ruraux de la zone arachidière nord*, Sénégal, Paris, Faculté de Droit, 1970, 296 p. (40).

LE ROY, Étienne, *L'analyse de processus et la gestion urbaine à Thiès*, M'Bour et Richard Toll (Sénégal), Paris, LAJP, 1987, 107 p. multigraphié (14) (280).

MAPPA, Sophie, *Pouvoirs traditionnels et pouvoir d'État en Afrique L'illusion universaliste*, Paris, Karthala, 1998.

MBEMBE, Achille, *De la postcolonie. Essai sur l'imagination politique dans l'Afrique contemporaine*, Paris, Karthala, 2000.

MBONIMPA, M., *Ethnicité et démocratie en Afrique: l'homme tribal contre l'homme citoyen?*, Paris, L'Harmattan, 1994.

MÉDARD, Jean-François, *États d'Afrique noire*, Paris, Karthala, 1991.

MONGA, Célestin, *Anthropologie de la colère: société civile et démocratie en Afrique*, Paris, L'Harmattan, 1994.

NACH MBACK, Charles, *Démocratisation et décentralisation : genèse et dynamiques comparées des processus de décentralisation en Afrique subsaharienne*, Paris, Karthala, 2003.

NLEP, R.G. , *L'administration publique camerounaise, contribution à l'étude des systèmes africains d'administration publique*, Paris, LGDJ, 1987.

NZOUANKEU, Jacques Mariel, "L'Afrique devant l'idée de démocratie", *Revue internationale des sciences sociales*, n°128, mai 1991:394-409.

OTAYEK, René, *Afrique : Les identités contre la démocratie, Bondy*, Éditions de l'aube, 1999.

PRATS, Y ., *La décentralisation et le développement*, Paris, Cujas, 1973.

SAWADOGO, R.-A., *L'État africain face à la décentralisation*, Paris, KARTHALA, 2001.

SCHACHTER-MORGENTHAU, Ruth, *Le multipartisme en Afrique de l'Ouest francophone jusqu'aux indépendances : La période nationaliste*, Paris, L'Harmattan, 1998.

SCHMITZ, Gerald J. et HUTCHFUL, Eboe, *Démocratisation et participation populaire en Afrique*, Ottawa, Institut Nord-Sud, 1992.

SCHMITZ, G.J., GILLIES, D., *Le défi du développement démocratique .Comment entretenir la démocratisation dans les sociétés en développement*, Ottawa, Institut Nord-Sud, 1992 (intéressant pour les conditions de la démocratie).

SOSUÉ, Lukas, « Identités complexes et démocratisation: le cas des pays de l'Afrique noir », dans *Comprendre les identités culturelles*, Paris, PUF, 2000, pp.17-37.

TOTTE M., DAHOU T., et R. Billaz (sous la direction), La décentralisation en Afrique de l'Ouest. Entre politique et développement, Paris, Karthala, 2003.

TSHIYEMBE, Mwayila, *État multinational et démocratie africaine, Sociologie de la renaissance politique*, Paris, L'Harmattan, 2001.

SINDJOUN, Luc, *L'État ailleurs. Entre noyau dur et case vide* (essentiellement sur le Cameroun), Paris, Économica, 2002.

TETE, T., *Démocratisation à la togolaise*, Paris, L'Harmattan, 1998.

TIPO-TIPO, Mayoyo Bitumba, *L'ajustement politique africain Pour une démocratie endogène au Congo-Kinshasa*, Paris, l'Harmattan, 1999.

YENGO, Patrice, *Identités et démocratie: en Afrique et ailleurs*, Paris, L'Harmattan, 1997 (Congo-Brazzaville, Congo).

WINTER, Gérard (sous la direction), *Inégalités et politiques publiques en Afrique*, Paris, Karthala, 2001.

II./ - OUVRAGES SPÉCIAUX (thèses, mémoires, rap-ports....)

ALLOKE, P. ; ISSOKOU, M., *Le rapport entre tenure foncière et la tenure de l'arbre*, Centre de Recherche sur le Développement économique, Université de Michigan, Niamey, Niger, mai 1991, p. 55.

AMIN, S., *La désertification du Sahel africain, Une responsabilité mondiale*, Alternatives Sud, vol. II, 1995, pp. 201-214.

BANQUE MONDIALE, *Rapport sur le développement dans le monde*, Editions 1989 à 1999.

BANQUE MONDIALE, 1989. *L'Afrique subsaharienne - De la crise à la croissance durable- Étude de prospective à long terme*, Washington DC, p. 346.

Bulletin du Conseil d'État SENEGALAIS DE 1997 , 1998, 1999, 2000.

CISSE, B., *Quel statut pour le personnel communal ? Colloque organisé par le ministère de la décentralisation*, Dakar, 1 3 juillet 1996.

COSTE, J., *Problèmes et Perspectives de l'administration du Sénégal*, Thèse de IIIème cycle, Science Politique, Bordeaux, 1965, 306p.

CROUSSE, B., MATHIEU, P., SECK, S.M., *La vallée du fleuve Sénégal, Évaluations et perspectives d'une décennie d'aménagement*, Paris, Karthala, 1991, 380p.

Communauté urbaine de Dakar, 1996. Bâtir ensemble notre ville: bilan d'une décennie de réalisations municipales 1985-1995, Dakar, 1996, p. 37.

Commune de Dakar, 1996. Récapitulatif des investissements sectoriels: 1986-1996, Direction de l'aménagement urbain. Dakar, 1996, p. 57.

Commune de Dakar, 1996. Récapitulatif des Travaux dans les communes d'arrondissement de Dakar: 1986-1996, Direction de l'aménagement urbain. Dakar, 1996, p. 100.

CREDILA, *La régionalisation, Approche comparée France Sénégal*, Dakar, 1998.

DANDA, M., *Une décentralisation importée ? Genèse des réformes décentralisatrices au Niger*, Mémoire de CERVI/IEP Bordeaux 1997.

DIAGNE M., *L'efficacité du contrôle exercé sur l'administration sénégalaise*, Thèse, Aix-en-Provence, 1990.

DIAGNE, N. M., *Les méthodes et les techniques du juge administratif sénégalais*, Thèse de doctorat d'État en droit, Université de Dakar, 1995.

DIOP, M., *Le contrôle de l'administration sénégalaise*, Thèse de doctorat en droit, Université de Dakar, 1970.

FALL, A. B., *La responsabilité extra-contractuelle de la puissance publique au Sénégal : Essai de transposition des règles de droit administratif français dans un pays d'Afrique francophone*, Thèse, Bordeaux, 1994.

HUYNH, C.-T., *Administration participative et développement endogène*, Institut International des Sciences Administratives, UNESCO, 1986.

I.D., *Décentralisation, politiques communautaires et développement des territoires (contribution de l'Institut de la Décentralisation au débat national sur l'aménagement du territoire)*, I.D. 52, rue des Longs-prés, 92100 Boulogne-Billancourt), juin 1994, 87 pages.

KANTE, B., *Unité de juridiction et Droit administratif : L'exemple du Sénégal*, Thèse, ORLEANS, 1983.

LE ROY, E., *Le jeu des lois, Une anthropologie « dynamique » du Droit*, Paris, LGDJ, 1999, 415p.

LE ROY, E. & KARSENTY, A., BERTRAND, A., *La sécurisation foncière en Afrique pour une gestion viable des ressources renouvelables*, Paris, Karthala, 380 p.

LE ROY, E., *Les préalables à la sécurisation foncière en milieu rural, Rapport au MAEE et CCCE*, Bamako, Fév., 92, 13p.

LE ROY, E., *Les politiques foncières en Afrique. Réflexion sur les rapports entre capitalisme et espace dans les formations sociales dominées*, Communication au Colloque « État en Afrique contemporaine », Paris, 12-13 décembre 1985.

LE ROY, E., *A la recherche d'un paradigme perdu : le foncier pastoral dans les sociétés sahéliennes*, Colloque sur les sociétés pastorales en Afrique sahélienne : environnement, développement et démocratie ; Niamey, novembre 1997.

LOADA, A., G., *Administration et collectivités locales au Burkina Faso : Quelle évolution ?* Mémoire CEAN/IEP BORDEAUX, 1990.

MARTIN, S., *Le contrôle a posteriori de la légalité des actes des collectivités locales*, Berger-Levrault, 1990, coll. « Administration locale ».

MESTRE, A., *L'évolution du droit public. Études en l'honneur d'A. Mestre*, Sirey, 1956.

Ministère de l'intérieur du Sénégal : rapport de synthèse, problématique foncière et décentralisation : le cas du Sénégal, Dakar, Avril 1994, p. 31.

Ministère de l'Intérieur du Sénégal, projet de loi portant code des collectivités locales, 1996.

N'DIAYE B., *La direction des collectivités locales*, Mémoire de maîtrise 1996, 59p.

NDIAYE M., *Les enjeux de la politique de régionalisation, Mémoire de maîtrise*, UGB de Saint-Louis, 110 p.

N'DIAYE, I.C., Les Toucouleurs et les bases socio-juridiques de l'agriculture irriguée. Vers l'émergence de nouveaux dispositifs régulatoires et d'un développement négocié au Sahel. Thèse de doctorat en droit, Université de Paris 1, 1998, 440p.

NDIAYE, P., *Les collectivités territoriales et l'ordre international. État et perspectives de la décentralisation des relations internationales dans le cadre unitaire français*, Thèse Montpellier, 1994.

N'DIAYE, P., *Séminaire sur la fiscalité locale organisé par la section Collectivités Locales*, U.G.B., 2001.

N'DIAYE, R.N., *Gestion des conseils régionaux, formation des élus, formation des agents régionaux*. Actes du Séminaire de Dakar du 2 au 4 mai 1994.

N'DOUR, C.-T., *La fonction publique communale*. - Mémoire de Maîtrise, UGB, 1997.

Programme de développement municipal/ Observatoire de la décentralisation, État des lieux de la décentralisation en Afrique de l' Ouest et du Centre, Cotonou , PDM, mai 2000.

REPUBLIQUE DU SENEGAL, *Ministère de l'Intérieur, Manuel de procédures de contrôles de légalité et budgétaire*, Dakar, octobre 2001.

ROCHEGUDE, A., *Décentralisation, acteurs locaux et fonciers ; Mise en perspective juridique des textes sur la décentralisation et le foncier en Afrique de l'Ouest et du centre*, PDM /Ministère français des Affaires étrangères, Cotonou, mars, 2000, 107p.

ROCHEGUDE, A., *Décentralisation, acteurs locaux et foncier* ; Fiche pays, PDM /Ministère français des Affaires étrangères, Cotonou, mars 2000.

ROCHEGUDE, A., *Décentralisation, foncier et acteurs locaux* ; Actes de l'Atelier de Cotonou, PDM /Ministère français des Affaires étrangères, Cotonou, décembre 2000.

SENGHOR, L. S. - *Discours, Conseil national de l'Union Progressiste Sénégalaise* (UPS), Dakar, 1er mai 1964.

SAINT GEORGE, C., *La loi 72-25 et les Communautés rurales au Sénégal*, Mémoire IEP, Bordeaux, 1980, 267p.

SECRETARIAT GENERAL DE LA PRESIDENCE DE LA REPUBLIQUE DU SENEGAL, *Enquête sur les structures administratives du Sénégal*, Rapport 1-4, juillet 1969.

SINDJOUN, L., *Existe-t-il une forme adaptée d'État ? Gouvernance démocratique, formation de la problématique locale légitime et du régime international de la décentralisation*, DAKAR, CODESRIA/

INSTITUT SUR LA GOUVERNANCE DEMOCRATIQUE, Août 1995.

TIMSIT, G., *Administration et États : étude comparée*, Paris, PUF. 1987, coll. « Politique d'aujourd'hui ».

III./ - ARTICLES ET NOTES

ALLIOT, M. « L'évolution de la notion du droit en Afrique », *Dynamiques et finalités des droits africains*, sous la direction de G. CONAC, Paris, *Economica*, 1980, p. 485.

ALLIOT, M., « Les résistances traditionnelles au droit moderne dans les États d'Afrique francophone et Madagascar », Paris, Cujas, 1964, pp.235-267, *Études de Droit africain et Droit malgache*.

ALLIOT, M., « Le miroir noir, images réfléchies de l'État et du droit français », *Bulletin du LAJP*, n°2, 1980, p 77.

BA, M., « Les nouveaux habits des collectivités locales », *Sud quotidien* n° 651 du 06 juin 1995, pp1-3.

BANEGAS, R., « Les transitions démocratiques : mobilisations collectives et fluidité politique », *Cultures et Conflits*, n°12, Hiver, 1993.

BARRIERE, C.,et O., « Approches environnementales : systèmes fonciers dans le delta intérieur du Niger, de l'implosion du droit traditionnel à la recherche d'un droit propice à la sécurisation foncière », Le Roy, Étienne, et al. (dir.), *La sécurisation foncière en*

Afrique, pour une gestion viable des ressources renouvelables, pp. 127-175 (317).

BERNARD, Y., « Les représentations sociales de la civilité dans le contexte urbain d'aujourd'hui », Segaud, M. (ed.), « Espaces de vie, espaces d'architectures », *Recherches*, 1994, n°64, Paris, Plan construction et architecture (210).

BECKER, J., « Administration décentralisée, changement social et développement rural en Afrique », *Cahiers du CAFRAD*, n°9, 1973, p.185.

BOYE, A.-K., « Rapport sur le régime foncier sénégalais », *RDS* n°21.

BOUMAKANI, B. « La bonne gouvernance et l'État en Afrique », *Revue Juridique et Politique, indépendance et coopération*, 2002, n°1.

BUGNICOURT J., « Flux culturels et action administrative dans l'espace africain », *Bulletin de l'IIAP*, n° 13, 1970, p.75

BUGNICOURT, J., « Le mimétisme en Afrique : Obstacles au développement », *Revue Française de Science politique, XXIII*, n°6, 1973 , p.1239.

DIAGNE, A.A, « La gestion du domaine national, Pouvoir local », *Publication du Ministère de l'intérieur du Sénégal* n°1, janvier 1994 p.11.

DARBON D., « Un royaume divisé contre lui-même : La régulation défaillante de la production du droit dans les États d'Afrique noire », in *Création du droit en Afrique*, Paris, Karthala, 1997, p.105.

DARBON D., « Le juge africain et son miroir, la glace déformante du transfert de la jurisprudence administrative en Afrique », in *Afrique contemporaine* (La documentation française), n° 156, 1990

DIAGNE M., « Le règlement des conflits » in *URED*, Université Gaston Berger de Saint-Louis, octobre 1994, p. 79.

DIAO, M., « Le projet de mise en valeur de la vallée de Baila en Basse-Casamance », in *Enjeux fonciers en Afrique Noire*, Paris, Karthala, 1982, p229.

GAUDUSSON, J.D. de, « Bilan de 25 ans de jurisprudence », in *Les Cours Suprêmes en Afrique*, Vol. III, La jurisprudence administrative, Paris, Economica, 1988.

GAUDUSSON, J.D. de, « La justice en Afrique », *Afrique contemporaine*, n° 156, 1990.

GAUDUSSON, J.D. de, « Les élections à l'épreuve de l'Afrique », *Cahiers du Conseil Constitutionnel* n°13, 2002, p.100.

GAUDUSSON, J.D. de, « La décentralisation menacée par la Bonne gouvernance ? Interrogations sur de récents rapports de la banque mondiale à partir du cas africain », in *Mélanges en l'Honneur de Franck MODERNE*, Dalloz, 2004.

GAYE, O. et SECK, D., « Le Conseil d'État et la pratique du recours à l'annulation », Dakar, Nouvelles Imprimeries du SENEGAL, 2001.

GILMER J.-H., « Développement africain et rénovation des institutions et organisations administratives locales », *Bulletin de l'IIAP*, n°18, 1971, p.7.

GONIDEC, J.F, « La commune africaine et la science administrative », *Revue juridique et politique XXII*, n°2, 1968, p. 473.

HARAERINGER, Philippe, « Une approche pragmatique des situations foncières », *Enjeux fonciers en Afrique noire*, Paris, ORSTOM, Karthala, 1982 (289 : 87)

HESSELING, Gerti, Le Roy, Étienne, « Le Droit et ses pratiques : Avant-propos » *Politique africaine*, n°40, décembre 1990, pp. 2-11 (81)

LANGROD G., « Genèse et conséquences du mimétisme administratif en Afrique », *Revue internationale de science administrative*, XXXIX, n°2, 1973, p.119.

LAVIGNE-DELEVILLE, Philippe, « Sécurité foncière et intensification », *Foncier rural, ressources et développement*, Paris, Ministère de la Coopération, 1997, 496 p. (250 : 84)

LE BRIS, E., « La laborieuse construction d'un espace public », *Politique Africaine*, n° 74, juin 1999 .

LE BRIS, É, Le Roy, É, « Le local et l'échelle de Jacob », Crousse, Bernard, *et al.* (dir.), *Espaces disputés en Afrique noire, pratiques foncières locales* (109 : 348)

LENOBLE, Jacques, Ost, François, Le Roy, Étienne, Entelman, Ricardo, « Le transfert des systèmes juridiques : Domination ou partage ? *Transfert des connaissances et développement endogène*, Paris, UNESCO, *Actuel* n°5, 1980, pp. 75-128 (29)

LE ROY, Étienne, « Réflexions sur une interprétation anthropologique du Droit africain, le laboratoire d'anthropologie juridique », *Revue Juridique et Politique Indépendance et Coopération*, tome 26, n°3, 1972, pp. 427-448 (81)

LE ROY, E. « Les droits des populations autochtones et les forêts, principalement dans certains pays francophones d'Afrique noire ». Rapport général du n° 1 Colloque du réseau Droit de l'Environnement de l'AUPELF-UREF, Limoges, Droit, Forêt et Développement durable, sous la direction de Michel Prieur et de Stéphane DOUMBE-BILLE, Bruxelles, Bruyant, 1996, pp. 409-425.

LE ROY, E., « Réforme foncière et stratégie du développement. Réflexions à partie du cas sénégalais », *AFRICAN PERSPECTIVES*, 1979.

LE ROY E., « Le système de répartition des terres. Modèles particuliers d'une analyse matricielle des rapports de l'homme à la terre en Afrique Noire », *LAJP*, 1973, p.9.

LE ROY E., « L'émergence d'un droit foncier local au Sénégal », in *Dynamiques et Finalités des droits africains*, direction G. Conac, Paris, Economica, 1980, pp109-140.

LE ROY, E., - « La loi sur le domaine national a vingt ans : joyeux anniversaire ? », dans *Mondes en développement*, n° 52, 1985, pp. 667-685.

LE ROY, E., - « Le sous-préfet, le président de la communauté rurale et les paysans : Limitation de la compétence judiciaire et adaptation du contentieux administratif dans le règlement des conflits fonciers au Sénégal depuis 1972 », Communication au Séminaire interdisciplinaire d'études juridiques des Facultés universitaires de Saint-Louis, de Bruxelles, *Fonction de juger et pouvoir judiciaire, transformation et déplacements Bruxelles P.F.U.S.L.*, 1983, pp. 531-579.

LE ROY, E., «Le pluralisme juridique dans le creuset de la démocratie, l'exemplaire Sénégal, Communication au Colloque « Bilan et perspective de la démocratie dans le Tiers-Monde », Dakar, février 1986, *Annuaire du Tiers-Monde*, tome IX, 1986, pp. 259-270 (74) (295).

LE ROY, E., « L'introduction du modèle européen de l'État en Afrique francophone : logiques et mythologiques du discours juridique », Coquery-Vidrovitch, Catherine, Forest, A. (dir.), Décolonisation et nouvelles dépendances, Lille, PUL, 1984, pp. 81-122 (367).

LE ROY, E. « Recherche l'État désespérément », GEMDEV, L'intégration régionale dans le monde, Paris, Karthala, 1994, pp. 288-293 (364).

LE ROY, E. « L'élaboration de la culture commune comme réponse à la crise de l'État et des économies en Afrique francophone », Rist, Gilbert (dir.), *La culture, otage du développement ?*, Paris, L'Harmattan, 1994, pp. 99-118 (81) (127).

LE ROY, E. « Problèmes de légitimité dans les théories contemporaines de l'État de droit en France et en Afrique », Möhlig, W.J.G., von Trotha, T., *Legitimation von Herrschaft und Recht, Köln, Rudiger Köppe verlag*, 1994, 227 p., pp. 43-54 (187 : 53) (264) (343) (371)

LE ROY, E. « Espaces publics et socialisation dans les métropoles : quelques remarques préliminaires à une problématique interculturelle «, Tessier, Stéphane, L'enfant des rues et son univers, pp. 8-45 (44).

LE ROY, E. « La médiation des conflits peut-elle offrir une alternative à la généralisation de la violence en Afrique du Sud ? », *Constitutions et Sociétés en Afrique australe*, Paris, Economica, 1995 (371).
LE ROY, E. « Le pastoralisme africain face aux problèmes fonciers «, Pastoralisme, troupeaux, espaces, sociétés, Paris, Hatier, AUPELF-UREF, 1995, pp. 487-510 (301) (308 : 489).
LE ROY, E. « L'odyssée de l'État », Politique africaine, 61, 'le besoin d'État', mars 1996, pp. 3-15 (364).
LE ROY, E. « En dévidant la pelote de Pénélope ; quelques conditions à réunir en vue de l'instauration d'un État plural en Afrique », Conac, Gérard (dir.), L'État africain à l'aube du troisième millénaire, Paris, Economica – à paraître (364) (376).
LE ROY, E. « La sécurité foncière dans un contexte africain de marchandisation imparfaite de la terre », Blanc-Pamard, Chantal, Cambrésy, L., Terre, Terroir, Territoire, les tensions foncières, Paris, ORSTOM, 1997, pp. 455-472 (301).
LE ROY, E. « La formation de l'État en Afrique, entre indigénisation et inculturation », GEMDEV, Les avatars de l'État en Afrique, pp. 7-21 – citation Baecque, Antoine de, « Lire la société dans le texte », Le Monde de Livres, 17 janvier 1997 (133 : 18) (378 : 18)
LE ROY, E. « La face cachée du complexe normatif en Afrique noire francophone », Robert, Philippe, Soubiran-Paillet, Sabine, Kerchove, Michel van de (dir.), Normes, normes juridiques, normes pénales, pour une sociologie des frontières, Paris, L'Harmattan, coll. Logiques sociales-Déviance/GERN, 1997, I, pp. 125-138 (190).

LE ROY, E. « Comment aborder la sécurisation foncière de l'agriculture moderne à la périphérie de Libreville (Gabon) ? », communication au Colloque « Citadins et ruraux en Afrique à l'aube du 3ème millénaire », Université catholique d'Afrique centrale, Yaoundé, 29-31 octobre 1998 (279 : 1).

LE ROY, E. - (dir.), « La conciliation, instance de règlement des litiges, enjeu professionnel et institutionnel », rapport de recherche, Paris, *LAJP*, 1998 (146 : 141).

LE ROY, E. « Crises, mondialisation, complexité sociale, spécificités des situations et généralité des pratique », Tessier, Stéphane (dir.), A la recherche des enfants des rues (391 : 191).

LE ROY, E. « L'hypothèse du multijuridisme dans un contexte de sortie de modernité », Lajoie Andrée., MacDonald Roderick A., Janda R., Rocher Guy (dir.), Théories et émergence du Droit : pluralisme, surdétermination et effectivité, Montréal, Thémis, Bruxelles, Bruylant, 1998, 266 p. pp. 29-43 (59).

LE ROY, E. « Logique institutionnelle et logique fonctionnelle, de l'opposition à la complémentarit », Tessier, Stéphane (dir.), A la recherche des enfants des rues, pp. 242-258 (98) (338 : 251-252)

LE ROY, E. « A la recherche du paradigme perdu du foncier pastoral dans les sociétés sahéliennes d'Afrique de l'Ouest », Bourgeot, Alain (dir.), Les sociétés pastorales au Sahel, Paris, Karthala, 1999 – à paraître (63).

MATHIEU, P., « Usages de la loi et pratiques foncières dans les aménagements irrigués », *Politique Africaine*, n°40, 1991, pp.72-82.

MATHIEU, P., « Pratiques informelles, gestion de la confusion et invention du foncier en Afrique », Paris, L'harmattan,1996, pp.64-87.

MATHIEU, P., « La sécurisation foncière en Afrique entre compromis et conflits : un processus politique ? » in *Démocratie, enjeux fonciers et pratiques locales en Afrique*, Paris-Bruxelles, *Cahiers Africains* – Paris, L'Harmattan, n°23-24, 1996, p.27.

MOLEUR, B., « Traditions et loi relative au domaine national », Annales Africaines, 1983-1984-1985, p.55.

N'DIAYE I., *Domaine national et développement au Sénégal*, CREDILA, 1991.

NIANE A.F., *Décentralisation et unité nationale au Sénégal*, UGB de Saint-Louis, Rapport de stage, 1998.

NIASSE M., *Analyse et évaluations de la législation agro-foncière au Sénégal*, F.A.O., novembre 1989.

NIASSE M., « Les périmètres irrigués villageois vieillissent mal », in *La vallée du fleuve Sénégal*, Paris, Karthala, 1991, pp.97-115.

NZOUANKEU J.M., *Droit administratif, organisation administrative, du Sénégal, Centralisation et Décentralisation*, RIPAS, mars 1993.

NZOUANKEU J.M., « La refondation du concept de gouvernance à travers les valeurs du SUD » in *La gouvernance au Sud, Séminaire régional*, juillet 2002, *OFPA*, Ministère des Affaires Etrangères.

HESSELING, G., LE ROY, E., « Le droit et ses pratiques », *Politiques africaines*, n° 40, 1990.

ROCHEGUDE, A. , « Foncier et Décentralisation. Réconcilier la légalité et la légitimité des pouvoirs domaniaux et fonciers », Bulletin du LAJP, N°20, septembre 2001.

SY, D., « Le juge sénégalais et la création du droit administratif », in *La création du droit en Afrique*, KARTHALA, 1997.

TOURE, O., Développement pastoral et contraintes foncières dans la zone sahélienne du Sénégal, Dakar, CSE, 1991.

TRAORE, S., « Aspects fonciers de la Vallée du fleuve Sénégal : Les droits coutumiers face à l'État : exemple de la zone soninké du Gajaaga ». Communication au séminaire sur le NPA.CREA. Université de Dakar, 1986.

TIMSIT, G., « Modèles administratifs et pays en voie de développement », *Revue internationale de science administrative, XLII*, n°4, 1976, p.349.

TIMSIT, G., « Eléments pour une analyse des systèmes d'administration publique : Le cas de l'administration du développement, » Mélanges Eisenmann, Paris, Cujas, 1977, p.177.

TIMSIT, G., « Administration publique des pays en voie de développement et environnement socio-culturel », *Revue française d'administration publique*, n°7, 1978, p.21.

TSHYEMBE, M., « L'État en Afrique : Crise de modèle importé, essai sur la théorie de l'État multinational » in *Mélanges de François Borella. État, societé et pouvoir à l'aube du XXI ème siècle*, Presses Universitaires de Nancy,1999.

V./ - LOIS ET REGLEMENTS

Code des collectivités locales de 1996 et ses décrets d'application

Loi n° 66-du 30 juin 1966 portant Code de l'Administration communale (*JORS* n° 3832 du 30 juin 1966, p. 773) modifiée

Loi n° 72.02 du 1er février 1972 relative à l'organisation de l'administration territoriale. (*JORS* n° 4209 du 19 février 1972, p. 252) modifiée

Loi n° 72.25 du 19 avril 1972 relative aux Communautés rurales (*JORS* n° 4224 du 13 mai 1972, p. 755) modifiée

Loi n° 72.63 du 26 juillet 1972 fixant le régime municipal des Communes Chefs-lieux de région autres que la Commune de Dakar. (*JORS* n° 4242 du 12 août 1972, p. 1257)

Loi n° 90.35 du 8 octobre 1990 abrogeant la loi n° 72.63 du 26 juillet 1972, modifiée, fixant le régime municipal des Communes Chefs-lieux de région autres que la Commune de Dakar. (*JORS* n° 5372 du 13 octobre 1990, p. 477)

Loi n° 90.37 du 8 octobre 1990 modifiant la loi 72.25 du 19 avril 1972 relative aux Communautés rurales (*JORS* n° 53.72 du 13 octobre 1990, p. 477)

Loi n° 64.46 du 17 juin 1964 relative au Domaine national, (*JORS* du 11 juillet 1964, pp. 905 à 906) et ses décrets d'application.

Loi n° 76.66 du 2 juillet 1976 portant code du domaine de l'État, (*JORS* du 20 septembre 1976, p. 1478)

Loi n° 81.13 du 4 mars 1981 portant Code de l'eau, (*JORS* du 11 avril 1981, p. 411)

Loi du 26 janvier 1986 portant Code de la chasse et de la protection de la faune, (*JORS* du 1er semestre 1986)

Loi n° 93.06 du 4 février 1993 portant Code forestier, (*JORS* n°5510 du 27 février 1993, pp. 53 à 60 modifié en 1998)

Décret n° 72.278 du 19 mars 1973 fixant les pouvoirs de tutelle du Ministre de l'Intérieur sur les Collectivités locales. (*JORS* n°4287 du 7 avril 1973, p. 845)

Décret n° 72.636 du 29 mai 1972 relatif aux attributions des chefs de circonscriptions administratives et des chefs de village. (*JORS* n° 4230 du 17 juin 1972, p. 965)

Décret n° 96.1110 du 27 décembre 1996 fixant les montants des engagements en matière de convention financière de coopération internationale soumise à approbation. Décrets d'application des textes de lois de la décentralisation. Service de formation du Ministère de l'Intérieur, p. 15

Décret n° 96.1124 du 27 décembre 1996 fixant montant des marchés des Collectivités locales soumis à l'approbation préalable du Représentant de l'État. Décret d'application des textes de lois de la décentralisation publiés par le Service de formation du Ministère de l'Intérieur, p. 47.

Circulaire n°1737/MINT/DGL/ du 21 mars 1997 sur le contrôle de légalité et le contrôle budgétaire.

V : LA JURISPRUDENCE

Cour suprême, 26 mai 1965, Ibrahima Seydou NDAW in GDJAS, n°XIV.

Conseil d'État, 29 juillet 1998, Gouverneur de Tamba C/ Conseil régional de Tamba Conseil d'État, 31 août 1999, Commune de Dagana C/ préfet de DAGANA

Conseil d'État, 29 juin 2000, Hassane Diallo C/ Préfet de Thilogne

Conseil d'État, 28 février 2002, Sous-Préfet de Baba GARAGE C/ Conseil rural de DINGUIRAYE

Conseil d'État, 1er février 2001, Abdoulaye Amadou Kane C/ Conseil rural de DABIA ODEDJI

Conseil d'État, 25 novembre 1998, préfet du département de Sédhiou

TABLE DES MATIÈRES

L'Harmattan

L'HARMATTAN, ITALIA
Via Degli Artisti 15 ; 10124 Torino

L'HARMATTAN HONGRIE
Könyvesbolt ; Kossuth L. u. 14-16
1053 Budapest

L'HARMATTAN BURKINA FASO
Rue 15.167 Route du Pô Patte d'oie
12 BP 226
Ouagadougou 12
(00226) 50 37 54 36

ESPACE L'HARMATTAN KINSHASA
Faculté des Sciences Sociales,
Politiques et Administratives
BP243, KIN XI ; Université de Kinshasa

L'HARMATTAN GUINÉE
Almamya Rue KA 028
En face du restaurant le cèdre
OKB agency BP 3470 Conakry
(00224) 60 20 85 08
harmattanguinee@yahoo.fr

L'HARMATTAN CÔTE D'IVOIRE
M. Etien N'dah Ahmon
Résidence Karl / cité des arts
Abidjan-Cocody 03 BP 1588 Abidjan 03
(00225) 05 77 87 31

L'HARMATTAN MAURITANIE
Espace El Kettab du livre francophone
N° 472 avenue Palais des Congrès
BP 316 Nouakchott
(00222) 63 25 980

L'HARMATTAN CAMEROUN
BP 11486
Yaoundé
002374586700
002379766166
harmattancam@yahoo.fr

627380 - Novembre 2015
Achevé d'imprimer par

1livre.com
du rêve à la réalité !